《顾准·1974》　　油画 65X80CM　　李斌创作于 2015 年

　　1974 年 2 月 12 日，顾准下笔书撰写《希腊城邦制度》，乔治·格罗托的《希腊史》和乔治·卡特林的《政治哲学家史话》是他最重要的参考书。同年 12 月 3 日，顾准离世。

顾准和他的時代

王晓林 著

九十九叟 李锐

（上）

美国华忆出版社

Remembering Publishing, LLC. USA

Copyright © 2023 by Remembering Publishing, LLC. USA

ISBN: 978-1-68560-054-9 (Print)
             978-1-68560-055-6 (eBook)

Remembering Publishing, LLC
RememPub@gmail.com

顾准和他的时代（上）

王晓林　著

封面油画：李　斌
书法题字：李　锐
肖像绘画：王　康

出　　版：美国华忆出版社
版　　次：2023 年 3 月 第二版，第一次印刷
字　　数：306 千字

目 录 （上）

油画《顾准·1974》背后的故事

2014 年秋，我用时 5 年写就的《顾准和他的时代》接近尾声，却苦于没有一张能传神表达主人公人格风貌的肖像用作扉页或插图。虽然网上有大量的顾准图片，成书过程中也拍摄了许多顾准生前生活、劳改过的独家照片，但前者没有版权，一旦付梓可能成为问题，后者没有人物，无论如何显得单薄。

就在此时，从扬帆先生女儿杨晓朝那里偶然得知，著名旅美油画家李斌先生 2007 年曾作大型油画《上海的早晨》，眼下由中国美术馆收藏，画中人物就有顾准。

顾不上脸皮厚薄了，立时三刻得找到这个李斌。

电话惴惴打过去，怯怯问道："李斌先生在吗？敢问能允许我使用他的油画《上海的早晨》吗？我写了一部关于顾准的书，想用它做扉页。"不成想接电话的正是李斌，他连我的名字也没问就爽朗答道："当然可以！我的画谁都能用，用得越多我越高兴！"

一时间心花怒放，厚着脸皮加了一句：

"可以不要版权费吗？我不大有钱。"

对方爽朗地笑了：

"怎么会要你版权费？更何况是顾准！我早就准备画一幅新的他呢。"

更加得寸进尺：

"除了《上海的早晨》，您还能为我的书画一幅顾准肖像吗？"

"好，你什么时候要？"

"等我找到出版社！这就把书稿寄给您，请先看看值不值得为它画一幅！"

"没问题！眼下我正忙于曼德拉系列，等结束巡展后就着手。"

放下电话简直要大叫一声才能释放心中的痛快，太棒啦！

可不，何止李斌，凡事只要事关顾准，几乎人人愿意帮忙。老的少的，熟悉的不熟悉的、认识的不认识的，只要相求，无一不肯——经济学家、黑格尔专家、古希腊学者、政治学家、文学家、艺术家、企业家……从三十多岁的小青年到100多岁的耄耋老人，人人如此。而我算个什么？2007年才知晓"顾准"二字，说"落伍"都有夸大之嫌。算起来我只有一个好处，那就是深明人们为的、图的，想出力、想帮助的不是我而只是这个人——顾准。

很快，李先生的学生就传来了《上海的早晨》，压缩后还有22M大小的图片，WIN8的机子整整下载了半个小时——

"1949年5月解放军占领上海，政权易手。画中年轻的市长陈毅、副市长潘汉年、公安局副局长扬帆和财政/税务局长顾准四人英姿勃发，气势如虹。正是这几位秀才的真诚和才学打动了上海的资产阶级和平民阶层，稳固了政权变更后这个世界超级大城的国民经济。可是不久他们一个接一个都被革命母亲吞噬。"

此时我已经从网上弄清了画家来历——何亮亮先生的《开卷八分钟》介绍了一本别开生面、别具一格的画集，这个画集作者就是李斌，画集名叫《生于1949—李斌画集》。画集尤以陈丹青先生写的序言精彩——"以红卫兵式的热情，李斌用不折不扣的革命绘画证实自己是一个共和国男孩。这种证实，必须、也只能是'文革'的美学与图式……（他）全盘肯定'文革'创作模式并为之骄傲，以'文革'绘画的肌理组构着新的、属于今天的政治寓言。"他捕捉到了这个"文革和知青画家"的特点：就是这一代人——文革的一代，第一、全盘接受了革命意识形态的教育；第二、自觉地追求50年代移植到国内的苏式写实主义，迷恋叙述性、图解性和人物众多的大画面；第三、少年时代目击了文革暴乱，亲历上山下乡，置身于社会底层；第四、政治主题和政治人物决定性地影响到他们的创作思维，并且成为了这一代画家毕生难忘的符号资源和图式焦点——毛泽东。

丹青先生的总结可谓十分的到位，十二分的内行。

立刻上卓越亚马逊和当当去寻找这部画册，却遍寻不见。直到今年他专门为这本书作画动笔前，我去他的画室拜访，才得到他亲笔签名的一本。同时送我的还有他的连环画《枫》。画中无辜死去的小女红卫兵——枫，我真是太喜欢了，因为她像极了那个年月里我们这帮67、68届的女生，其中就有这样死去的小女孩。

《上海的早晨》这幅画我的书是用定了，可更期待的是李斌君答应的下幅画——一副顾准的肖像。此时他已经请我不要再叫他"先生""老师"而直呼姓名，大概因为顾准，他已引我为同道。可是我被朋友埋怨："你知道李斌画作的市价吗？怎么就这样冒冒失失要人家白画？"天！这才意识到自己有多不懂规矩！忙再打电话过去，战战兢兢地问画肖像一般要收多少钱。这一回画家笑出了声："我只给你用电子版，又没答应给你原图，当然免费"，弄得我抱赧不已、高兴不已。

今年5月初，从南非巡展大型油画《曼德拉系列》刚刚回国的李斌君，连时差都还没有倒过来就立刻着手《顾准》。他问了我很多关于顾准读书的细节，开始构思。他决定把顾准在五十年前那场狂暴的大动乱初起时写下的唯一一张大字报背后的意境画出来，许多当年人都还清楚地记得那张大字报上仅有的两个字——"读史"。他向我索要四卷本乔治·格罗托《希腊史》的实物照片，准备画一幅1974——就要死去那年的顾准，画中人正是在那年写下了空谷足音的华章——《希腊城邦制度》。顾准当年书写《希腊城邦制度》时阅读的一套格罗托《希腊史》是国图（当年叫北图）1869年英文原版，早已经是孤本典藏，不出借更不外借。幸运的是我两年前在孔夫子旧书网上"淘"到了一套一模一样的。而另一本他借阅过的乔治·卡特林的《政治哲学家史话》，1939年英文原版，也是孤本典藏，也是不出借更不外借，且这书连孔夫子上也没有。是国图典藏馆可爱的馆员小姑娘，一听我的目的，当即"利用职权"调了出来，拍下照片微信给我又即时归库，我一分钟也没有耽误，转手就传给了画家。

谢谢姑娘，谢谢互联网。

五月下旬，李斌传来了被命名为《顾准·1974》的画作电子稿。虽然是在电脑上看初稿，我依然被震撼了。保持了李氏一贯的

"文革"风格，人物和背景都沉浸在一片赭红中，那是当年"红海洋"的颜色，给人以巨大的记忆和视觉冲击。画中人那一种"灵均将逝，脑海波起，茫洋在前，顾忌皆去"的喜悦和轻松，超脱与安详尽收眼底，呼之欲出。

"1974年2月12日，顾准下笔书写《希腊城邦制度》，乔治·格罗托的《希腊史》和乔治·卡特林的《政治哲学家史话》是其最重要的参考书。拖着沉疴病体，他翻译了前者'希腊的僭主时代'一章和后者'罗马法和教父们'一章。12月3日，顾准离世。"

泪眼模糊中我来不及细看就转给了顾家大姐顾淑林。不到一刻钟淑林姐姐的回信就到了：

"晓林，我的第一个印象是震撼。我喜欢这画像，特别喜欢他脸上表达的心灵的丰富和满足。衣服和背景看不大清楚，不过衣服和背景的处理似乎衬托出来了伴随负重中探索的欢乐。我的眼睛被不由自主涌出的泪模糊了。目前提不出什么意见。我很感激画家和你。顾淑林"

而我的眼泪早已在细看中扑簌簌掉个不停，和我与淑林姐姐第一次坐在一起，为她不凡的父亲，为我书中主人公，为中国的顾准流下的热泪一样。

可怜李斌君为画这副肖像真是殚精竭虑。为了赶上书的出版，在先交了初稿后又不间断地修改，从人物的表情、衣物的皱褶到背景的光线、静物的细节，无一处不精益求精，连顾准当年用的到底是何种稿纸都是请我直接向淑林姐姐求证的。到了最后更是被"逼稿"的责任编辑逼得开始"耍赖"，能多拖一天是一天，多拖半天是半天——彼时的顾准，精神上已经达到了无人可比的高度，可肉体却在迅速地衰败，怎样表现这种灵与肉的冲突，画家费尽心思，涂了又涂，改了又改，日以继夜，夜以继日。毕竟上了年纪，平时十分健康，从未高血压的他竟然一度血压高到150毫米汞柱，要靠吃降压药来减轻头晕。而因为逼稿太凶已经被我尊为"蒙大人"的蒙宪君则因为要不断地跟上这些修改，血压更是一度高达200，虽然他自己没太大感觉，可确实吓坏了医生。为了顾准，大家都有点"豁出去"了。怪不得曾经与顾准共事的老经济学家张卓元先生一见画作的电子版就赞道："确实很像"。除了"像"，更有那"神似"才是最可贵的。

今年，2015年，恰是顾准100周年诞辰。可偌大一个中国，眼下却无一处能对这位被西方学人毫无恶意地称作"1949年之后中国知识界稍稍像点样子的"、被本土知识界众口一词称作"为中国读书人挣回了些许尊严"的人物作个小小的纪念或者祭奠。忘却了他，这个国家、这个族群情何以堪？于是由最早探索和研究顾准的六位思想界知名学者发出了如下倡议信：

XXX先生，您好！

今年7月1日是顾准先生一百周年诞辰。画家李斌先生为此创作了油画《顾准·1974》，王晓林即将出版的新书《顾准和他的时代》将首次刊用（见附件）。一个没有纪念的民族如同一个没有历史的国家，顾准不应该被遗忘。我们倡议以我们大家的名义将此画捐赠给上海立信会计学院校史展览室。偌大中国，也就只有立信——顾准12岁从那里开始展露天分——还有一个小小的角落在纪念他。

如果您同意这一倡议，允许将来这幅油画下方的铜牌上镌刻出您的名字，只需回复"同意"二字即可。

祝您平安、健康。

王晓林

2015-6-1

我同时把这一倡议信传给了近四十位学者，上至110岁高龄的老人，近60万字的《顾准和他的时代》假如没有他设计的《汉语拼音方案》是无法想象能写得出来的，下至70后年轻人，这位可畏后生，顾准死去时她还没有出生，却在2009年写下了《非如此不可？非如此不可！》的文章，直至今天还被无数的年轻人传颂。这封倡议书得到了绝大多数收信人的回应。他们的名字在中国学界赫赫扬扬，许多人的回信除了"同意"还写来了十分感人的文字。一位近百岁老人更为我的书题写了书名——"《顾准和他的时代》九十九叟 李锐"。而那位可畏后生，因为《顾准和他的时代》封面在责编的建议下用上了她那掷地有声的两个相同汉字、不同标点的句子，仅仅为此我也必须找到她、告诉她。或许还未走出"穹顶之下"的困惑，或许已经对被骂作"逢四逢五就要发疯的'死妮子'"已经厌倦（"四"者，顾准去世祭年；"五"者，顾准诞辰纪年），可爱的姑娘用下面的微信回复了我拜托联系她的央台小友：

"谢谢您和王老师，我不敢冒昧顾先生，致以沉默的敬意吧，感谢。柴静"

至于其它响应倡议者的具体姓名，借用一个《顾准文存》里编辑们不时用到的词，这里就"故略"了，至于原因，也容我"故略"了吧，你懂的。除了柴静，这里已经没有"妮子"也没有"小子"，但中国的妮子和小子们应该记住、认识、了解和继承这个人。

选中上海立信会计学院安置《顾准·1974》，是因为那里有个校史展览室，且今年7月将要矗立起一尊中国会计事业的始祖鸟潘序伦先生和他最得意的学生顾准的雕像。我早早就将画作传了过去，学院负责人当即回电并用了和淑林姐姐一样的形容词——"震撼"。岂料一周后，在已发出了绝大部分倡议书并得到了绝大部分"同意"的回复后，校方却突然通知接受这幅画作他们"有难度"，至于"难"在哪里？"请不要问，问也是白问，我们也不会回答"。这和当年顾准六弟陈敏之要出《顾准文集》四处碰壁得到的回答几乎一模一样。这件艺术品被赋予的重重"政治意义"也和当年那本纯工科书籍，顾准遗作——《会计原理》的遭遇一模一样。

其实将《顾准·1974》安放在上海立信学院是画家的想法，我倒是更愿意将它留在北京，和孙冶方先生在一起。这一对中国知识界的"荆棘鸟""苦命人"之间的友谊是中国学林中长传不衰的佳话。两个一生的朋友、诤友、挚友，仅仅差了四个月不能相揖而别——顾准死去四个月后孙冶方才走出秦城监狱，令人顿足扼腕。死前的顾准斩钉截铁判断"老孙出狱后第一个要找的人就是我"，出狱后的孙冶方则日日徘徊在收留了顾准骨灰的小小三里河畔。这才是男子汉之间金子一样的友谊，一场真正的"高山流水"。现在如果能让他俩四十一年后重新相聚，该是件多么美好的事情！

感谢孙冶方经济科学基金会，他们一口答应接受《顾准·1974》，理事长一锤定音——就和孙冶方的雕像放在一起。

就在顾准冥诞 100 年的前一天，蒙蒙细雨中"他"走进中国社会科学院经济所，北京月坛北小街 2 号院。从 1974 年他离开经济所住进协和医院并在那里离世，倏忽间 41 年过去了。

孙冶方先生，顾准先生，你们又相见了，又可以讨论、争论、辩论，又可以你 Refer（参考）我，我 Refer 你啦。

其余的故事就不多说了，到《顾准和他的时代》中去读吧。此书上册扉页是《顾准·1974》，下册是《上海的早晨》，时间顺序有点颠倒，请亲爱的读者见谅。

感谢华忆出版社 2023 年再版此书并将《顾准·1974》用作封面。

王晓林

2015-7-1　成书于上海

2023-2-15　修改于北京

自　序

王晓林

作为孙冶方经济科学基金会多年志愿者，2007 年我下笔撰写处女作《中国经济学界奇异的双子星　薛明剑/孙冶方兄弟评传》。在遍寻孙冶方经济思想精髓——"社会主义制度下也必须遵循价值规律"时，才第一次听到"顾准"二字。

时至二十一世纪才知道顾准已是落伍不堪，"读顾"之后忽然发现"写孙"竟是无法写下去了则更是难堪——写孙冶方绕不开顾准，中国老经济学人皆知，可对于工科出身的我却是崭新题目。顾准在我面前竖起了一座大山，不是高山仰止的山，是一座想绕却怎么绕也绕不过去的山。

开读顾准是在飞机上，那天空餐吃得不好。震惊之下几回掩卷呆坐，大脑一片空白，和少年时节读《九三年》《双城记》相似。每逢至此必下意识翻到文章末页，一次次看清 1972、1973 的字样，才能接着读下去。那是何样年份？我辈那时在想什么、做什么？我们的父一辈、祖一辈在想什么、做什么？用顾准作标准，不敬地说，我们什么都没有想、什么都没有做，或者是想了也没有做——像他那样在血汗里、饥饿中和棍棒下把所思所想记录下来，给中国留下一点非物质遗产，给中国人留下一点人的尊严，给中国读书人留下一点可怜的体面。还有最坏的，就是我们做了，做了无数侮辱同类也侮辱自己之举，却什么都没有去想。

没有情节，没有人物，没有故事的文字令我流泪，读顾准是第一次。

学者朱学勤提出过一个很尖锐的疑问："那个年代的知识分子并不缺少道义激情，也不缺少思想勇气，却没有一个人像顾准走得那样远，挖得那样深，何以如此？"

即使顾准确是天才，他和我们以及我们的父辈一样，成长过程大部分也是在"母体"内完成的。到他四十岁左右从"母体"中被排出，按照中国式逻辑，也是"被人误解""遭人陷害"，就像父辈们很多人身上发生过的故事一样，被殇情滥情的多，被分析推理的少，被逻辑思考的几乎没有。

汉民族是个最惧怕孤独的民族，百姓和读书人要的都是"摩肩接踵"的热闹、"十万人家"的扎堆，惧怕"天苍苍，野茫茫"的苍凉和"羌笛杨柳"的孤独，许多人至死都不能明白"灵魂只能独行"这样一个简单到极致的常识。顾准却是这个族群那个年代不折不扣的异类。

过于出众的他没有生逢一个崇尚"参差多态乃幸福本源"的民族和年代，恰恰相反，他生在一个好同恶异，最推崇"齐斩斩"的族群和只允许"万众一心"加"万众一声"的年代，其"行"又过于突出，即使在眼下这个已经大大进步了的年代，这位很喜欢用"睥睨"二字的读书人被"摧之""湍之"和"非之"也几乎是难免的，时至今日依然还能听到人们对他"持才傲物"的评价。顾准的不幸在东方几乎是必然的，尤其是在那个汉民族的民族性中猥琐的成分被最大限度放大了的年代。

顾准的职业生涯开始得非常早，多彩而辉煌到了夺目的地步。他的成功来得太早，这样的人生在激情和理智两方面往往很难平衡。抛开他为人熟知的青少年时期神童般的经历——中国会计学大师不谈，也不谈他 1949 年前自认为是职业革命家却被他后来的同志们所不屑的"业余革命家"历史，和《圣经·新约·马太福音》作者马太一样，他政治生涯的高峰仅仅止于税吏——他的党的税吏，之后就从大上海总税吏迅速沦为劳改营的一员并险些成为饿殍。

和孙冶方一样，顾准也是中国史官文化传统下的知识分子。只因为他俩有一个异于同时代大多数读书人的特点——都精通于一种非母语语言，一个是英语，一个是俄语，而且两人都通晓日语，这就比别人少了一道桎梏的藩篱，多了一条探索的绳索。但是孙、顾两人又都是母体内的官员，和所有的中国读书人一样，要实现自身价值，舍做官别无他途。在这一母体内，做官就是服从，独立思考绝无可能，特立独行不啻自毁，洁身自好则一事无成，同流合污理想又成泡影。这种进退维谷的两难，对于顾、孙这样的读书人最是无法逃脱的宿命。纵有顾准在生命的最后一程，以鱼死网破的勇气向这可憎的宿命一头撞了过去，但从他们留下的文字里你仍处处可见他们的无奈和妥协。

1952年，做大上海"总税吏"还不到三年的顾准，因为反对"全国采用民主评议方式征税"——这种在今天看来过于不可思议的"人治"手法，坚持所有企业都应依法、依率征税而被撤销职务。这个大知识分子在落入"再不听话，饭也不给他吃"的屈辱境地后开始学习数学和几何学。他把这两门最容易让人掌握逻辑推理方法的学问作为研究经济的基础课一头扎了进去。不愧天才的称谓，未几他就从数理中触摸到了强烈的逻辑感，这令他狂喜并沉醉其中。不过很快，他就跨出了对数字和图形的迷恋——"逻辑只是工具，研究经济一定要研究历史"，一步就从圆规、三角尺和计算尺的神秘丛林跨入了历史的广袤平原，从读史，研史开始，一步步向解史——以历史解读现实进发。

看顾准读史，研史，解史的过程，就像看一个人怎样把自己脑子里的酱糊一勺一勺挖出、倒掉，腾出一块清清朗朗的地盘来接纳真和善的过程，又怎一个"美"字了得！读顾准，首先从美的角度上你就被征服了——美的思想、美的文字、美的魂灵、美的人格，美不胜收，而他对人性的追问又是其中最美的部分。

纵观顾准的全部著述，你既看不到要唤醒民众的鼓动家，也看不到要普度众生的传道士，你只看到一位苦难造就的学者、史家和思辩家，一个一把火把自身传统的奴性烧了个精光的民族另类，一个在罪恶面前桀骜而警醒并苦苦追问人性的悲悯者。

自幼即接触西方基督教文化，未及弱冠就自然而然地生活在基督教"爱人"的氛围中，刚刚成年又任教于3所教会大学，无论从哪种角度讲，顾准都是一位很纯粹的人道主义者。他并非出身基督教家庭，从现有资料看，也未"成为"过基督徒。他的文章每每提到基督徒还会调侃地将他们唤作"愚夫愚妇"。他也曾直白地宣称自己"不喜欢基督教"。但只要你认真读过顾准，一定会留下强烈的印象就是他对基督教独特和深刻的理解。他一生的思想和行为轨迹都没有离开过对人性、人道、自然法则、自然权利——人生而具有的自由、平等权利的追索和探寻，这正是基督教教义的根基。顾准在他生命之树最成熟时期所追寻，探索，领悟和向往的，早已不是所谓"马克思主义学说的共产主义"，而是被他定义为"渊源于基督教"的人类大同。他认为"用野蛮的办法在一个野蛮国家里实现文明"，这是"多么不能满足啊"。他对社会的终极愿望是"以文明的方式实现文明"的、成熟的民主社会主义。

在反人道、反社会行为导致的饿殍遍野、人相食的真相面前，他"不忍参加这个剿灭人口向地球宣战的战役"而立志"要做一个历史观察家"，他断言"这个战役不会长期继续下去，结果必然以坦率，开明，宽恕，人道主义，文明的方向代替目前的说谎，专制，严刑峻法，无限制的斗争，黑暗的办法来完成历史使命"；

面对各种各样的阶级斗争，他毫不犹豫地论断"人性最少阶级性最多就是兽性"；

直视人性被彻底泯灭的恐怖，他多次在心底、在日记中痛苦不堪地咆哮"如果有一天我能够来审判啊"；

在剧烈的饥饿逼得他这样的大知识分子也要偷东西吃的境况中，离开九死一生的劳改营，他不是额手称庆而是被"一种悲恻的情绪浸透了"；

刚从劳改营的死人堆里爬出来的他，面对挂着虚缈的"人民"二字的巍巍北京大会堂发出了最锥心泣血的哀鸣——"我永远也不进这个人民大会堂"。这成了顾准最著名的反革命言论，也成就了他这个全国唯一一个两次被官方正式定为右派的右派。

50年代初遭受无端猜忌打击时，有人传说他走入教堂祈祷，还有人说他到寺庙去烧香拜佛求平安。所有有关顾准的传记文章都十分避讳却又不愿完全不涉及这一传说。我不敢采信"祈祷"一词，但绝不采信"烧香拜佛求平安"一句，这与顾准一生的行为模式无疑相悖太过了。但是他去这些地方感受宗教氛围却不能轻易排除，从他日后写出的关于基督教，佛教，伊斯兰教及儒教，道教（假如你一定要把孔子学说和老子学说归入宗教的话）的精彩文字看，他不但可能去了人们传说的基督堂和佛庙，甚至还可能去过清真寺，道观或其他宗教场所。对"一神教"持极其鲜明肯定态度的顾准，绝不可能在身处逆境时临上轿扎耳朵眼般慌张到要各处去买"平安保险"，他到这些宗教场所（若确有其事的话），只有一个原因，那就是去做历史的探索、宗教的探索和知识的探索。这绝非当年的人们可以理解，也不是现在的人们能轻易理解的。

几十年前基督教在中国已近寂灭，他不惜冒险以戴罪之身四处收集各种版本的《圣经》仔细研读；

在受尽屈辱与逼迫，本该"鸟将亡其鸣也哀"的 1974 年，他却咳着，喘着，笑着，最后是吐着血翻译了西方著名学者乔治·卡特林《政治哲学家史话》一书中论述基督教与政治关系的重要章节"罗马法与教父们"；

他推崇美国经济学家鲍尔丁《作为道德学的经济学》。鲍尔丁的主旨是："在市场经济的社会中，人既要成为经济人又要成为道德人。没有市场调节作基础不行，没有道德调节和政府干预也不行。而有道德的人一定是有宗教意识的，这种意识的顶尖是一种难以表达的对生命和存在的感悟——信仰。"；

他写于 1971 年 6 月 10 日的日记，强烈质疑赫胥黎的《天演论》，将好听点叫"激情万丈"，难听点叫"不知天高地厚"的"人定胜天"说，释为"破民主个人主义而归于集体英雄主义，此集体英雄主义锋芒所向，非仅人事，特为自然"，并斥为："循是推论，则凡违此义者，都与人类本身之目的不合，而为人类之异己分子，阶级斗争不可废，且永不可废，根柢悉在此"。说到此处他还嫌不过瘾，接着大加嘲讽："此义极精，可与否定之否定相比较。又可与《实践论》中思想改造——共产主义论相比较。"

这篇如果按照当时的"政治敌情"标准衡量，本应属于"最本质上反动"的文字,混杂在被某位后人评论为"热烈讴歌文化大革命的胜利成果""充分肯定斗批改"的顾准文字中,当年如漏网之鱼,侥幸没有被查出和销毁,却成了今天洞察顾准世界观,价值观的最好入口。尽管顾准从未受洗成为基督徒,然遍读顾准,我还是无法不得出这样一个结论——他思维方式和精神根基最接近的还是基督教精神,是"把真和美从上帝那里拿过来了,可是还把善留给上帝去掌握"的一种特别的,比普罗大众对基督教教义的朴素理解更加深入一步的思维和解析。在通常的情况下,这种思维和解析的能力反倒可能妨碍了人对基督的接近。但往往持有此种能力的人,在肉体生命接近结束的时段所有"妨碍"会突然消失,而从前的思维和解析却一点都没有浪费——他们甚至比普通的基督徒更能深切地感受到上帝的存在和祂无尽的能力。这就是为什么那么多自然和人文科学家,在肉体的生命行将终结时会不约而同地在"神圣的必然"面前,在"第一推动力"面前,在"有意义的永生"面前,在"人对其生存之神性根基的张力的经验"面前俯伏了下来。

顾准的后半生多半都是活在非人化气氛中,社会、人群对他肉体和精神上的摧残就没有停止过。没有遮雨的屋檐——家早就散了,没有避风的港湾——爱人已经自戕,更没有桃花源,除非你把他最后的寄身处——风雨飘渺的经济所和自身难保的孙冶方计算在内。

读他的《商城日记》,你能明白什么叫"苦难造人";

读他的《坦白交代材料》,你能明白人究竟能承受多大的苦难;

读他的《文集》,你能明白人能将苦难转换为思想的潜力有多大。

然而他的后半生却绝不是绝望的。他有信心,相信自己正在无限地接近真理,其思想如即将成熟的庄稼,开镰收割指日可待;他有盼望,盼望一个"以文明的方式实现文明"的"神武景气"国度和一个善意社会的出现;他有足够的爱,足够到既能爱那些爱他的人,也能爱那些嫌恶他,鄙薄他和加害他的人;他也热爱生活,热爱生命,虽然看上去生活是那样不公平,生命是那样脆弱;他原谅和宽恕一切人,虽然有那么多的人对不起他;他不惧怕死亡,当死亡猝不及防劈面而至时,他直视它,勇敢地迎接它的到来。

到了生命的最后几年，顾准对承受苦难已经产生了一种道德上的优越感。须知他不是苦行僧，不是受虐狂而是一位翩翩才子，一位真正的绅士。惟其如此，这个文弱书生才堪比二千年前身陷古罗马斗兽场，伟岸挺拔的色雷斯贵族斯巴达克斯——同样深重的苦难，同样高贵的尊严，同样悲壮的事业，同样瑰丽的传奇，只是斯巴达克斯面对的是饥饿到要立刻吃人的野兽，顾准面对的是蒙昧到不可理喻的要吃人的人。

基督教并非仅仅是一个宗教或一套哲学，而是一种人与人之间的关系和一整套生活方式。这种方式大多不能迎合人的本性，它是反潮流的，罕有的，也是很难实践的。我的主人公在"头破血流""唾面自干"的苦难中，忍耐生成了；在忍耐中，一种生活方式生成了；在这种生活方式中，一种罕见的品格生成了，它使最易滋生仇恨的土壤挺拔出最绚丽的人性之花，使最非人化的熔炉锻造出人最应该具有的形状——基督自己的形状。

很难说这不是一种信仰的胜利。

有人判断晚年顾准其实已经是一位基督徒了，我不敢，也无意下这样的判断。

"是一位基督徒"和"做一位基督徒"是两件很不相同的事情。半个世纪前的中国，眼下意义上"成为一名基督徒"的可能性是完全没有的，这种不言而喻，40岁以上的中国人都能懂得。顾准最终是否"成为了"一名基督徒并不重要，他"做了还是没有做"一名基督徒，比之前者要重要得多，前者仅仅关乎"宗教"，后者才真正关乎"信仰"。

现代神学家汉斯·孔对基督徒下过一个定义——"任何人，只要他拒绝专制，只要他指责神学家或教会头目的傲慢自大，只要他批评教会专制，批评教会与国家当权者同流合污，他就是真正的基督徒"。假如从这个定义出发，顾准何止仅仅在晚年"成为了"基督徒，从读史，论史，纪史，解史开始并竭尽生命的全部力量去追求知识，追求美，追求真理的他，其后半生就已经在"做"基督徒了，否则那些关于"契约""宽恕""罪愆""诫律""审判""悲悯""反偶像""反专制"的观念又是从哪里来的呢？

年轻的央视主持人柴静在《非如此不可？非如此不可!》的文章里写道：

"知识让人求实，逻辑让人求是。但是，我一直有一个疑问，那是一个会把人席卷而去的时代，他（顾准）怎么能在风暴中趴在地上紧紧扣住这两颗石子，而不被吹走，甚至连气息都不沾染？"

非常钦佩在这样的年代、在央视这样的地方还会有这样的年轻人发出这样的声音，但我依然无法完全赞同柴静的提法。在人文，社会，政治，经济领域内的"知识"必是要有一个宽广度标准的，这意味着你要具有对文明进行比较的知识，而不仅仅是对某一种或几种文明的知识。你不仅要知道现代文明，而且还要知道古代文明，不仅要知道东方文明，还要知道西方文明，但这还不是最重要的。最重要的是要有一个比较的原点，使你能从具象的"知识"过程中借助于概念，判断，推理，分析，取舍，也就是"逻辑"，撇开具体形象，揭示事物的本质属性。否则凌乱的"知识"真的就会是"风暴中的石子"（柴静的形容太贴切了），试想，在"一川碎石大如斗，随风满地石乱走"的风暴中，小小的石子如何能让人"扣住"而"不被吹走"，甚至"不被沾染"？更遑论许许多多"知识分子"和他们的"知识"，许许多多"逻辑学家"和他们的"逻辑"自身就已成了风暴的一部分，以飞沙走石的方式助纣为虐。

从"知识"和"逻辑"两个词汇辞源本源的词义上说，你还真不能将这些"石子"统统归为"假货"，不能说那个年代中国一点真正的知识和逻辑都没有。无论如何，虽没有阿姆斯特朗那样的登月，总还有上了天的"东方红一号"；虽有1959-1961年滔天人祸造成的大饥荒，总算还没有弄出1974年柬埔寨波尔布特政权那样、以屠杀三分之一国民的途径搭建起一个"猿的社会"的事情。

顾准在风暴中扣住的，决不是两颗"石子"而是两块"磐石"——宽广的"比较知识"和有原点的"逻辑思维"，而这两块磐石又都是"大山"的一部分，这座大山就是"基督教的信仰"。换句话说，顾准的"知识"和"逻辑"之原点就是信仰的元点。

柴静也提到学者朱学勤的判断——"后来那一代知识分子未能象顾准的成就，是因为'知识大限以及逻辑乏力'拖住了他们的脚步"。

"知识"大限何在？"逻辑"为何乏力？难道在这个领域顾准是唯一的天才？难道他占有了比别人多的资料或文献？难道他掌握外语的水平无人能够企及？难道那时的史学家们都不约而同地拒绝研究希腊和罗马，柏拉图和亚里斯多德，两河和海上文明，希腊和希伯来文化？那还能称为史学家吗？难道那时的哲学和社会学家们也都不约而同地拒绝研究经验主义、唯理主义、西方哲学和逻辑学？那么中国各大学还开办那么多的哲学系干什么？抑或是"如今通常西方哲学领域中对经验主义等的理解"都是错误或片面的，而唯有顾准当年"完全根据 XXX 宣传部给出的资料和文献"所得出的理解才是准确的？撇开被顾准刻薄了又刻薄，贬损了又贬损的郭沫若，范文澜，李亚农不谈，难道十年里就没有一位青年学子像他那样掌握了"知识"和推理了"逻辑"？难道只有他拥有一个"亲爱的六弟"陈敏之，保留下他这些日后直教人惊心动魄的文字？须知这是个当时有着近十万万人口的国度啊！

这些无法成立的原因，正在于这些"知识"和"逻辑"是没有元点和凌乱的。而顾准，这位幸运的、"被历史格外青睐的中国人"易中天语，找到、咬定并彰显了这个元点。

这，才是"顾准交响乐"的定音鼓。

旅居海外的经济学家朱嘉明先生在看过我最初写就的《顾准》一文后，给我打过一次很长的电话——

"王晓林，你绕过梅里雪山吗？你想过人们为什么要绕，而不是翻越吗？"

"应该是'敬'和'畏'吧。高山仰止，景行行止，就是这个意思吧"。

"你注意到世界上最好的经济学家许多都是基督徒吗？"

"我注意到了。且何止是经济学家，文学艺术家、学问教育家不也是吗？但这是为什么呢？容我静下来认真想一想呵。"

　　对于我，读顾准不仅是一次异常艰难的精神跋涉，也是一次改变生命形态的历程。读过顾准和未读顾准，你可能会感觉到是不一样的。人，假如你还在看书，请今天就开始读顾准吧。

第一部

人的命运

（1915—1952）

每一个瞬间，都是四万年结出的果实。

——托马斯·伍尔夫

浪漫主义所指的个人是一种全面的个人，其独特和多面的能力仅仅能够在未来社会中才能得到充分发挥，而这一未来社会已经实现了前资本主义社会中的许多价值规范。

——戴维·麦克莱伦

第一章　家国时代

1. 顾家宅

儿时，他的天地不是很大。

曾经是 2300 年前的漂亮人物——楚国春申君的封邑、名为"申"的这块土地已经没有了地平线。他初睁的双眼中既没有无垠的大地，也没有无际的天穹，只是 70 多年前的"上海镇""扈渎村"的渔村旧貌水乡本色还在，大大小小的湾湾汊汊，沟沟豁豁都还在，人们叫它们做"浜"或者"泾"。

他的家在申地上海之南陆家浜畔。

陆家浜，西起斜桥，东入黄浦江，算是条大浜，长虽不过 5 华里，却是原来的渔村上海，后来的县城上海，再后来的大都市上海南郊一条重要的交通干道。他出生那年，陆家浜还是条真正的"浜"——约莫二三丈宽，日夜都有油成黝色的船，橹声欸乃，静静地来又静静地去，水氤氲的双岸不经意间就生出来参差十万人家。随着十来座青色白色的小石桥渐次拱起，水，岸，船，屋，人就渐渐成了气候，是为人间烟火，成了人居领地——上海的一部分。

陆家浜和它周围星罗棋布的浜、泾、浦、汊，汇一样，像一纸用去上百年光阴慢慢洇湮开来的中国画，既无波澜又不壮阔，满纸都是盎然的生意和精巧的生趣。

陆家浜畔有个顾家宅。

40 多年后当他作"历史交代"时写到自己的家事，说自己的出生地是"陆家浜的顾家湾"，这和事实也许有些出入。

从 1910 年商务印书馆绘制的上海县地图到 2012 年上海市测绘

院编制的最新城区图看，座城市里叫"宅""弄""浜""泾"或"港""浦""塘""汇"的居多，叫"湾"的甚少。眼下已是城市中的城市，中心区的中心的陆家浜，就算在他出生的那年也已经繁华不堪，而绘制于 1910 年的地图上，陆家浜一带就都是宅、弄、浜、泾、港、浦、塘、汇而无湾，5 年后更不会改成"湾"了。他之所以把"宅"写成了"湾"，有一种可能是他青年时在苏南苏北呆过不短的时间，那里的"湾"可就太多了，他也就想当然把"宅"记成了"湾"，不过还有另一种更大些的可能性：

假如他在"历史坦白交代"中写上"顾家宅"三个字，那是很危险的——既然你出生在"宅门"里，且是你的本姓之宅——顾家宅，那你的家庭铁定不是资本家就是地主，是在朝阶级的敌人，你就是敌人的后代。这还不是最麻烦的，最要命的是你从前在一切表格上"出身"一栏填写的"城市小手工业者"一项，都是在"欺骗组织欺骗党"，罪莫大焉。至于那时的上海就是个在从渔村演变为都市的过程初期，就像今天的"翠花"还没来得及改名"薇薇安"一样，是个遍布"某家宅"土气名号的都市，这种情况是没有人会去考证和理会的。命令他写和看他写成的"坦白交代"的人也很少有上海人，其文化和文明的程度和他相比，都是无法望其项背者。或者即使是上海人，也不会为他这样的"阶级敌人"去费心思取证，更不会去考证此"顾"是否彼"顾"，否则岂不是在"阶级觉悟"的程度上与他同流合污了？出生在"顾家宅"本身就够倒霉的了，偏巧自己又姓顾，在那个"泥腿子"地位远远高于"书呆子"的年代，纵使你浑身长出一千张嘴来，也绝然是说不清楚的一件事。

而"顾家湾"就大大地不同了。

这是个极易令人联想到"贫农""贫民"的名词，如同北京的龙须沟、二里沟两侧的居民，那是最有可能成为领导阶级的人群。"宅"或"湾"，在那个特别暴戾怪异和莫名其妙的年份，有着非同小可的区别。他把"宅"弄成了"湾"，也符合他"不怕事但不找事"的性格——犯不着为一个根本和对方无法厘清的，无意义的字眼去纠缠，浪费大好的生命时光。

在那个无利可趋，却有无数的害在前，人人、时时都必需去避的年代，"湾"或"宅"孰轻孰重，孰利孰害，大家都明白。他的出生，应该是在"顾家宅"而不是"顾家湾"。

他出生时，上海已经很不简单，中国之最终被书写历史者定性为"半封建，半殖民地"社会，怎么也得有一大半拜上海所赐，且这些书写者也大部分出自上海，书写于上海，成就于上海。只是他出生时，这些书写者都还非常年轻，这个书写也还没有开始。

他生于1915年7月1日，这很宿命。

当然那时中国还没有7月1日这个节日。6年后，一个"党"在距他的顾家宅不足3华里处的一座李家宅诞生。13岁上他认识了这个党，他与她缠绵纠结了一生——19岁"被征求"入党，37岁被党排出母体，43岁被党彻底开除。直到他59岁离开人世，党也没有再对他转过脸头，他也从未起过再投入党的怀抱的念头。就算最后无缘于党、"自绝"于党的16年，他与这个党的缠绵纠结依然未断绝，只不是在一般人理解的一般意义之上，而是在科学，史学，人学，党学，哲学，宗教学的意义之上。这种缠绵和纠结被后人或品评、或论断、或思索了二十多年，直到今天仍在继续，仍有许多的未解之谜。

话说回来。虽然党的诞生肯定不是从7月1日开始的，就算最新的《党史》也没有这样的描述，但因为党的最终"成就者"的最高领袖在17年后的一句话——"今年七月一日，是中国共产党建立的十七周年纪念日"，就决定了这个日子将成为全体中国人的节日。而他出生在7月1日却是如假包换的。

他是个名副其实的、具有"子嗣"资格、可传宗接代的男孩，却可惜不是"嫡出"。父亲一方已经有四个儿子，两个女儿，其中一儿一女和他同母，男孩出生就夭折了，他是父亲一方第八个孩子，第七个活下来的孩子，第五个男孩子，母亲一方第三个孩子，第二个活下来的孩子，第一个男孩子。

一落生他就被唤作"双五"，包含着"两房兼祧之第五子"的信息。

母亲一方坚持要这个头生子随自己姓顾。此事陈、顾两家有"君

5

子协定"在先——陈家大房是他的亲姨母，长他的母亲 6 岁，两人原是顾家的一双姐妹花，姐姐是明媒正娶的正房，而妹妹生他时却连个"侧室"的正式名分都还没有，顾家明显是吃了亏的。为弥补这一亏欠，妹妹的头胎男孩必须姓顾，不容商量。陈家纵有一百个不情愿，无奈是后于顾家从"乡下"苏州迁至"城里"上海、没啥根基的"农转非"，也就算是刚刚混上个"书香门第"的名分，加上没孩子时承诺在先，现在反悔岂不是要背上"言而无信"的黑锅？

吵吵嚷嚷中，孩子必须姓"顾"的声音渐高，陈家终于屈服了。

再平常不过的上海陆家浜顾家宅，多了条再平常不过，连姓什么都不好确定的小生命。

2. 双五

娶下这对姐妹花的男人名叫陈庆华，字文纬，苏州人，父亲陈仰峰是个染坊工人，40 多岁就死于吸食鸦片，丢下妻子和包括庆华在内的两儿两女。父亲死后，刚刚成人的大儿陈蓉生顺理成章成为家庭生死存亡的决定者。"不是闯，就是死"，他选择了前者。

凭着年轻，陈蓉生一头撞进"隔壁"同样年轻的大城，跟着稔熟于棉花生意的苏州乡亲前辈做起苏沪之间的棉花转贩生意。他算是踩上了命运和弦上升的拍节，棉花转贩生意迅速成功，不仅自己很快安身立命，还有能力从苏州乡下将一大家子人——寡母和弟弟妹妹们接入大上海城里同住。更甚者，他还有能力策划弟妹们的未来人生。

他让弟弟陈庆华和自己一起做棉花生意，却一手把两个妹妹都送进了沪上最著名的基督教教会学校——清心书院。他的视野之开阔，已不可与父祖辈们同日而语，仅仅是"送女孩子读书""读教会学校"这两条，这一步的跨越有多大，稍微懂得点中国的人都咂摸得出来。

上海开埠于 1843 年。专制统治根深蒂固的中华帝国版图上崛起的这样一个"非我族类"的资本主义野小子，已经把惊世骇俗的事情做到了极致，连"大清朝"对它也只能睁只眼闭只眼，大概除了传统之说——"腐朽清廷对帝国主义的惧怕"之外，更不能排除的还是"腐朽清廷"上上下下对它打心眼深处，说不出口的喜欢。芸芸众生对它的趋之若鹜就更不用说，陈蓉生不过是鹜中一只罢了。他们的父辈们仅仅接受了开埠带来的鸦片烟就纷纷为此丧了命，他们却头脑清醒地远离鸦片，同时占尽大清国门初次洞开吹进的一切清气香氛并从此结束了几千年祖祖辈辈做井底之蛙的宿命。

马克思先生说，"看来历史要先让这些人民全部染上毒瘾，然后才能让他们从世袭的愚蠢中醒来"。革命先哲对东方伟大华夏帝国的这一论断虽有些不敬，倒是很贴切。陈蓉生们就是从"世袭的愚蠢"朦胧中初醒过来的第一代人。他们接受了比鸦片高明得多的精神产品——农商、工商文明规则，还有价值观念的转变——在女子问题上，她们不再是"无才便是德"的赔钱货，只要她们能说一口流利的洋文，通晓西方文化，能和西人打交道，就也是"光宗耀祖"的宝贝。虽然日后许多陈蓉生们也哀叹夷人收获了坚船利炮得不到的东西——人心，却并不妨碍那时、后来和现在的他们争先恐后把女儿、妹妹们纷纷送进教会中学、教会大学进而送出中国，让夷人再接再厉地以"学战"之术接着去俘获这最要紧的战利品。

天下万事关联，万事有定时，每一个瞬间，都是四万年结出的果实，陈蓉生——他命定要做一位名叫"顾准"的人的伯父——在1890年前后把两个妹妹送入清心书院，这个"瞬间"会结出何等果实，至此还无法预知，弟弟庆华还小，连他自己都还没有子嗣，谈何侄子。

但侄子终归是会来，而且已经来了，他就是双五——顾准，在母家的坚持下，父家唯一妥协随了母姓，同时被读书人父亲赋于了一个大气响亮名字的男孩子。顾准的出世有一点点传奇的味道，虽然在传奇实在是太多的大上海简直就算不上传奇，但说说也无妨。

略显不敬，首先我得说这孩子确实是爱情的产物，这就是"有一点点传奇味道"的意思。既不是包办、强迫婚姻，因情而生的孩子又不"野"，这在彼时的中国不能算不稀罕。

7

　　陈庆华于 1900 年在 27 岁上娶了顾家 21 岁的大女儿为妻，是时小女儿顾庆莲还是个情窦未开 15 岁的"小姨子"。5 年后，姐姐已经诞下两个儿子。一天，妹妹在探望姐姐时突发急病躺倒在姐姐家里，得到谙熟黄岐之术的姐夫陈庆华的医治和照料。已经 20 岁还未出嫁的庆莲情愫暗生，爱上了这位大她 12 岁的姐夫。

　　彼时的上海再"异类"，还异类不到实行日耳曼民族那样严格的"一夫一妻"制。他们顺理成章地同居了，姐姐不反对，岳父岳母也不反对，条件仅仅是"生了男孩要姓顾"和"要为无嗣的岳父母送终"。这样的条件对恋爱中的男子何成其为问题！只是热恋中小姨子的身份连个"侧室"都忘了立，两家倒也不在乎。就这样直到五年后庆莲第一次怀了孕，这才想起把她"非正式地纳为侧室"。

　　男孩生下来就夭折了，连姓陈姓顾都来不及处置。次年生了个女孩，天经地义姓了陈。

　　他们依然相亲相爱，却也并不妨碍正房的顾家大姐接二连三地又生下二男一女。直到又过了三年，双五——顾准出生，顾庆莲才算是正式嫁给陈志庆成为侧室。双五无疑成了辖制陈家明媒正娶顾家次女的砝码。

　　可天下不如意事常八九。顾准出生前后几年，陈家出了一连串的坏事：先是大房顾母因一次意外，受惊吓而亡；继而陈家经济的顶梁柱、伯父陈蓉生因棉花生意过于劳累和棉绒对肺部的侵害而故；紧接着已经出嫁的陈家大姑母亡故。

　　半成人的哥哥们把这些灾难都记在了顾准父母婚姻的头上——是他们"名不正言不顺"的婚姻给家庭招灾致祸，弄得家道败落。

　　"父亲和母亲的结合，是姐夫跟小姨（子）的恋爱。小时候父母亲吵架，父亲跟我们说过，什么母亲生病，父亲为她治病的事也许这就是他们结合的开始。看来外祖父母知道后，木已成舟，母亲就正式成了父亲的侧室，但订下了条件：（一）为外祖父母养老；（二）顾家无后，母亲生下的男孩子一律姓顾……我的弟弟们因为陈家的异义，不按原条件姓顾，一律姓了陈……这是一个互相埋怨，纠纷无穷的家庭，我的哥哥们指责我母亲和父亲的婚姻，说我大母是因为我父亲和母亲的结合忧郁而死的，指责外祖母，母亲和母亲所生的孩子们吃穷了这一家……家愈穷，纠纷和吵架也愈加无穷无尽。"[1]

顾准写这段"历史交代"是 1968 年。在一个有着"为亲者讳"和"家丑不可外扬"传统的族群，多少大户人家的子女最忌讳的就是被人指认是"小老婆"生的。顾准的"坦白"真是太天真太坦白了。他确实是"小老婆"生的，但却是成熟的（父亲 42 岁，母亲 30 岁）、有爱的父母诞下的宁馨儿。他的聪明也许得之于此，但他的智慧却不一定得之于此。

很难否认，世间有极少的一部分人，其智慧具有"天赋"的特性。英文中对"天才"一词有"Talent"和"Genius"之分。有一位曾和顾准有过长期接触并精通英语言的朋友曾这样讲到顾准——"他无疑是个'Genius'，其天分是上苍的'Gift（礼物）'而不是靠后天努力而达到的'Talent（才干）'。少数人的这种资质是芸芸众生很难企及的。"

天赋，古希腊人称之为"健全的智力"，是一种超凡的特质。拥有这种特质的人，不需要艰苦的训练，成功轻而易举。顾准日后在天赐般的启示下形成的激情和理性以及在无意识中将这种天赐视之为责任，注定了他生命历程的异常艰辛和光荣，他也因此具有某些先知者的特性。直到今天，人们谈到他时，"先知"依然是个用得相当频繁的名词。

3. 小姑私塾 [2]

小双五——顾准在 5 岁上被送入"姑母私塾"启蒙。这位姑母

1　《自述》P2
2　本节有关清心女中的叙述来自中央广播艺术合唱团退休老艺术家洪慕莲女士，她本人于 1940 年代毕业于清心女中，1981 年正式受洗成为基督徒。

塾师，正是被颇有远见的大伯陈蓉生在近 30 年前送去清心女中的小妹妹——陈庆志。

清心女中衍生于 1860 年由北美长老会派遣中国的四位传道士创建的清心堂。"清心"二字受启发于《新约·马太福音 5:8》——"清心的人有福了，因为他们必得见上帝"。最初的堂址就在陆家浜的娄理瑞牧师家中。1860 年 2 月的第一个礼拜日，三位美国长老会信徒和一位华裔信徒正式立约，创立了"上海长老会第一会堂"，这就是清心堂。

建堂之初，这里收留、收养流离失所的青少年，以耕种园圃、缝纫纺织来解决自用衣食，半工半读。后来开始聘请教员编制课程，清心堂也由此改名为清新院，即后来清心男中、清心女中之始。书院当年 9 月开学并有了自己的第一座礼拜堂。第一名注册的学生名叫朱祝三。

从各种顾准年表推算，顾准的两个姑姑被送入清心女中是在 1892 年左右，是时清心已创建三十多年，是上海名望极高的教会学校，姐妹俩入学年龄应在 14-17 岁之间。虽然顾准自己说姑母们只是"非正规地"在清心女中上过两年学，但从她们日后双双嫁给最早把基督教文明引入中国的明末大学士徐光启第二十三代嫡孙、清末民初开办洋务的徐徽山、徐仰山两兄弟，从姑姑们有能力独立开设私塾看，她们的"学历"应该远不止此。

小姑母庆志到底在清心呆了多久，实在因为事件横跨 3 个世纪而很难查证。但有一点可以确认，那就是她和姐姐在清心一定接受过基督教教育并成为了基督徒。据 1936 年夏毕业于杭州之江大学获文学士学位，当年即在清心堂受洗并开始侍奉，直到 1994 年才退休的陈蓉生老牧师《清心堂沿革》一文记载：

"清心堂自 1860 年成立之日起，学校与教会因人事兼职，几乎不分彼此。书院逐渐发展，后改名为清心实业学校，注重半工半读，特别注重培训印刷人才……后又改名为两级中学，分男，女校，在陆家浜道桥畔……信徒先后收录二百数十人。……从清心书院女子部

到清心女中，逐渐成为沪上的一所贵族式学校。据不完全统计，自
1890 年到 1910 年的 20 年中，男校的毕业生共 240 人，其中受洗信
徒有 147 人，而女校在此 20 年中，也有 109 人成为清心堂的信徒，
在后来的岁月中受洗的学生相应地就更多了。"

由此看来，他的两个姑母不大可能"仅仅在校读书，并未成为教
徒"，更何况顾准的小姑父徐仰山至死都是一位基督徒。1920 年，5
岁的小顾准被父母"依照旧规"送到小姑陈庆志处的"小姑私
塾"。

既然是"依照旧规"，此私塾存在时间肯定已经不短。到了小顾
准被送到"姑母私塾"的 1920 年，小姑母庆志大约是 40 岁左右，
推算该私塾至少已经办了 15-20 年。教会学校毕业生办西学私塾，
在中国还是个无人考证的题目。有本《顾准全传》说到"姑母私塾"
的课程表，除了教会文化、西方文化、算术、地理、英文等，还想当
然地列上"必读的儒学启蒙读物"，却一字不提《圣经》知识，基督
教教义和基督教历史知识。这与事实不符。

"姑母私塾"的课程既有教会知识必先有圣经知识，既有西方文
化必先有基督教文化，这是常识。而以开讲西学启蒙的学校，尤其是
由基督徒创办的学校，教授国学有可能，但以"儒家学说启蒙"就比
较可疑了，因为这是两种差异巨大的宇宙观和世界观，仅仅"性善
说"和"性恶说"就无法调和，耶孔同堂用于儿童启蒙教育，可能性
微乎其微。

与各种记述顾准的传记文字相反，在清心堂侍奉了一生的陈蓉
生老牧师在他全部的回忆录里，只字未提清心女中那些著名的基督
徒毕业生，如参与创建中国第一所儿童医院的留美儿科专家、儿童营
养学家、医学教育家苏祖斐，和宋美龄为美国卫斯理女子大学同学，
后长期任其秘书的张蔼真，著名艺术家霍希贤，著名女高音歌唱家高
芝兰等，而是反复提到众多不知名的教友，尤其是男女青年们——他
们的受洗皈依和各种团契、事工，提到他们对基督教在中国的发展所
起的作用。他还提到清心堂和"与北京大学同时被誉为中国近代文化

的双子星"的、中国历史最悠久的现代出版机构——商务印书馆的渊源。商务印书馆创始人鲍咸昌，鲍咸恩和鲍咸亨三兄弟之父鲍华甫就是早期清心堂的义工教师和传道人。

1910 年为纪念他，儿子们捐资在清心堂旁边建立了第二座礼拜堂——思鲍堂。商务印书馆也是中国最早开印和发行《圣经》的出版机构，1895 年印刷了《新约圣经》，由中国基督教妇女呈献给慈禧太后。

清心堂信徒中出了很多人才，尤其在印刷业，出版业，教育业和文化业上为中国贡献了一批可圈可点的人才。

一个如此成熟的教会学校——"清心女中"，其培养出来的学生如"庆志姑妈"会有何样的信仰和文化基础，可想而知。由这样的"姑母"灌输给 5-7 岁的小侄儿顾准何样的信仰和文化基础，可联想而知。看到"私塾"二字就断定必会教授"之乎者也"者，未免有望文生义，你看清心女中起初不也被叫做"清心女塾"吗？

小顾准被送去"启蒙"的年龄段是 5-7 岁，这个年龄段所接受的东西对一个人的一生会起到什么作用，用不着请教幼儿教育家，看看自家的孩子，普通人就能明白。顾准在这里学到的，不会是什么"日后必读的儒学启蒙读物"，也不会仅仅是初级的算数和地理，而他必定会接触的，则一定有《圣经》，有基督教教义，有基督教的世界观和价值观。

按照当时此类学校的一般规律，小顾准的课程表至少应该包括：背诵《圣经》片段和章节，教理问答，赞美诗和诗歌等，凡了解基督教常识和教会学校常识的人都明白，这几乎是不言而喻的。除此之外，小姑私塾还有一项极为重要、对顾准一生作用非同小可的课程，那就是英文。

纵观顾准一生，算上这两年"小姑私塾"的启蒙，五年"留云小学"、两年"中华商科学校"的正规学校教育，他没有再接受过其他科班训练，除非你一定要把 1943-1945 年延安的"半工半读"——一边做"延安整风"（后文均简称为"延整"）中的中共中央党校学员，一边做陕甘宁边区的会计，以及 1955 年-1956 年他在北京的中共中央党校已无任何公职的"脱产学习"算作是科班教育的话。而后两者在"外语教学"上肯定为"零"是不必赘言的。

顾准一生全凭自学所达到的英语水平非常人可比，它相当完美，且不是专于一门而是涉及多门学科——至少在经济学，数学和历史学三门学科上。这三门学科他不但在母语上而且在英语上做到了融汇贯通。晚年顾准曾不无得意地宣称，他，"是可以拿三个博士学位的"，指的就是这三门。

顾准的早慧和天才固然不能排除，但他英文童子功练就于小姑私塾却是不容置疑的。从他10岁即从小学跳级考入商科学校，12岁入职中国首创的会计师事务所——潘序伦事务所，13岁操持事务所夜校杂务，15岁站上夜校讲台，17岁任事务所"校务部"主任，19岁作为主要作者与老板潘序伦以及其他同事合作出版中国第一套会计学丛书，同年出任三所教会大学会计学教授来看，他的英语基础一定非常扎实。

小顾准在他的"小姑私塾"仅仅呆了两年，和他五十九年的生命长度相比很短，却非常关键。顾准和这位庆志小姑母有着非同一般、超乎姑侄亲情的关系，他们精神始基上的一致或相似，是有据可考的。

顾准写于1968年的坦白交代材料——《我的家庭关系和少年时代大家庭生活——历史交代（一）》之VIII——"附带交代一下全部亲戚关系"中这样写道：

"（很久以来）顾家在苏州的亲戚简直断绝了往来……父亲弟兄姐妹四人，伯父死后……伯母住在苏州，和我家绝少往来……伯父有两个女儿……，其中一个1934年后就毫无往来……。另一个……简直没有往来……。1949年我回上海后，这位堂姐来过我家一次，我未回访，以后也无往来……。大姑父续娶后很少往来"[3]

但说到小姑母庆志，他却一反常态：

---

3 赵人伟《从一些片段看顾准的学术生涯和感情世界》

"1940 年我离开上海前，一直来往……小姑母只有一个女儿，表妹夫是医生张秀彬，现在苏州医学院，1949 年回上海后和她们还来往。1953 年我来北京后无往来……1962 年我出差上海时去苏州他们家探望过小姑母。"[4]

1962 年正是顾准精神上最为苦闷的岁月——国家刚刚经历人祸浩劫，无数生灵涂炭，自己被开除出党，劳动改造，差一点在劳改营成为饿殍，妻子不相信不理解，儿女叛离，母亲埋怨，百事不成。作为一个人在最应该消沉的时候，他却在年纪至少已过 85 岁的庆志小姑母那里找到了倾诉的对象。他和姑母，堂妹以及姑母那同样被打成右派的女婿抵膝执手谈至深夜，直到低吼出"老和尚不出来做检讨，不足以平民愤啊"[5]当事人口述这样足以被取命，对爹妈老婆都绝不能出口的"极端反动"声音，把小姑母一家人吓得半死。

还有一个细节也比较耐人寻味：

1935 年 10 月，已经是中共地下党员的顾准奉命携妻子汪璧火速离开上海，流亡北平。按照中共地下党的铁纪，这是"上不能告父母，下不得传子孙"的党的秘密，除了已经"在党"的六弟陈敏之，他守口如瓶，连潘序伦那里也没有露出半点口风，弄得潘老板满腹狐疑，甚是不悦。可偏偏，他俩要去向"二级亲属关系"的小姑庆志辞行。

深夜，顾准汪璧来到小姑家中，不慎吵醒了未满十岁的小表妹徐文娟。虽然听不懂他们和妈妈都说了些什么，可两人一身电影明星才子佳人的装扮却令小姑娘惊喜不已，终生难忘。

颇早开始探索顾准的学者林贤治先生曾用诗一般的语言谈到死后的顾准——"对于他，人们到处颂扬那最后的夺目的光辉，此时我宁愿赞美初燃的纯净的蓝焰。"[6]用去这许多笔墨考证清心女中，姑母私塾和小姑母庆志，目的就在于寻找顾准五十九年另类生命历程那

4 《自述》P5
5 高建国《顾准全传》同上 第 6
6 《林贤治眼中的顾准》

簇"初燃的纯净的蓝焰"是什么，或者干脆不如说，他的"病根"在哪。

是为"人有病，天知否？"

4."救国""救家"！

顾准的童年和许多日后"革命了"的中国读书人的童年十分相似，但又和他们有较大的不同。在5-7岁这个人生关键时区，顾准接受了一种在中国不多见的、博爱的教育——基督教文明的教育。不过这一点也没什么过于与众不同——和他同时代的革命书生们也有很多毕业于教会中学或教会大学。真正与众不同的是，由于他罕见的心智和天赋，令这种文明所包涵的信息在相当长的时间内被不自觉地保存了下来，而大部分和他有相同经历的同辈，在接受新政治信仰的热情中，因为要表明和旧时的一切决绝而将这文明所包涵的信息不自觉地匆匆否弃，或自觉地、弃如敝履地彻底抛弃。

"我于1920年在小姑母的私塾读一、二年级，1922年转入留云小学上三年级……五年级时越级考取中华职业学校的初中商科，那时正好10岁。"[7]

顾准的幼、少年期，中国不大像一个主权国家。北方墙头不停变幻的大王旗和南方街头纠纠待发的革命军，都令这座蜂巢般的大都市惴惴不安。昨天孩子们还在对着"青天白日满地红"唱"亚东开化中国早，揖美追欧，旧邦新造"，今天就得对着"红黄蓝白黑"改唱"卿云烂兮，纠缦缦兮，日月光华，旦复旦兮"，而明天可能又得唱回来"三民主义，吾党所宗，以建民国，以进大同"。好在中国人早就熟悉和惯于这样的生存环境，惴惴归惴惴，生活总还是要继续。

1919年，以一个符号——"五四"所框定并被定义为"启蒙"

---

7 《自述》P15

的中国文化运动在双城北京、上海同时兴起。

在经历了从洋务运动、师夷之长到戊戌变法、维新失败再到推翻异族皇朝的辛亥革命，中国知识阶层在几十年的迷茫后，好像又看到了新的出路。欧洲流传已久的各种主要社会思潮，给中国带来了民主主义、无政府主义、工团主义、马克思主义……反倒是八年前刚刚立下的"国策"——三民主义显得不大摩登，也许是因为国民党"在朝"之故，摩登人物是不屑于"在朝"之物的。不过这也无可厚非，"抗衡在朝"原本就是所谓"知识分子的使命"。

春夏之交，救亡，启蒙和文艺复兴的呐喊声交汇轰鸣到了最高潮，旧的政治组织获得了新的生命，新的政治主张纷纷出现，这令无数青年读书人兴奋莫名，热血喷张。李大钊，陈独秀，胡适各擎大旗，"德""赛"两大先生终于以两千五百多岁的高龄（以古希腊雅典民主与拉丁文 Scio 为其父计）在中国首次登场，热闹非凡，之后则是长至今日的对"五四"符号所代表的"问题还是主义""文化还是政治""救亡还是革命""启蒙还是倒退"……无休止的争吵。

史学家唐德刚先生说——"（至少）胡适之先生是反对五四运动的。他反对的当然不是他小友周策纵的五四运动，而是他底及门弟子傅斯年、罗家伦、段锡朋一干人，于民国八年五月四日，在北京的大街之上，摇旗呐喊的那个五四运动。"

这未免具象了些。

思想家殷海光先生说——"那个时代是'大动乱的时代'，动乱源于文化冲突，中国文化传统已经连根摇撼，外来思想文化狂风暴雨般袭来，使得知识分子目眩神摇，无所适从。"

这未免悲观了些。

共产革命家毛泽东先生说——"五四运动是在当时世界革命号召之下，是在俄国革命号召之下，是在列宁号召之下发生的。五四运动是当时无产阶级世界革命的一部分。"

这未免牵强了些，更有把"五四"这块功德碑往自家祖庙强搬之嫌。

反共革命家蒋介石先生则说——"五四运动造成共产党做大，最后政府只好退到台湾。"

这未免有同样的牵强并有推诿责任之嫌。

"五四"和小双五确实差不多同龄。有文章说小双五"诞生在中国近代史上最精彩的一个阶段"，甚至将他称作"五四之子"，不能不说也有上述"夸大其词之嫌"。来看看小双五自己的陈述：

> "五四运动的曙光还没有透进中小学的课堂，小学里国文教师殷亚华（他后来是同情掩护我们的地下活动的）还以《非非孝》（即非难五四运动中反对孔老二的孝道即'非孝'的主张）为题要我们写作文。"[8]

这是 40 多年后顾准在他的"坦白交代里"谈到"五四"的仅有的一处文字。八、九岁的小顾准反"五四"的《非非孝》写得怎么样不得而知，但两大"先生"在他心目中是怎样树立起来的，遍读他的文稿文存，能直接和"五四"连接得上的还真是难觅。关于民主与科学的思考结论，大部分还是他在被"排出母体"后精心，静心观察社会，发愤读史、独立探索的过程中得到、并且几如天赐地达到了在科学（包括政治科学）、哲学（包括政治哲学）与宗教学（包括政治宗教学）上惊人的融汇贯通，达到了在这个闭塞国家和那个闭塞时代无人企及的高度。

1946 年，胡适在北大讲演时说："你们要争独立，不要争自由。"并进一步解释说，自由是针对外面束缚而言的，而独立是你们自己的事情。给你自由而不独立，依然是奴隶。独立要不盲从，不受欺骗，不依赖门户，不依赖别人，这就是独立的精神。"反对五四"的"五四之父"这番话，倒是解读顾准的一条通幽小径。

接着是另一个符号——"五卅"的出现。

1925 年，顾准已经 10 岁，比起"非非孝"时的懵懂，他已经有了参与生命的意识。

> "五卅运动中我们曾经拿着竹筒，扛着旗帜，为罢工工人捐过

---

8 《自述》P3

款，但是五卅的枪声我们没有听到（我家住在南市的南面），五卅以后的大罢工也没有影响到我们的日常生活（我们不到法租界上去，家里还点煤油灯），当时轰轰烈烈的工人运动和学生运动竟没有在我这个小孩子的脑袋中留下过什么印象。"[9]

无独有偶，是时上海街头扛着红旗拿着竹筒的人群中还有一位英俊的无锡少年——孙冶方。这位刚满17岁却已经做了两年无锡国、共双党党支部书记的老革命是否邂逅过稚气未脱的小顾准，无法得知，可从两人14年后在上海"孤岛"相遇开始直到四十九年后顾准离世才结束的友谊，却是中国学苑书林经久不衰的传奇。

孙冶方们募到了几大木箱的铜圆，小顾准的竹筒多半也会盛满的。他的小脑袋估计还装不进诸如"反帝救国"这样抽象的东西。

竹筒、红旗、人群虽然具象，可还有更具象的东西要他操心，那就是家庭不断陷入更深的贫穷困顿。父亲陈庆华已经没有任何途径从外部获得物质上的支持，精神已经垮了。顾家从宽敞的"顾家宅"搬进价贱的南市南边，房子狭窄了，包车没有了，"父亲经常整天不出门要我和二哥拿东西上当铺，然后要我们去买酒，喝了酒和母亲吵架。"

愈来愈无宁日的家成了互相埋怨，纠纷无穷的渊薮。这给少年顾准的心灵造成的伤害是巨大的。他很爱自己的这些同父异母哥哥，尤其是三哥陈怀德，他几乎是崇拜他。可就连怀德，也并不尊重小顾准的亲生母亲——顾庆莲。到顾准同父同母的弟弟出生，陈家已经决绝地背弃了"生男姓顾"的诺言，六弟只好起名陈怀如（后来自行改名陈敏之），好与哥哥们整齐地排行。

小双五——顾准，成了陈家唯一姓顾的孩子。从家庭细胞开始，这孩子就是个异类。

上年，一家之主陈庆华在哥哥扶持下所开的棉花行宣告彻底破产。随着陈家三个最主要成员的离世和最后一个小儿子陈吉士的出

生，他再也维持不下去拥有十个子女的大家庭了。这个男人选择了离家出走，一甩手躲进寺庙，做起悬壶济世，积德行善的居士，任妻子和孩子们自生自灭。

这也是许多中国男人们除自杀之外能够选择的最好出路。陈庆华是个倒霉的丈夫但却是个幸运的父亲。多舛的命运和困窘的生活没有把他的孩子们推入万劫不复的沉渊，相反却促使他们个个知发愤，争图强。从1902年出生的长子陈怀农到1926年出生的幼子陈吉士，十个孩子，无一例外，也包括他那唯一随了母姓的小双五——顾准。孩子们对追求新知的巨大热情和超出常人的悟性，不能说没有父亲的一份遗传，这也是顾准一生为之骄傲的，虽然他要在这层骄傲上涂上种种令人已经不大看得懂的"保护色"，但"精英"意识的"马脚"往往还是因为涂抹得不甚干净而漏了出来：

"因为资产阶级家庭的腐朽的纠纷，使我在家庭中处于卑微的地位，这是促使我走上革命道路的一个因素。然而这种家庭环境，截然不同于深受压迫的工人和贫下中农的家庭环境，这决定了我内心深处存在着根深蒂固的资产阶级反动世界观……所有的亲戚都是机关，学校，部队的工作人员，按其性质全部都是知识分子。他们的革命彻底性比我高得多，但对我本人来说，'全部都是知识分子'这一客观事实在我思想上确实助长了轻视体力劳动，助长了'劳心者治人，劳力者治于人'的反动思想的作用。"[10]

要说时年已经53岁的顾准先生写下上面这段"历史交代"是出于发自内心的自卑或自鄙，诚难令人置信。

孩子们的出息，往往是从"救家"开始的，尚且不懂救国为何物的顾准，早早就知道了要救家。放下红旗竹筒拿起算盘、笔筒，10岁的他连跳两级考入中华职业学校。接下来的两年他随时顶着因交不起学费而辍学的威胁，靠着母亲和姐姐无日无夜的辛劳和珍惜他的老师倾囊相助，小小的职校生居然在两年后又破格考入中国最著名

10　《自述》P7

的会计师事务所——潘序伦会计师事务所，从月薪 12 元，端茶送水倒痰盂的小练习生做起，3 年之内做到事务所附属夜校的主任，是时顾准年仅 15 岁。

38 年后的 1965 年，顾准六弟陈敏之曾有——"兄年十有三，稚气犹未除；为觅衣与食，独立负重荷。老母有所养，弟妹得庇护。"之句，感怀五哥救家、救母、救弟妹的恩情。"国"救不救得成姑且不论，小顾准终于可以"救家"了。

5. 始自十二岁的"社会职业生活"

"1927 年 7 月中旬，我到潘序伦会计师事务所，正好 12 岁。"[11]

从学徒开始的人生，古今中外都算不上稀奇。看中国老革命谭震林、老反革命杜月笙，看俄国的高尔基、英国的法拉第，都是学徒出身。可像顾准这样把"学徒生涯"称作"社会职业生活"且从 12 岁开始，还真不多见。上面这段话，摘自他四十一年后写就的"历史交代"，题目是《1927-1934 年的社会职业生活》。须知 1927 年开始"职业生涯"时，他连十二岁都还未满。

顾准的东家、掌柜的可不是个一般人物，他是中国会计的始祖鸟，中国现代会计学百年第一人。潘序伦，江苏宜兴人。1921 年毕业于上海圣约翰大学，同年被保送进入美国哈佛大学商学院攻读会计学，两年后获企业管理硕士学位，进入哥伦比亚大学继续攻读经济学。1924 年以经济学博士衔被国立东南大学和国立暨南大学聘为教授。1920-30 年代，正值西方经济大萧条时期，却是中国资产阶级的黄金时代。一批完全不同于农耕文明产生的流通型商人，也不同于洋务运动产生的"红顶商人"的，真正意义上的企业家在上海、天津、江浙、四川一带出现了。在中国这个"几千年来志不在此，不仅不能

---

11 同上 P8

生产，而且一向无意于生产，即使上溯一千年也不容易容纳一种商业体制，新旧之间不能衔接，所有因素都无法在数目字上管理"黄仁宇语的国度里，他们创建了有史以来第一次的新式生产联合体——冶铁，盐碱，棉纱，桑蚕，纺织，面粉，电话，轮船，化工，火柴，水泥，煤矿……并且已经有了一个很西化的名字——企业。

面对如此日渐复杂的经济活动，长袍马褂瓜皮帽，眼镜算盘长指甲的"钱粮师爷""账房先生"们早已无法适应，迅速发展的民族工商业迫切需要新式的会计人才。潘序伦独具慧眼看到了这种历史发展的需要，于1927年辞去两所大学的教席创立了中国第一间会计师事务所——"立信会计师事务所"。刚满12岁的顾准由他的老师，潘序伦好友王志莘的推荐，被潘老板第一批雇用。

仅仅读了两年职业学校，中途还一度因为交不起学费而辍学的这个12岁男孩，把进入事务所当学徒看作是"救家"无可推脱的责任。世道不会给他这样的孩子任何淘气和任性的机会，进入"立信"不但能养活自己还能养活家，还求什么？

端茶倒水，扫地抹桌倒痰盂，给东家到夜壶，他都干了。这原是做学徒的本分，人人都是这么过来的。可几十年后他把这一段称作"社会职业生活"，是否有点夸张呢？

可你再来看他干完了这些还干了些什么，就知道他是不是吹牛了：

"除当练习生应做的给客人倒茶，到银行送款等杂役外，有些公司注册和商业登记的正式业务也让我办……抄写，跑腿……中文打字，英文打字……当过本所会计员，查账助理员……抄刻钢板讲义，专任编辑助理……联系出版，跑印刷所，校对……编写（夜校）'习题详解'……做函授教员"[12]

顾准的早慧是惊人的。潘老板早就看出，把这个小家伙单纯当茶房用绝对可惜了。除了像所有的东家对学徒一样交下来数不清的杂

12　《自述》P8

役之外，他还给了他学习的机会。

13 岁读了半年的簿记，小家伙的名字居然上了"本校职员通讯录"，虽是叨陪末座，且是唯一一个既无通讯地址也无电话号码的"职员"。可他毕竟才 13 岁呀。

14 岁，他上了掌柜的台盘——被潘序伦"破格擢升"为事务所所办夜校的"助教"。除了不敢让这么个小东西直接上夜校讲台去给成年人上课，其他什么事务潘老板都敢放手让他去干：银行业务，注册商标，商业登记，税务，夜校教务，编译印刷……几乎事务所所有的核心业务小东西都有参与。

真真是"人小鬼大"。不敢上讲台，那就做函授教员，不见面，谁能知道他多大？小东西"屈尊"教了一年函授——编教材，出试题，改卷子，打分数……谁也不知道他们的"顾老师"是个什么模样，学生们乖乖地在老师的带领下完成作业，循序渐进。

15 岁，小东西通过"竞选"当上了"立信同学会"的负责人。潘老板和他自己都觉得可以"出台亮相"了。可当他第一次自信满满从函授的幕后走上讲台，立即被学生们轰了下来：

"凭什么弄这么个小孩子给我们讲课？个儿还没讲台高！阿拉出钱上夜校，就拿个这么个小孩子哄人？！"

16 岁，他长高了。挺挺胸壮壮胆，他又一次站上讲台并下定决心，任学生们再起哄也绝不下来。一张嘴，大他许多岁，高他一个头的学生们服了气，此"顾老师"可不就是彼"顾老师"吗？再起哄未免太"拎不清"了。

他稳稳地站上了"潘序伦会计师事务所夜校"的讲台。不仅如此，他还拒绝照本宣科讲别人的东西——在这个领域里，一切都是新的，一切都需要有人创新，他赶上了，就要做创新者——他使用自己编写的讲义！

两年后这本讲义正式列为立信会计丛书交商务印书馆印行，次年出版。这就是顾准的第一部大著——《银行会计》，精装 4 元，简装 2.8 元，再版多次。如今你还能在美国斯坦福大学东亚图书馆找到它 1934 年的再版。

拜他始自 12 岁的"职业生涯"所赐，除了足够养活自己，还足以改善他那个庞大复杂家庭的经济状况。举个例子，到了他 16 岁那年，除了每月固定 60 元的工资之外，他还有半年一次且超越工资额的分红和近千元的版权收入。

根据《上海物价月报 民国 19 年 1 月 第六卷第 1 号》中的趸售指数计算，顾准这一年的收入足以购入二号粳米 160 石（将近 12.5 吨），或猪肉 4 吨，或鲜鸡蛋 8.3 万个。

顾准的"社会职业生活"端地开始得好生精彩。

6. 小"安那其主义"者

我的传主开始他"社会职业生活"的 1927 年，上海这座东方大都市，颇不安分，颇有故事。1 月，一支 1.6 万人的英国军团火速进驻上海，保护这座国际城市里的 4 万英侨。这一年汉口，九江，南京相继出现反英暴乱，苦力造反（"反英暴乱"，"苦力造反"二词，各类大陆史料沿用至今，非作者自定义），夺取英租界，攻击外国机构，打死金陵大学美籍校长，抢劫英国侨民，乱象丛生。英国政府不得不采取紧急军事行动。

3 月，蒋介石的北伐军兵临上海城下。在中共领导的上海工人纠察队 80 万人第三次暴动（上年 10 月 26 日的第一次和本年 2 月 22 日的第二次均告失败）里应外合的配合下，北伐军不费一枪一弹占领了上海。

陆家浜畔的少年顾准目睹了事件的全部过程——北伐军到达前高挂在大街上示众的"党人"头颅，着长袍挎红带端长枪，高呼"党军到！"即占领旧政府警察局的工人纠察队员，黄浦江边沙包工事里纠纠然的北伐军人……。

和女孩子不同，血腥和暴力在一个半懂事半不懂事男孩子的心中引起天性反感的同时往往也会出生依稀的浪漫和参与自己同情一方的愿望。顾准也未免俗，和哥哥一起跑到沙包工事里，向兵哥们要求"哪怕当个勤务兵"，被北伐革命军一口拒绝。

由于北洋军阀孙传芳部以及所谓的北洋上海政府不堪一击，军人缴械，警察投降，五六千枝枪支流落到了民间。这令凯旋进城的北伐军政府伤透脑筋，原本纠缠不清的党争派斗在民族主义情绪的推动下愈发狂乱和无理性，这五六千枝枪械成了执政者一块大心病。新政府甫一上台，第一道命令就是收缴民间枪支，解散民间武装。这也是古今中外每一个专制政权无例外，无奈何的选择。却谈何容易。

仅仅十来天，又一个新的历史符号出现了，那就是被沿用至今，标识着"政变""背叛""屠杀""血泊""党同伐异"和"罪恶"的所谓"四·一二"。

比较奇怪的是，敏感的少年顾准却称（对它）"根本不知道"：

"北伐军到达上海以前，军阀孙传芳在上海的爪牙李宝璋大肆逮捕党人，把捕到的党人砍下头来放在木笼里挂在大街上示众，我看见过；3月下旬，第三次武装暴动中的工人纠察队进占我家附近一个警察所，我亲眼看到挂红布标帜的工人走到警察所门口，夺下门岗手中的枪，脱下警察戴的帽子，直入警察所内部缴枪，没有遭到任何抵抗的一幅情景……。在董家渡江滨的沙包工事中看架在那里的重机关枪，和驻守的下级军官和士兵谈话，曾要求他们收留我们（他和三哥陈怀德）做勤务兵……。但是对当时的政治事变，如最初成立的以宋庆龄为首的上海市政府，四一二屠杀，强迫解散总工会，张定璠任市长等等，有的根本不知道，有的听到了也不了解其意义，也没有对我的思想发展投下过什么波澜"[13]

假如按照史学家黄仁宇先生的观点——"至于（4.12）清党终在上海展开者，乃因当地工会组织纠察队五千人，在孙传芳，张宗昌部队退出上海地区时，获得枪械数千支，至此成为严重问题。3月杪蒋介石与白崇禧已发出通令，此等半军事机构务必将兵器交出。如谓4月12日事件出于突然，工会人物全无预感，只在懵懂之中被出卖，

---

13 《自述》第15

甚难置信。"[14]，许多当年身在其境的上海居民，包括少年顾准并未看到，甚至并未听说如国人被告知了90年的"尸骨如山，血流成河"的情景，就是情有可原的了。

毕竟只有12岁，童年的这一经历对顾准未来的生活方式是否有决定性的意义很难判断，但人世间心灵秩序的混乱和专制政府的残酷给他带来了巨大的震动，哲学性的思考也开始萌芽。很快，他成为一个小"安那其主义"者。

这个新奇怪异的名头其实就是人人熟悉的"无政府主义"英文Anarchism 的音译，起源于希腊语单词 αναρχία，意思是没有统治者。在顾准的年代，它和"马克思主义""列宁主义""托洛斯基主义""工团主义"……一样，都是充满新奇、西方和摩登气息的名词，对青年人的吸引和诱惑是不言而喻的。

"中华职业学校的同学甘绩瑞1927年进了劳动大学……学校里有共产党，但无政府主义思潮流行，甘绩瑞那时也信从无政府主义。我从甘那里借读了李芾甘（巴金）译的克鲁泡特金的《面包攻略》等书以后，热烈地信从无政府主义起来了。"[15]

将"巴金"的名字沿用至死的李芾甘先生，当年是和鲁迅，郭沫若，矛盾齐名的文学家，青年人的偶像。而俄国小贵族（军功贵族）、"无政府主义先驱"——米哈伊尔·亚历山大罗维奇·巴枯宁和俄国大贵族（世袭贵族）、"无政府主义王子"——彼得·阿历克塞维奇·克鲁泡特金，则更是偶像们的偶像。巴金即巴枯宁加上克鲁泡特金两个名字的头尾。李先生也一直默认着这样的解释，直到1966年，早就被烙上反马克思黥记的巴枯宁之"巴"字，才被赋予了另外的一种相当牵强，非常无奈的解释[16]。

当年崇"巴"拜"金"的是个相当庞大的群体。刘师培、张静

---

14 黄仁宇　《从大历史的角度读蒋介石日记》
15 《自述》P17
16 自1957年始，李芾甘先生坚称自己笔名中之"巴"绝非巴枯宁的"巴"而是为纪念一位巴姓亡友。

江、褚民谊、吴稚晖、李大钊、陈独秀、毛泽东、周恩来……这些赫赫有名的中国近代人物都曾经是这个庞大群体中的一员。刚刚从"帝制"下走出却又未能进入"共和"的年轻人，很难不被"安那其主义"如此这般的"宣言"所动先生——

"无地主！无资本家！无首领！无官员！无代表！无家长！无军队！无监狱！无警察！无裁判厅！无法律！无宗教！无纲常！无婚姻！无家庭！无私有财产！无货币！无职业！无种界！"

"不食肉、不饮酒、不吸烟、不用仆役、不做人力轿车、不婚姻、不称族姓、不做官吏、不做议员，不入政党、不做陆海军人、不奉宗教。"

实际上在西方，反对一切政府体制、统治形式和权威，提倡个体间自助的"安那其主义"，早在19世纪末叶已经日渐式微。以巴枯宁和克鲁泡特金为代表的一个分支——"无政府共产主义"，更是被革命先哲马克思痛打得体无完肤。但是在完全没有自己的政治哲学和政治哲学家的20世纪初叶的中国，它们都曾风靡一时。

1930年署名蒂甘的《从资本主义到安那其主义》由上海江湾自由书店初版。56年后，当李蒂甘先生的《全集》将要出版时，年过80的老人却任责任编辑者怎么劝说，也不肯将其收入。此书没有在中国大陆再版过，却在2009年被香港一家出版社不知出于何样考量，限量一千册再版。当年的小顾准受这本小册子的影响至深，朦胧中他觉得和它似曾相识——小姑私塾时期熟读的《圣经》和眼下生吞活剥的"巴"与"金"纠缠在一起：

"爱人如己"——"互助的本能"

"贪财是万恶之根"——"取消资本！消灭私有财产！"

"共享生活"——"消费共产主义"

"凡物公用"——"集产"

契合实在太多，区别却还无力。

"我们热烈吸收的是（书）那里对资本剥削劳动的激情控诉。在

26

这种思想状态下，有过对革命生活的憧憬，对于当时的职业生活，认为是在给资本家的走狗当奴才。但是究竟怎样革命，革命生活究竟是怎样的生活，却又十分朦胧。"[17]

当时一首最著名的无政府主义歌曲《杜歇斯内神父之歌》中这样唱到：

"如果你想要快乐，
他妈的！
去吊死你的雇主！"

雇主？天生有一个——"掌柜的"潘序伦不就在眼前吗？！吊死他？NO！

从小熟知"十诫"的他一生也没有开过这一诫，更何况眼下他还是个孩子。可这并不妨碍小孩子顾准照着"主义""攻略"的模板把他的老板定义为"资本家的走狗"，把自己的"社会职业生活"定义为"做奴才"，也就是"走狗的走狗"。所以当他听说潘老板的家乡宜兴起了暴动时，兴奋得无可无不可，不知轻重地对事务所宜兴籍和非宜兴籍的同事们宣称"我热烈赞成暴动！"，"我也要扛起红旗来！"[18]

红旗是什么符号，暴动意味着什么，这个小"安那其"还想不了那么多，但政府的可恶，独裁和专制的可恶已经在他心中埋下了厌恶、拒绝和抵制的种子。

宜兴籍地主书香家庭出身的潘序伦并没有把这个黄口小儿和他的口无遮拦当回事。他可能根本没有意识到自己的家庭应该、可能和正在成为革命的对象，暴虐的目标。

还好，宜兴暴动从占领到撤出仅仅不到 3 天，24 岁的暴动领袖万益未经审判即被处决，从起事到平息不过 20 天，潘序伦的家庭可能未受任何波及。满腹西学经纶的这位会计学大师是年正值 34 岁壮年，他一手创办的中国第一家会计师事务所正如日中天，他心中的

17　《自述》P17
18　同上

"神圣"是新式会计学，是中国的"问题"。"主义"在他，是不屑一顾的东西。

他继续重用顾准，不是当作"奴才"而是当作"重臣"。

7. 数字天才

"家庭负担的生活现实，压下了少年时代的革命激情。1927-1929 年的革命憧憬是不结果实的……无政府主义的书也只读了那么二三本……。收入较多后，（开始）读汉代金文经学和古文经学之说，读宋词元曲，订阅沈雁冰的小说月报，赵景深的文学月报，创造社和文学研究会的一些创造大概都读过，还在晚间跑到商务印书馆附近的东方图书馆去读书。记得 1930-1932 年读过萧一山的《清代通史》，陈寿的《三国志》，粗读过《论语》《孟子》甚至还读过几页许慎的《说文解字》，也读过一些康德派哲学的书。没有师系"[19]

小安那其主义者的政治热情很快无疾而终，他的心思又收回到了事务所。

14-19 岁之间的顾准在没有学校、没有课堂、无教材、无师系的环境中开始了他的"职业向上期"。天然地，他有一种对数字罕见的兴趣、敏感和天分。1924 年，以中国第一位哈佛商学院 MBA、哥伦比亚大学经济学博士身份海归的潘序伦，在上海创办了中国第一间现代意义上的会计师事务所。潘因此被称为"中国会计业第一人"，而顾准有幸成为这个"中国第一"的最早成员。潘序伦也很幸运，他无意中雇用了一名数字天才。

会计学，在绝大多数人们的心目中是一支十分枯燥的学问分支。尤其在中国这个从不重视数目字的国度，会计学被叫做"计学"，高雅一点是为"勤笔免思"之法，通俗一点是为"好脑袋不如烂笔头"，

19　同上 P18

既无传统也无师承，更无"学理"。即使有很少的执笔著书之士，亦绝不情愿以宝贵之光阴牺牲于锱铢必较之事。总而言之，这是门"俗务"，有志之士是不屑搭理的。故中国计学者既无专师授业也无专书问世，自清代始，师爷们口传心授保留下来了简易的复式记帐法——"龙门帐"和"四脚帐"，但是这些比较先进的方法不仅未笔之于书，而且未推行于世，无论是管理"国库"的财政大员还是管理"地库"的钱粮师爷、账房先生，其职业行为只受伦理道德的约束，仅仅依靠他们"自觉地"规范自身行为，会计业务处理过程无规可依，无章可循，以德治、人治，无法制，几乎完全无法套用现代意义上"管理"二字。

这就是以中国伦理文化支撑的中式会计文化。

1930 年代，中国工商界起了一场关于中式簿记的"改革与改良"之争。彼时"西学东渐"之风甚盛。某些纯属"填补空白"的西学，例如近代物理、近代化学等堪称"打遍天下无敌手"孤独求败式的西学分支，推行起来很容易；而那些原已在中国存在对应物的领域，例如计学，则无论优劣，总会对西学先起排挤之心，后发较量之力。中西学间的冲突，清朝以降就是个大难题，其主旋律一直是"中学为体，西学为用"，但它和历朝历代诸多"政策"用语一样，很难从词义、数据或标准上体现其可执行性，只能从每个不同的人的角度"体察上情，为体为用"。

潘序伦的归来在中国商海掀起了波涛，"海龟"与"土鳖"之争不可避免，这就是会计学界津津乐道至今的"潘徐之争"。

徐是徐永祚，中式簿记改良派领袖。徐的主张是：尽管中式簿记存在许多问题，但都可以参照西方复式簿记原理加以改良，仍应保留收付为记账符号以及中式账簿记账方式等传统做法。以"收""付"作为记账符号符合国人的习惯，且改良中式簿记以现金收付为记账基础，突出了现金是最可宝贵之物。尤其是中式簿记中传统的"四柱结算法"，是中国对会计学的一大贡献，其"效用之大，罕与伦比，西式簿记尚未有此结算法"。四柱结算法与西式试算表，在检查会计记录以及计算方面有无错误是完全一致的，且"四柱结算法可以表现一个期间收什数额进行比级以及经过和结果"，比仅反映一个期间借贷结果的试算表要优越。徐永祚进而主张"不仅中式簿记有保留使用之必要，即西式簿记亦有仿行之价值"。

"改革派"亦称"西化派"，以潘序伦博士为代表。

改革派并不全盘否认改良派的成果，但指出即使是改良后的中式簿记，依然达不到西式簿记那样科学完善的程度。改良后的四柱结算法实际上是西式试算表的变形，但统辖的总分类账中不设现金账户，这是严重不完整的。改良派过分夸大了四柱结算法的作用，是一种短视行为。从长远来看，排斥借贷理论，另立一种收付理论是不合理，不正确的。中式簿记以现会为记账基础，对于非现金或转账交易的处理以及观众反方向过账，既无理论依据，实际上也令人费解，它比借贷要复杂得多。旧式簿记直写不便于多栏式登记，也不方便合计和过账，改良簿记对账簿的分割不胜其烦，不符合"经济"原则，易重复，不便查阅，一旦交易，难以在账簿中得到整体表现。

潘氏改革派的结论是：中式簿记是不科学的，只有借贷复式记账法（西式簿记）才是科学的、进步的。从发展趋势看，中式簿记必然被西式簿记所取代。收付记账法不是一种科学的簿记方法，中式簿记法应予废除，实行借贷会计。潘序伦进一步预言，簿记这一经济管理的工具，必然要走世界共同一致的道路，中国不可能用独异的方法。

潘徐之争的实质，是中国会计学要不要和世界接轨，中国的工商文明要不要在数目字上和西方的工商文明相通和相容。

数字文明是工商文明的基础。人类从结绳记事，到指头，石头，竹节，木枝的"筹"，从西方的"格子算法"，计算尺到东方的"珠算"和算盘，从潘徐时代才刚刚出现的"计算机概念"到今天的"互联网时代"，数字文明无不是人类文明的最重要组成部分，数字文明的进步无不是人类文明最重要的推动力。很难想象人类在数字管理上不使用共同的概念而能做到真正的沟通。因此当年的潘徐之争不仅仅是学术之争，也是东西方工商观念之争，社会发展观念之争。

就在这场学界重量级人物的学术较量中，年纪刚及负笈的少年顾准俨然已是力主改革的西学派——立信派主将之一。

当潘序伦在《会计杂志》上先后发表《为讨论"改良中式簿记"致徐永祚君书》《批评徐永祚的改良大纲 10 条》和《改良中式簿记之讨论》等文之时，顾准也发表了《评徐永祚氏"改良中式簿记"》，用西方会计理论审视中式簿记的缺陷，直指改良中式簿记已经不适用于社会发展到当前状态下的经济活动。接着对比中式簿记和西式簿记的优劣，力倡借贷理论的普及，否则"会计理论不能昌明，会计学术进步难期"，其观点的尖锐和批判的勇气既让人感叹"初生之犊不怕虎"又不得不钦佩折服。

15 岁的小小少年敢于如此挑战前辈和权威是有底气的。

顾准一生都很推崇日本明治维新时代鼓吹现代化最力，影响最大的思想家福泽谕吉。他最早读到的有关复式簿记的书就是福泽谕吉翻译成日文介绍到中国来的。而以反对人文科学中的价值取向，主张"价值中立"著称的德国经济学和社会学家沃纳·桑巴特，则更是把复式簿记的发明看作是可与血液循环的发现比肩的伟大创举。

与潘序伦一起挑战改良派是顾准学术生涯的起始，这篇文章就是其开篇之作，也可以将其看做他的第一篇学术论文，其参考文献就是福泽谕吉和桑巴特，他当时读到的很可能都是原文，至少也是英文版。潘老板的激赏自不必说，此文不但为他一生在会计学界的地位奠定了坚实的基础，也为他的后半生定下了"尊崇数字，尊崇价值"的基调。

这是一场多少年都被会计学界津津乐道的学术之争。人们除了乐道以潘氏"西学派"的完胜告终这一结果，还乐道潘、徐二人在争论中十足的绅士派头，他们相互间的尊重，他们的"费厄泼赖（Fair Play——公平竞争"，"泼赖"进行中和"泼赖"结束后的友谊以及他们此后的命运。

这场争论的最大成果就是：被当代西方最著名经济学家熊彼得尊为"资本主义实践高耸的纪念塔"的复式簿记从此正式引进中国并被沿用至今。

会计学在中国很快成为显学，会计师、会计员成为抢手的职业。

彼时中国，尤其上海，知识界对才能的重视大异于今天的等级尊卑意识。人们不拼资历，不拼年龄，不拼原有成就，更不会"拼爹"，拼的是创新和进取的能力，顺带也拼一点西洋学历，否则也就不会有方鸿渐"克莱登大学博士文凭"的故事了。潘序伦所拥有的，那可是响当当、硬邦邦的"哈商"和"哥大"的文凭，金字招牌是不发愁的。而他放手培养、起用15岁的顾准，这孩子3年前还在给他倒夜壶，两年前还在黄口小儿不知深浅地要"扛起红旗"造他的反，他都忘记或者完全不在乎。他在乎的，是这孩子非凡的进取能力和那份对数目字的天然热情。

1929年，潘序伦与另一位会计学家吴君实合著了《高级商业簿记教科书》，作为立信会计师事务所夜校的教材。这也是中国第一批正式成书成册的会计学教科书。小学徒顾准先是在工余的夜间刻钢板，印讲义。当然不是白干，每夜能刻两张，潘老板付给"劳务费"大洋两毛五分钱。以后成书出版进入后期时，他被提拔为专职编辑助理，负责习题集出题和答案的编纂。那些大他许多的夜校生们，既不知道弄得自己抓耳挠腮的习题出自这个小东西之手，也不知道给他们批改打分，弄得他们一时欢喜一时愁的也是这个小东西，否则非气疯了不可。

小东西实足年龄还不到十四，正是"一张白纸，好画最新最美的图画"的时候，仅仅从刻钢板的过程中他就记下了无数会计学术语，而编题和答题给他的教益就更大了。在事务所里，无论从什么杂活中他都能看到学问，都愿意和有兴趣去学去深究，当然除了给潘老板倒夜壶之外。不过潘老板早就免了他这项杂役啦，人才成本太高了嘛。难得这么个对数字天生过敏的孩子，万军好找，一将难求，能端茶递水倒夜壶的人可太多了。

上年小家伙曾考取持志大学缮写员的职位，半工半读，不仅不收学费还给工钱。可这精明孩子掐指一算，上大学不如在潘老板手下做徒弟，工资既高，学到的东西也不比大学少，还是留在这里"救家"和"向上"的好，就推荐自己三哥怀德去了，自己则继续在立信过他的"社会职业生活"。

到了十五岁，更无人能小觑他了。潘老板一手"擢升"他出任立信函授学校校长，工资也涨了不少，每月二十块大洋。对一个十五岁的半大小子来讲，这个数额的工钱实在是够吹吹牛皮的了，尤其是当着全家人的面，当啷当啷响着全数交到操劳得鬓角都开始斑白的母亲手中时，那一份自豪和喜悦真难为一个孩子怎么掩饰得住。

顾准愈加勤奋了。

在为老板的《高级商业簿记》编写的《习题详解》由上海商务印书馆出版时，徒弟的"副册"与老板的"正册"已是堂堂正正地并列，后来再版时还有了独立的书名——《高级商业簿记习题详解》，顾准为第一署名人，是为立信会计丛书中的一本。

不久，他又以第二署名人的资格和潘老板共同出版了《政府会计》。此时潘序伦37岁，他连第一署名人一半的年纪都不到，才十五岁。

此书四年后的再版，如今还能在斯坦福大学的东亚图书馆找到。

潘老板自忖小东西长了个子，肚子里的东西早已够用，应该"拿得上台盘"了，就放胆让他上了夜校的讲台。没成想，如前所述，被学生一通起哄轰了下来，还连累潘老板背上"拿个小孩子来哄我们"的骂名。

又过了一年。有天晚上，他豁出去了——"今晚我就要站上讲台上做你们的老师，除非你们把我拖下来！"

他们没有把他拖下来。小顾老师甫一开口，夜校的学生们，无论是年过三十的"老会计"们还是刚刚入行的"小会计"们统统安静了下来——到立信夜校来，听这种老师的课，从时间和金钱两个方面讲都非常值得，干吗要在乎他多大岁数，多高个子？能学到东西才是最重要的，而顾老师确实能让他们"学到东西"，这些"上海人"，尤其还是"上海计师"们，哪里会这么"拎不清"？

十六岁的小老师顾准所授是银行会计课程。他不但"自演"还要"自编"，从教材、讲义到习题、解答都是他亲力亲为。和数字博弈，看它们在自己手下成序并驯服，他"忙，并快乐着"，简直不亦乐乎。

在讲了两年，编了两年之后，这些东西被顺理成章后交给鼎鼎大名的商务印书馆，顾准的第一本独立著作——《银行会计》出版，几年后书名改为《中华银行会计制度》再版，由同样大名鼎鼎的王云五做总发行人，潘序伦作序。

潘老板写道——"顾君准前著《银行会计》一书，复将其节编为《银行会计教科书》一书，出版以来，国内之银行实务家及大中学校学生，几无不奉为唯一参考书及教本。惟顾君以该二书系属教科书体裁，对于我国各银行之会计制度，限于篇幅，不能详加讨论，顾复出其心得，著为《中华银行会计制度》一书，都凡四十万言。余为校读一过，觉其研究之精详，编制之适当，实可称为银行会计一科空前之佳著。从此国内学者，对于此科，得此晚辈之参考资料，其于我国银行会计之改良，必当有莫大之助力也，不禁跂于望之也。"

无论是老板对伙计，师傅对徒弟还是老师对弟子的角度，潘序伦对顾准的赞赏都溢于言表，连"避亲""溢美"之嫌都顾不上了。

此书是中国第一部银行会计学专著，第一部银行会计学大学通用教材，这倒是时至今日也无人提出质疑的。

此间他当选立信同学会负责人，同学会创办的《立信会计月刊》是中国现代会计学第一块争鸣的园地，他担任了若干期的主编。

顾准成了立信的台柱子，约稿不断，兼课不断。不经意间他成了1930 年代上海最高产的会计作家之一。这位对数目字以及排列它们的逻辑有着一份天生喜爱和激情的少年，可不就是个成色十足的"数字天才"！

8. 来得太早的成功

1934 年，19 岁的顾准与潘序伦再次联合署名出版了《初级商业簿记教科书》，这是又一本被会计学界学子们奉为圭臬的教科书。两三年来，青年顾准在上海学界名声鹊起，除了老板潘序伦、立信系统和整个上海会计界的激赏不算，当年夜校的学生，立信的同事们以及会计界外的青年们对他的推崇以致崇拜可能更厉害。比如有位和他同年的立信夜校学生丁苏民先生这样形容他的老师顾准——"他教课深入浅出，理论联系实际，深受同学欢迎。当时这些同学大都是银行界小职员，练习生，与顾准同志相处甚欢，气氛非常活跃。顾准同志年轻有为，学识渊博，同事和同学们都非常爱戴他，也是我平生最敬佩的人。"

毕竟是二十多年前的文字，虽然"八股"了些，人物形象是清楚的。再比如有位大他六岁的立信同事，和他一起执教夜校的李鸿寿先生，在回忆未满十六岁（1931年初）的顾准时这样写到——"穿一件布长衫，拿一把洋伞，夹一本书，朴实无华，好学不倦……白天，我们两人的写字台面对面，交谈的机会比较多，他不仅专攻会计，而且知识面广，对于国内外大事，娓娓而谈，他比我小六岁，我认为他是我的良师益友"

一位22岁的青年将一位16岁的孩子称作"良师益友"，确有些令人吃惊。

假如你认为是时因为顾准"出名"了，这些都是人们对他的溢美之词，那就再看看当年的一位中学生，一生也未涉足会计界的学者李慎之先生对他的描述——"最早听说顾准的名字是在30年代末的上海。当时我有亲戚在立信会计学校上学，说起那里有一位杰出的教师，年纪只有二十上下，却已当上了教授，而且最得学生的崇敬。'立信'并不是北大、清华那样的'最高学府'，但是其专业训练之严格却是全国闻名的，等闲之辈是上不了讲坛的。大概就因为这一点吧，这个名字从此就永远地因在我这个中学生的脑子里了。"

名声大到连中学生都知道，而且是在一个绝对"非流行"的领域，其成就可想而知。到了1934年，顾准在潘序伦的立信会计师事务所已经"历练"了7个寒暑，潘序伦决定放他单飞。

是时正值各大学争相设置"银行会计学"一门课程，沪上三家教会大学争先恐后投名到到立信门下，向西式会计学的祖师爷潘序伦"坐等要人"。潘老板也是个有胸怀的人，爱才有道，每次都不假思索就推荐了自己最得意的门生顾准，唯一的条件是此人授课之余必须留任立信。在这场小小的人才争夺战中有个插曲很有趣：

之江大学的华人名誉校长李恩培在听完潘序伦先生"顾准只是

个初级职业学校毕业生"的介绍后满腹狐疑，眉头紧皱，沉默不语，惹得潘老板甚是不悦，端茶送客，发飙道："李校长既然看勿起，那就听您另请高明吧。"

岂料之大李校长前脚刚快快退出，后脚圣约翰大学美籍副校长跟着就迈了进来，不假思索就接受了老校友潘序伦对爱徒一成不变的推荐，当场下聘，一言而定。李校长后悔不迭，也顾不上"好马不吃回头草"的面子问题了，立即把顾老师的聘书送了过来。沪江大学风闻此讯自是不甘落后，由法学院院长亲自登门将兼职教授的大红聘书直接送到立信事务所顾准先生手中。

除了无出其右的专业水平，眼下已能操一口流利英语，日语也能读能写的顾准，是足以胜任这三所"进了大门就得说英语"的教会大学了。

顾准的英语是无师自通的。这和他在在编写《银行会计》一书的过程中需要大量阅读银行学，货币学，银行务实和经济学书籍，而这些书籍大部分是英文读物不无关系。加上上海话，不知是因为开埠最早还是碰巧了，其发音方式、语调和语气都是中国方言里最接近英语的，再加上有潘序伦这样的留美师傅，英语估计说得像钱钟书《围城》里的赵辛楣——"滚过来滚过去地隆隆作响"，十来岁的顾准又是如此的早慧，成天介耳闻目染，想不学都难。但最关键的，可能还是"小姑私塾"时的那点英文童子功起了作用，反正顾准的英语就这么不经意间无师自通了。

除了专业书籍，他和三哥陈怀德还不断阅读英文杂志和书刊，例如美国人艾萨克斯·H·R 在共产国际资助下创办的《中国论坛》，常常刊载介绍共产党苏维埃根据地和红军状况的文章，怀德定期到发行外文书刊的外商书店——别发洋行购买，兄弟俩轮换着看。此杂志对顾准日后的"急剧左倾"有很大的助力。

除了英语，他还学了日语。据他自己说日语是"粗通"，可已经能看河上肇原文的《经济学大纲》和唯物论辩证法一类的书籍，无论如何"粗通"还是自谦了些。河上肇的书是他"急剧左倾"的又一助力，仅仅"粗通"是做不到的。

36

两种非母语的掌握使顾准的思维方式常常有别于大多数同时代人，这是他的幸，也是他的不幸，后面再说，先说说顾准任教的三所大学。

圣约翰大学（Saint John's University）始创于 1870 年，是上海乃至全中国的第一所高等教育学府，早了"京师大学堂"差不多 30 年，是中国近代最著名的大学之一，也是西洋人在华办学时间最长的一所教会学校。她的校友名单灿若星河，令人眼花缭乱：即包括了如顾维钧、宋子文、荣毅仁、邹韬奋、林语堂、贝聿铭这些在中国根本无需介绍的名字，也包括了如邹文怀（香港电影教父，一手打造出李小龙和成龙两位最能代表中国的世界顶级明星及无数天王巨星、香港嘉禾集团创始人及主席）、史久镛（联合国国际法院院长、大法官）、经叔平（老上海商业巨子、民生银行创始人、原全国工商联主席）、吴肇光（中国外科医学奠基人）、孙学悟（中国基础化学奠基人）、颜福庆（中华医学会创始人）、周有光（汉语拼音创始人）、黄嘉华（联合国国际法委员会委员）、顾震隆（中国复合材料研究奠基人）、刘鸿生（老上海实业大王）、严家淦（政治家，原中华民国总统）、吴宓（文学家、国学大师、诗人）等等需要略作介绍的名字。这些人影响甚至改变了中国乃至世界近现代的政治、外交、金融、商业、法学、建筑、医学、文学、电影、新闻、物理、化学等诸多领域的历史，对中国的历史进程起到过重要影响。

说圣约翰足以媲美燕京（北大），不算过言。

之江大学（Hangchow Christian College）则是另一所始创于 1914年，杭州的教会大学。她的校友名单虽远不如圣约翰那般辉煌，但提起莎士比亚的译者朱生豪，中国雷达之父束星北，也是令人肃然起敬的。中国眼下司空见惯的毕业典礼上的学士帽和礼服，也由此大学从西方首次引进。在日本侵华的战火中，之江大学法学院由杭州迁往上海英租界。

沪江大学（University of Shanghai）的历史比较短，离顾准受聘进校仅仅 28 年。原是一所美国人办的浸信会大学，由美国弗吉尼亚州立大学颁发学位证书。沪江大学是最早开办"社会工作"专业的大学，是一间以传播基督教教义为主，同时兼办社会福利的教育机构。大学 1929 年才向中国政府申报立案，校名也从上海学院（Shanghai College）改为沪江大学（University of Shanghai）。

19 岁的顾准同时被三所沪上名校争相聘请，如此"社会职业生涯"的成功，的确罕见。

是时中国，银行会计学实在可称"显学"。有三种职业在那时被民间看做"铁饭碗"——银行，邮局和海关。会计业又是三只"铁饭碗"都离不开的，会计学就成了"铁饭碗中的铁饭碗"，是学成后能捧上"金饭碗"的学问。因此各大学争相开办此专业，选修它的学生趋之若鹜也就不足为奇了。

教会大学，尤其是圣约翰大学的学生们，几乎个个是自命精英的"刺头"，要他们轻易就说哪个老师的好话，保证不在他或她的课堂上恶作剧，那是"NO WAY（没门儿）"的事情。可这些难缠的家伙们，其中很多人在年龄上还大过老师，却无一不"臣服"在顾老师的教鞭下，因为还没有见到老师前，顾准这个名字就已经"如雷贯耳"，况且此人是被他们的校长、院长，其中有中人也有西人，三顾茅庐请来的，想捣乱或者不听话不服气，那只能自讨没趣。

三年前还因为岁数小，个子矮，连"立信夜校"的讲坛都站不住的他，如今堂堂正正走进了名牌大学的校门，威风凛凛地站在了最高学府的讲坛上。每当顾老师着一身笔挺的西装，持一支根本用不着的"司的克"，夹一叠讲义，绅士派头十足地走进三所教会大学的大门，用英语频频和门房，学生，同侪打招呼，同时接受他们恭敬的回应，每当他大部分用英文，偶尔也用中文侃侃而言地讲课，娓娓道来地答疑，无数崇敬中夹杂着惊讶的目光就一直如影相随地跟着他。

顾准，再矜持也毕竟是个 19 岁的年轻人，让他掩饰自己的欣喜是困难的，他也不屑去掩饰。顾准和自己的伯父陈蓉生一样，踩上了"命运和弦上升的节拍"。后者因为 40 多年前参与了刚刚兴起的棉花贩运生意而致家道兴旺，前者则因为"西式簿记"的会计方式在中国普及而致大器早成。

然而他的成功来得太早了。这种辉煌到了"夺目"地步的成功，使得人生在激情和理智两个方面很难平衡。才华出众的人往往有破坏和脱离精神依赖产生独立意识的倾向，有渴望与众不同的倾向。如若生逢一个崇尚"参差多态乃幸福本源"的时代和族群，他们已经"与众不同"的才华会滋生得更加"出众"，因为族群的共识是"本社会需要这样的才华"。反之，才华反倒常常成为不幸的根源，尤其是在东方，在中国，在汉民族这个族群中，在"无知"要革"知识"的命，"愚昧"要革"文化"的命的时代。

　　和伯父陈蓉生因为"棉花"而成功也因为"棉花"而丧命——死于生意过度兴隆带来的疲累和棉绒对肺部的侵害不同，侄儿顾准则被天赋般的才华带来的太早和太过炫目的成功所累，生出不可救药的"知识优越"和"知识菁英"情结，造成一生世俗生活的不幸。更遗憾的是，就连家人也被由其衍生出的强大"气场"连累和伤害，伤口至今不能愈合。

第二章　浪漫与革命

1. 秩师，娜拉及其他

一个人的生命故事是不是有趣，要看他一生中身边出现过的人是不是有趣。顾准的生命故事不仅是有"趣"的更是有"启示"的，这就不是芸芸众生可能拥有的人生了。

潘序伦，这是顾准身边出现最早的一位有趣人物。

许多相关文字提到潘序伦和顾准，用到最多，还是"良师益友"，"亦师亦友"，"伯乐与千里马"等溢美之词，却有意或无意地忽略了两人间最重要的"雇用"和"买卖"关系，而这一点是不是少年顾准"我也要扛起红旗"的革命念头，青年顾准"绝不做潘序伦第二"的革命决心最初的萌芽，是不是顾准第一次"出走"的原因，少有顾准研究者和民间"顾迷"起过这样的疑问。

"从 1927/VII 到 1940/VII，除 1935 年的上半年而外，整整 13 年，我一直是潘序伦的雇员。"[1]

大多顾准探索者在寻踪顾准走向革命的始因时，都认为他对"家"的"背离感"和对"国"的"绝望感"是导致这样一个被当时的社会不仅仅是"见容"甚至是"推崇"的人物走向革命的精神起因。这或许有些偏颇。

幼年顾准对家庭的"厌恶感"确实存在过。父亲前后两房夫人，10 个孩子，加上为夫的无能，弄得家道败落，家无宁日，这是无争

---

1 《自述》P56

的事实。可如此状况在当年，甚至眼下的中国都是个常态，极具中国特色，没什么值得大惊小怪的。况且家庭的矛盾并未造成家庭成员的堕落，如前章所述，倒是促使儿女个个出息，坏事变了好事。

从顾准留下并面世的文字看，他对家的"厌恶"远少于"依恋"反倒是显然的。

比如说到几个同父异母哥哥，姐姐，特别是三哥陈怀德，四哥陈怀良，说到和自己一母所生的兄弟姊妹，特别是二姐陈佩珍和六弟陈怀如（陈敏之），无不一派温情。说到母亲顾庆莲，母子两人之间"舐犊"和"反哺"之情更是跃然纸上。顾准从未因母亲是"小老婆"而轻看她，也从未因自己的"庶出"而自卑过。顾准的父亲陈庆华，说到头也就是个鬼使神差不幸从了商的读书人——不能干，不练达，还有些不负责任，却是个多情的种子。他在破产后也就是一甩手住到庙里"悬壶济世"去了，大不了算"出了家"，既没有死在下等的烟花巷，如骆驼祥子，也没有殁于自家的大烟榻，如顾准的祖父陈仰峰。加之他老人家死得早，所以成人后的儿子顾准对父亲也少有微词。

特别值得提到的，还有顾准和小姑陈庆志的亲情。

这对姑侄之间的特殊亲情，从一些他自己和他的探索者的文字细节中，很可以看出些端倪。前一章已经讲到：

1935年10月，顾准和汪璧按照武卫会林里夫的指示秘密流亡北平的前夜，一身典型的秘密工作者夫妇打扮，专程深夜上门到小姑母庆志家辞行，吵醒了小表妹徐文娟，令这个当年未满十岁的小姑娘又惊又喜，至死难忘。这肯定是相悖于"上不传父母，下不传子孙"的秘密工作原则的，他却偏偏不背着一位姑母；以及，作为一个被开除出党，一个全国知名右派，刚刚亲历"人相食"的大饥荒，妻儿疏离，亲人敬鬼神而远之，精神最为苦闷的1962年，本应是人生最消沉之际，他却在难得的上海出差之机，毫无顾忌地登门拜访年已耄耋的庆志小姑母。47岁的侄儿和85岁的老人执手相看泪眼，竟无语凝噎。他和小姑母同样打成右派的女婿，自己的表妹夫，苏州医学院的内科教授张秀彬抵膝执手谈至深夜，直至发出"老和尚不出来做检讨，不足以平民愤啊"当事人口述这样足够"杀头"的狂怒低吼。

顾准的家庭并不"可恶"，是上世纪初一个很普通，很典型，甚至可以说是个比较"优秀"的中国家庭，他也没有"背离"它，这是显而易见的。他在家庭中的卑微感早就随着"立信会计师事务所"小学徒的出息而消失了，他早早就成了家庭经济生活的支柱。几位同父异母的哥姐也都没有被他记恨，他和大姐陈秉真，三哥陈怀德之间的故事后边还要讲到，那一份既普通又温馨的亲情令人过目难忘。

几十年来，顾准家庭成员的状况不是令他"愤恨"和"蒙羞"，而是一种难以掩饰，却又令人（令他"坦白交代"的人）很难挑剔的自豪。刨去"历史交代"中他不得不说的假话、套话、空话成分，"家庭"——这个"促使我走上革命道路"的因素几乎可以忽略不计。

顾准既不同于《家·春·秋》中的觉新或觉民，更不同于《白毛女》中的大春，他从立信的台柱子和数所教会大学的兼职教授这样常人很难企及的社会身份高度和经济生活高度上"出走"，走向革命，走向中国共产党，既不是出于对家庭的背离，也不是出于对社会的绝望。若是先将在国家存亡关头"对国民党的失望"这一最显著，最无争议的因素放下不谈，假如一定要有一个比喻，那就只有易普生《玩偶之家》中的娜拉。

娜拉走后怎样？

1923 年的鲁迅和 1973 年的顾准发出了同一声追问，相隔恰巧50 年。

大先生风趣幽默，举重若轻，讲的，是妇女问题，问的，也是妇女问题，只是"将娜拉当做一个普通人而说的"，就算稍有引申也很有限，因为"我们无权去劝诱人做牺牲，也无权去阻止人做牺牲"。并且，关于"娜拉走后怎样？"，他和易普生态度一样——"不负解答的责任"[2]。

顾准的追问则严肃宏大得多，沉重得多。他问的是人类的问题，且倾其后半生，拼了性命地要负起"解答的责任"。

连易卜生自己都不承认是一出"社会剧"而仅仅是"诗"的《玩

---

2 鲁迅 1923.12.26 在北京女子师范大学文艺会上的演讲

偶之家》，竟会在近百年的中国历史中生成这样一句"天问"，尤其是读书人的"天问"，恐怕连这句"天问"的原创者周树人先生自己也始料未及。

青年顾准的第一次"出走"（谁说娜拉只出走过一次？）又是怎样发生的呢？

"楼下传来砰的一响关大门的声音"，这是《玩偶之家》剧本的最后一行字。

在顾准，如解放与自由之钟的这"砰的一声"，响在 1933 年初春。他出走了，算不上义无反顾（娜拉也不一定啊，毕竟她有 3 个孩子留在家里），他走了。体面的社会地位，受尊重并有兴趣的职业，足以养活一个家庭还绰绰有余的收入——"海尔茂"如此这般的"安乐窝"，"娜拉"为何出走？谁又是顾准的"海尔茂"？

"我虽然在 1927—1928 年痛恨过资本对劳动的剥削，不满意潘序伦甘心当资本家走狗的行为，可是当潘序伦的'事业'因大革命后民族资本主义一度抬头而兴旺起来，从而我也有机会职业向上的时候，我那种缺乏基础的革命要求也就收了起来。真正促使我走上革命道路的是九一八以后的民族危机，是挽救中国危亡的要求和社会主义前途的朦胧前景两者的结合，其中共产主义觉悟的程度是极低的。"[3]

顾准写于 1969 年 1 月的"历史交代（七）——我和潘序伦的关系"，是一篇值得细读的"坦白"。虽然此文写于中国文字狱最盛的年头，无法令人相信全部出于书写人的真实意思，但对于探究顾准革命"念头"的起源，还是有裨益的。

前文提到 12 岁的顾准初到立信，甚至干过给潘序伦倒马桶的杂役。

毕竟还是个孩子，且是个男孩子，12 岁正是贪玩和调皮捣蛋的"大好年华"，顾准日后再出色，大概这个"俗窠"还是躲不过去。

---

3 《自述》P20

头半年他在事务所的工作，潘老板是"不满意"的，还通过推荐人之口"特别警告"过小家伙，想来应该是"再不好好干，我就不要你了"之类大人教训小孩子的老话。

顾准这样一个超级聪明又急于"救家"的早慧少年，小家伙是不会没有想法的。而后，顾准又亲见潘老板在所有的账目案件业务中"无一例外站在资本家一方"，"偏袒资方"，彼时正热烈接受"安那其主义"的小孩子不禁"强烈地同情工人，厌恶资本家"起来，"对于潘的这类做资本家走狗的行径很不满意，常在同事中说些'过激'的言论"——譬如"我也要扛起红旗来"之类[4]。

再后来，当顾准完全凭着超人的天赋自学成才，写就中国会计学头几本专业书籍时，潘序伦又趁青年人与"革命"初恋时，除了浪漫不顾一切和急需"革命本钱"的状态，或者"插上一脚"，硬要做第一署名人，或者干脆将其"赎买"，成为自己的作品，连署名权都不留给真正的作者。更过分的，甚至说服顾准将自己著作的署名权让给完全不相干的人，只因为他们帮他翻译了一些西方会计学书籍，他无以回报，要借花献佛。顾准的版税也常常被列入"公帐"，由潘老板按照自己的"标准"和"心情"发给顾准。

终于有一天徒弟忍无可忍，和老板两人在办公室里大吵了一架。

从潘序伦身上，顾准自己说，算是首次亲眼见到了什么叫做"资本主义"。冒着"大不韪"，我得说，如果真有个"海尔茂"，他很可能是老板潘序伦。

潘序伦号秩四，立信事务所建立之初，因同事多数是他在国立东南大学和国立暨南大学教书时的学生，他们都叫他"秩师"。12岁进所的小学徒顾准，估计至少在第二年念了半年立信夜校之后才敢这样称呼老板。

潘序伦是一位完全西化了的中国读书人。他不问政治（虽然在朋友王云五的游说下做过一任国府财政次长），也远离政治、主义（虽然他是最早的同盟会会员）。作为真正现代意义上的"中国会计师第

4　同上 P17

一人"，只要对他的会计事业有益，无论什么党派人士，持何等政治信仰，他都毫不介意。他也从不演"武大郎开店"那套东方剧目，不以个人好恶取人，大胆擢升年轻人，就算他们一时名声大噪甚至超过了自己，如顾准，他也从无起过嫉贤妒能之心，反倒是高兴和自豪还来不及呢——"店里"有如此"店员"，好到被人"挖墙脚"，他觉得这是老板的光荣与骄傲。他也有本事既放了这些年轻人"单飞"，又手里攥着风筝线，使自己身边总簇拥着一群出色的专业人才。

从商务出版社出版于上世纪三十年代的全套"立信会计业丛书"作者名单，就可以看出潘序伦的包容力——其中的著述者既有共产党又有国民党，也有今天还"在"这个党明天又"在"那个党，后天又什么党都不"在"了的人物。用起人来他也是"混不吝"，只要手艺好，我才不管你下了班去干什么呢，反正敢到"立信"头上动土的人还真不多，你自己小心点就是了，给我好好干活才是最重要的。今天人们只知道顾准在会计学上的多才多艺，殊不知那时整整一"店"的人都不是庸碌之才，几乎个个有著述，人人有文字留世。

话说回来，会计学本身就是为资本服务的，没有资本，没有剩余价值，谈何"会计"！顾准在日后的"坦白交代"中举过数个潘序伦自己或他"助纣为虐"，协助老板"站在资本家一方，偏袒资方"[5]的体例，用当下的眼光看还真是说服力不大强，例如赈灾款去向的审计，劳资纠纷的审计等。除了"时代的烙印"即偏见外，不排除他幼时对潘序伦不满的遗痕。

"不仅如此，他还确实自居为我的恩人，这有事实为证。大约1934年进社组织起来前不久，有一次我在事务所里公然跟他大吵了一架（具体经过可惜已经记不起来了），我斥责他待我刻薄，他说'我比你老子对你还厚'。真的，在他看来，一个十二岁的穷孩子，到他那里当练习生，他既给工资，又不次拔擢，有了一定的地位，当然是大有恩惠于我而且恩惠胜于我的'老子'"[6]

这倒是真的。血气方刚的青年顾准确实猖狂得可以，能逼得那般西化的秩师喊出"我比你老子对你还厚！"这等中式语言（其实顾准的亲老子对儿子顾准还真不算太"厚"）。可秩师依然爱才如命，不计前嫌，钱照发，人照拔擢和推荐，书照出，当然署名也照署——"我不跟你小孩子一般见识"。

"1930—1932年，他大胆'提拔'我负责函授学校和学校部，大胆'提拔'我在十分年青的时候当他的会计夜校的教师。1934——1937，他不但明明知道我是共产党而还敢用我，还给我一些方便的机会——到外地查账，当他的所外编辑人员——让我躲避追捕，同时则和我建立了拿钱买我所写的书的版税权和著作人名义权的关系。这是一种特殊的买卖，它和书店拿钱买稿子不一样，因为当时他并不直接经营书店，而书店买稿子也并不同时收买著作人名义权。"[7]

在这段话的后面，顾准加了一条长长的注，在他全部已面世文字中算得上是比较长的一条注，可见他多么在意：

"注1：按照资产阶级知识分子圈内的伦理范畴，如果我是在潘的指导下写书，书的内容、观点、体例，潘有一套完整的意见，或者，即使指导意见不完整，我给他补充上几点，但指导意见基本上是他提出的，我则任搜集资料，写作初稿，由他审稿定稿，这样写成的书，出版后版权归他所得，著作人名义是他，就不算'拿钱收买版税权和著作人名义权'了。事实是，我写什么书，当然是潘规定的，除此而外他没有任何指导，一任我写。写完后他看稿，有的书他自己动手修改（例如《股份有限公司会计》），像这样的情况，他最多有权自称为'校订者'或'审订者'，根本无权自称为著者。有的，他根本不修改（例如《初级商业簿记教科书》），因为著作人名义权仅是用来酬报

6　同上 P57
7　同上 P56

他欠下别人的'著作人名义权'，不以他为著作人的名义出版的。按照这种情形，即使在资产阶级知识分子圈内，也确实可以叫做'他拿钱买我所写的书的版税权和著作人名义权'。"[8]

这段注解，在他写下的当年（而不是事情出现的当年），中国正处于极端的"文化革命"既极端的文化愚昧中，党和人民都没有"知识产权"的概念，这一段毫不起眼的文字，非常容易被忽略过去的。可现在读来，谁都能掂量出其中的份量，说得难听点，搞到方舟子那去都绰绰有余。

秩师潘序伦，就他犯下的错误（或者罪过）而言也是"西式"的——并非直接从"钱"上剥削，而是侵犯知识产权。顾准认为"秩师"潘序伦对自己在"知识产权"上的侵犯和剥削是不能容忍的，这和娜拉之轻蔑海尔茂的"虚伪"如出一辙。

在顾准"半因危险，半因浪漫"躲进租界亭子间，革命之余为潘序伦修改《所得税原理与务实》一书出版前，潘序伦读他的改稿时简直就是一击三唱，一唱三叹——"这个小家伙，写的东西愈来愈好了"。后来，在顾准又"简直没有保留原稿什么东西"地修改了将要以潘序伦名义出版的《公司会计》后，弄得潘老板自己都不好意思起来，扭扭捏捏将书名更改为《股份有限公司会计》才出了版。

"潘以后自诩为'公司法专家'，也许和此书不无关系"[9]，他说。

成功后的顾准对人们说他"师承潘序伦"一直不服，但是"秩师"的称呼他却从未改过口。即使在新政权时期，这个称呼被"群众"检举揭发并推断为他和资产阶级分子同流合污的铁证，麻烦不断，他却始终坚持这样称呼过去的师傅和老板一直到1969年他写这篇"交代材料"，是时他甚至以为"秩师"已经死了。原因就在于人性——潘序伦的仁厚大度与顾准的知恩懂感激。

1940年他只身赴苏北新四军工作，留下因流产以及孩子早殇的悲痛而身体非常虚弱的妻子汪璧和一大家子老小。潘序伦凭着他的

8　《自述》P56
9　同上 P34

声望和面子，将汪璧介绍到华懋饭店做会计，每月可有百余元的收入，足以暂时维持他在沪家庭、母亲、兄弟的使用；1941年，潘老板接到由重庆周公馆转来的弟子顾准信函，"说他已去延安，生活当然十分艰苦，希望我可以汇些钱给他补充衣食之用。我随即托周公馆代我设法汇给他已经相当贬值的旧'法币'一万元"[10]。

潘序伦对顾准一生的影响是重大的。无论顾准怎样"调皮捣蛋"，两人的相互"玉成"都是不争的事实。潘序伦与称自己"倾心西方文明"[11]文稿P423的顾准至少在"颜色"偏好上是相近的。这一老一少读书人除了惺惺相惜，更难能可贵的是潘序伦脱尽"东方式嫉妒"的爱才、惜才之心——在"出走"后的弟子情势危难时帮助他躲避追捕，经济窘困时主动伸出援手，再后来在爱徒"一败涂地"时绝不落井下石。得知顾准去世，年近耄耋的他伤痛不已，老泪纵横。

但"秩师"是促使"娜拉"走出安乐窝，走向革命江湖的海尔茂先生，又是很显然的。再说，谁又说过娜拉女士出走后对海尔茂先生就恨之入骨，再见面就要"白进红出"呢？大家道不合不与相谋罢了。就算秩师于顾准和海尔茂于娜拉有相似之处又如何？这是人性，无关什么劳什子"阶级性"。只是和中国许许多多事情一样，自有了鲁迅的名篇，又被人夸大其词和煞有介事到了无趣罢了。娜拉是走向"个性化"的"个性出走"，顾准则是走向"群体化"的"个性出走"，两者很难同日而语，和日后顾准——娜拉的"第二次出走"更难同日而语。这第二次的"娜拉出走"，顾准甚至扯上了考斯基：

> "论到夺取政权，Kautsky错了。论到'娜拉走后怎样'，Kautsky对了。"[12]

非同小可，非同小可！

和中国千千万万读书人彼时奔向革命，奔向中国共产党一样，顾准出走更重要的原因，是救亡，是由救亡生出的罗曼蒂克情结；是革

10　潘序伦《顾准和我的一段史实》
11　《文稿》P423
12　同上P387

命，是由革命生出的"朦胧的憧憬"，是一颗平凡、可爱、美丽、健康的革命浪漫主义硕果。

2. 救亡，革命与浪漫

1931 年 9 月 18 日，日本入侵中国东北三省，是为 9.18 事变。

9.18 改变了中国和无数中国人的命运，它断送了中国曾经有过的"走另一种完全不同于现实已经发生的一百年"之路的希望——以工商文明取代动乱和暴乱、暴政和暴民、战争和阶级斗争，但同样达到小康、同时走向宪政之路的希望。而且，这何止仅仅是一个"希望"，它其实已经萌芽、吐蕊，并且在顾准尚在"小姑私塾"接受基督教教育时就进入了一段被西方学者称为"中国资产阶级的黄金时代"的好时光。只是这段"好时光"实在是太短促了，短到完全来不及孳生一种力量，一个阶层并强大到足以阻止这场异族的入侵。我的传主，就成长在这个"黄金时代"。假如没有这一场灾难，他本应是这个阶层的一员，这个时代的中坚。

如果说 9.18 事件因为距离上海还远，上海人民还没有被侵略者的暴行彻底激怒，那么 1932 年 1 月 28 日的 1.28 事件就不同了。28 日午夜 11 点 30 分，日军海军陆战队 2300 人在坦克掩护下，沿北四川路的每一条支路——虹江路，横滨路等向西占领了淞沪铁路防线，在天通庵车站遇到十九路军的坚决抵抗。1.28 事件爆发。

事变爆发后蒋介石正式复出，制定了"一面预备交涉，一面积极抵抗"的对日方针并接受英、美、法、意等国的"调停"，5 月 5 日国民政府与日本签署《淞沪停战协定》。政府的软弱给民众造成的影响是恶劣的，它不啻给原本就民族主义情绪高涨的中国兜头浇上了一瓢滚油，也是令成千上万个"顾准"出走的原因。

"真正促使我走上革命道路的是九一八以后的民族危机，是挽救中国危亡的要求和社会主义前途的朦胧前景两者的结合……。"[13]

顾准和他的同志们对"国"的失望、绝望是他们决心"出走"的最重要原因。

如果说《家》中觉新的"出走"，原因是下决心要背叛家庭，《白毛女》中大春的"出走"，原因是被社会逼迫过甚，那么这两者都不是顾准"出走"的原因。顾准和当年中国大多数知性青年一样，他们的出走是"救亡"+"革命"+"浪漫"="革命的浪漫主义"的产物，无论他们走向的是国民党还是共产党。

1932 年，未满 17 岁的顾准在精读银行学，货币学，银行务实以及普通经济学等专业书籍的同时，也开始阅读日本经济学家津村秀松的《国民经济学原论》、日本最老资格的马克思主义者河上肇的《经济学大纲》以及他介绍辩证法、唯物论、剩余价值论和其他马克思主义的理论的各种书籍。为了能从日本人那里直接吸取马克思主义精华，他开始自学日文并很快到达阅读原文的程度。这又比同时代人尚且还没有中文马克思可读的状态超前了许多，也是他持续一生的哲学思辨的开端。

此外，英文版的《中国论坛》上苏区和红军的消息，《读书月刊》上中国社会史论战，《生活周刊》上的福特主义，"许多描写苏联十月革命、内战、建设的苏联小说"等等也都在他的阅读范围内。比起那些还沉迷于张恨水，秦瘦鸥的同龄人，顾准的思想更是超前和深刻了不知多少倍。

未满 18 岁，他就判断自己已经"跨过启蒙期"。不久前才刚从安那其主义的狂热回归平静的他"思想再度急剧左倾"，热烈地信仰起共产主义来。

刚刚看过的由法国人巴比赛撰写的斯大林传记——《从一个人看一个新世界》，在他眼前树起了一个活生生的"革命者"并且是"职业革命者"的高、大、全形象——勇敢，坚毅，果断，智慧，沉着，

---

13 《自述》P20

英俊，挺拔，圣洁。七次被捕，六次流放，五次逃出的传奇更是为他陡添无限的神秘和浪漫。斯大林符合了少年心中有关"英雄"的一切标准。

"30 年代初我思想开始转变，走上革命道路的时候，苏联的影响，斯大林的影响，是极其重要的原因之一……描绘斯大林巨大形象的巴比赛（当时著名的法国作家）的《从一个人看一个新世界》，许多描绘苏联十月革命、内战、建设的苏联小说却出版的不少，所以苏联和斯大林的形象，对于我多少是圣洁的。"[14]

这个代表着新的世界、新的人类、新生活方式的新人，令他心醉神迷。这才是他希望成为的人，而不是潘序伦那样西服革履，公文包，黄包车，满嘴洋文，一副"资本家走狗"的摸样。这才是他憧憬的生命，而不是十里洋场，几间斗室，整日介狗苟蝇营，月末领那折腰的"五斗米"回家的猥琐。

上海滩芸芸众生的公事房，怎么和彼得格勒热血沸腾的街头相比？

爱多亚路上算盘噼啪的庸碌，怎么和西伯利亚铁镣叮当的高尚相比？

《会计季刊》《会计学报》，怎么和《斗争报》《真理报》相比？

《簿记》《题解》《务实》这些劳什子怎么和《马克思主义和民族问题》相比？

……

哪个少年郎没有过把"浪漫"当面包的时候？更何况在民族危亡关头！在如此的高尚、圣洁和浪漫面前，顾准下决心"绝不做潘序伦第二"。

正在此时，刚回到上海的好朋友夏增寿向顾准说起在南京加入共产党并且还被捕过的经历，这令已经被浪漫充满的 17 岁少年心更加波涛汹涌了。一位真正的共产党员就站在眼前，虽不像斯大林那样

14 《自述》P242

高大伟岸，可好歹也被当局"军法审判坐了几天牢"，出狱后才回到上海。未经沧海未经水的顾准立即把他看作导师，忙不及地"向他请教许多问题"。

此时的顾准，已经"把我党（中共）看作拯救民族危亡的希望"和"中国唯一的前途和希望"，同时也立下了"我必须投身其中"，做一个像斯大林那样的"职业革命家"的志向。

虽有如此的早熟，毕竟此时的顾准还是个 17 岁的少年郎，17 岁少年郎的全部浪漫他一样都不缺。在为革命的戏剧性效果激情燃烧的同时，他也会"走过店铺陈列的维纳斯雕像的最粗劣的仿制品的时候，实在禁不住目迷神眩"文稿 P229。如此古今中外概莫能外、专属于少年人的浪漫，谁又能说后者不具有和前者同样的真挚和纯洁？

当两种浪漫相遇，会有何等的激情迸发和何等的力量产生就不难想象了。

1933 年，18 岁的顾准朋友圈中开始了更加深入的探讨。他们谈哲学，谈中国共产党和她的组织，谈民主集中制，谈唯物论、辩证法，谈马克思，谈斯大林……。没有场地，他们就围着上海南市的老城厢一圈圈地走。他们交谈着，争论着，憧憬着，一圈、两圈，直到东方既白也毫无睡意。

和所有少年人一样——此时的顾准和他的同伴们充满了"归属"和"分享"的快乐，这也许是人类在聚合时最愉快，最幸福的感觉。除此之外，这群少年还充满了"浪漫感"——充满幻想，富有诗意，和《斯大林传》中传主"革命的浪漫主义"多么相似，差只差在我们只是"坐而谈"，那么好吧，让我们"起而行"！

3. 结社找党

已经完全不能满足于"坐而谈"的小伙子们，凭着直觉感到"起而行"的前提是必须"结社"。

　　这群年青人中有被顾准仰视为革命志士，自己政治上的启蒙者的夏增寿，三哥陈怀德，立信的青年同事，立信夜校中他的学生，还有一位立信同学会的创始人——李建模——三十多年后"革命第一夫人"的"革命样板戏"中"革命主角"郭建光的原型，只是此刻"建模"还远没有"建光"那么高大伟岸，身为一介布商，是常熟梅李镇的陆同福布号上海分号的经理，有时会到闽浙赣一带卖布收账。李建模的第一次到会就给社员们带来红军反围剿的消息，令小伙子们惊叹不已。

　　社名很快就有了，就叫"进社"，取前进、进取、进步之意，召集人——社长就是顾准。但也有另一种说法，说社长是李建模。这也难怪，李比顾要大七八岁，又是第一届立信同学会主席，做社长的可能性要大一些。不过顾准从来在"长者"面前是不犯怵的，别说二十几岁的李建模了，就是面对大自己一倍的老板潘序伦又如何？所以更大的可能性是，进社的核心人物就是李建模和顾准，无所谓社不社长，顾准也只是说自己是召集人嘛。

　　没有上级领导，没有组织章程，没有行动纲领，就"是一些决心遵照中国共产党指引的方向从事革命运动的年轻人，在没有找到党组织的情况下，自动组织起来的一个革命团体"[15]——进社，就像当年无数自发的抗日救亡和革命的秘密团体一样诞生了，社址就在南市小南门外南仓街仓基弄4号顾准的家里。

　　"对我个人来说，进社成立之时，就是我青年时代从跟随旧社会的方式生活下去，转变到中国共产党领导下争取社会主义新中国的思想转变过程的结束。"[16]

　　这里位于城市贫民居住区，老式石库门风格，他一家住一个楼厢房，有间独立的厨房，社员们进出无需经过大门。"社址"就在这个灶间，每周聚会一次，大家谈读书心得，讨论时局，争论中国社会的

---

15 《文稿》P229
16 《自述》P20

性质。家中只有自己母亲这一支的亲人——母亲和未成年的弟妹们。作为家里的"顶梁柱"，顾准有相当的话语权可以在家里"自由结社"而不用顾忌家人，更何况母亲从来对这个儿子是言听计从的，3个幼年的弟妹又都是"五哥"的崇拜者。"谈论往往是极其热烈的"[17]。

这些"极其热烈的谈论"内容，从顾准写于1960年代末的"历史交代"看，中国社会史观和马克思主义唯物史观占了很大部分。

20年代末30年代初的上海，曾经有过一次中国社会性质和史观的大论战。其时陶希圣的"宗法封建结构论"，顾孟余的"封建思想所支配的初期资本主义论"，梅思平的"商业资本主义论"，李立三的"半封建半殖民地论"，严灵峰，任曙的"资本主义社会论"缤纷出台，托洛斯基甚至断言"资本主义关系在中国已'无条件地占优势和占直接的统治地位'"。郭沫若"有着重大革命意义"的、"中国马克思主义史学开山之作"——《中国古代社会研究》也闪亮登场。这一曲雄壮非凡的"学术""革命"交响乐拉开了将马克思主义的唯物史观正式引入中国的序幕。

是时马克思的著作在中国并不多，且大部分是日文和俄文的二手资料。面对"马克思主义"如此庞大、繁复的一个思想体系，中国的信仰者们最需要的是准确而数量足够的母语译本。可遗憾的是，最是一丝不苟的德文在这里碰上了最是大写意的中文。西方的哲学、逻辑、思想、思辨经典原就和中文的语言体系差异巨大，即便是译成了汉语，也不意味着中国人就有了解读的能力。加上汉译家的缺如和水平低下，令饥渴的信仰者无法消化，这才给了"马克思主义的道理千条万绪，归根结底就是一句话——造反有理"之类的"大力丸"在中国畅销的机会。

中国的信仰者们接受的到底是怎样的一个马克思主义？

按照时间顺序排列，摸索顾准留世并已面世的少量文字，他应该是在首先接受日本人河上肇偏重于"历史的经济解释的马克思主义唯物史观"，而不是"基于阶级关系对社会的驱动，即阶级斗争的马

17　同上 P19

克思主义唯物史观"基础上开始对马克思主义做哲学思辨的。这和极端地倾向于阶级斗争，"听见'造反'两个字就高兴"，能把马克思主义千条万绪的道理压缩为一颗造反有理牌"大力丸"的马克思主义者有着巨大的差别。加之进社初期的社员们几乎都是立信或立信夜校这架经济机器上的"螺丝钉"，而且包括顾准在内，多能阅读至少德文英译的马克思。由此推测，他们对于马克思主义的接受极可能会更加接近前者而不是后者，即"经济的"而非"阶级斗争"的马克思主义。顾准多年后能从史学、哲学、逻辑学、人学等多角度思辨马克思主义，列宁主义，毛泽东思想，看出其中的同异与反差、精彩与谬误、逻辑的破绽与实证的缺失，和他最初对马克思主义的认知、接受和偏重的角度有着重大关系。

初创期的"灶间结社"只有八名二十岁上下的男性青年，最大的李建模二十六岁，顾准还未满十九。三个月后，一位女性加入了进来，她是立信夜校顾准的学生，大自己的小老师一岁，是年二十岁。

她就是后来成了顾准妻子的方采秀——汪璧。

她是 18 岁的顾准心目中"圣女贞德"与"白雪公主"的结合体。勇敢少年横刀立马，轻取"情敌"，很快俘获了这颗同样浪漫的少女心。然而从第一次踏进灶间的一瞬起，这个女子的命运就注定了——她将得到一位才华横溢的爱人——浪漫，温情，智慧，勇敢，挺拔，高贵，集几乎所有男子汉能够具有的优点于一身，却也要接受因为他的天赋秉异和"将天才视为责任"的不可救药的性格而带来的另类人生和一个凄苦不堪的生命终点。嗟乎，又一颗"四万年结出的果实"。

下一步，进社社员们的当务之急就是千方百计地找党。

小伙子们以自己的眼光猜测、判断着"谁是共产党员"，而后就找上门去，要求加入。陶行知的山海工学团，胡乔木的中国左翼文化界总同盟（左联）及下属中国教育工作者联盟（教联）、中国社会科学家联盟（社联）都被他们找到，却不得其门而入。

年后的中国尤其上海和江浙一带，自发或由各种党派领导，操控的革命团体、抗日队伍多如繁星，情况极为复杂。仅顾准的"历史交代"就"交代"了不计其数的党、派、团体、队伍、委员会、联盟——
——"武卫会"，"救国会"，"读书会"，"文委"，"临委"，"教
联"，"社联"，"语联"，"洋联"……，洋洋大观，各有传奇。
这里既有李建模置身其中的"进社"，也有"郭建光"英勇抵抗的
"忠义救国军"。仅仅李建模——"郭建光"就堪称传奇人物：进社
的组织者——某"自首宣言"的领衔人 [18]——跑单帮的买卖人 [19]
——"常熟人民抗日自卫队"即"人抗"创始人——中共常熟县委书
记——苏南新四军的"理财能手"——新四军北撤时沉船事故中的烈
士。还有曾被顾准"仰视"过的夏增寿，不久就因疾病加上失业而迅
速消沉，连当年的"仰视者"顾准也对其"一个党员被捕出狱，重新
有机会找到党的关系时却缺乏热情" [20]颇有微词。

　　顾准和他的同伴们在茫茫人海中一遍一遍地找党，直至找到隶
属于由基督徒宋庆龄任名誉主席的国际反帝大同盟下的远东反战反
法西斯会议同盟（远反）。

　　"远反决定和进社保持领导关系，进社组织保存下去并要发
展" [21]。

　　很快，远反就派人来指导他们起草《进社纲领》，"内容参照社会
史论战中中共新思潮派的观点，指出中国现时是一个半封建半殖民
地的社会，中国革命是资产阶级民主革命性质，但是这个革命只能由
无产阶级领导，其前途是社会主义。" [22]除此之外，上级还指导他们
出一个油印内部刊物《前卫》，选出一个干事会性质的机构作为领导
机关。进社立即被要求"全体社员都参加当时正在筹备、不日开班的
青年会读书会" [23]。

　　顾准和他的同志们所向往的"生活方式的改变"就要开始了。

18　《自述》P27
19　同上 P347
20　同上 P25
21　同上 P23
22　同上
23　同上

4. 基督教青年会读书会

在顾准若干年后的"历史交代"中出现的这个"青年会读书会"，其全名是"上海基督教青年会读书会"。当年他省略了"基督教"三个字是非常容易理解的——不找事，不给人"节外生枝"的机会，这是生存之道，无可厚非。

以《圣经·马可福音》"因为人子来，并不是要受人的服侍，乃是要服侍人，并且要舍命，做多人的赎价"[24]为会训的基督教青年会，1844年创建于英国伦敦，从一个对个别青年施加影响逐渐扩大成对整个社会推行改良、参与政治和社会活动的基督教外围团体，也是全球性的基督教青年社会服务团体，总部设在日内瓦。

中国最早建立的青年会是福州英华书院和河北通州潞河书院的青年会。1900年1月6日，上海基督教中国青年会成立。1915年11月召开了青年会第七次全国大会，改称"中华基督教青年会全国协会"，一直沿用至今。

美国汉学家费正清在论及基督教对中国社会改革的影响时，提到对中国的西方教育最具影响力的机构之一就是中华基督教青年会。"从第一任总干事来会理1885年到中国直到1949年，青年会一直是中国社会改革的推动力。它对中国政治和社会发展方面产生的影响，在世界上任何其它国家和地区找不到同样的例子"中国社会科学院近代史研究所《中国基督教青年会早期创建概述》。

这里也是一块有神论和无神论者，基督和反基督势力激烈争夺中国青年的滩头阵地。早在1927年于3月莫斯科召开的共产青年国际执行委员会全体会议上通过的"关于中国共产主义青年团之决议"，其中第九项就是专门针对中国基督教青年会的，名为"团对于基督教青年会及反基督教运动之任务"——

"甲、中国基督教青年会，因对于中国民众宣传美帝国主义为职志，其对于学界宣传尤甚，该团（指中国共产主义青年团——作者

---

24 《圣经 新约》马可福音 10：45

注）应公开反对。团应联络青年，使对于基督教会员表示同情，其往来该会俱乐部、学校运动场之青年工人，尤应格外殷勤招致，并需认定此等事件为团一种重要任务。勿论如何，不宜将此等招致之可能和必要，视为虚假，仅奉行故事，即为已足。

乙、团应尽力提倡革命主义，使基督教青年会之青年均起而反对帝国主义，对反对帝国主义之青年及攻击基督教会青年会之团体，团应竭力设法助其进行；并将其大多数青年之劳工渐次招致入团，使其脱离基督教青年会之关系。遇基督教青年会中有反对该会运动时，团应立即设法为事实上之指导。

丙、团为实行上项任务起见，应在基督教青年会会员中，设法组织国民党左派分部，及其他研究政治之各项团体。

丁、所有上项计划，必须使反宗教运动成为反帝国主义运动之时方可实行。"

有神论与无神论者，基督与反基督势力对这块原本就是前者领地的争夺，其激烈程度可见一斑。

进社接受刚刚找到的上级——"远反"的第一个指示，就是将进社成员分到读书会第一期甲、乙两个等级的五个班中去，尽快掌握所在班级的领导权。这一种行动方式，若干年后有个现成的名词叫做"掺沙子"，是阶级斗争的重要手段和方法。远反指示进社到读书会"掺沙子"，就是要他们在阵地的最前沿执行共产青年国际的决议。

正在热烈拥抱马克思历史唯物主义学说，已经"把我党看作拯救民族危亡的希望""中国唯一的前途和希望"[25]的顾准，对于上级指示是否还有一些因幼时所受基督教文化教育而生出的踟蹰，从他面世的文字看不出来，却也绝然找不到相反的文字。按照文革时代检查交代常用语，说到此处扯上一段自己当年如何不但抛弃了"帝国主义精神鸦片"还"打进敌人内部战而胜之"，还是大有益处的。但这样的顾准文字，至少时至今日，从未出现过，除了"捣徐家汇天主堂，很

---

25 《自述》P19

好，上海这个硬块就得好好整一下才行"[26]那一句很可能事出有因的狠话。后文将会说到。

很快，"掌握领导权"一项，除汪璧之外，小伙子们都做到了。毕竟是已经进入社会并拥有较多见识的青年，比起读书会中尚还在校读书的少年人，他们成熟和老练得多，在竞选班级领导人时占据了很大的优势。汪璧的失败则很可能是败在她的性别上，毕竟是时中国还是毋容置疑的男性社会，尤其是在一个有基督教背景的团体中。

"青年会读书会是由《读书生活》的李公朴，柳辰夫发起和组织的，读书会第一期（1934/V—VIII）的实际主持人也是李柳两人。也许因为基督教的招牌可以掩护读书会的左倾面目，所以活动由青年会出面来办……又基督教青年会的后台美帝国主义和妄图吞并全中国的日本帝国主义之间存在着尖锐的矛盾，也对'攘外必先安内'的蒋介石南京政府存在着某种程度的不满，这大概就是上海青年会乐于承当这次读书会主办者名义的原因。确实，这次青年会只以承当主办人名义为满足，它从来没有企图在读书会中宣传'福音'。"[27]

从18世纪中叶开始，上海受到西方文化的巨大影响，基督教文明日益兴盛。19世纪以降上海集中了一大批受过西方教育的知识分子，他们或在英、美等国留过学，或由西方传教士在上海所办的教会学校中受过系统教育，这给基督教在上海的传播起了很大的推动作用，也造就了一批基督教界的领袖人物，使上海成为中国基督教的中心。李公朴，柳湜以及若干其他读书会的"导师"很多是留英留美归国学者，他们对青年的授课与指导即使刻意去基督教化，西方的民主、自由、共和色彩也绝不会少。

读书会五个班级总共大约二250名左右的会员，"各按本班会员要求选定题目，预读有关书籍，集会时座谈读书心得，进行讨论"[28]。

十分可惜，顾准留下并面世的文字里虽然大量讲到这个读书会，

26　《日记》1955.9.19
27　《自述》P402
28　同上 P403

却单单缺了"读什么书"的内容。他仅提到讨论的中心往往是"中国往何处去"，"中国革命的任务、性质、对象、动力等一系列问题"，并形容读书会实际上"成了公开宣称马列主义和我党政治纲领的讲台"，"国民党反动派一直没有回手的机会"[29]。他分析这"也许碍于基督教青年会有美帝为后台，害怕舆论的压力，（国民党）没有采取强制解散的镇压手段"。除了在一份"叛徒主办的下流政治刊物《社会新闻》上，大骂读书会是'卡尔·马克思操耶稣基督的屁股'而外，它对读书会是'放任自流'的"[30]。

可见读书会至少在第一期，马克思著作应该是主要读物。

顾准记录下的第一期读书会的高潮，是 8 月中旬自己在结业式上以领导者的姿态宣读刚刚成立的，以宋庆龄为主席"中国民族武装自卫委员会筹备会（武卫会）"的《抗日救国六大纲领》。现场气氛十分热烈，到会的二百多人一致拥护这个纲领，并当场决定成立"公开的武装自卫群众组织"。顾准也就此暴露了自己"共产党"的身份，虽然彼时他还不是共产党员。

遗憾的是"公开的武装自卫群众组织……终究因为没有群众救亡运动的高潮"而无果[31]。

读书会结束了，顾准和他的"进社"却和上级领导——远反的刘丹失去了联系，半个月前的一天，他失踪于一次流产的飞行集会，可能是被捕。顾准也因此自我"流亡"，搬到租界的亭子间暂住以躲避危险。此时他所在读书会甲班的另一名干事孙化新将他带到了一位名叫林里夫的人面前，此人大顾准七岁，是以宋庆龄为名义主席的"中国民族武装自卫委员会"，简称"武卫会"的中共党团书记兼宣传部长。

林里夫，他是顾准的生命中的又一位有趣人物，不能不在后面单列一个章节叙述。顾准在青年会读书会上慷慨激昂地宣读《抗日救国六大纲领》，就是遵照刚刚"接上头"的武卫会林里夫的指示而行，

29　同上 P405
30　《自述》P405
31　同上 P406

会后进社即遵照林里夫的指示解散，"社员愿意参加其他革命组织的各自决定，其他成员一律转入武卫会会员"[32]。

"青年读书会是 1932 年 1.28 战争中的抗日高潮以后，1935/XII/24 大示威及其后的救亡运动之间时期内，极其罕有的一次公开集合革命群众的力量。"[33]

读书会是顾准第一次以一个革命者的形象出现在公众面前的舞台，是他一生的骄傲，他也因此对读书会留下带有感情色彩的回忆，在多年后的"历史交代"中以很大的篇幅做了生动的描述。与他大部分"检讨式"的冷静文字相比，这部分文字甚至给人留下"自夸"的感觉。在那个"批完右倾批左倾，批完左倾批右倾，左右都是罪过"的年代，这样写"交代"还真是需要勇气的。

顾准认为"1934/IX—1935/VII 武卫会的迅速发展，在很大程度上是以第一期青年会读书会各班中的积极分子为其骨干的"[34]。

这些"仅仅是在陈述一个事实"的话语，日后曾引起林里夫先生的不满和反感。同样年轻、血气方刚和才华横溢的顾、林之间也有过不小的纠葛，以致"推迟"了顾准的入党时间。几十年后，这一双革命的儿女先后被自己的革命母亲吞噬（林里夫还不止被吞噬过一次，其遭遇用"死去活来"形容绝不过分），他们前嫌尽释并在顾准生命的最后时光演绎了一场让人潸然泪下的人性正剧。

5. "职业革命家"（上）

青年会读书会结业式上出现的顾准，已经初具"革命家"的雏形——勇敢，激昂，自信，沉着。距离真正的理想——做一个"职业革

32　同上 P24
33　同上 P23
34　同上 P407 请注意，顾准习惯于用罗马数字标注日期中的月份

命家"又近了一步，他无比兴奋。

眼下的他正在"流亡"中。半个月前那次"飞行集会"不明原因的流产，是他认为必须搬离结社的"灶间"而住到租界亭子间的原因。进社成立五个月后就召开了"第一次代表大会"，近二十名代表代表着上海和常熟分社的二十七八位社员，由远反的刘丹同志总结过去，展望未来。会上还作出了一项又庄严又勇敢的决议——数天后的八月一日在南京路外滩举行一次"飞行集会"。

飞行集会——又一个充满浪漫诱惑的名词，革命者们呼啸而聚，高呼口号，慷慨讲演，飞洒传单，又呼啸而散，三五分钟，来无踪去无影，光是想象一下就能让人热血沸腾。却不料事到临头由于组织者的无踪无影无疾而终。

飞行集会后来被视为"左倾机会主义"的产物，1930年代后期就销声匿迹了。我的传主第一次参与飞行集会就没有成功。在无法做出准确情势判断的情况下，顾准立即决定"自我流亡"——离开立信事务所，也不回家而是住到租界的亭子间去。虽然他明知警察局很容易就能查到进社的活动地点，失踪的领导者也知道其他进社社员的姓名和地址，可"再做其他安全措施已经没有经济力量"，情急之下，也只好如此。好在有惊无险，进社和它的干事长顾准都"丝毫未受影响"[35]。

此时的进社社员已全数打入基督教青年会读书会"掺沙子"并"除汪璧而外"全部取得了班级的领导权，因而才有"林里夫要求在结业式上开这一炮（宣读《抗日救国六大纲领》）的时候，决定由我（顾准）来担当这个任务"[36]。一是顾准已经身在租界"流亡"，基督教青年会也在租界中的四川中路上，他没有被追捕的危险；二是很可能二十五岁的林里夫已经将十九岁的顾准看作是和自己一样的"职业革命家"了。

职业革命家——Профессиональный революц-ионер（俄文），

---

35 《自述》P24
36 同上 P405

Professional revolutionaries（英文），无论你操何种语言，它都是一个十分顿铿锵锵的称谓，一种罗曼蒂克的极致，也是青年顾准，青年林里夫，青年李建模们的最高理想。

这个称谓诞生于二十世纪头几年的俄罗斯，拜弗拉基米尔·伊里奇·乌里扬诺夫先生所赐。当他还在东西伯利亚流放地考虑建党问题的时候就想到，党应该是一个形成严密结构的、以职业革命家为核心的组织。这些人专门献身于社会民主党的活动，是一些"不仅能够把晚上的空闲时间贡献给革命，而且能够把整个一生贡献给革命的人"，是有领导者身份（且这种身份相对稳固）的革命运动的组织者，工作具有秘密性。他们是集权的，责任是"把组织的秘密职能集中起来"。一经选出，他们即被赋予因势而变的全权，由十多个（不超过二十个）这样的职业革命家实行集权体制。列宁的这种关于"职业革命家"的理论和具体做法并未得到党内的认可，也是导致他与托洛斯基先生分道扬镳的最重大原则分歧之一。

托氏和国际著名的共产主义理论家，例如罗莎·卢森堡、列夫·马尔托夫（孟什维克领导人）认为，"职业革命家"的产生必将导致党组织代替党，中央委员会代替党组织，最后独裁者代替中央委员会。卢森堡更直接批评职业革命家是集权的组织，并将列宁的这种主张形容为涅恰耶夫主义、波拿巴主义、布朗基主义和雅各宾主义的集成，却独独不是马克思主义。

但是在 1930 年代的中国，共产国际关于"职业革命家"争论的声音非常微弱，完全被淹没在一浪高过一浪的"反托派"呼声中。莫斯科中山大学留学归来的"革命海归"陈绍禹（王明）眼下正掌握着中共领导权。7 年前，他亲身参加过莫斯科红场上发生在斯大林鼻子底下的那场中国人的斗殴，那是一场活活打出了一个"托派"并把托洛斯基"打出"了联共的撕打，此人也因此成为联共中央炙手可热的红人和最坚决的"反托派"，同时在联共支持下成为一名标准的职业革命家。而斯大林，从 1903 年 7 月 25 日格鲁吉亚首府第比利斯总督接到彼得堡"将十六名政治犯流放到西伯利亚，置于警察直接监视之下"的一刻起，名单上排在第十一位的约瑟夫·朱加施维里先生就成了职业革命家，尽管那时宪兵当局在成百上千个流放犯中根本就没有把这位"高加索乡下人"当做一个什么重要的革命人物。

从《从一个人看一个新世界》中认识斯大林的成千上万中国青年，其中也有我的传主，他们看到的是一个职业革命家的高大、圣洁的形象，看不到的是这个形象后面"集权"，"专制"，"独裁"，"暴政"，"奴役"……的意味。他们中间的大多数，终其一生也不能或不愿思辨这一对"形式"和"内容"双生体的意义，但我的传主，多年以后痛定思痛，把它们思辨了个天翻地覆，更难能的是这些思辨变成了铅字，把中国学界震了个地覆天翻。

这是后话，还是先来看十九岁的他和他的"职业革命家"生涯吧。

"30 年代初期我思想开始转变，走上革命道路的时候，苏联的影响，斯大林的影响，是极其重要的因素之一。"[37]

读书会结业式上公开了共产党身份的顾准已经把自己视作职业革命家了，他已经是共产党，但还不是共产党员，这多少有些遗憾。

从 1934 年 2 月进社成立到 1935 年 2 月被广东海南岛人老何"征求入党"，顾准入党的"延时"过程和原因相当值得"顾迷"们去探索。

有关顾准加入中国共产党的情况，所有史料和文字都众口一致地肯定是在 1935 年由林里夫介绍入党，林里夫老人自己在晚年的回忆录中也是这样叙述的。但这和顾准自己的叙述相差很大。他在"历史交代"中这样说：

"代表总会来领导沪东区委的是党团组织部长广东海南岛人老何。1935/II 老何征求我入党，在举行简单入党仪式后不久，（我）就调离沪东区委，转任总会宣传部副部长。"[38]

---

37 《自述》P242
38 《自述》P412

无论是林里夫自述还是别人的他述，顾准在 1935 年入党的月份都语焉不详，远不如顾准自述中斩钉截铁的"1935/II 老何征求我入党"来得痛快。入党介绍人是谁，这并不是很重要，蹊跷的是"征求"这个动词，和人们熟知的"申请"一词在词义和词意上都有着巨大差别。这不能不让人浮想联翩。

坦率一点说吧，顾准的入党是被动的"被征求"而不是主动的"去申请"。

从 1934 年 2 月到 1935 年 2 月这一年的时间里，他曾有足够的时间去观察和思索这个"党"，思索自己要不要加入，而不是盲目地立即要求"在党"。在那一年的时间里，他随时都是可以申请"在党"的。作为一个横跨工商、金融、银行、教育界的天之骄子，他是一个榜样，一种号召力，恐怕不会有什么党，什么派会将之置之门外。但是他没有，而是用了整整一年的时间，在读书和行动的过程中考察了这个党。一年后在依然没有考虑得太成熟的情况下，囿于革命环境的变化和做一个职业革命家的需要，他最终接受了"广东海南岛人老何"的"征求"，正式加入了这个党。没有"介绍人"，没有党证，没有预备期，只有一个"简单的入党仪式"，至于是否"在鲜红的党旗下庄严地宣誓"，顾准没有记录。

广东海南岛人"老何"实际上是当时的武卫会组织部长兼中共党团书记李定南，"老何"是秘密工作的假名还是顾准的记忆误差，已经很难判断。多年后林里夫的回忆录里却又出现"1935 年介绍顾准入党"的情节，顾准自己也说：

"进社这一伙人参加武卫会后，林把我调到沪东区，确是为了把我和原进社的主要部分隔离开来。林说他不知道我们这一伙到底是些什么人，把我调开，直接了解下面的人员，当他认为李建模、杨仁祺等人都是可靠的，把李扬等人发展入党以后，才吸收我入党。7 月份成立市分会，等于把这一摊'还给我'云云。"[39]

39　同上 P29

看来在顾准的入党问题上，"老何征求"在前，林里夫"吸收"在后。这个细节非常有趣，既可以解释为上级党对他的青睐，又可以解释为上级党对他的考验。日后的几十年，这种"青睐和考验"的爱恨交替一直跟随着我的传主，如影相伴，从未间断，一直到他被"排出母体"。

读书会结业式会后，顾准依然回到了租界的亭子间，也不再到爱多亚路上的立信事务所上班了。当老板潘序伦请求他继续留在事务所工作时，被他"半因……危险，半因憧憬多年的'职业革命家'生活现在才亲身体会，浪漫主义式地拒绝"了，却"留了一条资本主义尾巴"——在亭子间里续编未完成的《初级商业簿记教科书》[40]。毕竟职业革命家也是人，柴米油盐不能没有，像顾准这样还不是共产党员的、个体的革命家也不可能得到共产国际或者赤色职工国际的经费支持，上海滩上又不能打土豪分浮财，所以他只得"答应潘在所外给他写《初级商业簿记教科书》，论字数给稿费"[41]。

如前所述，此书被潘老板有商有量地从他手里"夺"了版权，转手当作人情酬报送给了帮他翻译并以他的名义出版的《成本会计》的两位立信职员译者。此前当潘序伦试探着和他商量此事时，他"慨然同意"，他说他"志不在此"。出版后的稿费当然又入了潘老板的"公帐"，他倒也不以仅仅只得了三四百元稿费为忤。

这年年底，顾准和汪璧结婚。没有婚礼，也没有同居，一直到八个月后的 1935 年夏，他们才开始像真正的夫妻那样生活在一起。

6. 林里夫

林里夫，顾准生命中的又一个有趣人物，恕我不敬，和顾准一样也是一位"未成器的职业革命家"，而且他和顾准之间生命线的交错

40　《自述》P29
41　同上

纠缠延绵了许多年，不能不写。

这位顾准的上级党领导，也是一位才子，1927 年考入奉系军阀以"京师大学堂"悍然替之的北京大学，亲历了刚刚失去李大钊教授的沙滩、红楼之痛。1929 年愤然退学东渡日本，因为那里是"出版马克思主义著作最多，马克思主义学说流传最广的国家"[42]，而他，和顾准相似，热衷于研究马克思主义的政治经济学，十几岁上就爱上了《剩余价值论》《社会主义从空想到科学的发展》一类书籍。同年 9 月在日本加入中国共产党，成为中共旅日特别支部一员。两天后即因参加纪念国际青年节的游行被捕，关押一年三个月后于次年 1 月出狱，3 月回到北平。1932 年上半年在上海任中国社会科学家联盟（社联）常委研究部长，下半年在北平任中共北平市文化委员会书记，1933 年在天津任中共天津市委宣传部长兼秘书长，1934——1936年在上海任以宋庆龄为名义主席的"中国民族武装自卫委员会"简称"武卫会"的中共党团书记兼宣传部长。

正是此时林、顾相遇，林 25 岁，顾 19 岁。

通晓英、俄、日、德四国文字的林里夫，不但已经是一位职业革命家并且是一位走南闯北，老练的职业革命家了。遇上顾准这样正在"锻炼"自己成为一名职业革命家的小青年，除了英雄间惺惺相惜外，双方也免不了"三岔口"式的互相试探。

林里夫起初对顾准并不信任。

1934 年 8 月初两人第一次会面，顾准的才华、锋芒、锐气和傲气就令林里夫吃惊不小——好一个凛凛然的小伙子，手下还带着这么一帮几乎个个都是知识分子的青年，和他在日本，北平，上海，天津接触的人群都有些不大一样，感觉也不大一样。他有点发懵，闹不清他们的来历。

除了指示顾准在不久后的青年会读书会第一期结业式上"亮相"，宣读《抗日救国六大纲领》外，出于多年地下工作者的本能，他几乎是立即提出"解散进社，进社社员除愿意参加其他革命团体者

---

42 《林里夫集》

而外，全部参加武卫会"[43]，作为考验这帮人的第一个举措。

"这段时间内，林里夫直接参加进社的会议，和李建模、童志培等人有接触，和杨仁祺也有直接接触。8月底或9月初，林里夫告诉我武卫会决定成立区委，要我去当沪东区委的总务。进社原有人员和读书会中发展起来的人员，主要部分不在沪东"[44]。

这相当于把顾准和他的进社隔离开了。

如前所述，林里夫当年先发展了进社的李建模等加入共产党，次年2月代表总会来领导沪东区的党团组织部长广东海南岛人老何才"征求"顾准入了党。换句话说，林里夫并未在第一时间"发展"顾准入党。

顾准的"历史交代"里所有谈到上级林里夫的文字都非常冷静，只陈述事实，不做评论。但即使如此，细心人仍能从中看到这个傲气的年轻人对这位上级是不服气的。例如他说：

"第二期读书会上的理论斗争是在林里夫领导之下进行的，当时进社已经决定解散还未解散，进社的几个领导成中，参加了第二期的是李建模。不久，因为在国民党控制下的读书会进行理论斗争既无意义，又太危险，我们就全面撤退了。从此读书会就毫无生气，第二期是怎样结束的，我已经记不清楚了，第三期当然是没有的了。"[45]

再例如，他说"1934/XI—1935/VII 武卫会的迅速发展，在很大程度上是以第一期青年会读书会各班中的积极分子为其骨干的。"[46] 而各班中的骨干又都是进社社员，言下之意，武卫会的发展完全是靠进社在支撑。

再例如，他说"武卫会下面的组织显然都是在进社——青年会读书会的基础上发展起来的，但因 1934/IX 以后我和整个组织一直是

43　《自述》P411
44　同上
45　同上 P406
46　同上 P407

隔绝的……"[47]，意思也很清楚——我和我的同志们发展起来的进社——青年读书会是支撑了武卫会的几乎全部基础，我却被隔离了开来，什么情况也不了解……。

在顾准写于 1960 年代末的"历史交代——1934-1940 年的上海地下工作"中，涉及林里夫的内容占了很大的篇幅且颇多微词。而林里夫写于 1980 年代有关武卫会的自述，全文一万五千字，提到宣传部副部长，"小青年"顾准的却只有一处，寥寥数语，二三十个字而已。

这些文字，一个是年过"知天命"的人做自己 19 岁时的回忆，一个是耄耋老人做自己 25 岁时的回忆，虽然都没了稚气只剩下成熟和老练，但细心人依然可以从字里行间闻到当年青涩的气味。林里夫很有可能是顾准推迟入党的原因——这位上级和他在《从一个人看一个新世界》里看到的职业革命家有着相当的差距，难道顾准就不可能起过"林某是共产党，我得再观察观察"之念吗？

但是毕竟林里夫是他第一个"接上头"的共产党员和党的上级，顾准自己不也说在某年某月前对他对林里夫是"无限信任的"[48]吗？这个某年某月就是 1935 年 7 月，顾准入党 5 个月后。

出于非常非常复杂的原因，例如内部分裂（连顾准都说过"我对武卫会实行过坚决的分裂，然而分裂不是由我开始的"[49]）、被中共上海临时中央局案牵连、"叛徒"的出卖以及国民党政府的破坏等等等等，武卫会出现了严重的危机，军事部长李国章，上海分会会长李建模等被当局逮捕，"广东何由林里夫决定回海南岛老家，此后即不知此人下落。总会干部，遣送他去的，据林里夫说还有……等人。7 月以后，总会领导机构实际已不复存在"[50]。而宣传部副部长顾准遵照上级林里夫的决定，"立即转去北平工作"[51]。

47　《自述》P416
48　同上 P427
49　同上 P407
50　同上
51　同上

从日后所有面世的史料以及当事人自己留下的文字看，当时除了林里夫自己，谁也不知道武卫会已经和上级失去了联系，一切决定都是林里夫自己做出的，但在动机和效果两个方面，所有的叙述都不一致。这段历史也是"宋庆龄史"上语焉不详，忌讳莫深的一段，竟至未出现在1980年孙夫人去世后的悼词里。

此刻的顾准已经完全不信任林里夫了，他认为他成事不足败事有余。只是出于对职业革命家的铁纪——下级服从上级的严格遵守，他依然服从他，比如接纳他和太太在顾家避难；听从他的指示辞去一切社会职务，专职做武卫会上海分会主席；按照他的指示和妻子汪璧一起"流亡"北平，又按照他的指示4个月后返回上海。

1934年8月27日、28日，上海各主要报刊刊出以武卫会名义向国民党当局归顺的"自首宣言"，如前所述，其"领衔人王顺芝就是李建模"[52]。这又是一段至今都说不清道不明的"罗生门"故事。就因为这次变故，林里夫一生吃尽了苦头。上级的责难，同志的怨怼（也包括顾准），多少年被党排除在外都不算，仅仅一个延安整风就差点要了他的命——在刑官康生的刑讯室里，他被打得死去活来，受到的酷刑曾被他形容"疼得头上都要长出角来"[53]。可这条东北汉子硬是挺了过来，不但没有死，还凭着他少年时就打下的童子功日后成为了一名经济学家。

延整之后，他坐了整整7年延安的监狱，之后虽然留着一个"保留再次被追究历史问题可能性"的尾巴恢复了共产党员的身份，但职业革命家的理想是彻底破裂了。凭着掌握多国语言的能力，他转而开始做马恩列斯著作的翻译工作和党的经济工作，逐渐成为中共经济学家并在若干年后和老同志，老下级顾准相会在孙冶方领导的中国科学院哲学社会科学院经济研究所。

李建模-王顺芝-郭建光-革命烈士，林里夫-职业革命家-叛徒嫌疑人-经济学家，顾准-职业革命家-分裂分子-大右派、反革命-思想

52　同上 P27
53　林里夫自述

英雄……这样的个人史在革命时代原是寻常事，但在林里夫因 1935-1936 年的种种不当受到严厉审查之际，顾准的两次表白却给人留下了不寻常的印象：

一次是 1944 年，延整末期，"林里夫虽然还住在保安处，已能出来访友，此后我还见过他几次。我根据'林绝不是武卫会破坏的祸首'的信念，同情他长期受审查的遭遇，见面后根本不谈我自己的'他对此次破坏负有政治上的责任'的看法，只是尽量安慰他，组织上对他的审查必能如实地弄清楚问题，不要性急等等，还在假日请他在南区合作社饭店里吃过一二顿。"[54]

另一次是多年后 54 岁的顾准在自己的"历史交代"中轻描淡写的总结："进社-武卫会和第一期读书会，对于 1935 年底开始的救亡运动所起的作用，总还应该做出肯定的评价"[55]。

再看他三十多年后一口拒绝"外调人员"要他把林里夫证实为叛徒的要求，你就能理解这个人的不寻常之处。那时正是某些当政者不知出于何等心理在全国上下疯狂地大抓"叛徒"的时候，你顾准本来就是个老右派了，随便再做个伪证证明谁谁谁是个叛徒，对自己肯定有益，至少能证明你自己暂时还不是叛徒。但是顾准拒绝了。

顾准常常，尤其是在晚年，哀叹中华文明中没有"不可作伪证"这样一条道德戒律。这是他从"小姑私塾"时期就烂熟于心的一条律法，他的一生也都在小心翼翼地恪守着这条律法。无论是上海时期，新四军时期，延整时期，党校时期，干校时期还是文革时期，他从未触犯过它，既不为事物作伪证，更不为人物作伪证。这也是他文革中多吃许多苦头，多挨许多打的原因。要他证实林里夫的"叛徒问题"只是其中一桩罢了。他当然拒绝了，以他最招人恨的标准"顾准式睥睨"拒绝了。

对他而言，这不过是出于人性本能的自然反应，不值一提。

---

54 《自述》P111 页
55 同上 P409

7.“职业革命家”（下）

先把林里夫先生暂时放下，接着叙述顾准的职业革命家生涯。

转眼，顾准已经在租界的亭子间住了半年。虽然明知危险早已解除，但他还是无意回到南市自己家中居住和到立信事务所正常上班。用他自己的话说，“流亡生活过了半年，还无意变更生活方式”[56]，看来他已经爱上了这种生活方式，小小的亭子间依稀给他一种神圣的感觉，非常美好。这种感觉可能就叫做浪漫。

顾准的“历史交代”中说到此处，两次用了“半因危险，半因浪漫”形容，可谁都能看出“浪漫”所占比例绝不止百分之五十。尤其在连他自己也承认危险已经解除的情况下还不肯回到正常的生存环境，还要继续“逃亡”，浪漫成分的比例可就接近百分之百了。在这段日子里，顾准做了他认为一个职业革命家应该做的所有事情：

他和同志们办了一份名叫《小职员》的刊物。

“这是一份 32 开本的小期刊，除读者来稿的通信报道外，无非是由当时十分年轻的进社社员供稿……它存在的时间很短，不过几个月就被迫停刊了”[57]。

小期刊的发行人就是被他横刀夺爱，“曾公开声言‘顾某是共产党，我就永不参加共产党’”的那位年轻人，一家皮鞋厂的小开。他也确实因为顾准而“永远也没有参加共产党”[58]，但也从未伤害顾准和他的同志们。解放前夕，他是民主建国会的活动分子，晚年的顾准曾和他在上海相会，欢然道故。

《小职员》在上海当年数不清的抗日报刊中实在是微不足道，连顾准自己都快要忘记了。不料 30 多年后，“竟有一起外调同志详细询问该刊内容、办理经过，原因是，他们的调查对象当时是店员，是这份刊物的读者，据说这份刊物曾影响他的思想转变。由此推想，这

---

56 《自述》P29
57 同上 P410
58 同上

份刊物因其富于店员的针对性，也曾在革命宣传中起过十分微薄的作用"[59]。

看来这份当年不起眼的地下刊物还是推动了当年革命的，这给晚年顾准带来一丝欣慰。

他还在"进社成员加入武卫会后，奉总会之命，到常熟的梅李、浒浦去'巡视'过"[60]。当时的顾准还不是中共党员，他代表的仅仅是抗日力量的一支——武卫会，而非中国共产党。他在常熟阳澄湖一带了解到，浒浦是长江上一个小口子，是江湖好汉和盐贩子出没之地，形形色色的抗日武装也都在此啸聚。若不以成王败寇论英雄，郭建光的"人抗""民抗"，也好，胡传魁的"忠义救国军"也好，都是在抗日这面大旗下的中国人。顾准去"巡视"的时候，梅李镇和浒浦镇各有一个进社的分社，三年后的1937年，8.13中日淞沪之战后，这两个分社成员成了常熟人民抗日自卫队（人抗）的骨干成员，也造就了李建模-郭建光这个抗日英雄形象。

在"巡视"的过程中，顾准听说"浒浦这个地方可以买到枪支，心里曾经动过一下"[61]，他"还没有想过要搞农村的武装斗争，不过觉得能够买到枪，也许有用而已"[62]。但是幸亏，他很快打消了这个念头，否则多年后他可就无法坦然地伸出双手对人们说："我的手上没有血"[63]了，而这正是晚年顾准最著名的表白。

1935年2月顾准正式入党并被调入武卫会总会任宣传部副部长，接手"编印一份油印刊物《宣传资料》，同时不定期地针对当时的政治事变印发传单，揭露南京政府层出不穷的卖国行为，做激烈的抗日救国的宣传鼓动。这些传单印刷量有时高达万份，经过基层组织散发出去"[64]。

总会宣传部部长由林里夫兼任。说是宣传部，实际上就是顾准和

59　《自述》P409
60　同上　P410
61　《自述》P410
62　同上
63　顾准口述
64　《自述》P413

林里夫两个家庭。"四哥陈怀良负责刻写钢板和印刷工作，印刷工作有相当部分是母亲干的，当时还幼小的三妹陈枫（陈棣珍）七弟陈吉士（陈怀安）也都帮帮忙。印成的宣传品由三哥等人送到发行机关……林里夫的前妻陈碧如是总会的总务部长，常代表林来我家联系"[65]。

1935年7月武卫会，一如上节所述，受到重创而停止一切活动，实际上已经不复存在。亭子间里的顾准，革命之余尊潘序伦嘱继续编写《簿记商业初阶教科书》。这位资产阶级老板真是又仗义又狡黠，明知顾准是共产党，还是人照用，薪照发，署名权当然也是照要。好在顾准"志不在此"，"经费"相对来说更加重要，于是两人"各尽所能，各取所需"，倒也相安无事。不久他还被中国银行挖了墙角，"跳浜"去了中行总账室并兼任上海中学商科的教员，潘老板倒也都不在乎。

累的是顾准。夜里他要开足了马力，大量阅读汪精卫南京临时政权的《中华日报》，日文的《大阪每日新闻》和《东洋经济新报》等报纸杂志，大量搜集日蒋汪的信息，然后编写成中文文稿，秘密油印出版《宣传材料》，然后散发。除此之外还要参加党的各种会议和频繁的"碰头"，白天上班因此常常迟到，曾遭到坐等他进办公室的上司"委婉的训斥"。

在高涨的革命热情中，顾准对他的社会职业生活开始厌倦了。

"整天6小时就是拨算盘，实在乏味"[66]，他常常把党的工作需要写的公开文章拿到办公室去完成，老板、同事都对这位年轻"大爷"睁只眼闭只眼，谁让他算盘能打"双飞（两手并用），账目从不出错呢。

10月，林里夫指示顾准携爱人汪璧"流亡"北平。

一听林里夫要他辞去一切社会工作专心一志干革命，顾准当场就"毫不犹豫地照办了"。赶紧回过头去找潘老板解决"停薪留职"

---

65 同上 P414
66 同上 P30

的问题，被潘序伦一口答应，"欣然同意我还在所外给他写书"[67]。

流亡！这正中顾准下怀，太浪漫了！他和汪璧决定立即动身。

打扮成一对新婚的才子佳人的顾氏夫妇，仅仅向小姑母庆志深夜辞行后即"取道海路，乘海船到天津转北平。这是我第一次坐海船，海上风光，觉得着实迷人"[68]。哦，何止是迷人，这是地地道道的、集爱情、危险与理想于一身的浪漫。

顾准和汪璧在北平时，爆发了12.9学生运动。虽然"我们考虑以后在北平要做秘密工作，无意参加游行"[69]，但后来顾准一手起草了南下学生宣传团的宣言。北平方面曾希望他们留在北平并表示可以帮助他们接上党的关系，但顾准决定"恪守秘密工作的纪律，还是等候上海的消息"[70]。

"流亡"生活的开销很大，失去生活来源，又没有一分钱党的经费支援，不得已他们卖掉汪璧心爱的戒指以维持日常开支，但这不是流亡中的革命者最标准的做法吗？

每天顾准除了还债似的编写立信的会计书籍，其他时间就一头扎进北平图书馆，从日文报纸上辑录东北义勇军的消息供给北平和上海的同志们。

几十年后，他对"因为那时脑袋中不存在急切求解的问题，竟没有利用这个机会系统地读些书"深感后悔[71]。他说这些话的时候，正是五十多岁的他再一次天天跑北京图书馆，三天借一次，一次借三本书的日子，脑子里已经满是"急切求解"的问题，急不可待。对于他，这些书的重要性已经超过了世间的一切，偌大的北图，海一般的藏书，他依然嫌太少，尤其是英文的新书太少。用如饥似渴来形容那时的他对书的需要，一点都不过分。尤其是到了生命的最后一年，他读书已近"吃书"的状态，只能用"饕餮"来形容。

67　《自述》P30

68　同上

69　同上 P32

70　同上

71　同上

"1936 年一二八前夕，接到家里来信，知道林里夫要我回上海……1936/II 回上海后，因为 1934/VIII 青年会读书会内公开提出武装自卫六大纲领已经过去了一年半，估计危险已经过去"[72]。

顾准和汪璧按照林里夫的指示回到上海。

回沪后顾准立刻正式回到立信所上班，做主办查账人员，也叫稽核员。其间出于防备危险的考虑他曾两次离开上海到南京和淮南去查账，这些安排都是在老板潘序伦的帮助之下完成的。对此，顾准一生对潘序伦都心怀感激。

1936 年 12 月的一天，真正的危险来了。

这天，一名穿大衣戴呢帽的人手持顾准写的《银行会计》来到爱多亚路上的立信事务所，堵着门指名要找顾准。这个细节描写是顾准全部文字里最镜头化的一段，特务怎样出现，他怎样甩掉尾巴，怎样逃出事务所，怎样开始又一次的流亡，栩栩如生，颇具传奇色彩——

"事情发生在 1936 年 12 月下旬或 1937 年 1 月。那天去中国国货银行查帐，中午回河南路宁波路吉祥里立信饭堂（那是立信补习学校的校址，也是饭堂）吃饭。这是三开间两厢房的中式二层楼房，大门里面有一个不大的天井，客堂里摆二桌饭。我走进大门，并未注意门口有什么人，进后，脱掉帽子，放下公文包，坐在客堂靠里面的饭桌上，面向外地坐下，拿起碗筷正想吃饭时，坐在旁边的唐荣山低声对我说，'哲云兄（在立信时我有一个号叫哲云），大门口站着那个人，拿了你写的《银行会计》指明要找你'，我说'你开玩笑'，他说，'你自己的事自己知道'。我向大门口一看，真有一个穿大衣戴呢帽的人站在那里。我镇静地站起来，走向厢房里转了一下，闪到后门向外走。后门没有人，这个胡同通马路只有一个出口，胡同口也没有人。走出胡同口，到北京路搭乘公共汽车到北京西路福田邨汪璧的姨母汪琇珍家，等姨夫韩昌明回来，弄清楚没有尾巴，请他们通知汪璧，我则到老师殷亚华在治疗肺病的嘉兴一家私人小医院去住下来

---

[72] 同上

了……。这一次为了躲避追捕，直到八一三战争爆发为止，再也没有到立信去上班。"[73]

浪漫啊，无比的浪漫。

1936 年底"双十二事变"发生，它在中国人中引起了两种截然不同的情感——国民党的和共产党的。1937 年年头，《大公报》主编王芸生撰文，用了"拆烂污，开后门的手段"这样激烈的言辞，而顾准则以吴绛枫为笔名投稿，要求和王总编"商榷"。他解释西安事变"非出于共产党预谋而是东北军青年军官激于民族义愤所为"[74]，笔调和平但逻辑犀利。虽然当时被江苏省党的负责人责怪，斥其不明真相，轻率无纪律，但后来文章被延安电讯转引，也就是被上面肯定了。有了这样的经历，21 岁的顾准已经完全把自己看作是职业革命家了。

"我认为，1934 年以后我是一个职业革命家，我那时的处理社会职业，无论在思想上和行动上，完全以党的工作的利益为准据。我同样认为，1934 年以后社会职业地位的向上，和 1934 年出版的《银行会计》一书有关系，可是此书写作后期，我已投身地下工作，此书出版时，我已丢掉职业，过'流亡生活'了，因此我更有理由认为我是职业革命家。"[75]

细读顾准的"历史交代"有个小小的发现，就是他常常用引号把那些最激动人心，最浪漫的字眼框起来，例如"流亡""流亡生活"，例如"接头""上面""下面"，例如"盯梢""调查""巡视"甚至"职业革命家"等等。

不能不说这是年过"知天命"的顾准对自己年轻时过于看重的东西的一种无奈调侃，自己也好笑当年幼稚了一些，过于"煞有介事"了一些。可是谁没有过青春？谁没有过激情和痴迷？谁又没有过把浪漫看得比性命还要重要的年龄段？

73　《自述》P33
74　同上 P442
75　《自述》P41

第三章　革命远不是浪漫的

1. 分裂分子、叛徒等等

1936 年 2 月从"流亡地"北平回到上海的顾准，开始尝到革命不大浪漫的另一面的味道。

先是"北平来回，费用浩繁，收入微小，家庭经济困窘"，接着是汪璧流产血崩，住进南市的瞿直甫医院，而先前外祖母和二姐陈佩珍的去世已将他不多的积蓄花费殆尽。到了他们夫妻从北平回到上海时，身上已经所剩无几，却要面对老母和幼弟、幼妹一家数口都要靠他养活的重担。更要命的是还得有经费才能继续革命下去——办刊物，油印，发行，交通，接济危险的同志和家属……哪一样缺得了钱？

但这些都不是太大的问题。他可以立即返回立信上班，潘序伦对这个"游子"的回归随时都是欢迎的，工资不会降反会升，这点他是有把握的。加上书还在写，拼着年轻力壮，精力充沛，写快点，多写点好了。潘老板那边，除了要个署名权，钱还是给得不算少的，就算他干脆把著作权买断了，那又如何？反正他"志不在此"，写书不过是个"糊口的手段"而已。当然受人之托忠人之事，在写书这件事上无论如何他也是绝不会马虎的，不管以谁的名义出版，自己的尊严和名誉在其中，而他是个把尊严和名誉看得极重之人。

大问题在于：他突然感觉，革命不是他当初他想象的那么单纯浪漫而是一件特别繁复、特别混乱且很难厘清的事情。

顾准是数不清的革命者中通读并数次通读过《资本论》的凤毛麟角者之一，加上对数字、逻辑的天然敏感，他绝难臣服"大胡子画像一挂就是天地君亲师"。"社会职业生涯"上已经达到了巅峰的他在武卫会却成了"分裂分子"，大胡子挂像下并非高尚圣洁的众生相让他困惑。

从北平回沪的顾准，除了带回振奋人心的东北义勇军奋勇抗击日本侵略军的消息，也带回来北方党机关报的精神。

"我看到其中的气味和我一年来从林里夫那里学到的党的路线精神不一样，对他表示过怀疑"[1]。

而上级林里夫的"释疑"却使顾准的怀疑和不臣服更加重了。

"他一反过去把我从公开职业拉到地下的态度，鼓励我争取社会地位。他力求扩大武卫会组织，要我把 XXX 来回来，甚至想把来历不明的 XXX 拉到武卫会来，又使我对他的组织路线前后太不一致怀有'竞选省委'的疑虑，所以回沪约一周后，即对他提出了一些疑问。林解答了这些疑问，但没有说服我。"[2]

顾准看到党内争斗的激烈早已远远超越了外部当局的重压。武卫会内一时叛徒帽子满天飞，"上海本土的老叛徒"，"山西来的新叛徒"，"最坏的叛徒"，"比较温和的叛徒"，自动叛变投敌的"自动叛徒"、略加刑讯立即叛变的"被动叛徒"……五花八门。还有"告密者"，"变节者"，"摇身一变即为特务者"，"分裂者"……不一而足。人人看着人人都像叛徒而惶惑不已，而顾准，几乎是在倏忽之间就成了"分裂分子"，都来不及说清是主动的还是被动的。严格意义上说，他也是个叛徒，背叛的是武卫会、林里夫。

"我对武卫会实行过坚决的分裂，然而分裂不是由我开始的。事实上。1936/II 我由北平返沪以前，武卫会已经出现过严重的分裂了。"[3]

1　《自述》P32
2　同上 P427
3　同上 P421

顾准回沪前武卫会的"分裂"这里就不说了，单说他个人的"分裂行为"——须知那既不是分裂到了国民党一方，也不是分裂到了汪精卫一方，他是"分裂"到了中共党员胡乔木领导的"文化界救国委员会"，也就是说分裂归分裂，可还是在一个共产党内，没有叛党，更没有叛国！

此时的顾准已经越来越不能容忍和接受林里夫严重排斥自由主义的小资产阶级知识分子和社会上层进步文化人士的狭隘作风，尤其是他对《抗日救国六大纲领》签名者之一章乃器的排挤，引起了顾准极大的反感。林里夫"汲汲乎追求的不是利用上层关系来打开局面，冲破白色恐怖，使抗日运动成为广泛的群众运动，却是在小天地中和章乃器争夺领导权"[4]。

这叫本身就崇尚自由主义的顾准如何接受？他义无反顾地公开"分裂"到胡乔木领导的"文化界救国委员会（文委）"去就不奇怪了。"1936/II-III 我采取的分裂行动，也许是最严重的一次分裂，是对武卫会士气影响最大的一次分裂"[5]，顾准毫不隐晦。

文委接纳了他但却并不信任他，仅派"左联"的邓洁和他单线联系，根本不允许他见到周扬，胡乔木这些"真神"。在任命他到"职员救国委员会（职救）"任党团书记的同时，邓洁指示他身在"文委"但依然要在"武会"内展开针对林里夫的路线斗争，顾准也照办了。可他说什么也绝料想不到，三十多年后这一从"武"到"文"的、被他认为是光明磊落的行为，由于"文""武"老前辈们的恩怨情仇夹缠不清，而被定义为"内奸"活动，是"假共产党，真国民党"，弄得他有一段时间"想一想就心头绞得发疼"[6]，想死的心都有。

党内如此复杂的派系纷争，老革命，老党员，老同志们的狭隘、刚愎、不宽容，工作上凭着一时的激情就做决定，朝三暮四的方法，对"地盘""兵力""权力"的争夺……，这一切在顾准的革命浪漫主义的幻象上投下了浓重的阴霾，从他"历史交代"的字里行间，时不

4　同上 P425
5　《自述》P426
6　同上 P54

时就能感受到它重重叠叠的魅影。

革命远不是浪漫的，而浪漫，绝对不是革命。

2. "业余革命家"

青年顾准肯定是一位革命家，不过是职业的还是业余的，就很难定义了。

这个问题读者看着也许很可笑，但对于我的传主却是件天大的事：

"我认为，1934 年以后，我是一个职业革命家……（尤其是）我已丢掉职业，过'流亡生活'了，因此，我更有理由认为我是职业革命家。"[7]

但是多年后，顾准对自己年轻时的定位——职业革命家成为人们的笑柄。无情的讥笑和嘲弄，令年过五十的他写下下面这段屈辱不堪的文字：

"经过文化大革命的教育，冷静地分析、回忆这一段历史，深深感到长期来保持的这种想法（自己是一个职业革命家 -作者注）是错误的。因为即使 1934-1940 年我主观上并未追求职业地位的向上，到 1940 年我离开上海的时候，我实实在在是一个会计作家，讲师和教授，我搞的那些东西，实实在在是在为资产阶级服务的东西。参加地下工作，主观上存心做一个职业革命家虽然是事实，然而这是那时我的生活的一部分而不是全部，何况那时的抗日救亡运动及其实际组织工作，还属于民主革命阶段，参加这一民主革命，并不足以决定一个人的世界观，并不足以洗刷、而是每日每时还在沾染周围的资产

7　同上 P41

阶级知识分子的意识形态。"[8]

今天学界对顾准的研究有一个著名的命题："是只有一个顾准"还是"有两个顾准"。上面这段文字应该也是"两个顾准"观点的有力证据——作为思想者的他，也曾因为不可救药地因为染上"猩红热"而显得俗不可耐。

这个只要说到顾准就无法回避的命题先放一放，先看看这段话里的一句——"然而这（革命）是那时我的生活的一部分而不是全部"[9]——这句话可惜是不通的。顾准的"职业革命家"生涯没有拿过党一分钱的经费，可仅仅"党的印刷机关就设在我家"，就需要一笔可观的开销，更别说他还必须要养活一大家子人、接济同志以及至少维持自己"活着"并且活得稍微体面一点的费用。难道他必须把全部的社会职业，例如会计师，会计作者，教授讲师等等都辞掉，在全家人包括他自己餐风饮露，得道成仙的情况下干革命，才算得上是位"职业革命家"吗？

多年后顾准自己交待说"上海地下工作时期我虽然自命为职业革命家，其实我那时还过着社会职业生活和地下工作生活这种'双重生活'，所以，我那时到底还是一个业余革命家，因为在这种'双重生活'中，党内工作上的变化和生活上的变化并不一致"[10]。

他自己都认账了，谁好再说什么呢？

2002年，日本一位东京大学历史系的博士研究生岩间一弘先生，他的博士论文题目是《1940年前后上海职员层的生活情况》。这篇论文获得"松下国际财团"1999年度亚洲奖学金资助，原文发表在《东洋学报》第48卷第1号上。如今也过了不惑之年的一弘先生，不知还记不记得论文中多次提到的一个名字——顾准。

一弘先生的论文写道：

"在中国，最初想要对职员阶层的实际情况进行认识和掌握的，

8　《自述》P41
9　同上
10　同上 P92

是 1930 年代末上海的中国共产党。1941 年，公共租界工部局也着手了这种工作。但是，中国共产党职员运动委员会的认识，主要是以参与观察为基础得来的。相对而言，工部局工业社会处对生活水平进行了标本调查和统计解析。"

"从 1937 年 11 月到 1941 年 12 月，上海除租界以外的地区被日军占领，公共租界和法租界成了被称作"孤岛"的政治上孤立的地区。在这个时期，发表了以职员为对象的两个调查报告。一个是 23 岁的担任中国共产党江苏省委员会指导下的职员运动委员会的书记的顾准所作的《上海职员与职员运动》，载于《职业生活》第 1 卷第 1—4 期（1939 年 4 月 15 日—5 月 6 日）；另一个是公共租界工部局的工业社会处于 1941 年末实施调查的报告书。前者是中国在最早发表的关于职员阶层的观察记录，后者是中国最早的以职员阶层为明确的调查对象的正式的调查报告。"

论文中提到的"职员运动委员会"就是上海职员救国会委员会，简称职救。

开埠后的上海，自 1850 年代开始，以洋行雇员为首，银行、海关、电报、邮局、铁路和新式学堂的教员等大批出现，加上被新兴的民间企业雇用的从事精神和脑力劳动的工薪一族，人数与资本家和工人一起增加，相对于"旧中间阶层"——以经营商店和饮食店等比较小规模商业的自主营业者为中心的阶层，他们形成了一个新的中间阶层——上海职员阶层。

这也是中国中产阶级的雏形。岩间一弘先生接着写道——

"基于在中华职业学校、立信会计师事务所、执过教鞭的各大学会计专业以及上海中国银行工作时所积累的见识，顾准形成了自己对上海职业界的观念。面对如何把金融、保险业、洋行、海关、百货店等的职员、店员组织起来这一课题时，顾准不是去利用救国会、救亡协会、战时服务团等既存的社会团体，而是着眼于联谊会、俱乐部等新式的大众组织。在当时的上海租界，陆续成立了上海市银钱业业作联谊会、益友社、上海华联同乐会、上海市保险业业作联谊会、中国妇女俱乐部等为加深各界业职员之间的亲睦而组织的文化、娱乐团体。为了动员职员们参加抗日救亡运动，可以利用这些团体。从1939年初开始，职员运动委员会组织了银行工作委员会、百货公司委员会、洋行工作委员会、益友社支部、保联支部、绸布业支部、海关支部、电台支部、职妇支部等，下部再设置了各企业的支部。据说，顾准的这些方针虽然作为"联谊会路线"饱受批评，但是，它在加深党与职员的联系方面取得了成果。"

顾准23岁发表的文章能在60多年后成为日本名校、名系博士生的专题研究对象，还因此而成为优秀论文并获得奖学金，说它是个传奇都不为过。这一次他给人留下的印象更深，个人英雄主义的味道更浓烈。

顾准3月"分裂"到职救，4月份就又被"取代了"，因为他必须"逃难"（引号是顾准自己加的），由潘序伦安排他到南京和淮南去查账以防不测。

9月他回到上海，"工作从被动转到主动"，"工作的环境和条件已经发生了巨大的变化"。从1936年9月到1939年7月，将近三年的时间和全中国独一无二的上海职员群体，给了顾准一个极好的舞台，他的聪明才智得到了尽情的发挥，导演出了一台有声有色的大戏，以致被外国的历史社会学博士写进论文，载入史册。

这出大戏的名字就叫做"联谊会路线"，其内容岩间一弘先生都说得很清楚了，无需重复。不过一弘先生也说到"它饱受批评"，批评的内容他没有写到，也无法写，因为他根本无法理解。发生在1930年代后期的、中国中产阶级有史以来第一次以有组织，有领导的形式出现在政治舞台上的这段小历史，从未见诸过官方的中国革命史、抗战史和中共党史。中国各大学无论历史学、社会学、政治学还是经济学的博士生们，亦无一人拿它当回事写出自己的毕业论文。反倒是墙内开花墙外香，它跑到日本人的论文里去，还让作者拿了个不大不小的奖。

"顾准以及中国共产党的职员运动委员会认为，上海的职员阶层与工人阶级有一致的立场和利害关系，也要让职员阶层与工人阶级一样具有爱国、民族意识，希望他们担当抗日救亡运动的一个部分。因此，顾准对上海职业界的主要关心趋向于生活状况接近于工人阶级的中、初级职员的薪水和意识。中、初级职员通过联谊会、俱乐部等亲睦团体和《职业青年》等刊物，把自己等同于"职员"这一社会阶层，在上海社会以及国际形势中重新加以理解，进一步促进了与工人阶级的一体化和参与抗日救亡运动。"[11]

顾准在自己的"历史交代"中描述的联谊会活动要比岩间一弘先生更生动：

"（职救）决定在职救外面成立公开的文化娱乐团体。它要收取汇费会费，租赁会址，组织话剧、京剧、歌咏、读书会、图书馆、篮球、排球等活动；它基本上应该是行业性质的；它应该争取本行业上层分子的赞助，尽可能争取他们当理事，以便使它获得完全合法的外貌。这类团体应该开展多方面的文化娱乐体育活动，其中一部分应该利用来进行抗日救亡和马列主义宣传，以便发现、团结积极分子，发展新党员"[12]

组织联谊会一时竟成了上海的社会时尚，1938 年更成了"联谊会时期"，银联（银行）、洋联（洋行）、华联（百货）、妇联（妇女）、学联（学生）、职协（职员）、保联（保险）、海支（海关）、电支（电台）、绸支（绸布）……不计其数，人员达数万。联谊会路线团结了一大批社会中间层力量到中共的抗日民族统一战线旗帜下，这和顾准在社会上的影响力有非常大的关系。他的社会职业生涯已达到巅峰状态，是各行业青年职员的样板，其号召力和凝聚力无法小觑。一次一位上级党代表见到顾准，知道他是进社的，开口便问"知道进社的顾某吗？"他回答得还算谦虚"在下便是"，其知名度可见一斑。

可联谊会路线很快变成了"顾准路线"，多年后这个"路线"全部成了他的罪状——"个人英雄主义"，"分裂分子"，"内奸"，"独立

---

11 岩间一弘 《1940 年前后上海职员层的生活情况》
12 《自述》P439

发展党组织"，"提倡'国防文学'"，"假共产党，真国民党"……哪一顶帽子都压得死人。好在那时顾准早已是"死猪不怕开水烫"的老右派，倒也能"坦然面对，彻底交代，争取宽大处理"。

这些还都不是他最受不了的，他最受不了的是同志们对他认为自己那时是"职业革命家"的讥笑和嘲讽。

在写下那段"到1940年我离开上海的时候，我实实在在是一个会计作家、讲师和教授，我搞的那些东西，实实在在是在为资产阶级服务的东西"[13]的文字时他的精神状态，要么是羞耻而无奈的妥协，要么是骄傲而狡黠的不屑，要么是它们的混合体。凡在顾准身上发生的故事，都不会像发生在常人身上那么简单。

3. 刘长胜

"顾准路线"的由来说来还真是不简单——它是受王明启发，从希特勒那里学来的。千万别当这是谁的胡编乱造，谁也开不起这样的玩笑。这是顾准自己总结的：

"1944年在延安，刘宁一在一次谈话中特别问我，'联谊会路线'在我脑袋里的思想渊源。我回答说，受了《巴黎救国时报》上王明的启发……1935/VIII的共产国际七次大会上，季米特洛夫曾经痛彻地批判了共产党员在宣传工作中的教条主义气味，就中特别指出，希特勒的上台，曾经充分利用凡尔赛合约后德国群众，尤其是青年群众的深刻不满，曾经充分利用青年群众爱好集体活、盛大仪式等特点来进行蛊惑性的法西斯宣传。希特勒这样做，在和德国共产党争夺群众中占了不少便宜。季米特洛夫总结了这一痛苦的历史教训，他的报告译成中文，刊登在《巴黎救国时报上》。此后不久，《巴黎救国时报》刊载了王明的文章，号召共产党员在中间群众中开展文化、娱乐、体

---

13 《自述》P41

育活动，以便加强党和群众的联系……。在受到季米特洛夫号召的启发下，我还曾留意有关二十年代德国社会状态报道的文献，曾发现并读了一本德国某女作家写的《动乱时代》的中译本……记述作者亲身经历的凡尔赛合约后德国一代青年的政治情绪……20 年代德国青年特别爱好集体活动，在盛大的野营、游览、体育比赛中，在千百人齐声的高歌中吐露他们对政治现实的深刻不满。这本形象化的历史记录，使我对季米特洛夫的总结和号召幽深一层的体会，也深深感到抗战前夕的中国和凡尔赛和约后的德国虽然处于不同的历史阶段，但青年群众对政治现实的深刻不满却是类似的。尤其是以生活环境而论，上海职员群众比学生群众更少集体活动的机会，通过我们党的艰苦工作，组织职员群众以自己的集体力量来创造集体活动的环境，仅以这一点而言，就足以大大增强党与群众的联系，何况只要造成某种集体生活环境，其中绝不会缺少宣传马列主义和我党政治主张的机会！"[14]

这就是顾准"联谊会路线"的出处。

1936-1938 年他在各种报刊上发表文章，鼓吹这种鼓动群众的方法。这两年多的革命工作对与顾准来说，既与他的革命理想契合，又顺应他的性格特征，可谓物尽其用，人尽其才。

"1937-1939 这两年，我在工作上的系统思考和独立见解逐渐发展了，与之俱来的则是'自我实现'式的个人主义也逐渐发展了。"[15]

然而这样的"独立见解"和"个人实现"能否长期的见容于党和党的同志们，尤其是那些和自己在生长环境，生活际遇，受教育程度以及社会地位等各方面都存在巨大差异的同志们，年轻气盛的顾准肯定是想也没有想过。虽然经历了武卫会的"路线斗争"，可毕竟他和林里夫之间的龃龉并没有闹到你死我活的地步，双方都没有对对

14　同上 P441
15　《自述》P449

87

方有一种"先天性的反感"，再说上级党也明确了他们之间的是非曲直（虽然多年后此事又不断地被"翻烧饼"），他和林里夫之间已没有什么个人恩怨。

但这次不同，顾准充满了资产阶级情调的"联谊会路线"和毫不隐晦"自我实现"意识，大大地惹恼了一个人。

此人大顾准整整一轮，是位真正可以领导"资产阶级民主性质的，前途是社会主义的"中国革命的无产阶级一份子。他1903年生于山东海阳，早年随舅父来到建立苏维埃政权不久的苏联，先后做过小贩、学徒、皮匠、店员。相比十九岁就做了三所教会大学讲师的顾准，十九岁的他正在海参崴码头做搬运工人。他1927年加入联共，1933年赴莫斯科国际列宁学院学习，1934年回国，在延安出任陕甘宁边区总工会主任，1937年赴上海恢复和建设党的地下组织，和刘晓搭档组建江苏省委。顾准与他相遇就在此际。

他，就是后来在新政权做到了"中华全国总工会"副主席的刘长胜。刘先生是顾准生命中又一个有趣人物，两人的劈面相遇是顾准的"劫数"，又一颗"四万年结出的果实"。

他们的第一次见面就很不愉快。他"先天"地不喜欢他。

面对这个年纪不过20出头，党龄不过两年的小青年，刘先生无缘由地上火。他厌恶他凛凛然的气质和掩都掩不住的"绅士派头"，也不喜欢他那过于文雅却又斩钉截铁的谈吐，甚至连同他脸上的眼镜他都一起厌恶。这和他在海叁崴，莫斯科，陕甘宁见过的人群都不一样。他和自己谈话时始终是平视的状态，丝毫没有对自己崇敬有加的样子，而他的经历是应当被人崇敬有加的。

22岁的顾准对眼前的这位革命老前辈却"印象很好"[16]。于是他大谈他的联谊会，如何的轰轰烈烈，如何的有声有色，如何的受年轻人欢迎等等等等，然后期待着老前辈的指导，当然也不排除期待这位严肃上级一点小小赞扬的虚荣。

但是，没有指导，更没有赞扬，他只是把职委将隶属江苏省委群

16　同上 P456

委（群众工作委员会）的党的决定告诉他，"这就是说，当时新建立的省委，把职员工作看做工人、学生两个群众活动基干部分以外比较次要的群众运动部分"[17]。

多少有些悻悻然的顾准并没有沮丧，年轻人的盛气丝毫没有减弱，他依然精神抖擞地干了下去。有了延安派来的党的正式领导，与前几年武委会的经历相比，他反而更踏实了。

1938-1939 年，职委领导的"联谊会运动"愈来愈精彩纷呈。各类团体从人员数量和质量上都有长足的发展，广泛凝聚了上、中、下三个职员阶层，职员运动成了职工运动（"职员"和"工人"二者合一统称）的主力，省委这才重视起来，撤消了群委，派原来仅负责工运的省委二号人物刘长胜直接领导顾准的职委，职员和工人运动正式合并成为"职工运动"。

"1939 年上半年，职委这个'麻雀虽小，五脏俱全'，所属各单位基本上都能独立作战的体系大致建成了。对此我有些洋洋自得——一句话，我对我对这个十分渺小的成就有点骄傲起来了。"[18]

骄傲，这是中共党内大忌，常常大到甚于投降或者叛变。"虚心使人进步，骄傲使人落后"在党内并非励志名句而是一条金科玉律，可顾准到老都不放在眼里——五十多岁的他还对年轻人宣称"骄傲使人进步"[19]，更不用说二十来岁的时候了。

实际上顾准对这位工运老前辈是信服和尊重的。"他确实有比较丰富的中共运动经验，他对职委工作做过不少及时正确的指导。1938 年上半年，团体工作大发展之后，'企业化'口号的及时提出，是在刘长胜指导之下作出来的"[20]。可惜的是他对他，没有一般人在同样状况下应有的表情和话语，而这种叫做"谦虚"的表情和话语是一个中国人的标准美德，顾准恰恰在这点上十分欠缺。说实话这太难为

17　《自述》P456
18　同上 P455
19　徐方《两代人的良师益友》
20　《自述》P456

他了，从小到老，他从不在明明知道自己很出色时违心地谦虚一下，除非他知错。他将要和正在为此付出极大的代价。

加上，刘长胜不喜欢他的"联谊会运动"。

唱唱跳跳，跑跑闹闹叫什么革命？这些人再"对现实不满"，他们至少还能养家活口，男人至少有份工作，女人至少不用去操神女生涯，孩子至少不会饿死或者被卖掉。真正的革命力量蕴藏在社会的最底层，在杨树浦，外高桥的码头上，在"公大""内外棉"的车间里，在满上海大街小巷狂奔的黄包车前。对这些都亲身经历过的东西，他才充满着感情和同情。

于是他们开始有了争执。

刘批评顾"留恋团体"，顾反驳道"将来联谊会可能转变成为阶级性的职工会"，刘非常不以为然，"联谊会的理事会中有不少上中层人物，他们是资本家或资方代理人，既然联谊会的领导成分杂有这样一些人物，认为联谊会可以转变成阶级性的职员会就是阶级投降主义"[21]。

他们从争执到争论，从争论到争吵，刘长胜终于沉下脸来。

顾准以为对于党的领导，在意见不统一的情况下也可以像和老板潘序伦那样，当面锣对面鼓大吵一架，双方发泄了也就了事了。可在这位老革命眼中，独立见解就是不听话，而自我实现更是令人发指的个人英雄主义、出风头、骄傲自满的表现，是"党所坚决（和最）不能容忍"的无党性的表现。仅从个体、个人的角度量度，顾准简直就不应该是革命的主体而应该是革命的对象。

"1938-1939年，我对刘长胜的印象是很好的……就我这方面而论，这一年中我并未察觉刘长胜对我的工作、思想、作风有什么严重的不满，更没有察觉出他对我怀有根深蒂固的嫌恶之感……。他对我的成见究竟是怎样形成的，我当然无法知道。不过从他以后用人行政来推测，他大概先天地喜欢沉着的、"听话"的干部，像我这样锋芒毕露，一触即跳的人，即使他看得清楚除严重缺点而外也还有点滴长

---

21 《自述》P458

处，他总是无法容忍的。"[22]

他天生地不能容忍他，这是中国共产革命党人的常态——人们对知识范围略微宽广一些的另一些人们有一种与生俱来的仇视。

顾准"人本主义"的马克思主义在这里劈头遭遇了"造反有理"的马克思主义，冲突不可避免。"7月，刘长胜把我调离职委，并背着我在职委内部开展了清算顾准路线的斗争"[23]。

还好，仅仅是调离，远不如十四年后他晴天霹雳般亲自宣布顾准"政治生命的结束"那样残酷。当时两人并排坐在主席台上，顾准对自己几秒钟后的噩运一无所知。又过了十四年，他被自己的革命母亲以差不多同样的方式抛入万劫不复的沉渊，半年后被肉体吞噬。而此时，"老冤家"顾准却正坐在中科院民族所"幽静之极的办公楼内"写下这篇"历史交代"。他甚至不知道刘长胜已经死去，笔下也无怨怼之情流出，甚至还在为他开脱：

"刘长胜所以要把我赶出职委，除了他先天地无法容忍我这个人之外，1939年的政治局势……上海工作环境急剧恶化的不可避免，是不是也使他不放心我这个鲁莽而不沉着的人继续负责职委？"[24]

"顾准词典"中压根就没有"恨"这个字。

4. 初遇孙冶方

好，现在顾准生命中最有趣的人物要出场了。

1939年8月，顾准被毫无先兆地从自己一手组建的职业救国委员会赶了出来，调到租界孤岛的上海"文化救国委员会"任副书记，他的顶头上司——正书记，就是他一生最宝贵，最真挚的朋友、诤

22　同上
23　同上 P455
24　同上 P457

友、同志、难友——孙冶方。

孙冶方，1908 年生于江苏无锡一个书香门第，大顾准 7 岁。1923 年加入中共，1925 年赴莫斯科中山大学学习革命，1930 年回国在上海做党的地下工作，因被捕，按照党纪自动脱党。1934 年因参与"福建事件"被迫流亡日本，1935 年回到上海，1937 年重新入党并任中国江苏省委文化委员会书记。孙顾第一次相逢正是此时。

接受上两次见面就招人厌烦的教训，顾准收起一大半锋芒，冷眼观察这位党的新上级。

首先，他不服膺他，这和第一次见到"真正的共产党"林里夫以及第一次见到"搞工运的老革命"刘长胜的感觉都不同，说白了，更糟糕。他知道此人曾是留苏学生，中国"农村派"的经济学家，是列宁《帝国主义论》一书的中译者，但这并未引起他的敬佩。他对这位单线联系的上级是这样评价的：

1. 是一个并不熟悉实际经济情况的经济学家。

2. 对文化工作各部门的领导拿不出什么深刻的主意，领导一般化；

3. 但不拿架子，平易近人，容易接受别人的意见。[25]

根据嘛，无需多，一条就够——"因为《帝国主义论》中说到许多英美资本主义垄断企业，其中多数在上海设有分支机构，各取有中国化的名称，例如美孚油公司，亚细亚油公司，大通银行，卜内门洋碱公司等，可孙冶方译名都取直译（例如美孚油公司译成"标准油公司"等），而不著明中国人熟悉的中文名字，由此断定他对帝国主义在华经济势力的实际情况是所知无多的。"[26]

看，这就是顾准。你习惯了音译而人家喜欢直译，根据这么点东西就判断人家这也不行，那也不行，不太好吧。对孙是个"乡建派"，他也不以为然。不就是个改良派吗？和革命不大沾边。青年会读书会

---

25 《自述》P352
26 同上

那会儿，"记得有一次一个梁漱溟乡建派先生发言宣传乡建派纲领，反击发言的主张就是（我们进社的）孙冶新。辩论结果，这位先生完全被击败了，只好哑口无言，狼狈退席"[27]，我顾某当时可是拍手称快哩。还好后面还有个第三条评论——"不拿架子，平易近人，容易接受别人的意见"，有这一条从他嘴里说出来，已经很不容易了。

这一条，的确很不容易、极不容易。孙冶方被顾准评价的这一条，用一位"五四"老前辈的话说，是比自由更要紧的东西——宽容。顾准的一生，从外人那里能够得到的最少的东西就是——容忍、宽容，孙冶方从第一次见面就给了他。这份礼物有多珍贵，大概只有收受礼物的人自己才能数算得清楚。顾准收下了最初的这份礼物，今后的日子里他还要从他那里收到很多份，他甚至已经习惯了收受它们，这才有28年后，当他听到孙冶方突然入狱的消息，一时连站都站不稳，脸色苍白，几近虚脱的一幕。因为他知道今后再也不会有人送这么贵重的礼物给他了，他将活得更加艰难，在精神和物质两个方面，尤其是前者。

孤岛文委时期对于孙冶方，是一段生命的华彩乐章。

莫斯科中山大学残酷的党内斗争，回国后与国民党政府当局的政治较量，两年流亡日本的经历，作为"乡村建设派"跟随陈翰笙先生作中国第一次大规模农村田野调查的经验，已经把还不满三十岁的孙冶方锻炼得异常沉着冷静同时又极具亲和力。他"慈祥"得甚至被刚刚入党，尚未结婚的小青年们称作"妈妈"[28]。

现在身边又来了一个结了婚的大龄青年，自己的副手顾准，才华出众，激情四溢，又是这帮小青年们的"偶像"，这样的搭配的"班子"令孙冶方非常满意。虽然他也明知，这位很喜欢用"睥睨"二字的副手说不定什么时候也会睥睨自己一把，但他不在意。他自己不是也睥睨过盛气凌人的同学陈绍禹（王明）吗？略微有些骄傲的人在他眼里好像显得更正常一些。他也被"整"过，被扣上过"资产阶级情

27　同上 P404
28　王元化对孙冶方最初的观感

调""经院学派""成立秘密组织，妄图分裂党""托派"……等等能吓死人的帽子，在莫斯科甚至差点被"枪毙掉"。他是背着联共（布）一个"严重警告"处分从苏联回国的。饱尝过"斗争"滋味的孙冶方，其后的一辈子也不愿意把这种滋味再强加给别人，尤其是比自己还年轻的人，譬如顾准。

在四周都是沦陷区的租界孤岛里，文委的成员们——孙冶方、夏衍、田汉、钱俊瑞、曹荻秋、巴人、梅益……（当然还有顾准）等共产党员和爱国文人、报人一起，高举抗日大旗，办起《译报》《译报周刊》，《上海周报》《学习》《求知丛刊》《内地通讯》等一大批进步抗日报纸，同时也把抗日的文学，戏剧创作搞得异常活跃。

这就是抗战史上著名的"上海孤岛文化运动"。

"孤岛"时期是那时许多青年知识分子生命中激情燃烧的岁月，他们的聪明才智得到了最充分的发挥。郭大力、王亚南"十年一剑"的《资本论》宣告译完，梅益译出了《钢铁是怎样炼成的》，斯诺出版了中文版《西行漫记》，于伶排出了《夜上海》，巴金写出了《家》《春》《秋》……

除了组织工作，孙冶方积淀已久的政治经济学功底混合着革命的热情，如火山岩浆一般喷涌出来。他不断在各大报刊上发表文章，社论，评论，例如《关于国民经济建设和国家资本主义》《论日军进攻华北》《抗战建国的好榜样》《民族解放和民族统一》《进步的一年》等，抨击日本帝国主义经济侵略政策，分析世界经济情势，论述民族的解放和国民经济的关系，提倡抗战建国。上海的各个报刊杂志几乎每周甚至每天都有他的文章。

相比孙冶方，相比"联谊会时期"的有声有色，不敬地说，我的传主有些乏善可陈。

从1939年8月调到文委到1940年7月离开上海去苏南解放区，孙顾两人在文委分别任正副书记11个月。这一时期用顾准自己的话来说，是"并未全神贯注的"，"不认真的"并且事后是"感到内疚的"²⁹，其实还应该加上一条——是"闹着情绪的"——24 岁上就被人"清算"了一把"路线"，无论如何是过于夸张和煞有介事了些。离开他组建和熟悉的职委，到他并不佩服的人手下干革命，他不无沮丧，干革命更"业余"了，倒是很有可能。

无论是顾准自己还是孙冶方抑或其他人的回忆文章，对于顾准在孤岛期工作时作为个体的人做了些什么，都没有真材实料的记载，令人只看到"故事中的人们"而不是"故事中的人"，很少个性的展露。

谈到孤岛时期的顾准，一篇王元化先生的采访录最具个性——一是，他来组织开会，还拎来四大包点心水果，和大家一边开会一边吃，人人都很开心；二是，为了给这位小上级写"秘密报告"，基督徒家庭出身的王元化先生（王元化这个十二笔画的名字就寓意十二使徒）还给顾准起了个"王开道牧师"的化名。可为什么是下级给上级起化名，为什么叫他"牧师"，谁也不明白，元化先生也不作说明。

关于顾准的这一段历史，任何记载都远不如日本人岩间一弘先生论及"联谊会路线"的论文来的精准和凿实。顾准本人在他的"历史交代"中对这一段更是敷衍塞责得可以——"文委工作经过，大体见于《孙顾关系是反革命思想联盟》……再也没有兴致把这段历史写得完整一些……"³⁰，可等你查阅他的《反革命思想联盟》，却仅仅只有本章开头那几行他对上级孙冶方的评价，真是让写他的人恼火。

"1939/VII-1940/VII 文委工作期间，并未全神贯注在工作上，还逐渐产生了到解放区工作的想法。后来我对这一期间工作的不认真常感内疚。多年以后，梦中还常出现过，实际生活中并未发生过的，跟下面同志约好了关系，到时候不去的景象。这一时期，因为工作"少"（其实是自己工作不认真），曾想有系统地读一些历史。可是开始读史不久，因我多次请求，省委决定调我到江南东路特委去

---

29 《自述》P37
30 同上 P460

了，离沪是在 1940/VIII。"[31]

他是有情绪的，"离开职委时'惋惜'和'失败'的感觉"搅扰着他的心境。孙冶方很好，孤岛文化和文委的工作都是有意义的，但让这个充满创造欲的"英雄主义者"[32]作个只是来"吃现成饭"的，他很苦恼。

从接受历史唯物主义到现在已经很多年了，可至今还没有用任何方法去证实它是真理的和唯一的，既无法用物理、化学、天文或地理的方法，也无法用他最熟悉的数学的方法去证实或者证伪。这一直是个隐约困扰着他的问题——那么小姑庆志从小告诉他的那些东西都是假的吗？可为什么我却总是无法把它们从心脑中彻底扫除干净呢？为什么我在基督教青年会读书会上宣读《抗日救国六大纲领》毫无畏惧，却不能在公众面前做"反基督"，"反宗教"的宣传，像共产青年国际要求的那样？我的"革命"总是出问题，是这些东西在作祟吗？那么只有去触摸这势同水火的两者的源头，才有可能弄清楚它们，把握它们，也把握自己。而触摸和把握它们的办法只有一个——去读史，去探索历史。

这是他一生中第一次萌生"系统读史"的念头。

此时的顾准已满 24 岁，作为一位天天要和数目字打交道的理科男，"对任何问题都要问一个'为什么'"已经成为他思维方式的常态。在常人更看重"行动"的年龄，早熟的他已生出了"思考""思想"的萌芽。非常可惜的是，人们至今还没有发现任何文字留下他为什么此时开始"想有系统地读一些历史"并且"开始读史"的原因，难道真如他自己"交代"的，仅仅是"因为工作'少'（其实是自己工作不认真）"，为了解闷吗？

27 年后，在全中国的人都发了疯，好像准备把自蔡伦造纸以来所有的纸张都用来写大字报的非典型岁月里，我的传主也贴了一张大字报，上面只有两个字——"读史"。但这并不是他真正"系统读

31　同上 P37
32　徐雪寒评价顾准

史"的开始，这个"开始"早就开始了，至少已经 30 年了啊。读史令他的内心变得无比强大，这是任何人包括他自己也没有料到的。而在他读史、解史——用历史来解读现实，预测未来的过程中，自始至终最大的支持者、保护者就是这位孤岛初遇的，哥哥一样的孙冶方。

顾准和孙冶方的故事，重头戏在后面，1939 年这个序幕，仅仅从顾准的"身段"上看，坦率地讲，不是太精彩。

5. 委身革命

此时的顾准心已不在上海，他要到党的根据地，到解放区去，到抗日第一线去革命，去从戎，去做一名真正的"职业革命家"。

顾家大家庭经济情况已经好转，兄弟们都自立了，因流产和二个孩子早夭的悲痛而身体衰弱的妻子，因为潘序伦的关照进入华懋饭店做会计，身体和精神状态也渐渐好了起来，足以承担起赡养顾准的母亲、幼妹以及她自己家庭的经济担子。8.13 后全家都逃难到租界上来，被追捕的威胁也不复存在了。

此时的他可以不再负担全副"救家"的重责，可国家却正处在被外族入侵蹂躏的惨状中，"匹夫有责"四字早就在他心头翻滚了。只是党说"孤岛上的斗争也是没有硝烟的战斗"，这个热血青年才没有立刻投笔从戎。

眼下他认为是时候了。

"La liberté? Son carnage les rues; Pays? Il se sacrifier armée！（自由发生了问题？他喋血街头；国家发生了问题？他捐躯伍）！"

12 岁时和少年同伴一起用法语背诵维克多·雨果《悲惨世界》名句中那铿锵的韵律，"和三哥二人在董家渡江滨的沙包工事中看架在那里的（北伐军的 - 著者注）重机关枪，和驻守的下级军官和士兵谈话，听他们说部队里也有小孩子，是勤务兵时，曾要求他们收留我们当勤务兵"时有声有色的一幕，都是他难忘的。又一个十二年过去了，那声音，那场景依然历历在耳，栩栩在目。既然"喋血街头"

实现不了，"捐躯行伍"还是可能的。他要离开上海，到广阔的农村天地纵横驰骋。

上海人也许是中国最热爱家乡故土的人群。"阿拉上海人"是他们一种很无厘头、无来由的骄傲，哪怕彼时已经十分西化，十分繁华的英属殖民地——香港，在他们眼中也不过是个暴富的小鱼港罢了。出了杨树浦、外高桥，在上海人眼里统统是乡下，连南京，北平也不例外。可上海人顾准将要去的，先是"乡下"苏南，后是上海人最瞧不起的"缸巴（江北）"——苏北。一个前途无量的高级会计师，著名的会计作家，教授，放弃数百大洋的月薪、分红、津贴、稿费版权费，到据说仅有每月 4 元法币津贴的艰苦乡村去革命，除了坚定的政治信仰，你能排除那个致命的因子——浪漫吗？

"我做业余革命家的条件是优越的。在上海的物质生活比在根据地安定得多，也优裕得多……然而一个人的生活和思想，究竟无法摆脱环境的影响，我当时的资产阶级知识分子的社会地位，不能不影响到我的生活方式，抗日根据地的生活比上海艰苦得多，一旦离开，也就毫不留恋了。"[33]

当年多少年轻人从北平、上海、从广州、从重庆、西安、香港甚至从美国、加拿大走向延安，走向乡村，走向他们不了解，不熟悉也不可知的地方去工作，去斗争，去牺牲。但顾准还有别的原因，那就是他对上海党的精神、纲领、行动方式，尤其是领导人的作风、方法以及人格起了疑心，甚至怀疑他们到底是不是真共产党。

比如他在北平"流亡"期间，"孙化新给我看过北方党的机关报，我看到一年来从林里夫那里学到的党的路线精神不一样，对他表示过怀疑的意思"；比如

他"以救国会为例"，质疑"林里夫在白色恐怖十分严重，我们的活动限于秘密小组的状况下，汲汲乎追求的不是利用上层关系来

---

33 《自述》P93

打开局面，冲破白色恐怖，使抗日运动成为广泛的群众运动，却是在小天地中和章乃器争夺领导权，这正是典型的关门主义。"

再比如"联谊会路线"期间，"职妇"主席茅丽瑛被汪系特务暗杀，但"此次汪伪的暗杀活动，是因为职妇的"义卖"，使汪伪特工误认职妇是蒋记国民党领导的团体，事后他们还向我道歉，说误会了，对不起云云。我党和"七十六号"的丁默村，李士群以致汪精卫有某种反蒋的谅解和联系，确系事实……"，"由此看来，违背主席关于白区工作'不能采取急性病的冒险主义的方针……'的，不是我，而是刘长胜"，等等[34]。

这些怀疑时时困扰着他，和他内心深处的不知一个什么东西总是磕磕碰碰，不和谐，不一致，弄得他常常"拎不清"。他不再相信上海党的"正宗性"和"正确性"，和他从北方党文件中读到的，从书本中看到的以及自己希望接受的，上海党不一样，很不一样。还好，对于他的第三任领导孙冶方，除了还是有点"睥睨"之外，总算能够接受，尤其是他对自己的宽容，这很难能。

从进社初期就听到的有关红军在数次反围剿斗争中的英勇故事，从《西行漫记》中看到的毛泽东的长征和延安的传奇令他产生了新的神往。

《西行漫记》是影响了中国一代知识青年的一本书。多少年轻人怀揣着它千辛万苦奔赴延安，当他们第一眼看见宝塔山时那种要倒地"膜拜"的心情，连我们这些做后代的都熟悉了。它当然也影响了青年顾准，更何况它最初的中译本就出自孤岛的复社，孙冶方和顾准就是它的第一批读者。

"也许这个人才是中国的斯大林，是中国和中国人解放和救赎的希望，从这个人身上也许我能看到我希望的新世界。"新的浪漫加上旧的质疑，他几乎急不可待了。

"这一年工作全无创造，精神也不振作。后期开始读历史，一面

34　《自述》P457

积极求去。1940/VII 离沪去苏南东路。"[35]

这是顾准写于文革十年、三十三万字"历史交代"的最后一行字。

经过他多次申请，也由于他的"不乖不听话"和"不好领导"但又确是个人才，党组织终于批准他离开上海到苏南工作，就连宽容到了"慈祥"地步的"妈妈"孙冶方也没能留住他。

"1940/VII 离开社会职业生活，是我彻底离开旧的生活方式的开始，在此以后，我才真正不再是业余革命家，而自 1940/VII 以后，也从来没有再想回到业余革命家的生活方式中去。"[36]

在顾准的文字中，"业余革命家"和"职业革命家"两个短语被他提到过许多许多次，令人惊讶他居然这样在意两者之间的差别。顾准痛恨别人把他看作前者，却又"连自己都怀疑自己是不是后者"。从读徐懋庸译的《从一个人看一个新世界》，鲁迅译的《毁灭》《铁流》，董秋斯、蔡泳裳译的《士敏土》，苏曼殊译的《悲惨世界》以及许多苏俄、法国的革命书籍、小说中获得的"职业革命家"的形象给他留下的印记实在是太深了。他要过他们那种生活，激情、危险、牺牲，还有最重要的——浪漫。他太向往了。

如今没有了家庭拖累，没有了精神羁绊，尤其是党也批准了他的请求，可以全力以赴去做后者了，他怎么会放弃这样的机会？

临行，他"社会职业生活"中的朋友们，老东家潘序伦，之江大学名誉校长李培恩，美国人校长明慕义在冠生园为他饯行。他们原都以为这位前途无量的年轻人是要到陪都重庆发展，但在顾准表明了他并非去重庆而是要去艰苦的苏南参加新四军时，大家沉默了下来，事先怀着的一点在饯行宴上挽留他的希望也破灭了。

潘序伦对顾准的离去更是惆怅万分，他原是有意要这个合作了13年的青年人做自己的合伙人、接班人，成为"潘序伦第二"的。这时的他，用他自己的话说"好比受了雷轰电击，心中痛苦，不知所

35　同上 P460
36　同上 P92

云"。为顾准的离去，他甚至流下了男儿泪。

这个曾经要"扛起红旗造他的反"，曾经和他"大吵一架"，曾经多次"不认师傅"，曾经"睥睨"过他的小不点，小少年，小青年如今真正长大成人了。十三年如父如兄，亦师亦友的回忆令他动了感情，他的泪既为别离也为事业，流了下来。

其实潘序伦这些人同样是极有事业心的，可惜他们的事业——改良，改革，改进相距青年顾准的事业——革命太远了。"道不同不相与谋"，分手不可避免。他主动提出要照顾准留下的大家庭，明确表示立信随时都欢迎他的归来。两位之江校长也明里暗里提示顾准，大学的门也永远为他保留着，敞开着。

"不，我不会回来了，永远。"

24 岁的顾准斩断了一切可能的回头路，义无反顾地走了，为了他浪漫而高贵的信仰——建立一个人人平等、自由、博爱的地上天国，他要去做一个真正的职业革命家，委身革命，以她为一切，为家为业，为生为命。

他走向了一条光荣的、不可知也不可回头的荆棘路。这一次娜拉不仅仅是出走，她将远行，再也不会有"海尔茂先生"的"留门"，也不会有"克里斯蒂娜"的"留宿"了。她不仅仅离开了奥斯陆，还离开了挪威，因为挪威没有"妇女解放委员会"。她也许去了法国，也许去了俄国，谁知道呢？娜拉走后怎样？更是千古之谜，茫茫人海，大千世界，什么可能性都有，谁也说不清楚。但"出走"是娜拉的宿命，她别无选择。

上海爱多亚路上从此不见了那个硕长挺拔的年轻身影，而苏南澄锡虞（江阴，无锡、常熟）的平原、河汉、芦荡中则多了一位戴眼镜，穿草鞋，着灰布戎装的书生。

第四章　毕竟是书生 [1]

1. "没有马"的戎马书生

　　顾准在苏南的一年，苏北的 3 年，延安的两年，加上 1947-1949 在山东的两年半（1949 年 2 月后以胜利者身份挺进大上海将另节叙述），一共是 8 年 7 个月。这是他自认为从此成为职业革命家，心无旁骛，全心全意革命的时期。这 8 年多的时间里虽因性格使然，革命行伍中的他依然是跌跌撞撞，磕磕绊绊，动辄得咎，麻烦不断，但俯仰天地他问心无愧。最要的是，他再也不被"业余革命家"的梦魇缠绕了。

　　纵观顾准一生，其革命志向的不同寻常是个非常明显异于同时代革命人的印记。他不是要做一名革命者而是革命家，一名职业革命家！"职业革命家情结"困扰了他几乎全部的青春期和一部分成年期，时间长达 20 多年，直到他对"革命"二字产生最初的怀疑。

　　从他的"历史交代"看，这 8 年多的时间里，党内对他的批评，批判、斗争、整风、抢救……比起上海时期来一点也不少，但和彼时拉帮结派的鬼祟猥琐相比，他认为要光明磊落得多。"……不过究竟这还是我当年要过的'革命关'……" [2]。这些年对他来说那可真是过"关"，虽亦步亦趋，步步为营，仍处处出错，动辄得咎。8 年多的时间，占他生命七分之一，过"关"是其主旋律。"关"这边是资

1　本章涉及会计学理论的叙述得益于顾准文字最早的传播者、美国资深从业会计师陈申申先生的启发、指点和帮助。

2　《自述》P93

产阶级知识分子，"关"那边是无产阶级职业革命家，过得去也要过，过不去也要过。

比起上海时期，25 岁的顾准少了青涩，多了成熟且能自觉自愿地接受种种磨难。这些磨难有肉体上的、却也正是他渴望拥有的"职业革命家"经历的——物质的匮乏，环境的艰苦，被暗杀的危险等等，这对 20 多岁的青年顾准来说都不在话下，多多益善。但更多的、精神上的磨难——不见容于上级，同级和下级，许多人无法把他引为同类，有对他敬而远之的，有老想要"整他一下"的，有嫌他"政治上不成熟"的，甚至还有指称他"资敌"的……却令他始料不及。

慢慢地他学会了不再"一触就跳"，"被触"后总是先冷静地想一想是不是自己"资产阶级思想"在作祟，很想要努力地"克服"它们，以便尽快地融入这个人群。他把这些都看做是革命洗礼中不可缺少的仪式，总想要做些"像样子"的事情来证实自己的忠诚。但是不幸，他无论如何也无法做得"像个样子"，尤其是碰到和"小姑私塾"时期燃起在他幼年心灵中的那簇微小蓝焰相对抗的事情时，更是一塌糊涂。

就拿"和于玲（女）在陆家桥捉到暗杀党嫌疑分子刑讯，无果，全部释放"[3]这件事为例，说说他的"进步"吧。

苏南是国民党领导的抗日武装力量"忠义救国军"的老巢，也是共产党领导的"江南抗日义勇军"的发祥地。按说都是中国人，都是抗日，应该枪口对外，齐步前进，不杀老百姓，不打自己人，可"忠救"和"江抗"就是势同水火不共戴天。忠救有个"暗杀党"，专门暗杀共产党人和与共产党合作的地方乡绅，成为江抗司令员兼政委谭震林先生的心腹大患，遂下令工委（民运工作委员会）书记顾准"以赤色恐怖对付白色恐怖"，抓住一个刑讯一个，务求一网打尽。

暗杀党还真抓到了，而且不止一个，就在他们活动最为猖獗的陆家桥镇。于是"刑求"一事就必须有人来干，作为工委书记的顾准和祝塘办事处副主任的于玲女士就义不容辞了。

3　同上 P74

刑讯？至少也得吊起来拿鞭子抽吧？我们这代人可从《红岩》里见识过不少呢。就顾准、于玲这号人？前者就别提了，光看看女子于玲就可知谭震林先生是多么的"用人不当"！

于玲，又名 Christina Yu，女，基督教家庭出身，善钢琴，毕业于江阴头牌教会学校南菁高中，在学校就参加了革命，与顾准一道合击暗杀党时二十三岁。

革命竟需要顾准和于玲这样的人干"刑讯"的工作，这简直比刑讯本身更恐怖，无论是红色的还是白色的，也更具戏剧性，无论是悲剧还是喜剧。这二位"刑讯"的结果可想而知——一无所获。受刑人放的放，逃的逃，这还不算，逃掉的还给顾准写来"感谢信"，称他"懂道理"。

顾准的"交代"写到此也甚觉"惭愧"，解释他们被释放是因为"证据不足"，而他们"越狱"的责任则全由他包了下来，称自己"疏忽实在到不可容忍的地步"[4]。

可联系到多年后他多次说过的"我手上没有血"这句话，你怎么看？藏在他心灵深处的那簇蓝焰在非常脆弱的同时是不是又非常强大，强大到令他无法去做和一位"职业革命家"身份相符的事情？

于玲女士的回忆录则只字未提这桩陈年旧事。再举另一个例子：

1948 年，顾准任渤海区行署副主任兼财办主任，统管财政、粮食、建设、工商、银行、兵工，权力可谓大矣。可他未经党委同意，擅自允许民间输出部分粮食到国民党敌占区，换回百姓民生急须的染料和茶叶，被批判为"资敌"，他却在工商干部会议，粮食干部会议上以"民生"为由为自己辩护，"说了不少不恰当的话，反映了我的严重右倾情绪……按其性质来说是很严重的"[5]。

同样或类似的事情他还做了不少。

例如刚从上海到苏南，他就反对上级制定的"民运包办（一个上海来的学生、工人或职员包办一个村镇的减租减息运动）"政策，认

---

4 《自述》P76
5 同上 P132

为这样做是党、政、民权力集于一身，是一种小型的"集权"和"专制"。未经批准，他就擅自在《江南》杂志上发表文章，大段引用斯大林的《列宁主义问题》作为反证，正好撞在批判"山沟里出不了马克思主义"的枪口上。被激怒的上级痛斥他是"洋教条"，不过还好，没太跟他过不去。

再例如1941年调任东路特委委员兼任第二区专员，他的任务本来是搭建一级政权机构，在党委领导下行政。可他"在各级政权机构和党委的工作关系上，过分强调政府机构的作用，有对党闹独立性的倾向……（又）不恰当地以'苏联卫国战争爆发，斯大林兼任部长会议主席'为例，来强调政权机构的作用"[6]。

好嘛，70多年前就提出党政分家的概念，可举证却又不大恰当。

此时的顾准按说应该算是个"老"党员了，可对"党性"却相当的没有概念。也是在苏南，他擅自修改党的高级干部将要发表在《东进报》上纵论国际形势的文章，大胆指出其中基础经济学上的硬伤——"把帝国主义国家的战时经济因资源枯竭而造成的经济恐慌，和和平时期因生产过剩而造成的经济恐慌混为一谈"，还坚持认为"改正这种说法显然是必要的"[7]。在他看来事情对错远重于身份高低，这是他常常"未敢翻身已碰头"的原因却不自知。幸亏这位党的高级干部心胸开阔，"大人不计小人过"，特委开了几次顾准的斗争批评会，事情也就算是过去了，没有上升到"目无领导""篡改""张狂"等吓人的高度。

可此时顾准的顶头上司感到他实在是"领导"不了这家伙了，无奈中他建议上级将他调开。党批准了，他就被调到了"不负实际责任的"江南行政委员会秘书长的职位上，任务是收集敌伪清乡部署的信息和具体的办法，上报上级以便部署军事上的反击措施。

他很快从敌伪报刊上看到了日寇清乡的公开信息，发现他们要"延河筑篱，分割根据地"。可他认为这个事情又不需要特殊的才干，

6　《自述》P78
7　同上

报纸是公开的，大家都看得到，我报不报，早报晚报都意义不大。可偏偏就因为他的"迟报"，军情被延误了，日伪军提前我方反清乡部署一天沿河筑了篱，各桥头布了岗，形成了封锁线。

事后他内疚得要命，上级也快被他气疯了。除了开会批评斗争，决定立即将他调去离上海更远的苏北，另行分配工作，并在调令中注明"此人在江南犯了错误被撤职"。

他怀揣调令惶惶速速奉命赴职，完全不知调令的内容。由于充当批评斗争对象已成常态，以致到了后来他对批评、批判、斗争会已经习以为常了。幸亏彼时"斗争"这一从北方引进的新词汇远没有后来愈来愈多地包含着致命的恶意在内，针对顾准的批斗会应该也仅仅是"触及灵魂"而不触及皮肉。常常被他气得暴跳如雷的上级，尤其是谭震林先生，也真算得上心胸开阔，一般也就是把他调开，眼不见心不烦了事。

到了苏北，还没等好好开始戴罪立功，他又先被一本书给吸引了，那就是刘少奇的《论共产党员的修养》。他"极其叹赏"，像当年老板潘序伦看他的《高级商业簿记教科书》一样，一击三叹，一叹三唱。这是一本"尖锐反对'过火的党内斗争'"的小册子，就算他已经对过火的党内斗争习以为常了，这本书依然对"我的资产阶级世界观起了推波助澜的作用"。不过他又对书中"如此频繁地引用孔孟语录"以及"尖锐地反对个人英雄主义"难于接受[8]，推推敲敲，老想找个机会和作者切磋切磋，可惜他一辈子也没有遇上这样的机会，不像老友孙冶方，曾和作者做文字交流并成为中共文献。

对"个人英雄主义"的推崇和"党内斗争"的厌恶，可谓顾准一辈子的分明爱憎，可这位戎马书生在苏南苏北，凡是涉及阶级斗争的"风口浪尖"却无法立马横刀地做个"个人英雄"，几乎回回是个失败者。他没有用过枪，没有打过仗，没有杀过人，甚至很可能——没有打过人。

---

8 同上

顾准骑没骑过马，虽然他从未提起，但估计马还是有的。党虽然常常"呵斥"他，却也深知这样一个财会人才的宝贵和可遇不可求，所以他每次被"撤职查办"后都没有受到严厉的惩罚而是调开了事，职务还都不低，配匹马，配个警卫员应该是很自然的事情。"没有马"是后来发生的事情。

他的"历史交代"谈到苏南苏北这几年，处处是"失败""彻底失败""完全失败""无可推诿""内疚""不可容忍的错误""可耻"……的字眼，让读它的人也看着窝囊——你说让他搞民运吧，他心软手软，根本弄不了"红色恐怖"那一套东西；让他搭建一级政权吧，没经验不说还向党闹独立；让他做财经吧，他对顶头上司"根本看不起，认为他不学无术，能力薄弱，作风又不正派"，对同级又嫌人家"资产阶级知识分子歪风不亚于我"；让他办银行吧，恰恰遇上日寇清乡，发生挤兑，淮海券和银行一起垮了台，光是烧那一屋子刚印出来的票子就烧了整整大半夜；让他反扫荡吧，又做了"逃兵"……。反正一无是处，以至于即使作为副职也不能固定在一处长久地待下去，正职们要么嫌他夸夸其谈，谁都跟不上他那些"洋教条"，要么觉得他"不服管"，无法领导，要么认为他无经验（"无能"的礼貌说法），都希望他调到别处去。

可这样一个佼佼读书人，无二会计专家，党的稀缺资源，既然进入革命队伍，横竖不能打发他回家种地去。就算不怕他回上海万一投了国民党或者汪伪对根据地的威胁，革命队伍也绝不能开这种先例。省委也曾考虑过送他回上海做地下工作，但"因为知道你的'脾气'，所以打消了此种想法"。

他琢磨过来琢磨过去，不知道党说的这个"脾气"指的是什么，难道是怕我"一走了事"吗？同志们，这怎么可能？"无论省委所指的'脾气'是什么，我当时确实没有动过回复业余革命家的念头"[9]。

看，这要命的"职业""业余"情结又上来了。

他是这样总结自己在苏南苏北干革命的三年的——

---

9 《自述》P93

"这三年敌后根据地的工作全是失败的，走上去延安的征途时心情抑郁，由此，在延安整风达到了全盘否定自己的结论。"[10]

无奈的上级最后终于为他找到了一处最合适的去处——

"二月下旬，李一泯通知，区党委决定我去延安学习……。我对我自己……感到无限羞愧，所以我对（他们的）冷漠态度和冷言冷语根本没发生过什么强烈的反感。李一泯在告诉我去延安时，加上一句'没有马'。此后三千里征途上，即使有机会找到牲口，我也没有骑过一里路。"[11]

是的，亲爱的同志，没有马，你好自为之。

2. 从自信尽失到身价陡增

1943年3月，"没有马"的顾准和另两位很可能本就应该没有马的同志一起踏上了赴圣城延安之路。

他的心情非常抑郁。一个在革命行伍中毫无建树的人，一个失败者，对于从十二岁开始"职业生涯"那一天起连"落在人后"的滋味也从未尝过的他，格外苦涩。

按照革命行伍的规矩，顾准真要赴延安的话，原本至少应该是"有马"的。好歹他也算是个"营级"干部吧，加上还是位知识分子，一般来讲，党对这

样的干部还是爱护有加的。一些和他同状态的同志们赴延安参加整风，要么是先辗转几个城市，或旱路或水路或空路到西安或者重庆，然后再以较低级的交通工具，例如卡车，马车什么的到达延安；要么至少也有马或者别的牲口——或骡或驴甚至担架，在"交通"同志的护送下到达延安。

10　同上 P92
11　《自述》P90

比如顾准在孤岛时的顶头上司——文委书记孙冶方就是从上海辗转香港、广西、重庆奔赴延安的，还携夫人洪克平女士同行。只因为重庆到延安的最后一班飞机实在是没有座位了，才在周恩来的安排下返回苏南。孙冶方也因此没有参加延安整风，逃过一劫（他是被"勒令"到延安去"说清楚"莫斯科中山大学旧账的。倘若到了延安，落在"刑官"康生的手里，照他的秉性，后果很难设想）。

其实顾准也逃过了一劫，只是他不自知而已。逃过的原因正是因为——"没有马"。

1941 年开始的延安整风大戏，到了 1943 年上半年还在重头戏——"抢救运动"上。以"出鞘的利剑（毛泽东语）"和"刑官（塔斯社记者弗拉基米尔语）"康生先生为最佳配角的这一幕正演进得如火如荼，如痴如醉，高潮迭起——学习高潮，坦白高潮，自贱高潮，揭发高潮，刑求高潮，自杀高潮……把个共产国际驻延安联络员兼塔斯社记者看得目瞪口呆，用日记的形式留下一本《弗拉基米洛夫延安日记》。等到人们能够看到它的一天，"角儿们"都已故去，后人们口呆目瞪的程度却不逊于日记的主人。

上海时期顾准遇见的第一位党的上级——林里夫先生，已经在这高潮中打了好几个滚了。这位"延整"大戏从始至终的参与者曾数次走进康生先生的刑房又数次被抬了出来，几天几夜的挂大吊（四肢反绑吊在梁上），砸血管（用带棱的木棍专打胳膊血管处），以致晚年因病需要输液时，护士们无论如何找不到可以下针的血管。用他对小辈们的原话说，那种疼是"……恨不得头上长出角来"的、只求一死的疼痛。大概只有过来人，才会这样形容酷刑。十年前中华苏维埃共和国整肃"AB 团"的旧折子戏在延整新戏中又重演了一把，林里夫不幸成为其中一个小角色。

"共产党这次'抢救'削尽了一个作为人底尊严，一个作为党员底尊严——逼迫他们捏造，承认各种卑劣的事：奸细、堕落、无耻的行为等等，这也是堕落了它自己的尊严，以致对它轻蔑和冷谈，因为它构成对自己份子蔑视，也就轻贱蔑视了它本身！这是可悲的！……

他们将要把这被给予的'不自尊'带向人民中间去吧？人民也将从这'不自尊'的介体来不对这个党有所尊重和珍贵了，可悲呀！"[12]

目睹了延安整风全过程的党外人士萧军一语成谶。20 多年后的文革哪里是什么"史无前例"，它史有前例，前例有史，延安整风就是它的前例、它的史。这'不自尊'至今还是国人身上的瘰疬，很难愈合，无法根治。

没有马的顾准，在赴圣城的路上历经 7 个月，中间还差点"光荣"了。可这 7 个月的延宕却很可能救了他一命。顾准研究者蒋贤斌先生是这样分析的：

"1942 年夏秋之际，整风运动又开始了审干、反奸的试点工作。对于这些信息，苏北根据地的领导人应该是知晓的。长期在中共领导下的根据地工作，他们也应该了解政治斗争的残酷性。延安正在开展一场政治运动，他们把犯了'错误'的顾准惩罚性地送到那里去'学习改造'，那么其惩罚的期望值的边界在哪里呢？我们难以推测和想象。"[13]

我原来对蒋先生这样写有些不以为然——送顾准去延安，应该是出于领导很难安排这么个烫手山药的无奈和帮助同志进步的好意，无非像日后将棘手的同志们送进党校罢了。而 1942 年延安的残酷是因为交通和通讯的不发达，令他们无从知晓，不明就里。尤其是这位领导，在许多人心目中都是文将军加武才子的形象，怎好这样测度人家？

但是等我查到这位领导人的履历，就不能不悻悻然倾向于蒋先生的"恶性预期"了。

如是所闻，他确是位饱学之士，毕业于顾准曾经任教的沪江大学。中共赴法勤工俭学留学生，参与发起上海的"中国社会科学家联盟"（即顾准"联谊会路线"时期的"社联"），转译过《马恩合传》

---

12 《萧军延安日记》
13 蒋贤斌 《出走 顾准思想研究》

《哲学之贫困》等，参加过长征并担任过陕甘宁边区宣传部长……，再看他日后长长的履历，无不显示着一位"腹有文章气自华"的儒将形象。

但是，有一段履历却极为删繁就简、一笔带过，那就是他在1933年的瑞金城担任过中华苏维埃共和国临时中央政府国家政治保卫局执行部长。这个在当时"具有直接拘捕和处决反革命分子的特权——'紧急处决权'，囊括公安，检查，法院的权力于一身……"[14]的职位不能不令人毛骨悚然。看他晚年自传性回忆录的题目，从极具个性的《模糊的荧屏》改为毫无个性的《回忆录》，就更令人浮想联翩。"从1932年5月开始，中央政府国家政治保卫局杀了二百多名'反革命分子'，就这还算是'总的工作比较平稳'的阶段"[15]。曾任"执行部长"的这位先生，如何会对党内斗争之残酷"无从知晓，不明就里"？

"没有马"三个字就是从这位先生嘴里冷冷说出的，但也很可能就是这3个字救了顾准一命。没有汽车火车轮船飞机，也没有马，顾准到达延安用了整整7个月的时间。等他看见宝塔山，喝上延河水时，整风已经趋于平缓，治病救人的审干和惩前毖后的抢救都已经接近尾声，能抢救的都抢救过来了，抢救不过来的也都挖坑埋了，奸已基本除净，剩下的就是最壮观的压轴戏——"红太阳冉冉升起"的尾声，且大幕即将拉开。

"我们到达延安较晚，延安的一期整风（包括1943年夏的抢救运动）已经结束，我们这批'来自前方'的人的整风，已经是二期整风了。"[16]

他的"没有马"，他的迟到，谁能说不是又一颗"四万年结出的果实"？

顾准到延安后立即开始了"22个文件"的学习。

14　龚春英 朱云平《论国家政治保卫局在中华苏维埃共和国司法机关中的地位》
15　高华《红太阳是怎样升起的》
16　《自述》P104

"学习一开始，我这个资产阶级知识分子思想上触动最深的当然是'什么是知识''什么是知识分子'等问题。文件中尖锐指出的：读书是天底下最容易的事情，杀猪猪会跑，读书，怎么读都行；以及人屎可以喂狗，狗屎可以肥田，教条比狗屎还不如……对我震动很大，因为这打中了我的要害。"[17]

这是顾准"历史交代"中特别叫人气促的文字之一。虽然 20 多年后我们这代人又亲耳听过一遍同样的蠢话，可毕竟事过快 50 年，都快要忘记了。

中共延整是时，莱茵河畔的"亨克尔"（世界上第一架喷气式飞机）已经问世，宾夕法尼亚大学的"ENIAC"（世界上第一台计算机）即将问世，橡树岭的"胖男孩"（世界上第一颗原子弹）也已胎动母腹……来延安前，他已经从每天都要阅读的敌人报纸上隐隐嗅到了这些知识产物的味道。对于这些东西他向来极为敏感，就因为它们满含数字，而他对于数字，比猎犬对于猎物的嗅觉还要灵敏。这从多年后，在他已经成为"狗屎"的日月里不胜其烦地记录下来的许多"关他屁事"的东西——西方，北方和自己东方关于工业、农业、科技业，关于钢铁，粮食，石油，化肥，关于世界的合理生产组织，联合集团……的文字，你就能知道他对这些东西的兴趣度和灵敏度。

眼下他还尚未变成"狗屎"，可他从中获取一切的书却已不如"屎"。他追求的"满腹经纶"，他擅长的"引经据典"早已成为人们耻笑的笑柄，而言辞粗鲁，读书少或从不读书变为大家恭维的德行。数字神童，会计天才，讲师教授，著书立说，读万卷书，懂几国语言……在这里都一文不值。他的世界，他立足的基石动摇了，嘎嘎作响。

"夜不能寐，起到户外，月光如水，徘徊自问，你究竟有什么知识？生平第一次，我否定我自己。我的整风，也就是这样开始的。"

---

17 同上 P102

"延安整风曾一度彻底地否定自己。"[18]

他的整风开始于对自己的全面、彻底否定。起初，他认为自己革命"革"不好的原因，"答案本来不难找到，（是）'不服气'阻碍我做出正确的答复"。可现在，他自信尽失，"心里对于自己究竟有多少知识，又所谓知识究竟是什么东西，实在已经没有确信了"[19]。

可怜年轻的顾准，读过的书还是不够多，还不能像他中年后那样清楚地认识到在这个"自我显灵"的时代，这原就是每一次、每一个"造神运动"必要的序曲——先将"旧人"原有的一切——知识、信念、意志、个性统统打个稀烂，打成泥淖，然后"再捏一个你，再捏一群你们"。打碎和重捏你和你们的，就是神。

他来圣城也太晚，没有亲耳聆听"延讲"，也不知道还有一出与整台大戏主旋律完全不着调的"野百合花"插曲，更不知道曲中最高亢的一句歌词——"你是不是对？大人物"[20]，也不知道唱出它的歌者就关押在离自己不远处的地方，更不知道四年后它将为这支歌而身首异处。

但是即使他知道又如何？只有审判和判决，没有辩护更没有抗辩，即便是顾准，也一定会迷失在群体中。再加上如今他真心实意认为自己在苏区是个失败者，是个逃兵，噩运何时降临令他时时惶恐不安。自己还不满三十岁，还有许多时间改正缺点，为党工作。因此他没有如被告知的那样，在他的"二部十二支"上"畅所欲言"，他没有意见，也不申诉，不像老友林里夫那样"不认罪"，"持续申诉"，被刑官康生称为"一贯好在党内打官司，向党作斗争"[21]，一次次被打个死去活来。

这一次，"神"又有新的发明——把这些"你、你们、他、他们"的所谓"小辫子"都攥在手里，不听话我就拽，再不听话，好，咱们

18　《自述》P324
19　同上
20　王实味　《野百合花》
21　《林里夫文集》

中国有拽着辫子斩人的传统，又方便又利索，很好，实在是太好了。

根据顾准的统计，是时"党校校部和各部的学员和教工人员在三千人以上"[22]。这样大规模人群的、长时间的"集体催眠术"，大概只有在宗教的基础上才可能发生。可是相比于二十多年后发生于中国的，规模大上千千万万倍的"集体催眠术"，它又太小巫见大巫了，不过是"史无前例"的前例或演习而已。

"集体催眠术"一词出自我的好友王克明之口。这是一位如假包换的"延讲""延整"之子——母亲是鲁艺学员，给延安人演平剧（也就是京剧，彼时北京叫北平），有"延安小梅兰芳"的美称。父亲是鲁艺培养出的导演，导演过极峰最喜欢的"三打祝家庄"。他们亲历延安整风，虽无资格亲聆"延讲"但都听过即时的传达并亲历"坦白""抢救"。克明有个叫"王延风"的哥哥，有个叫"孙维世"的表姐和一位叫"孙泱"的表哥，还有两位分别叫"孙炳文"和"冯友兰"的姨夫……

延整七十年后的克明也已是近六十岁的人了。他在写母亲的口述历史《我这九十年》时，尽管二十多年前就已经因要求政治的透明和理性而被排出"母体"，尽管早已读过高华教授《红太阳是怎样升起的》，他依然被"整风"的蒙昧和无理性震惊了。用了"延安之子"的种种便利，他搜集了大量当年公开的报纸，资料和文献，写出一篇足以经受后人推敲的中篇文章——《整风和〈讲话〉前后的延安文艺》，而"讲话"正是"整风"的开篇和序幕。

来看看克明收集的数据。《讲话》前后。因为整风：

——74%的文艺社团消失；

——100%的文艺刊物停刊；

——抗日宣传从 58%降为 11%；

——传统秧歌保留率为 0.3%；

——陕甘宁所有报纸杂志统统停刊，仅剩一份《解放日报》。

再看由数据"算出"的结果：

---

22 《自述》P109

动员抗日全面转向动员内战；革命文艺运动迅速变为革命政治运动；鲁艺从创演艺术作品改为投身政治宣传；文艺从繁荣转为凋零，创作从自由变为政治第一。

在如此的万众一声中，加上"抢救"的刑房和杀人的河滩，实施"集体催眠术"是毫不困难的。还有就是那么多"大知识分子"都先被震慑了，乖了，驯了，顾准这样的小人物，小知识分子——真是小，年纪才 28，级别都拿不上台盘，何况还有"辫子"在手，还在话下吗？

"整风就是要改造每一个党员，摧毁传统的道德观念，建立一个新的伦理与行为的道德标准，也就是要将人性改造为党性。"[23]

战战兢兢中，顾准记住了"党性"这个名词，到他"人性"——"党性"——"奴性"的联想和推理还需要 10 多年的功夫。

他在延安老老实实地"学"了下去。

是时延安物质极度匮乏，但延整的学员们生活还是不错的，"从事开荒种地的次数很少，被服发得充足，伙食吃中灶，全吃细粮（小米和白面），住处也宽敞，一个大窑洞不过住四个人，冬季还发烤火木炭，抽烟的发烟草。学员利用空闲时间种屋前小块空地，收获全归个人所得……"[24] 虽比不上上海，但比起苏南苏北还是安逸多了。物质上，他和大家一样——心满意足。

1944 年春，组织认为要"人尽其才"，遂将他调到党校的校务部做会计，秋天又被陈云发现其人确实是个会计奇才，遂要到自己手下做会计教员。顾准回到"志不在此"的本行心情如何，他没有记载，我也不敢妄揣。但是他记录了 1944 年 4 月学习主席《学习和时局》时的激动心情，"在延安听主席这个报告的传达时的激动心情，虽然事隔二十五年，还如身历其境"，只因为主席说"犯过错误，可以使人觉得自己反正是犯了错误的，从此萎靡不振……检查自己背上的包袱，把它放下来，使自己的精神获得解放，实在是联系群众和

23　罗博·C·斯诺《莫斯科与中共》
24　《自述》P109

少犯错误的必要前提之一"。

头上那把达摩克利斯之剑兴许不会掉下来了？

果然，新四军军长找他谈话来了。先是问他今后工作的意向，他说"我在淮海扫荡中当了逃兵，犯了严重错误，今后做什么工作，悉听党的分配"。不料军长话还没等他说完，就一口"完全解除了我在这一事件中的责任"，不仅如此，还批评"淮海负责人麻痹大意，未作反扫荡部署"[25]。

这大出顾准意外，精神不禁为之一振，生出一种从未有过的满足感。从前他也常有过满足的感觉，可那都是对自己努力的满足。这一次他生出的，却是对别人恩赐的满足，还有感激。好消息还有呢。

不久上海"联谊会路线"时期的江苏省委书记也到了延安。在一次闲谈中，他好似无意地对顾准"解释"说"1939年省委把（你）调离职委，当时正值他去重庆向总理汇报工作，是刘长胜负责决定的"[26]。言下之意，此事并非党委而是刘长胜个人好恶造成的。可他作为当事人就居然没听懂，一直到事过二十多年，才在写这篇"历史交代"时把这一连串的事由联想在一起，得出如下结论：

> "陈毅同志找我谈话，解除我在淮海扫荡中逃兵行为的责任，表示希望我仍回华中去，正在刘晓（那位省委书记）向我'解释'此事前后。二十余年以后的今天，把从前不知道的事情连缀起来推想，也许陈毅同志也是在主席在（听取刘晓）汇报中对上海职员工作作了肯定评价之后，才找我作了这次谈话。根据这几件事情，我感激地相信，主席对于刘长胜和我在1936-1939年上海职员工作中方式特殊的一次争论中支持了我。"[27]

满足感更强烈了，一种陌生的、对别人"赐予恩惠"的感恩戴德的感情。最重要的是"恐惧"没有了，还有什么不满足的呢？

1945年4月，中共七大召开。没有代表资格的顾准仍积极参加

---

25 同上 P105
26 同上 P113
27 同上

了"路线学习"，全部内容都是"主席的光辉著作"。他"开始领悟我党在毛主席革命路线指引下，已是一个将要胜利的党"[28]。

1945年8月，日本投降。"皖变"后不久曾又一度携手的国共两党，在抗战胜利这个大桃子面前终于彻底撕破了脸。国民党拒绝在合法政府内给共产党一席之地，共产党则马上从民族解放"转成长"为劳工解放，摩擦几乎是在一夜之间就升级成了战争，即使有1945年的"双十"协定和1946年1月的停战令发布，加上政治协商会议在重庆的召开，也都无济于事，两党的再一次兵戎相见已经拉开架势，双方的前线都急需忠诚的战士和将领，延安整风几乎在一瞬间就结束了。

"开始领悟到我党已是一个将要胜利的党"的顾准非常兴奋，想立即回到第一线的岗位上去。他"肯定地表示我愿意再度回到上海去做地下工作"，并且在"1945年8月我就是列为回上海的干部离开延安的"[29]。他开始了从延安回苏北的返程。

四个月后队伍到达淮阴。顾准惊见母亲、妻子汪璧和临行延安时才三个月大、如今都快三岁的女儿稞头都在这里。组织决定他不要回上海，就留此工作。"说这番话用的是商量口吻，其实已经是传达组织决定，我对此当然表示同意……"[30]，看来延安整风提高了顾准的党性是无疑的。

党决定他负责苏中"党产"的创建和管理，随即他启程到苏中各处调研。

见到近三年不见的老友们，顾准惭愧的感觉依然挥之不去，可他惊诧而"突出地感觉到，我犯了很大错误到延安去学习，回来时不论是熟人还是才认识的同志，对我都十分热诚，似乎我的身价突然提高了很多……"，连那位送他去延安并告诉他"没有马"的高级领导，对于他的种种建议（他又开始"下车伊始，哇啦哇啦"了）"似乎也

---

28 《自述》P107
29 同上 P114
30 同上 P117

认为可以加以考虑……。地下工作的老上级孙冶方、徐雪寒，对我也热情相待。"[31]

他有点"受宠若惊"，却又摸不着头脑，秉性使然，更张不开口向人去问个究竟。

"我当时相信这是党给我这个犯了错误，决心改正的干部一个机会，让我能够好好为党工作。而回忆在苏南淮海时期的许多错误，对此既十分感激，有十分惭愧。最近我相信，除上述原因之外，还有一个原因，这就是主席对上海职员工作的肯定评价。正是由于这个原因，不仅这一段时间，而且自此以后，一直到 1952 年为止，党才放手使用我，使我能够在解放战争和上海解放初期做一些工作。"[32]

戆头顾准，这么重要的"政治信息"他当年竟然就不去细想，更没有深究，直到近 30 年后，党早就对他拉下脸多年了，命他写"历史交代"时他才算"开了窍"，才"最近我相信"云云，其"政治上的不成熟"是多么可观。

3. 管理党产、运筹财政和接管上海

顾准真正在革命中发挥作用，还是延安整风结束回到苏中后、大反攻时期在山东以及接管上海后，作为一名经济学家、会计学家而体现的。不论他"志"在不在此，这些才是党真正需要他干的革命事业和担任的革命职业。从此后不足七年的时间里，他才成为了一名名符其实的"职业革命家"——党的职业经济、财政、税务、金融、管理、会计家和企业家。

从延安回到苏中淮阴的顾准接受的第一件任务，是"在华中财委内负责'党产'工作。（因为）和平实现后国共两党经费都要独立于

31　同上 119
32　同上

国家和地方财政之外。为了应付未来时期党的经费，需要在这个过渡时期内建立一些名义上私营，实际上是我党所有的企业"[33]。

"党经费"必须独立于国家和地方财政，这既是个政治常识也是国共谈判的基本条件。派顾准去搞"党产""党经费"是利党的不错安排。苏北最重要的物产是棉和盐，所以顾准就成了"党产"——利丰棉业公司和汇通盐号，后来又加上一个高邮面粉厂的老板。公司公开宣传，公开招股，还为此在淮阴设立了一个"党产总机构"，除了上述三个公司，理论上还负责一个羽毛猪鬃公司，一个鸿济外贸公司。这些公司的经营权分属新四军和华中局不同的部门，例如华中联络部、新四军七师、华中行署货管处等等。实际上"党产总机构"除了顾准，"只有汪璧一个人管账"，用眼下的术语，就是个"夫妻店"，名头很大而已，理论上也统一不了所有党产。

党产工作很不顺利。

首先是利丰棉业公司流产——公司成立在2月，收购季节已过，新棉上市要等到9月以后，而9月中共放弃淮阴，公司自然消亡。其他几个公司命运也都不比利丰好到哪去，"淮阴放弃以前，苏皖边区贸易机构林立……又都要资金，资金又无非取给于财政收入或华中银行的发钞。机构愈多，所占资金愈大，财政——发行愈难平衡，华中券币值愈难维持……党产部门独立存在，只会增加支援战争的困难"[34]。

经同志们提醒，也根据他的经济学知识，顾准向上级建议终结"党产"。上级一直拖到淮阴放弃才采纳他的建议，好在"党产"不庞大，损失也不"巨"。

然后就是国共内战的第一大战役——苏中战役。出于战略考虑，中共七战七捷后放弃了淮阴。淮阴放弃，顾准汪璧夫妇随军北撤山东。途中顾准接上级指示，命他单身转进苏中寻找新成立的苏中区党委协办财政。此时的汪璧已有九个月的身孕，作为丈夫他原应在侧照

---

33 《自述》P118
34 同上 P123

顾，可是一来军令如山倒，二来淮海区扫荡时期"做逃兵"的耻辱，虽然在延安时就已经被上级的上级一笔"解除"了，可他依然耿耿于怀——那时的行为确实是"因为恐惧"嘛，耻辱岂能靠别人"解除"，那是要靠自己"雪洗"的！他一直在找机会。现在机会来了，上级要他单兵作战，只身前往，这是对他的信任和，岂能放过！丢下临产的妻子，他转身就走。

在苏中东台的潘家撇，顾准找到了新成立的苏中区党委。他立即上任行署货管处处长，任务是在物资上"支持本军分区坚持本地区的游击战"以及"尽可能把留在苏中的、足以支援野战军的军需物资北运，并继续由上海运进军需物资"。

此刻身在胶东的妻子汪璧诞下他们"活下来的"第二个孩子——"小米"顾逸东。

顾准在苏中，任务完成得不错。次年，1947年7月，上级又一道命令将他从苏中调回山东。是时正值中共华东首脑机关因国民党军队向山东中共发动重点进攻而有步骤地从胶东撤退，大批非战斗人员撤往大连，其中就包括他的妻子，孩子和母亲。

这一次，有人建议他随妻儿老小一起撤往大连，可他"仍率山东工商总局坚持不走"。他认为上一次的"只身前往苏中"和这一次的"坚持不走"都"不过是一个共产党员应尽的最低限度的责任，我并不认为这已足以洗刷我的耻辱"。"雪耻"大事未竟，他怎肯随非战斗人员撤退？坚持留在山东的他被任命为山东工商总局副局长，率领局机关随华东局行动，"机关保全得完整一些，少撤走一些人，局面好转后恢复工作即多一份便利"[35]。

他顺利完成了任务。

1948年2月，华东局任命顾准为渤海区行署副主任兼财办主任，"统管该地财政、粮食、建设、工商、银行，照顾兵工生产，动员一切力量支援当前的战争"[36]。

---

35 《自述》P124-129
36 同上 P131

这次发生了一点问题。

先是顾主任在看到征来的公粮已经足够满足军需时，擅自决定"允许民间输出一部分粮食到敌占区换回老百姓急须的染料和茶叶，同时也充裕我税收（出入解放区的货物通过税）收入"，却不料"在这个问题上，……发生了争论，他们认为输出粮食是资敌，是错误的……"[37]。

后有顾主任在工商干部会议和粮食干部会议上颇多带有"严重右倾情绪的不适当的话"，引起了同志们的不满和投诉，不外乎"政治上不成熟"，多了点人性少了点党性的胡说八道，就是那种当时看还不算很严重，多年后至少够送你一顶右派帽子的言论。

是时正值大反攻前夜，大军渡江在即，需要大量干部到新区工作，所以"我这些错误在当时还不明显"，但"按其性质来说是很严重的"[38]。

9月，大反攻已成高屋建瓴之势，财政工作已不仅仅限于供应军需，而是涉及到综合平衡的计划工作。这正是顾准主任的强项！他立刻向上级建议：

1. 健全财政工作机构；
2. 建立铁路和工业恢复与发展资金循环；
3. 全省统一预算，统一收入，使财政成为有计划和平衡的；
4. 税收从"过路税"转为"工商税"开征；
5. 立即筹建独立于工商系统的税务系统；
6. 建立直属财政厅的盐务局；

这些建议都是令华东局辖属经济区域由战时财政向政府财政过度的必要措施，也是即将诞生的新政权一次成功的财政预演，勾勒了新政在财政上的雏形。

10月，济南政权易手——解放。为培养准备接管大城市财政系统的干部，济南成立了"商专"，顾准任校长。此时的他已忙得不可

---

37 同上
38 同上 P132

开交，实际教学工作根本顾不上管，连济南城都不大去，以致上级不得不命令他务必到场去向学生们讲一次话。

顾校长"事前搜集了学生的思想动态，着重说明我党的政治纲领和主张，对于后悔没有早去解放区的学生，则偏重于鼓励"[39]。和顾校长同行的还有一位姓李的历史学家，负责向学生们讲解历史唯物主义。他就是几十年后被顾准骂做"数典忘祖"的李亚农先生，这是后话。

从延安整风后的 1946 年 2 月到 1949 年 2 月，顾准在苏北、山东总计三年。他感觉"总的来说是顺利的"，原因有三，一是延整回来还算谦虚谨慎；二是因延整后的"身价陡增"而得到领导上的"放手使用"；三是革命形势如迅风疾雷般发展，环境远非抗日时期根据地的艰苦局面可比，工作要容易得多。

转过 1949 年，中共胜势已定。华东局开始着手准备接管上海，直属机构的全部干部力量都投于此。近两千人组成的接收班子，包括财政，工业，轻工业，银行，商业，公用事业等等大队，在山东潍坊附近的青州城成立了"青州总队"，顾准任总队长，随大军延津浦铁路南下，浩浩荡荡，直取上海。

4 月 21 日大军渡江，23 日南京政权易手——解放。顾准的青州总队继续南下，经扬州，过镇江，移驻丹阳附近，作接收上海的具体部署。"青州总队"建制撤销改为直属华东财委，顾准被任命为新政权的军事管制委员会财政处处长。

5 月 27 日，上海市中心区已无国民党政府踪影，顾准和他的战友们长驱直入国民政府财政局大楼。上海宣告政权易手——解放。

全盘的接收计划已在丹阳制定，新政权开始按部就班接管原国民党上海市政府的财政局、地政局、货物税局、直接税局、公债处、会计处、审计处以及中央财政部驻沪办事处。没有抵抗，也没有直接的留用，新的财政人员奇缺成了最要命的事。

---

39 《自述》P136

　　顾处长上任第一件事情，就是向原地下党上海市委十万火急催要干部。凭着他 10 多年前职委书记，文委副书记的关系和面子很快要到了能够负责货物税局和公债、会计处的专业人士。但直接税务局的负责人可就难找了。这也是他最不放心的部门。直接税的征收牵扯到非常复杂的会计计算，只有十分的内行才能胜任。他推荐了一个原来的立信同事，被上海市委否决了，原因很简单：不可靠。他只好退而求其次——"这个局的工作最复杂，1950-1952 年上海税收工作中……（省略号为顾准'历史交代'原有 -著者注）的争论，以及我在上海税收工作中所犯的错误，都属于所谓直接税的范围"[40]。

　　顾处长最不放心的地方，三年后果然出了大事。

　　其他部门干部安排都还顺利，基本按照顾准的推荐（毕竟他是上海滩财会"老人"）配齐了办事人员，但从他日后的"历史交代"看，这样的安排可能也是"祸根"的分支，你看他交代说：

　　"从上面几个人的情形看来，可见我所网罗的是资本家、资方代理人、资产阶级教授这一流人物。但建处当时，华东财委是支持的……虽然如此，这一工作的严重政治责任，完全是应该由我承担的。"[41]

　　彼时彼"处"关系到中国轻工业和私营工业最集中，在全国财政收入中占据着巨大比例的上海几十万纳税户如何纳税，关系到新政权新国家的国库收入，建制延宕一天后果就严重一级，怎谁都付不起这个责任。

　　建立上海市新的税收系统，顾准忙得不可开交。他"擅自"做出了一项"重估资本"的决定，在他看来这仅仅是以常识为基础和依据的一项普通工作条例而已，谈不上什么"决定""决议"，至多算得上是一项"规定"罢了。直接税务局立即公布了这一规定，"允许私营企业按照当时人民币物价重估全部财产价值，从而改正账面资本额，

40　《自述》P141
41　同上 P147

使之接近实际情况"。

此规定一经颁布，大受上海资产界，尤其是会计界人士欢迎。隐约之间，顾准感到有些"不对劲"，不是方法和技术上的而是"氛围"上的，却又找不到具体错在哪里，加上忙，他就忘掉了，但也可以说他是"陶醉于胜利，忘乎所以"了。

不久，顾准被新政权正式任命为上海市财政-税务双料局长，是年34岁。

"我不甘上海财经工作的落后，干了这样又干那样，干部不足，工作深入不下去，实在显得是孤军作战。"[42]

此刻他更关心的是另一个问题。

根据山东工作的经验，他"痛感国营企业财务管理是我们财政工作中尚未解决的问题，想在这方面摸索一些经验"。他认为"资本重估"后的上海税收工作已经进入秩序，匆匆做了安排转头就"通过我的个人关系，网络了一批'懂得企业经营管理''懂得企业会计'的'进步人士'共约二三十人，建立了这个处（公营企业财务管理处-著者注）"[43]，他更心切的是"国营企业"的扩张和管理——工业、轻工、铁路、航运、农林、水产……，它们才是支撑一个国家经济的主梁，是财政"开源"的正道，也是他的志向所在。

正当他雄心勃勃地准备在现代会计学的基础上建立新政权的新财税体制之际，遇上了迎头一击——中财部严厉指责他对上海的税收"放任自流"，尤其是"重估资本"，"给上海资产阶级开辟了合法逃税的门路"[44]。

他不得不仓皇"回逃"到上海税收上去。从此顾准再也没有离开过新政权上海总税务官员的位置，即使他的正职是上海市财政局长，还有一个短时期兼任上海市财经委员会副主任，但大部分工作内容还是税务，从核定税种、制定政策、规范方法到税务仲裁无一不在他

---

42 同上 P208
43 《自述》P145
44 同上 P153

职位范畴之内。他在大上海"总税吏"的位置上一直作到他职业革命家生涯的最后一天。

4. 大上海总税吏的履职苦旅（上）

这两节将比较"专业"，也很枯燥，但假如不这样写，非专业人士读者对顾准1952年轰然下台的原因就很难做出自己的判断。

虽然中共上海市委对顾准一案早在1985就以"撤销1952年2月29日市委负责同志在全市负责干部会议上代表市委宣布的撤销顾准同志市委财政经济委员会委员职务的决定，恢复顾准同志的政治名誉"这样不成体统的措辞为其"平反昭雪"，"恢复政治名誉"，但时至今日，关于他的下台原因依然是众说杂陈，慷慨激昂的、窃窃私语的、撇嘴不屑的都大有人在。而这一点对于我的传主至为关键，至为重要，更是其人是否值得书写的大事。

顾准，在1952年的"三反"运动中倒下，头上戴着"恶劣分子"的帽子离开上海，从中共政治舞台上销声匿迹。他的官场生涯，也可以说是"职业革命家"生涯骤停时的形象一直是扭曲、并且时至今日依然还是暧昧的。

著名经济学类作家吴晓波2010年2月版的《吴敬琏传》，非常肯定地将顾准一生悲剧的开端——在1952年的三反五反运动中被中共撤职，归因于在这期间顾准表现得非常激进和左倾，主张以没收方法来消灭资本主义，被"人民政府节约检查委员会"以"坚决反对左倾，保护民族资产阶级利益"为理由突然拿下，对顾准人生悲剧的开端下了至少在今天看来相当负面的结论。

探索顾准颇深的蒋贤斌先生也持相同观点，他的结论是，彼时顾准因为对资产阶级有"过左"的"想头"和行为而被"纠偏"的上级果断拿下。蒋先生引用史料，列出顾准下台前的1952年1月底到2月19日一个月里（原文如此，应该是20天左右）上海工商界因"五反"而自杀者就有多少多少人，未遂多少多少人，其中"五反"运动发动起来后，即从 2 月 12-15 日不过 4 天时间，自杀的就有多少多少人，整个 2 月份自杀死亡的又有多少多少人……，以及"起先自杀者还是小企业主，随著运动的继续，一些大中型企业的资本家也走上了自杀之路"……"五反"运动搞垮了资本家和店主，工厂企业商店也随之停工歇业，工人店员没有饭吃。据统计，2 月中旬，大约有 13 万职工失业……云云，残酷而血腥。

设若吴、蒋二位先生的观点成立，顾准作为"人"的形象不能不大打折扣，且何止是"打折"，"腰斩"也不为过——一个一贯的"人道主义""人本主义"推崇者，一个数度向人告白"我手上没有血"的人，为了自己所属的政权和体制对本该保护的人民狂征暴敛，造成众多企业主自杀，大批工人失业，最后以"拍马屁拍到马蹄上"的耻辱原因被自己的党的自己人撤职查办。谁能说这不是一个活脱脱双手沾满鲜血的酷吏和奴才形象！就算和他日后出产的巨大精神产品相比，这些可以算作稀世玉石上的"瑕疵"而忽略不计，可在今日一代新人眼中却是无法饶恕的，他所谓的"手上没有血"也成了谎言，此人值不值得书写大成问题。

弄清楚顾准被"排出母体"的原因是探究顾准的关隘，这个关隘过不去，很多东西压根就无从谈起。想要过这个"险关"，就非得把他从 1949 年 5 月 27 日随大军进入上海那天起，到 1952 年 2 月 29 日，那个闰年闰月闰日，他被自己党、自己人从显赫的大上海"总税吏"位置上一把拽下台为止的过程弄个清清楚楚，明明白白不可。

既然顾准上海时期所触犯的所有"禁忌"也就是错误都在税务上，其中又 99%触犯在"直接税"上。那就从直接税说起。

直接税，用今天的术语就是营业税和所得税，极简单的一个税种，就是纳税义务人能够用提高价格或提高收费标准等方法把税收负担转嫁给别人的税种，一个彼时专为区别于间接税（货物税）——产品的出厂税，流通税，还有原来解放区、根据地的过路税等等而启用的、眼下不大常用的税务和会计术语。

"进入上海后，货物税照（国民党政府）旧章征收，没有什么困难。营业税，所得税两者是否用民主评议办法，一开始我就持有疑问。"[45]

顾准"栽"就栽在直接税的"民主评议"上。"民主评议"四字看似他后半生不幸的起源，他却从未、哪怕在口头上真正承认过它是正确的。然而事情远非人们从表面上看到的那样简单。现在就来追本溯源。

1. "民主评议"的起源：

随着1948年开始的大反攻，济南，石家庄、徐州、蚌埠、无锡等较小的工商业城市相继解放。和后来的上海一样，它们立即出现了税款征收技术上的困难。作为解决之道，行政者首先将货物税、营业税和所得税统一为"工商业税"，并以如下方法开始征收：

a）确定某一周期，例如每月或每两月或每季的全市应缴总额；

b）由税务机关会同工商联将此税额分摊到各行业；

c）再会同同业公会分摊到各商户。

d）分摊采取自报公议，简称"民主评议"。

"民主评议"是一种古老的税赋征收制度——包税制的变形，最早出现在古希腊罗马、古波斯时代，就是把租税征收包给承办商人。明清之际也曾出现在工商业很不发达的东方中国，具有浓厚的民间江湖色彩，与现代资本主义毫无共通之处。在多年后的政治哲学笔记里，顾准提到——

"共和末期和帝国时代的罗马，有金铸币，有高利贷的合股企业，要包税制度，有发达的对外贸易。这是一种没有资本主义生产的金融资本制度，只在这种情形下，才谈得到奴隶市场，奴隶价格；也只是因为征服停止，这种畸形的金融资本的城市的经济不可能再维持下去，才转向庄园制度。"[46]

他对在上海这样大都市实行"民主评议"的主张嗤之以鼻，对这

45　《自述》P151
46　《笔记》P74

种和现代化工商业格格不入的"包税制"的抵制，也是他日后判断
"中国永不会产生资本主义"的最重要的经验之一——

> "大陆的地区隔离、餬口的小农经济、东方专制主义及其重本抑
> 末政策，使中国永不会产生资本主义，尽管松江棉布甚至行销潼关以
> 西。要知道，资本主义到底并不仅仅是家庭手工业和包卖商，资本主
> 义只能从蒸汽机和动力纺纱机开始……就这点来说，我很喜欢用现
> 代化这个名词，免得人们把松江的纱布、景德镇的陶瓷、聚众开矿，
> 甚至罗马以包税为基础的金融业都说成资本主义而和近代型的资本
> 主义相混淆。"[47]

在工商业都极为发达的大上海实行"包税制"他认为简直就是无
稽之谈。

2. 是时上海的经济情势和顾准对"民主评议"的态度：

> "中央关于接受上海后的税收政策，明确规定自进城之日起暂
> 时按照国民党统治时代的旧税法征税，税法改革要逐步实行。"[48]

旧税法的间接与直接两个税种是严格分开的。上海大厂商、大商
户集全中国之最，小商小户也集全中国最多，既有接近垄断规模的申
新，永安之类的大企业，也有无数贩卖纸烟火柴的夫妻店，是个典型
的现代城市工商业结构体系，从前解放区、根据地的那一套财政方
法，已经完全无法适应其规模的庞大和结构的复杂。尤其是大商户，
账册健全，早在旧政权开征所得税的三十年代起，资本家们也几乎立
即开始学习在税法范围内和政府博弈的学问。顾准早前为潘序伦修
改的《所得税原理与务实》，正是教授他们如何"合理避税"的经典
之作。假如实行所谓"民主评议"，作为地道行家的顾准，岂有不知
它软肋所在之理？

> "这种税收方法因其必然完全脱离税法规定"，定会给可以操控

47　同上 P310
48　《自述》P151

同业公会的大资本家"占尽便宜"，而中小商户则因没有话语权，只能乖乖接受"摊派"[49]。

以一个资深会计师的视角，顾准一眼看出"民主评议"若在上海实行必定适得其反，不仅毫无"民主"可言，还会导致更大的不公平和不公正，这不符合他心目中的民主政治原则，也不符合他的党七届二中全会"使税收成为对资本主义经济成分（实行）限制的斗争武器"。为此，顾准对"民主评议"自始至终坚决反对，拒不执行。他甚至认为"事实上上海所得税从未采用过民主评议"，它根本就是个"乌龙"[50]。

3. 顾准有哪些"擅自"或者叫做"和中央分庭抗礼"的举动：

a）实行"自报实交，轻税重罚"——接受旧政府"逃税愈多，税率愈高；税率愈高，逃税愈厉害"的教训，直接税局上报市委批准后，在旧税率基础上降低税率30%-50%，以此作为过渡时期临时办法，争取税务改造的时间。此法大获成功。头两个月，同期新税绩高出旧税绩好几倍，以致他都以为可以放手税务而转向"国营企业财务管理"了。不料第三个月税绩就开始下降，大概是纳税户摸到了"自报"和"重罚"的分寸和路数，又找到了和政府博弈之道。按常理，纳税户和政府博弈是一切现代意义上的国家和政府面对的常态，没什么值得大惊小怪的，但顾准却因此被党认为对上海税务工作"犯了放任自流的严重错误"而"受到中央的严厉批评"[51]。

顾准此举曾得到饶漱石的支持和上海市委批准。日后饶漱石成了敌人，顾准与其"勾结成奸"尚且说得过去，而何以成了"擅自"，却还有待深究。

b）"擅聘"特约查账员——根据世界通行惯例，政府注册的会计师可以代表私营企业办理纳税是个常识。在多年前那场"中式簿记改良还是改革"论战中败在潘序伦和顾准手下的改良派首领徐永祚，现在是华东行政委员会人民监察委员会委员。他向当年的学术"小对

---

49 同上 P151
50 同上
51 同上 P163

手"，如今的"接收大员"顾准先生建议，从上海公开执业的会计师中遴选一二十人作为直接税局的特约查账员，税局可根据他们的公信力采信其查账结果，但不做一旦再查出"偷漏"不予处罚的保证。

此法被顾准采纳，且事前得到市长陈毅的口头同意，效果也相当不错。徐永祚先生的建议，无非与眼下"世界四大会计师事务所"全球查账一模一样，是会计业的本行和本能，日后却成了顾准"把某种国家机关的职能完全地赋予了本来就是资产阶级奴婢的会计师，是一种阶级投降主义的行为"的罪行以及"这一批被聘为特约查账员的会计师大约生意兴隆，上海资产阶级知道我是立信的人，也许立信还特别占了不少光"[52]的徇私舞弊的嫌疑。

c）擅自决定对私营企业"重估资本"——一个税务常识是"按照资本利润累进征收的所得税，纳税人账面资本愈小，同数利润按资本计算的利润就愈大，税率就愈高"。上海连续十几年的通货膨胀致使币值严重下降，许多企业的账面资本额已经降至微不足道的地步。真要以此计算，大家就都要按照最高税率征税，这显然不合理。

顾准接管直接税局后四个月就颁布了"按照人民币物价重估企业全部资产，改正账面资本使之接近实际状况的"的政府令[53]，深受上海资产阶级，尤其是会计界欢迎。但很快，他就受到中央财政部的严厉批评，谓之"给上海资产阶级开辟了合法逃税的门路"。顾准又一次陷入无法申辩的境地——"它不是一项政策性的措施，它不过是改进经济计算的标准的必要技术措施，也并没有开辟什么合法逃税的门路"，常识性的说理也大有"外行不能领导内行的放肆"之嫌。这样碰壁他也不是碰上一次两次了，已经懒于"说理"或者已经失去了"秀才和兵说理"的能力。

d）向"师傅"学来，"师傅"却不认账的"专户专管"——1949年10月，"受到中央严厉批评"的顾准匆匆回到税务岗位上。面对庞大的直接税税收的工作量，中央又不肯采纳他提出的一系列

52　同上 P153
53　《自述》P153

基于经济学、税务学和会计学基础上的措施,他向中央打报告请示解决办法。"对于以上这些问题,中央财政部的答案简单明确:民主评议"。不仅如此,"中央财政部随即通过各种途径(其中主要的一项是'登报')对上海税务工作做了严厉的批评,批评中着重指出,不用民主评议方法而用'自报实交,轻税重罚'方法是错误的"[54]。

在党内,中央对地方不用内部文件或者"内参"而采取公开登报方式,指名道姓(上海税务)批评的做法,除了日后自"海瑞罢官"时兴起的"不指名道姓却世人皆知"法,还真是不多见。

但他依然拒不执行中央财政部关于"民主评议解决问题"的指示。

彼时正值苏联市政工作专家团在上海访问。其中一位阿尔希波夫同志是位苏维埃老财政,十月革命时从一个村苏维埃财政委员做起,一直做到列宁格勒州的财政厅长。顾准迫不及待地向他请教苏联城市中税收工作的组织方法。他诚恳地向中国同志传授他们那里实行的"专户专管"办法,即一个财政工作人员专管几户,这就是苏联对纳税企业的"专管专户制度"。他还说,"像上海这样的大城市,不用专管专户的方法,不能根本解决问题"。

是啊是啊,即使在非常时期非常地域,没有"律"至少还有"率"吧?依率征税在任何一个国家和地区都是不言而喻的常识,更何况在执政后的和平年代。"民主评议",用在"村苏维埃"都尚且可疑,谈何在上海这样的经济巨人面前,那真叫是"见了鬼"了!

大受启发的中国同志顾准立即组织几个税务主要负责人酝酿讨论"我们应该怎样做"。在俄国老师传授的基础上,他们发展出"专管、查账、店员协税"一套税收方法,立即向市委和市府党组呈上,同时提出建议——"全市要组织若干区分局,每一个区分局下要按地段建立稽征组(现在改为税务所),稽征组的每一个税务员专管若干个纳税户"[55]。

---

54 同上 P154
55 《自述》P154

不幸，茅塞顿开的顾准在兴奋之余又犯了一个错误——在向市委市府报告的同时，不知深浅地向中央财政部递交了同一份报告。

这个建议看来市委市政府（至少市委书记兼市长陈毅）同意了，不过人人举棋不定，谁也不敢拍板，原因很简单——中央财政部坚决不同意。顾准的"师傅"阿尔希波夫也"突然应召去北京一次，回到上海就改变了态度，严厉指责我不执行中财部关于征税方法的指示……"[56]

"无组织无纪律""个人英雄主义"小辫子已经被攥在别人手里的顾准，自己毫无知觉。

e）公债、税收运动中的"命令主义"——1950年1月中共中央财经委员会召开全国会议，责令上海"要在1950年3月份内，通过公债、税收各三千亿来征集一大笔现金（具体数字可能不确切），以此平衡财政，稳定币值"[57]。

2月6日，上海遭受国民党败退台湾后最猛烈的一次空袭，发电厂被炸毁，工业供电全部中断，工厂停产，失业增加，大上海自顾不暇。在此情况下，顾准建议市委致电中央报告这一情况，请求考虑上海的公债、税收任务。市委立即责成顾准起草报告，当即发出。"一两天后来了复电，措辞十分严厉，大意是空防问题中央自有对付方法，公债税收任务绝对不可以改变"[58]。顾准又一次撞在枪口上，只是没有史料证明复电是针对上海市委还是仅仅针对顾准的。

1950年春是中共执政的第一个春天，也正是征收1949年财政年度所得税的月份。百废待兴的国家哪里不需要钱？可内战的阴影还未消除，空袭的恐慌又起，企业利润很低，前一段"自报实交"的"放任自流恶果"又不是一下子挽救得过来的。此时又正值中国人民解放军二野入川和蒋介石白崇禧、胡宗南部作战，大军政委邓小平亲赴上海，坐地向华东财委主任曾山要钱。

钱！钱！！钱！！！

56　同上 P155
57　同上 P157
58　同上 P156

大上海"总税吏"顾准在明的"各三千亿"和暗的"军援"的重压下有些犯晕。怎么办？

强征？不可以！那新中国新在哪里？根据新民主主义的精神，政府和企业在法律上是平等的，强征税赋是专制国家最恶略的行径之一，万不能在我顾准手上开先例。

那好吧，既然"自报实交"诸位摸出了门路，那么对不起，顾某就不得不从"轻税重罚"上做文章了。这一招也不是我顾某的发明，是各现代国家，特别是民主国家都会采用的带有"普世价值"的一种征税手段，早年顾某跟着师傅潘某学的就是这一手，现在不得不用在诸位身上了。他将直接税局检查室全员派出查账，"查出问题，从严解释税法，从重科处罚金"[59]。

其实他也心虚。明知"这种逃税处罚和公债征募同时进行，即使确有税法根据，也可以把逃税户弄得破产"[60]，这是一种"非常征税"，极有可能把逃税户弄得倾家荡产，即使确有税法根据，也是任何税务部门不到万不得已不可为之的下策——税赋将纳税户压破了产，不啻杀鸡取卵，无论如何是个双输的局面。

可是头顶上的"各三千亿"又怎么办？

无论如何这些逃税户还是"逃了"税，"不逃"的，不罚的还是大多数嘛，而"各三千亿"关乎全中国的财政平衡，币值稳定，民众生活和国家发展，孰重孰轻？孰能孰不能？更何况"'非常征税'也并非没有根据，根据来自上面……"[61]。

他的税务员们把上海滩查了个底朝天，罚了个鸡飞蛋打狗跳墙。

这回顾准可是惹了众怒，除了收到一大堆匿名恐吓信，他还收到了两颗子弹，以致公安局专为他配了两名警卫员。

其实轻税重罚的持续时间还不到一个月，一次小型的整风运动就开始了。这次整的是"命令主义和骄傲自满"，就好似专门冲着顾准这样"老革命遇上新问题"的人来的。到了4月份"即着重于处理

59　《自述》P156
60　同上 P157
61　同上 P158

处罚不当的案例"，顾准就算是因为秉持轻税重罚原则而犯了"命令主义和骄傲自满"的错误，持续时间满打满算也就一个月，时间是1950年2月到3月，就算它一个月吧。让我们记住这个时间，它非常重要。

f）"民主评议"的最后结果——1950年2月中财部对顾准抗拒"民评"忍无可忍，遂调部属税务总局副局长兼天津税务局长王楠秋到上海任税务局长，顾准专任财务局长，明令不许他兼管税务。王是在天津的"民评"中做出了成绩的，他来上海就是要按照天津经验在上海强行推行"民评"。不料这一干部调整却遭到华东局和上海市委许多负责人的抵制，结果是顾准继续负责上海税收，王改任华东局税务局长。中财部异常恼火，派人赴沪"检查工作"三个月之久，不依不饶地要求上海必须转回"民评"的路子。检查组写出了"检查报告"，要求顾准确认签字。顾准签字前不得不写下"声明保留意见"书附在其后，日后这份附件成了他"对抗中央"的铁证。

1950年3月，中财部部长薄一波亲到上海。虽然他对上海该月的税收实绩表示满意，但依然不承认上海税收工作的成绩；虽然中财部从此不再在报刊上点名批判或派检查组来上海了，但成见和恶意已经掩都掩不住了。

是时顾准也考虑过一拍屁股走人，不受这个夹板气。但如果这样做了，"等于坐观王楠秋的工作失败，我则退居批评者的地位，是对党不负责任，对人民不负责任"[62]。他百分百断定，任何人在上海搞"民评"都会失败，别说你是天津来的，就算是莫斯科来的，共产国际来的，火星上来的也一样。

还有更重要的，就是他最怕被别人看作是个"逃兵"。一朝被蛇咬，十年怕井绳，淮海区大扫荡时期做了"逃兵"的羞耻，即使组织上早就为他"解除"了，他自己也多次"雪洗"了，可阴影一直留在心里挥之不去。这次要是他真的离开别人认为他"摔了跟头"的税务岗位，等于又做了一次逃兵。这个，他受不了。

62　《自述》P157

其实在这个期间顾准还是做了一些妥协的，一度曾表示同意改用"民评"作为征税办法，税务局甚至一度还搞了一个"改良型民评"的模式——即把交给各个同业公会评议的办法变为交给各个纳税互助组评议，并吸收店员职工参加。可顾准的妥协态度又受到华东局和市委"你顾准不敢坚持正确意见"暗示的压力，弄得他左右为难，索性心一横，坚持己见——我就是不搞民评了，你们要怎样便怎样吧。

关于"民评"的争论到了1950年7月，实质上已经提高到了"右倾投降主义和反右倾投降主义斗争"的吓人高度。可正在此时，天助顾准，上海经济形势发生了重大变化——结束内战后的国家很快平稳，水陆交通的恢复大大扩大了市场，货币趋于稳定，市场恢复，生产正常，加上抗美援朝开始，军需采购在上海数量愈来愈大……这一切都要求现代的税赋征收制度来维持。

顾准用会计的方法，数学的方法直接计算出开工率不足和全率开工时资本、营业额、利润、应缴税额、税后利润等数值的巨大差异，明确指出在此状态下若采用"民评"方式征税几与玩笑无异，大量的合法逃税一定会出现，国家财政一定会蒙受浩大的损失。

这是在数目字上管理的结果而非"一时激情""权宜之举"或任何个人意气之物，而"在数目字上实行管理"却正是中国历朝历代最缺乏的观念。

实际上到了1950年8月，顾准的"专管"已全面推行，而中财部的"民评"已流于形式，日渐式微，到了最后已经完全是"为了照顾他们的'面子'，民主评议委员会的牌子还留着，民主评议名义上不予废除，但把评议内容改为协商解决税法应用的疑点……"了。

"民评"与"专管"之争嘎然结束于1951年12月。

中央财政委员会主任陈云"在党中央的一次会议上指出，税收方法争论中'顾准的方法'是对的，主席还亲自肯定了陈云同志的这一意见，……至此以后，税收方法的争论才最后结束。"[63]

一锤定音，顾准的"专管"胜利了，可是祸根也种下了。

<hr>

63　同上 P167

4. 顾准被删去的文字包含了什么信息？

顾准的上海时期——1949 年 5 月 27 日-1952 年 2 月 29 日一共是一千天左右。顾准"当做自传"来写的"历史交代"一共有 27 篇，加上各种收入《顾准自述》的"思想汇报""补充交代"和"坦白交代"等等，一共是 33 篇。关于他在这一千天中的经历，是其中的第 16 至第 22 篇，大约 5 万字。

但是这七篇"历史交代"中，有些很关键的段落被删除了。这些至今没有面世的文字，从其上、下文看是包含着很多信息的，尤其是关于顾准的被撤职，谜底极可能就在这些被删除的文字里。只好单列这样一节——"那些年顾准无法查明、无法证实的'想头'和'举动'"，以待后人查证。

试举两个例子：

a）"上海税收工作，1949/V-1951/III——历史交代（17）"，在谈到当年公开出版的内部刊物《税务通讯》时，突然被删去了两个大的段落，共计七百余字。顾准作为上海总税官，在这份刊物上发表过不少文章，并且"自 1950 年 3 月至 1951 年 10 月前后为止，上海税务工作的大概过程在这个刊物上可以大体反映出来"[64]

1951 年 10 月，市府党组书记潘汉年"同意"该刊停刊。"同意"二字在此用得很蹊跷，不知潘汉年同意的是谁。很多关于顾准的文字都不厌其烦地提到顾准曾和潘汉年发生过的一次"激烈的争吵"，都认为起因是顾准顽固抗拒"民评"和坚持"轻税重罚"。实际情况可能很不一样。

第一、顾准和潘汉年是常常争吵的。这些争吵看上去更像是同志之间不可避免的、没有恶意的工作争论；第二，潘对顾一向诸多忍让。小顾因"民评"吃亏时老潘想为其分担，可这家伙不但不领情，还找上门去咄咄逼人地质问，老潘也真就嗫嚅着不敢回答小顾。不信来看看顾准自己的文字：

---

64 《自述》P162

　　"从 1946 年起，潘汉年一直是我的直接上级，接触频繁。1950年他对调整税收抓得很紧，在税收方法上和他有过严重争论，经过见交代（十七）篇。（恰恰他的"交代（十七）篇"谈到潘汉年处被删去两个大段，七百多字。通篇只能找到他和潘汉年在陈毅家里"言辞激烈地争吵起来"寥寥数语。－著者注）现在回忆起来，虽然我对潘的态度常常很不好，1952 年 2 月前他却从未有意打击过我，他还表扬过我：大概在 1950 年某次市人民政府的局长会议上，他在说到工作和经费问题时，他说"财政局长长袖善舞，经费是不成问题的"。在调整税收时期，他对财务局长的反命令主义抓得很紧，但是他也转述盛康年（一个资本家副市长盛丕华的儿子，在协商委员会当秘书）反应资本家的话：'顾某风度很好'，意思是我改正命令主义有决心，并不文过饰非……1951 年夏季以后，他不止一次对我说过（市府秘书长一职）最好我来干，我说我德才不孚，干不了。1951 年 12 月，上海三反运动开始，潘在市人民政府作的检查报告中，说我的工作是他建议的，并且自承他建议不当，任用非人。会上听到这样的检查后，我曾到他家去问他这番话的意思，他含糊其辞地回答，弄不清到底是怎么回事。我现在还弄不清楚，我实际担任过的哪一项工作是他建议的。因为我任财政-税务局长，经过 1950 年 3 月调王楠秋到上海这一番故事，显然和他无关。我任市财委副主任……似乎也并非出自他的直接建议。至于他要我当市府秘书长，我是明确地推辞了的。" [65]

　　潘汉年大顾准 9 岁，是他原来的老板潘序伦的乡党，上海时期中共江苏省委第一任文化委员会书记，也就是孙冶方、顾准这一对文委正副书记的前辈。顾准虽然延安时期才认识他，但他们之间的稔熟和气场上的相投是不需怀疑的。顾准对待潘汉年的大大咧咧和对待原来的老板潘序伦十分相像，不像是下级对上级而像是非要和大哥平起平坐的小弟——他们是平视的。很难相信潘顾会因为主张或反

65　同上 P206

对"民评"，保护或扼杀民族资产阶级而大争大吵，更合理的推断是那时两人都被"各三千亿"压昏了头，趁着共同的上级陈毅在场，借着"民主评议"和"轻税重罚"的题目，索性大吵一架发泄发泄，而且主要是顾准在发泄并且得到了陈毅的全力支持——"（陈毅）毫无保留地指出要废除民主评议，采用自报、查账、店员协税的方式"，只是批评他对潘汉年的态度不好[66]。

这被删去的 7 百多字很可能记录了潘汉年和顾准对中央财政部一致的不满——"又想马儿跑，又想马儿不吃草"，天底下哪有这般"甘蔗两头甜"的便宜事？

第二、"上海税收工作，1949/V–1951/III——历史交代（十七）"在谈到华东局饶漱石专门召开讨论税收方法的会议上，顾准原已经准备妥协，同意"民评"，但又被陈毅"直率地责备我没有勇气坚持我过去的主张"时，再次"戛然而止"没了下文——"此处删去一段，约近五百字 -编者"！

顾准此处，很可能说到的，是自己最大、最坚强的后盾就是华东局书记饶漱石和上海市委书记兼市长陈毅。然而这二位，日后一个成了人民公敌，一个上调中央做了国务院副总理，眼下（1969 年）的日子也比自己好不到哪去。前者，他当年尊重，现在也不能落井下石；后者，他当年尊重，现在也不能胡说八道，恐怕误伤了他。1969年的顾准已经 54 岁，愣头青已经变成小老头，再有性格也不会像当年那样口无遮拦，有一说一了，更何况保护他们是出于他的人格和本性。

本书对此的结论是——

1. "民主评议"就是起源于古希腊、罗马、波斯时代并在中国民间江湖流行甚久的"摊捐摊税"法，将它用于中国最大的城市和世界大都市之一——上海是极为荒谬的，于收税人纳税人——政府和商家都百害而无一利；

---

66 《自述》P166

2. 顾准 1952 年的灭顶之灾，祸根在于他坚决，彻底地不屑，不执行"民主评议"而坚持现代化征税方式，大大驳了中财部的"面子"。更伤领导自尊的是，照这小子的章法收税居然还被他收得不错，1950 财务年度（1951 年 3 月征收完毕）的税绩居然是上年的三倍，以致最高当局一锤定音判这小子为"胜方"，这真叫人"怒从心头起，恶向胆边生"。

1952 年的顾准悲剧不过是无数个"因妒生恨"型中国故事中的一个罢了，什么"思想恶劣阻碍三反"，什么"功高震主自以为是"，什么"个人英雄主义自以为是"，什么"代人受过替罪羊"，什么"极左""极右"……都是人造的表象，顾准他缺乏党性，不懂事，不乖，不听话，不跪才是最根本的。

3. 顾准在上海的税收问题上完全是站在他的党和他的国家和政府的立场上考虑的。在"各三千亿"重压下做出"重罚"的决策是他权衡再三不得已而为之的下策，而绝不是想"趁此机会把大资本家而且是比较靠近我们的大资本家，……一齐打掉，实行社会主义的想头"[67]。退一万步说，即使他有此"想头"，敢问不足一个月的时间让他如何为之？

4. 是时中国有两个财政首脑部门，一个是政务院辖下财政部（简称中财部），一个是中共中央辖下中央财政委员会（简称中财委），政出多门，政令不一。再看党内，就一个上海市，党的首脑机关就有中共上海市委员会和上海市政府党组两个，面对"一个皇上一道令"局面的人们该听谁的？别说党外人士，就连顾准这样"久经考验的无产阶级职业革命家"也常常陷入八卦阵，不知跟哪个人、哪条路线才对、才好。

5. 顾准并未伤害大中小工商户，他犯"命令主义"错误在 1950 年 2 月到 3 月之间不到三十天的时间。蒋贤斌先生文中提到的"大、小工商业者、资本家受到了冲击，据资料显示，从 1 月底到 2 月 19 日一个月里，上海工商界因'五反'而自杀者，就有 49 人（未遂 16

---

67 蒋贤斌《顾准在"三反"运动中被撤职的原因》

人）。其中，五反运动发动起来后，即从 2 月 12—15 日不过 4 天时间，就有 22 人自杀。整个 2 月份自杀死亡的有 73 人，而 1 月份自杀死亡仅有 3 人。此时自杀者还是小企业主，但随著运动的继续，一些大中型企业的资本家也走上了自杀之路"……[68]。这一切都发生在 1952 年，与顾准何干？难道顾准下台前一秒钟自戕的人们，都是被顾准的税收手段威逼至死的？敢问是年"中国船王"卢作孚，中国"纺织大王"荣德生均死于非命，难道责任也都在四川的顾准，江苏的顾准头上？

6. 上海的资产阶级并未因顾准的下台欢欣鼓舞，额手称庆，恰恰相反，他们哀叹中共内部罕见的"懂事体，懂道理"的人物就这么莫名其妙地被他的自己人搞下了台，"很可惜"，上海工商业界的日子只怕会愈来愈难过。不久后的事实证明，他们的担心太有道理了——顾准下台后一年两个月后才龙卷风般骤起的"公私合营"运动才是他们真正的末日。这个曾被人不知天高地厚地称作"国家资本主义的高级形式（此概念由列宁发明）"的"中国创举"，以"强制放弃，公开没收"的手段彻底埋葬了中国的资产阶级，连哀叹的时间都没有留给他们。是时自戕的人数又有多少？谁统计过？

世上最无趣的事情莫过于无视常识。

就算这一切都不谈，撇开繁杂的专业分析，撇开"各三千亿"是不是"苛政"、顾准是不是酷吏不谈，仅仅 1950 年代初能在上海施行"查账征税"就是个了不起的壮举——图谋以现代会计手段建立新的财税制度，进而建立新的预算制度和公共财政体系。首先是依查账而征税，视企业、纳税人和政府在法律上平等，政府要征税就必须有法律依据，企业和纳税人不是只能服从政府而是能依据账目和法律与政府"讲理"。这一步真正能体现新政权之"新"的进化，时至今日也还没有做到，可 60 多年前的顾准做到了，虽然只有一瞬的时间。

---

68 同上

5. 大上海总税吏的履职苦旅（下）

1951 年初，中财部召开城市财政会议，到会者为各大军政区首府城市如济南，武汉，广州等和北京、上海、天津等共十个城市的财政局长。顾准作为上海市财政局长参加会议。

新成立的国家急需平衡财政，稳定币值。上年 2 月，第一次全国财政会议雷厉风行地推行了中央财政统一体制，确立了国家财务高度集中，统收统支的国策。中央仅授权各大区军政委员会统一全区财政收入，各省、市均无财政，无预算，连办公经费都需向军政委员会主管部门申请领取，地方财政完全被取消。

和平时期采用这样的财政体系，顾准认为不可思议，无法接受。这是典型的战时财政手段，现在全国都解放了，作为和平时期的、全国最大的、工商业最集中的城市——上海，毫无自己的财政权连维持都困难，谈何发展？他带头摆出了抵制的架势，以标准的"顾准姿势"。

首先，他在市府各局征寻赞同者，立刻就得到市委和市府党组的支持。接着他代表上海市向华东军政委员会财政部提出了"上海市要求划分收入，在市收入范围内统筹全市经营"的"哀的美敦书"，华东局居然同意了。

顾局长的"抗上"是有底气的。在这一财政年度中，他狠抓了两项税收，为他的"全市统筹"夯实了基础：

一项是向租界征收"从价地价税"——利用 1945 国民党政府以孙中山遗教"平均地权"搞起来的地价税，加重税率，对私有土地（租界）按照估定地价比例征税，非租界则属于国有土地，当然不须征收。这在税法法理上完全站得住脚。严格征收的结果，凡地价昂贵土地上的房产收入都抵不上应付地价税。到了 1951 年初，租界上的外国人几乎全部把房地产抵缴欠税溜之大吉，如今的和平饭店、锦江饭店就是当年沙逊屋和华懋饭店的遗留物。这项税收不但对新政权初期上海财政的稳定起到了巨大的作用，而且以站得住脚的法律手段，不费口舌更不用刀枪就收回了租界，因此大得人心。

另一项是设立"公用事业市政建设捐"——利用国民党政府时期因租界对市区划分造成的电价高低不一的状态征收"电费平衡税"——略微压低高电费区电费率，维持低电费区电费率不变，但加征"电费平衡税"。这些原来的低电费区都在各租界和公共租界上。这样一来不仅划一了全市电价，征得一大宗税收，而且促使工厂、住宅在租界上畸形集中的形态发生了变化。这宗平衡税顾准起名为"公用事业市政建设捐"，是一宗数额巨大而毫无征收费用的市政收入，由于它在市政平衡上的巨大作用，以致一直沿用了 30 多年，直到 1980 年代中后期才逐步停止征收。

"这一年的财政收入是巨大的，在充分供应一切经费之后还有盈余。"[69]

就是这两项税收，令上海财政兼税务局长顾准底气十足。它们是上海市率先实行独立预算，独立财政的基础，也是顾准敢向中央财政统一体制挑战的利器。

在本章开篇讲到的十城市财政局长会议上，顾局长滔滔不绝地介绍了上海坚持保留独立的市预算，满足各单位事业经费的经验。兴奋的他又一次忘记了"谦虚谨慎"的古训，发言时的姿势和口气都有些不大对头，很可能又出现了"睥睨"的情形，日后成为他"傲慢"的一个旁证。但他的发言很大一部分被写进会议总结发至全国各大城市财政厅局，也是不争的事实。很快，国家取消了中央统一财政体制，大大调动了地方增收节支的积极性，推动了城市改造的进程。

顾准又一次在正确的时间做了一件正确的事情，却也又一次作了"出头鸟"。

这一年上海市财政月月盈余，积累盈余越来越大，几乎占去全年预算 20% 以上。这一年也是朝鲜战争打得最激烈的一年，前方吃紧，军需急迫。两难的是，在这个节骨眼上还不要投入资金进行市政基本

---

69 《自述》P175

建设和作国营企业投资，抑或是全部上缴中央国库支援战争？顾准选择了前者。

他的理由也很充分：上海以致全国现有工业设备都开工不足，城市中还有大量失业的工人，民生与战争，至少应该等量考虑，经历了数十年外侵内战的国民也该有个休养生息的档口了。为了不让财政盈余收入国库，顾局长煞费苦心，竭力寻找"投资"的出路。他约时任华东局工业部副部长的孙冶方去考察闵行的通用机器厂，准备共同投资扩建；他购买新裕第一纱厂、光中染织厂、永新化工厂、关勒铭金笔厂等私营企业，改造成为国营企业；他提出要实行"赤字财政"，尽量多投资，使财政没有盈余，最好还要有赤字……

眼看着上海工业和轻工业趋于稳定的发展，失业人数减少，他又有些忘乎所以，浑然不知两顶很重的帽子——"地方主义"和"本位主义"正向他压了下来。

这期间他还做错了几件事情，也是在浑然不觉中。说顾准的"政治敏感度"几乎为零可能都不为过。他从不会，也不屑于看人脸色，对任何人都没有权威感，能尊重你就很不错了。要说他能纳头便拜的，这个世界上可能只有一件事物，那就是数字。

第一件错事是，1951年春夏，公债、税收运动虽然早已过去，上海高级消费品市场依然不振，员工人心浮动，而这个市场曾是支撑上海经济的重要板块。看在顾准是老上海，职工运动老前辈的份上，有关领导，也是顾准上海地下时期的老下级和小辈，请他去向百货公司的店员们做一次报告，希望他能安抚职工，稳定人心。不料顾局长事前也不和人家商量讲些什么，甫一上台，开口就号召年轻人走他曾经走过的革命道路，到外地去，到东北去，那里是广阔天地，你们将大有作为，而上海商业从业人员过多了，你们呆在上海是没有出路的，快走吧。

顾准是位罕见的没有地域歧视的上海人，从来没把上海滩看得比别处高贵。当年从最繁华的爱多亚路一个猛子扎了苏北，连眼都没眨一下，可你不能要求人人都像你呀。他的动员报告把个区委书记老下级恨得牙痒痒，背着他找到市委常委，上海总工会主席，顾准的老上级刘长胜，恨恨地告了一状。

刘长胜先生，十几年前和顾准结下的疙瘩还没解开呢，你现在又往我枪口上撞——一个财政局长你管得着我辖下职工往哪去吗？刘先生借北京会见陈云之机当面请教这位中财委主任——上海的商业职工是否人数太多了？身在京城的陈主任哪里搞得清上海的楚河汉界，不明就里的他也就是春秋笔法云山雾罩地回答了一下，没成想这鸡毛回到上海就变成了令箭，刘长胜先生以此为据到处表达他的不满，弄得彼时的顾准一头雾水，不知哪里得罪了他。直到多年后，大右派分子顾准做"历史交代"时想起来才猛吃一惊——"……刘长胜对此尤为不满……至于他带回陈云同志的意见后，是否在……工会内对我那次讲话开展了背对背的批判，我不知道"[70]。

这会子才联想起 1939 年那次"背对背清理顾准路线"的故事，真是愚钝得可爱。紧接着他又做了第二件错上加错的事情。

这年夏秋，上海建筑企业民主改革运动广泛开展，工人强烈要求废除"包工头"制度，这样势必得有某种机构取代它。刘长胜先生辖下的上海总工会建筑分会此时站出来要取而代之，即由工会代替包工头，甚至代替工程公司来承包大小工程并且已经开始实施。身为市财委负责人的顾准一听就急了，这样做不但超越了工会工作的范围，而且工会直接管理企业势必使企业无法成为真正的全民所有制，工会无论如何也不能替代国家来直接管理全民所有制企业，这又是个常识嘛，岂能乱来？他立即向市委提出意见，同时建议在市财委下成立建筑工程处接管建筑工会已经承包下来的建筑工程业务，他的建议几乎立即被采纳了。

戆头顾准这次算是把刘长胜先生得罪到底了，可他依然是懵懵懂懂，还以为自己"之所以直率地讲话和建议，内心里是出于'亲工会'的感情。对于刘长胜本人，1945 年在延安和 1948 年在山东所知道的'清理顾准路线'我早不介怀，而 1938-1939 年间他在领导职

---

70 《自述》P194

委工作期间，我对他的领导是深有好感的……"[71]。

你对人家有好感，却不管人家对你是什么感觉，你"早不介怀"，却不管人家对你介不介怀。我的传主，要么是太戆了，要么就是个超级"虚伪者"，他当然是前者，因为他的"政治成熟度"就那么高，想做后者他也做不到。盛产"灵光人"的上海为何会出了个顾准这么个"拎不清"的主儿，集河北人纪晓岚的博学，福建人辜鸿铭的狷狂，湖南人谭嗣同的倔强于一身，就是没有上海人那点"柔韧"的优点。

顾准第三件不招人待见的事情，是他坚决抵制搞"机关生产"。

1950年朱德先生在一次中央工作会议上号召各单位发展解放区时代行之有效的机关生产。顾准却认为绝不可以执行。第一，"机关"现在城里，不可能搞农业而只能搞工业和商业；第二，工商业范围内的机关生产，按照他淮阴时代搞利丰公司的经验，不可能不带上浓厚的资本主义味道。他将"机关生产"说成是"是干部的腐蚀剂"，万万搞不得。市委很快接受了他的意见。这件事情上他得罪了多少人我不敢说，但有一个人他好像是应该得罪而没有得罪，那就是潘汉年。

1951年潘汉年把顾准用"从价地价税"方法从英资华懋地产公司收回的"沙逊屋"改成锦江饭店，对外是私营名义，实际是市营，也就是机关生产的别称。据潘的说法是公安情报工作需要这样的饭店云云，顾准很不以为然，却没有追究下去，难得顾局长高抬了一次贵手，是否徇私有待后人深究。

顾准这一千天时间里，好像把能得罪的人都得罪了个遍，然而再看他的政绩：

1. 1949年财政年度（1950年3月止）上海税绩为等值三千万元人民币；

2. 1950年财政年度（1951年3月止）上海税绩为一亿八千万元人民币；

3. 1951年财政年度（1952年3月止）上海税绩为三亿元人民币。

71　同上 P196

这个烫手的山药，实在是让人又爱又恨到了极点。

1951 年 12 月，在中共和国家机关内部展开的"反贪污、反浪费、反官僚主义"的三反运动开始。顾准的财政——税务局因为次年 3 月要征收 1951 财政年度的所得税而申请暂时推迟开展运动，市委批准了。顾准仅作为兼职的市财委副主任身份在会议上检查了一下"赤字财政"的错误思想和一些鸡毛蒜皮的小事，就算是过了关。

仅仅一个月后，又开始了面向资本主义工商业者展开的"反行贿、反偷税漏税、反盗骗国家财产、反偷工减料、反盗窃国家经济情报"的五反运动。华东局责令顾准负责上海市五反运动，从各省调来近二十位地、县委干部集合到财政——税务局顾准那里，集议运动步骤。

这是顾准在大上海总税吏位置上的最后一次履职。两天后他的命运中一个极剧的转捩点就要到了，从 1949 年 5 月 27 日他朝气勃勃，风尘仆仆跨进旧政权财政局大厅那一天起，这个魔影其实已经如影相随，一千天以后，它如期而至。除了当事者，它并不令人意外。

这一千天里，顾准的性格特征：聪慧、博学、热情、狷狂、高傲、倔强表现得淋漓尽致。身在一个体制内，他却不得该体制的任何要领，不懂它的等级体系，话语体系、关系体系和规则体系，一言以蔽之，他最大的问题就在于——不听话。

一个老子训斥儿子的声音已经发出，他却浑然不知：

"再不听话，饭也不给他吃！"[72]

72　薄一波语

第二部

受判之徒

（1952—1962）

一个艺术满足于乱涂乱抹、到野兽的运动那里寻求灵感的时代；一个对正义和政邦（State）毫无感觉，肤浅的无政府状态的时代；一个共产主义伦理的、有着最愚蠢历史观、对历史作唯物解释的时代；一个资本主义和马克思主义的时代；一个历史，生活和科学靠政治经济和技术性指导的时代；一个把天才视作一种疯癫形式的时代；一个没有伟大艺术家和伟大哲学家的时代；一个没有创造却对创造有着最愚蠢瘾头的时代。

——奥托·魏宁格

事情确也十分复杂。不是少数人而是多数人，被过去的宣传过分肯定了的'信仰式的寄托'，如今变（成）了事变式的变化。

——顾准

我来本不是召义人，乃是召罪人。

——《圣经 新约 马太福音 9:12》

第五章　　老虎、罪孽与逻辑

1. 遍地罪孽

1952 年，壬辰龙年，上海开埠第 109 年的冬末春初。2 月 3 日，中共发出《关于"三反"运动和整党运动结合进行的指示》。

有件事情，一直是打进北京城已经两年多的毛泽东的心病，就是害怕共产党重蹈三百年前那场农民革命的覆辙——在短短 20 多天时间里，从紫禁城中煊赫的胜者变为山海关下耻辱的败者。为此，进入1950 年代后他特意把郭沫若写于 1944 年的《甲申三百年祭》印成小册子，发给每位够级别的党政干部，人手一册，全党阅读，以史为鉴。

上年，在北方的朝鲜战场上，联合国军的秋季攻势十分猛烈，形势严峻。政治局在研究有关朝鲜战局时，依据毛泽东"战争必须胜利，物价不许波动，生产仍须发展"的方针，确定了从五个方面解决财政困难的措施：

1. 节约兵力，整编部队；
2. 精减机关，精减人员；
3. 收缩开支，清查资财；
4. 提倡节约，严禁浪费；
5. 组训民兵，实行义务兵役制。

至少在 1951 年的下半年，毛泽东还没有起过搞什么"三反五反"运动的念头，只是被建国初期的民生状态和抗美援朝的战时财政困扰，正苦苦寻找着出路。

11 月，他收到东北局书记高岗送来的一份报告。

东北局在开展增产节约运动的同时也开展了反贪污、反浪费、反官僚主义的运动。报告列举沈阳市揭发出 3,629 人有贪污行为，东北贸易部检举、坦白的赃款达 5 亿（五万）人民币，浪费现象和官僚主义严重，东北铁路系统积压上千亿元的材料无人处理等等问题。毛泽东忧心忡忡。

无独有偶，原公安部行政处处长宋德贵贪污 6.4 亿元、原中国畜产公司业务处副处长薛昆山贪污 23 亿元、天津地委现任和前任书记张子善、刘青山严重贪污浪费事实等报告也先后呈上了毛泽东的案头。各地都出现了刘宗敏式人物——居功自傲，跋扈腐化，低俗下流，令毛泽东极为焦虑。他立即给送来张、刘贪污情况报告的华北局书记薄一波作了如下批示——

"华北天津地委前地委书记刘青山及现任书记张子善均是大贪污犯，已经华北局发现，并着手处理。我们认为华北局的方针是正确的。这件事给中央、中央局、分局省市自治区党委提出了警告。必须严重地注意干部被资产阶级腐蚀发生严重贪污行为这一事实，注意发现、揭露和惩处，并须当作一场大斗争来处理。"

这个批示不啻投下刘张二人死牌，至于刘、张是否冤案，是个人贪污还是把公帑根据薄一波的指示投资于顾准最反对的"机关生产"，至今无定论，此处不做讨论。

一个职权为指导全国三反运动的"中央人民政府节约检查委员会（中节委）"即刻成立，主任薄一波。"毛主席几乎每天晚上都要听取我的汇报"，薄先生晚年不无得意地回忆道。

1951 年除夕，冰天雪地的北京，银装素裹的"海子"里，薄一波正按惯例向今上汇报"三反"进展。当他说到资本家常用给回扣的办法收买拉拢党的干部和公营企业采购人员时，毛怒不可遏："这件事不仅要在机关检查，而且要在商人中进行工作，过去土地改革中，我们是保护工商业的，现在应该有区别，对于不法商人要斗争。"

"三反"是中共自家关起门来"整风"，外人趁火打劫真是分外可恶。那就家里家外一起搞！"五反"——反行贿、反偷税漏税、反盗骗国家财产、反偷工减料和反盗窃经济情报的运动紧跟在"三反"之后就此开始。

1952 年 1 月 26 日，毛泽东起草了《关于首先在大中城市开展"五反"斗争的指示》，指令各大城市（包括各省城）要在二月上旬同时进入五反战斗，他首先在北京城启动了党政内部的"三反"和党政外部的"五反"两驾战车。

2 月 1 日，中央人民政府最高人民法院在北京中山公园设临时法庭，公审薛昆山、宋德贵、雷亚卿、孙建国、王丕业、夏茂如、杭效祖七人。沈钧儒任审判长，当场宣判，当场执行。宋德贵、薛昆山以贪污罪被就地处决。

2 月 10 日，刘青山、张子善在保定以同样的形式公审、宣判、处决。

这些属于"三反"范围。

2 月 2 日，上海大康西药房经理王康年以制假贩、假罪、腐蚀、贿赂、投机、诈骗罪被逮捕，次年被处决。2 月 8 日，一代船王卢作孚在重庆自戕，一代纺织业大王荣德生在无锡病吓而亡。

这些属于"五反"范围。

中共"三、五反"的初衷是：既要削弱资产阶级又不能消灭它；既要打它几个月又不能打死它；即恨它"抗美援朝加工订货中赚了一大笔，政治上也有了一定地位而盛气凌人"又怕搞死它出现不可收拾的后果。新旧政权更迭之际，中国工业总产值的比重仅占国民生产总值的 23.2%，其中民营工业的比重占 15% 左右，即民营工业占去原有工业基础的三分之二，商业方面更是占去十之八九，这是无论什么政权都不得不依赖的决定性力量。资产阶级一旦被搞死，必然导致生产下降，市场清淡，税收减少，失业工人增多，基本建设项目推迟。这种局面一旦出现，新中国将毫无"新"意可言，这是最无法收拾的局面。

毛泽东决定亲手驾驭两驾已经同时开始狂奔的战车，不能左也不能右，否则它们都有翻车的可能。从此事无巨细他都亲自过问和指示，别的不说，仅仅 1952 年 2-4 月，仅仅对上海"三、五反"的策略、部署和经验，他就作了 18 次批示、指示、指令、批评和表扬。

1 月 24 日的政治局"三反"会议上，他说"每个大军区系统，包括各级军区和各军至少有几百只大小老虎，如捉不到，就是打败仗。地方上每一个大省也可能有几百只，每个大城市可能有一百只至几百只，上海可能有上千只。中央一级昨天还以为只有80多只，今天会上就有150只，可能达到200只。"[1]对那些数字大、比例大的报告他明显地格外欣赏。

1月26日，他批示各大城市"在这个斗争中，各城市的党组织对于阶级和群众的力量必须作精密的部署，必须注意利用矛盾、实行分化、团结多数、孤立少数的策略，在斗争中迅速形成'五反'的统一战线。这种统一战线，在一个大城市中，在猛烈展开'五反'之后，大约有三个星期就可以形成。只要形成了这个统一战线，那些罪大恶极的反动资本家就会陷于孤立，国家就能很有理由地和顺利地给他们以各种必要的惩处，例如逮捕、徒刑、枪决、没收、罚款等等。全国各大城市（包括各省城）在二月上旬均应进入"五反"战斗，请你们速作部署。"[2]

3月初却又批示"县、区、乡现在一律不进行'三反''五反'，将来何时进行及如何进行，中央另有通知。个别已在县城试做'五反'、在区试做'三反'者务须严格控制，不得妨碍春耕和经济活动。中等城市也不要同时一律进行'五反'，而要分批进行，并须在严格控制下进行。"[3]

到了3月末，他在转发薄一波《关于上海的'五反'报告》批示时又语气坚决地指示"（三、五反）尤其要不误生产，极为重要，各城市凡误生产者，均应立即改变做法"[4]。

驾驭如此狂奔的一双战车，驭手手忙脚乱，已经没了章法。

驭手"即兴指示"如此频繁，加上以中文语言表达、传达上的不准确、不精确，各地方官员常常很难领会当今意图，以致产生了一种匪夷所思的中国式"运动数字化管理"。到了1952年，全国的"三、

1 毛泽东对西南军区三反运动第五周简报的批语 1952.1.24
2 毛泽东关于首先在大中城市开展五反斗争的指示 1952.1.26
3 中共中央关于在"五反"运动中对工商户分类处理的标准和办法 1952.03.05
4 毛泽东对薄一波关于上海三反五反情况和部署的报告的复电 1952.3.29

五反"运动都进入了这个"数字化管理系统"——

各大区、各省市以及各厅局、各地县务必打出额定数目的"老虎"；

1."老虎"务必达到人群的额定比例；

2.大、中、小"老虎"务必达到全部"老虎"的额定比例；

3.严惩时，处决、死缓、无期、有期务必达到额定比例；

4.宽大时，违法金额压缩核算务必达到额定比例；

5.违法户、基本守法户、半违法半守法户、严重违法户和完全守法户务必各占额定比例……

这一切均为预算而不是决算，均以领袖、领导们一时的激情、好恶制定计划，额定数目，额定比例，额定性质，额定人的命运。

1952年1月，上海"打虎"一幕正式拉开，"三""五"反都未如顾准所愿——因"财政年度税收月即将开始"而"稍作推迟"。

中共上海市委组成由第三书记刘长胜、第二书记潘汉年任正副总指挥的"打虎大队"，各区委组织打虎中队，设立打虎指挥部。市委订立了大、中、小老虎标准，确定了打虎战役时间表——

第一战役从2月9日至15日，发动群众，明确任务；

第二战役从16日至29日，先打"思想老虎"，揭露贪污分子，撤职不力干部；

第三战役从19日至29日，攻心斗智，内外夹攻，上下夹击，把老虎打出洞穴而歼之；

第四战役从3月1日至7日，总结经验，收集材料，以利再战；

第五战役从3月8日至15日，打虎务尽，力求从此山中无老虎。

乍暖还寒的上海一时成了满街老虎，遍地罪孽的魍魉之地，早春二月成了罪的二月。

2月18日，"第三战役"次日，《人民日报》发表了上海市财政局局长兼税务局局长，也是上海市五反负责人顾准的文章——《坚决打退上海资产阶级对国家税收的猖狂进攻》。文章说：

"解放以来，上海资产阶级对国家税收工作的进攻，和在其他问题上是一样的猖狂、一样的严重的……这种猖狂进攻首先表现在偷税漏税上。将近三年来，上海市税务人员和店员职工组织查账缉私，查获逃税漏税额二千六百多亿元……实际上上海资产阶级逃税漏税的数目应当几倍于被查获的。"

接着是顾局长列举的逃税手法：设置假账、营业额不入账"飞过海"、抽调资金，坐贾化名行商、分散隐藏存货等等，它们又和走私、套汇、逃避资金、进攻职工、贿赂税务人员等一套配合使用并一再得手。这些不法者往往借口旧政权时"原就如此"，新政权时间还短，归并账目不齐，政府应该原谅等等。

顾局长愤而质问，那我给你们重估财产调整资本的机会和时间，总是账外财产入账的好机会了吧？可你们的账外经营依然如故，账外财产依然如故。许多工厂和商行是依靠国家委托加工和定货发展起来的，甚至是依靠供应抗美援朝所需物资发展起来的，你们也故意不设账册，在所得税报缴中千方百计列入标准纯益率户，逃避应纳的所得税。为了偷税漏税，你们花大价钱去聘请所谓"会计专家"来跟人民政府"合法斗争"。这些"专家"们，我自己曾经就是其中的一员，还能不清楚吗？不就是税法顾问；逃税专家！

顾局长接着质问，你们说这是不明税法加上解放前旧习惯尚未完全改过来，那么好吧，1949、1950年可以这样说，到了1951年，新税法公布已久，按税法纳税已久，关于税务的宣传已经普遍，你们人人都能讲一套国家税收重要性的大道理，还能说不明税法，旧习惯未改吗？请问你们的旧习惯到什么时候才能改呢？

顾局长接下来的文字就更有趣了。他说——

一方面许多资本家经常在偷税漏税，另一方面，市工商业联合会中若干私营企业代表却采取各种办法来阻挠税收管理的进一步加强，阻挠店员职工动员起来协助税收工作，客观上形成有组织地掩护偷税漏税。例如1951年4月，中央人民政府财政部工作团来上海检查税收工作，指示上海应该改变民主评议办法，即把从前交给各个同业公会评议的办法变为交给各个纳税互助组实行评议，并指示这样的评议应该吸收店员职工参加。上海市税务局根据这一指示，起草了办法提交有关方面讨论时，市工商业联合会中若干私营企业代表人物竟表示坚决的反对态度，并且居然表示这个办法没有他们同意就不能实行。事实很明白，他们之所以反对这个办法，就因为评议范围划小了，评议有了店员职工参加之后，大量的偷税漏税就要变得困难或者不可能了。

这是顾准在全国性的大媒体上提到"民评"的一篇文章，却不大见于史料和论及顾准的文字，可能无论臧否，这篇文章都不大能说明什么问题。可是文中"把从前交给各个同业公会评议的办法变为交给各个纳税互助组实行评议，并吸收店员职工参加"，恰恰就是顾准搞的"改良型民评"，是他一度与中财部妥协的结果，但他把"功劳"归在中财部头上，也算得上是煞费苦心。

文章最后说——"勇敢坚决投入目前反行贿、反偷税漏税、反盗窃国家资财、反偷工减料、反盗窃国家经济情报运动，坚决打退上海资产阶级对国家税收工作的猖狂进攻，这是目前全上海店员职工和全市广大人民的斗争任务。"

这个结束语非常"口号"式，却是身为五反负责人的顾准必须要喊出来的。他喊得也并不违心。五反的第二反——"反偷税漏税"本身就是他的职责和本分，在办公室是喊，在报纸上喊也是喊。多年后有人找出这篇文章，称它"在严厉斥责了上海资本家之后，把矛头从资本家个体上升为阶级，无疑是那场'五反'运动的集结号声"，继而惊呼"这位声色俱厉、上纲上线文章的作者居然是顾准。没错，就是那个顾准！"

可是同志，只要你花点时间翻翻 60 多年前各大报刊有关"三、五反"的文章，你就知道彼时的顾局长是左还是右了。

顾准和资本家们，本身就是税务局长和纳税人的关系，是"婆媳一样的天敌"，你"在商言商"，我"在税言税"，"婆婆"喊两声岂不是很正常？顾准再不凡也首先是个凡人，他发表于 1952 年 2 月的 18 日的、典型的"税吏与纳税户博弈"的说理文章，既无血腥味道又无暴力言辞，已属不易，难道你让他全文发表他的《所得税原理与务实》才算是没有"左倾激进"不成？

此文发表 11 天后，顾准就突然没顶于上海二月的罪海里，从显赫的大上海总税吏位置上轰然倒下，从"五反"负责人变为"三反"对象、恶劣分子，事前没有任何征兆和警示。

2. 政治老虎

1952 年 2 月 29 日，闰年闰月闰日，是晚。

他的轿车开在直通外滩的福州路上。早春时节，潮湿的东南风中黄浦江的气味他熟极了。路两旁林立着的许多大银行、大商行，大洋行，都曾经是立信的老主顾，老客户，如今下决心的都走了，没走了的都等待着命的安排。霓虹灯陆续亮了起来，比起那时稀疏了许多，但勉强还算能撑得住上海滩的门面。

从 12 岁懵懵懂懂跑街的小学徒，到 19 岁玉树临风的青年教授，再到 20 多岁的职业革命家、组织家，再到胜利者中的一员、大上海的总税吏，他对这条街熟悉得不能再熟悉了。

今晚不过是一次普通得不能再普通的例行公事——作为上海市财政兼税务局长，出席上海市委召开的领导干部会议。这种会议这半年来几乎每晚都有。都说"国民党税多，共产党会多"，可人们从顾局长身上看到的却是"会也多多，税也多多"。

福州路上的市府大礼堂灯火通明。到会者大半熟稔，一路招呼着，说笑着走进会场。

大家都不大清楚会议的具体议题，却也都知道肯定三句话离不开"三、五反"，无非有些"新精神""新指示""新意思"要传达，有些"新措施""新方法"要贯彻罢了。

顾准 2 月 18 日在《人民日报》发表的文章没有什么太醒目之处，引起的反响也不大。大家都知道他是个才子，写这样的文章小菜一碟。反倒是昨天，2 月 28 日《解放日报》上头版头条刊载的兼局长顾准签发"沪税业直（52）字第 990 零号""沪税办秘（52）字第 43 号"两个税务公告更引人注目。公告内容为"一切税款必须由纳税人自行负责直接向指定公库缴纳，不得委托税务或其他人员代办，否则出现的一切侵占挪用，税款不能及时入库的责任均由纳税人负责缴清"。

这相当于对税务公职人员的"三反"又紧了一扣。在市民们拿到报纸阅读公告时，兼局长已经又匆匆赶到上海人民广播电台，代表市委去做有关"五反"的广播讲话了。

再往前两天，2 月 26 日，他出席陈毅市长召开的华东局部队和地方干部联席会议，遇见了专程来上海指导"三、五反"的中央大员。上海是五反的主战场，他是来部署"战役"，做"前敌总指挥"的。

顾准对这位中央大员，中财部部长，说难听一点，确有些"不敬"，前面已经说过不少。"不敬"不在于对"人"而在于对"事"，有些类似他对刘长胜先生的态度——对人是尊重的，特别是对他们的革命经历，他由衷地敬佩，但是对于他们的行为方式又往往不能接受，尤其是在他擅长的知识领域，如经济学、会计学、税务学等领域内，他更是"唯识"不"唯上"，这个"识"有两个含义，一是知识，二是常识，还有个第三"识"——胆识，有了它，他才能和他们探讨前两个"识"。

此刻正处在人生创造力最活跃时段的顾准，从语言到做派都与众不同，给周围人以紧张感和压迫感，不但同级和下级，就是上级，例如潘汉年，不也常常被他弄得下不来台？他嫌市委第二书记刘晓"领导无力"，幸好人家不和你拆烂污告病回家去了，否则还不知要和这家伙淘多少气；他和潘汉年的副手——市委统战部副部长兼市财委副主任许涤新更是"三天不吵一架都算是稀罕的 [5]"。加上更出格的——在上海这一亩三分地上坚决、彻底地不搞民主评议，一个小小的地方税吏喙国家财政体系，带头抵制中央统一财政……，这

5 许涤新日后评价顾准

"不懂规矩"的一切为他后半生埋下了深深的祸根。

此刻他面对的中央大员，那句"再不听话，饭也不给他吃"之语就出自于他。事后顾准却只记得两人曾相逢一笑，于他，没有谈笑但也绝无"恩仇"，更不知道自己就要"吃生活"、就要"没饭吃"了。

就在"相逢一笑"的第二天，2月27日，《解放日报》头版刊登了"克服右倾思想，灵活运用战术，上海打虎战局开始改观"的本报讯，正式提出"打倒各式各样思想老虎"的口号，为两天后对一窝老虎的突然袭击埋下了伏笔，打下了理论和舆论基础。

此刻，福州路上这座原叫做天蟾舞台、现在叫做市府大礼堂的巨大建筑里，人已经坐满并且安静下来了，换句话说，老虎和武松们都已就坐，就等开戏的锣鼓了。就像看惊栗小说，现在恐怖的是，谁是老虎，谁是武松，谁仅仅是个看热闹的，此时此刻没有几个人知道。

第四书记陈丕显主持大会，这就是说，至少今天，他还不是老虎。

第三书记刘长胜走到舞台中央，带上花镜，展开稿纸，嘘响麦克风。这就是说，至少今天，他也还不是老虎。眼下的刘先生已近五十，当年海参崴码头工人的粗犷和豪爽已踪迹全无，代之以党内高级干部的庄重威严。

"同志们，为了迅速地，坚决地，热烈地搞好三反运动，回答毛主席和全国人民的期望，上海市委已经从高级干部中捉出八只大老虎，黎玉名列第一，顾准名列第二……"

全场愕然，万马齐喑。

"严重的个人英雄主义……自高自大，自以为是……目无组织……歪曲党的政策方针……为了纯洁党的队伍，严肃党的纪律，市委决定并经华东局批准……决定撤销党内外本兼各职……责令反省错误……以观后效……"，"顾准是孟什维克，潘汉年是布尔什维克……"

三拳两脚都不用，八只大老虎就齐齐倒在武松们的脚下了。思想老虎，政治老虎，经济老虎、官僚老虎、腐败老虎、人品老虎，混合老虎……哪里是打虎，分明是围猎！

连一点悬念也没有的这一幕"武松打虎"，无趣的后面是无尽的恐怖。顾准懵了，一时搞不清楚自己属于哪类老虎，除了愕然还是愕然。怎么啦？这是怎么啦？这到底是怎么啦？从前也有过这样的场面，可是没有这样突然，这样耻辱，这样痛……。

"这次宣布，对我是完全突然的……"[6]

他还没有领略过他的党在执政后的新癖好——对同侪的突然袭击和致命侮辱，它是如此的解气、过瘾、无可取代。多年后，他写"历史交代"到这一砥节时，耻辱感和痛感都差不多消失殆尽了，剩下的只有对这种行径的厌恶，它的恶意、无聊和无趣让他恶心。除了恶心他还有一点骄傲（他总是有各种骄傲的理由，有时很孩子气），自己是只政治老虎而不是经济老虎。

事后顾准的行为好像也没有什么与众不同之处、写检查、申诉应该是主旋律。但有几个细节却与众不同，很有趣：

一是市委按照例行公事要他写检查，他很为难，写不写"民主评议"呢？不写吧，他这只政治老虎犯事就犯在"民评"上，"不检查民主评议岂不是避重就轻了？"，可就在写检查的三月这个财政月份，上海市的入库税收额竟达到三个亿！

"民主评议能达到这样的数字吗？"[7]

他又骄傲了。这是个不可救药的精神贵族。

这个当口，写，还是不写，对于他成了个巨大的纠结。写吧，明摆着是羞辱"民评"大师、中央大员；不写吧，自己这个老虎不是白当了？又明摆着羞辱了打虎的众武松。

二是犯事人顾准按照例行公事是要到各处去做检查的，市委也已经通知他准备了。他"表示一定执行市委的决定"，也"作了准备，专候通知"。岂料通知左等也不来，右等也不来，"后来从市委的运动简报（我一直保存了这份简报，现存革命同志处）上读到，检查还是

6　《自述》P209
7　同上 P210

作了，是由接替我工作的宋季文作的，内容还是三反运动最初阶段我所做检查报告中提到的'赤字财政'等几个问题。由接替工作的人代撤了职的前任做检查，是极其罕见的事例。发生这样怪事的却是原因究竟何在，我至今还弄不清楚。"[8]

别说戆头顾准弄不清楚，多少灵光人也弄不清楚。是怕他心、口都不服，检讨会上胡说八道？不会呀，检查稿不可能事先不经组织审阅；是怕他临场发挥？嗯，有点，他做得出来，到那时还真有点不好下台；不过最可能的，倒是其中的几个武松们觉得有点对不住这老虎，尤其是市委书记兼市长陈毅先生，在后来的各种场合，他都表达过对如此处理顾准的不满。可就算他这样文能诗词歌赋，武能率兵十万，难得入了顾某人法眼的上级，要他扛住"三、五反"压下的铁闸，怕也是力不从心，弄得不好就得和顾准一起被压瘪了。

第三件怪事，众口一词都把"武松打虎"一幕说成是2月29日，3月2日的《解放日报》更是铁证。可当事人自己的记忆，在"历史交代"中却是2月28日。应该没齿不忘的日子，当事人自己竟然记不清楚？还是他压根就没把它当作"没齿之耻"，而只当它作是自己无数次"被搞"中最戏剧性的一次而已？

从1952到他写"历史交代"的1969年，17年过去了。我的传主早已"白发渔樵江渚上，惯看秋月春风"，对政治斗兽场上的节目见怪不怪久矣。3年前开始的又一次"大运动"，比起"三、五反"不知大了多少倍，大到连发动者自己也深感无趣，不知如何收场。而十几年前的各路"老冤家"们，刘长胜、潘汉年、陈毅、薄一波、陈丕显、谭震林……没有一个不在这场运动中翻滚沉浮，遍体鳞伤，九死一生。武松和老虎的转换也就是一瞬间的事，他们甚至连老虎也不是，这种动物太高贵了，他们不配！他们不过是熊罴、豺狼、妖怪、老鼠、臭虫、跳蚤……罢了。

"刘长胜已经故世了，丝毫没有和他算账的意思"，"这件事，在半个世纪以来党的及其丰富复杂的斗争中不过是沧海一粟。即使它

8　同上 P212

在党的工作的一个小局部上曾经取得过某种成效，它在党的漫长历史中只占有如此之小的地位，以致事隔二十余年的现在，它已经被彻底地遗忘了，新的一代已经不认为有必要回顾这段历史，它对于今后党的斗争已经不再会起任何启迪作用了。把它写下来，不过是使我这份补篇补充得完整一些，而这份补篇，现在只是个人兴趣向相关的东西了。"[9]

1969 年仲秋某个万籁俱寂的深夜，北京，建国门外中国科学院经济科学研究所，某个楼梯间改成的"单身宿舍"里，鳏夫顾准平静地写下这样一行字。

是呀，比起刘长胜两年前的惨死，我的"当场撤职"算得了什么呢？在中国"政治"的斗兽场上，我绝算不上是最惨的一个。我们并未被"扒皮剔肉取虎骨"，组织上把我们集中在饭店里，整日介好吃好喝伺候着，下棋打牌消遣时光，也无人顾得上改造我们的学习，不过是等待着命运下一步的安排而已。

但组织上说我们是罪人，有罪于人民有罪于党，却是铁定的。

3. "思想堕落"由逻辑论证始（上）

可惜顾准很难适应这种无所事事又充满不确定因素的日子。他一生都没有像现在这样悠闲过，也没有像这样度日如年过。和延安整风只是个人意识的被否定和自我否定、自信心的被击碎与自我击碎相比，现在的他很难再次由衷地"自我"做些什么改造自我的事情。假如你一定要他"自我"怎样怎样，他也只能自我肯定和自我解脱——我没有做错什么，我不必羞愧，也不必感到耻辱，哪怕仅仅从"现世报"似的三月税绩看，被羞辱的也不是我而是知识和常识，但她们坚实若水，哪里是羞辱得了的？羞辱她们只能自取其辱。

---

9 《自述》P459

闲呆在沧州饭店的死老虎们依然被允许看报纸。从 3 月 2 日顾准这一窝 8 只老虎被歼灭的消息见报后，上海陆陆续续又捉住、打死若干只大老虎，有上海虎，也有华东虎，有些老虎还是北京当朝钦点要打的。市委第二书记比较聪明，早早就告病回家，幸免于虎难，日后被第一书记陈毅带进京城，持节出塞，做了相对安全得多的驻苏大使。

顾准越发感到没有什么好自轻自贱的。

有时自我解脱不大顺利时他也郁闷、烦躁，也愤怒，可最出格的行为也就是当着孩子们的面摔了一只茶杯。他立刻就意识到了自己的失态，控制住情绪后，他和妻子汪璧郑重商定，父亲的这次政治灾难要千方百计瞒住孩子，他们太小太可爱，也太单纯，一定要保护他们小小的心灵不受玷污和损害。

夫妻俩与随他们生活的母亲顾庆莲商量好，一切都要瞒着孩子们，闲言碎语怎样解释，冷眼冷脸怎样躲开，他们什么都计划好了，奢望用家庭之爱能把孩子们——从 10 岁的稷头到两岁的五五，加上最小的还在襁褓中的小弟保护起来，自以为这样一来孩子们对爸爸的突然变故就没有知觉了。他们什么都想到了，就是没有想到孩子们终有长大的一天，终有需要独立思考身旁发生的一切事物的一天，终有诘问的一天，也终有面对噩运的一天。

实际上未满 10 岁的稷头凭着女孩子的直觉几乎立刻就感到了异样。终于有一次那对小鹿般的眼睛逮住了爸爸不安的双眸。爸爸的手按住她的双肩，只说了一句话"女儿，爸爸这样，对你们只有好处"[10]就转身走开，从此再未说过一字。这句话稷头没有告诉弟弟妹妹们，更没有去问奶奶、妈妈，却放在心里琢磨了一生，从少女到老媪。

顾家夫妇无论如何也意料不到，他们精心设计的这一套瞒天过海的计划才是一场真正的灾难，是顾准一生中犯下的真正的、很难饶恕的罪过。这一决定酿成的大祸，比起"虎灾"本身，其灾情以及灾后影响不知严重和深远了多少倍。这是后话，慢慢讲。

---

10 顾淑林对本书著者口述

3 周后，闲得忍无可忍的他"找到几本初等几何开始学习数学"。这个举动并非顾准心血来潮，而是他多年希望去做而无法去做的一件事情。

顾准是一位典型的"数字天才"。自总角之年及至弱冠，他对数字的敏感度都超过常人。从 12 岁开始的"社会职业生涯"一把把他推进数字王国后，他就开始兴高采烈地攀登一座座应用数学的城堡——会计学、银行学、货币学、经济学、金融学、统计学……，兴高采烈地抱得一个个数字美人归。10 多年根据地时期和上海时期的经济学、税务学实践，令他对数字越发的敏感，对数理、数学越发的有兴趣。很可能他一时忘记了曾说过的"志不在此"之类黄口小儿之语，青春时节立下的做一个"职业革命家"的志向，看起来也并非是想做"醉里挑灯看剑，梦回吹角连营"的武将军，而是要当"治大国如烹小鲜"的文元帅。党让他做大上海总税吏，如果没有这场"虎灾"，也算是一桩物尽其用，人尽其才，职业即兴趣，胜任愉快的乐事。

顾准又是那种逻辑思维能力强大人群中的一个，这群人具有对事物进行观察、比较、分析、综合、抽象、概括、判断、推理的能力，同时具有准确而有条理地表达自己思维过程的能力。这是一种抽象思维能力，与形象思维能力不同，是思维的高级形式。这种人往往敢于质疑却又坚守常识，就是坚守普通、平常但又持久、经常起作用的知识。他们往往藉着天真的经验与现实相联系，甚至可以说是他们是富有诗意的。可惜上帝造人的时候把这个人群造得非常非常小，顾准很幸运（也可以说很不幸）地被选中，成为其中的一员。

1952 年的"虎灾"令他有一种"混沌""混乱"的感觉，和参加革命后每一次的动辄得咎都不同。那时他对于"革命"有一种神圣的敬畏感，坚信革命集真诚、善良、美丽和浪漫于一身，并因敬畏而谦卑，常常竭力地否定自己去顺应"革命的要求"。看他拍摄于苏北根据地的一张照片就能理解他的努力——明明来自大上海的翩翩绅士，青年教授，却要竭力做出特别工农兵的样子——臃肿的服装，土到无以复加的一片瓦发型，一条腿蹲在长条凳上为同志们提壶续水。

美中不足是那副在工农兵眼中代表着"知识分子"的眼镜还挂在脸上去不掉，给人有趣又有些酸楚的深刻印象。

可这一次不同，他不愿再次把自己放进一个无形的模子，去适应它而扭曲自己了。第一次，他对"革命"起了疑。1952 年的这一次"革命"，毫无逻辑、毫无常识，毫无美感、毫不浪漫，充满了无聊、无趣和无知，还有深深的恶意。

他也检讨，可煞费苦心艰难写出的东西他自己不相信，别人也不相信；他也申辩，但无人愿意带着去政治，纯专业的心情先倾听他从常理出发陈述的理由，也无人有能力和耐心从逻辑、常识的角度分析和判断他理由的真伪。他感到深深的"不真诚""不真实"。一切都失了序，连革命本身看上去也失了序，没有了美，没有了真，只剩下一个善，但又不知谁能掌握，谁在掌握，谁有权判断——什么是"善"，什么是"不善"。

"起初，神创造天地。地是空虚混沌，渊面黑暗，神的灵运行在渊面上。神说："要有光"，就有了光……"。[11] 很久都没有读这本小书了。还是"小姑私塾"时候的东西。差不多三年前回到上海后，他偶然在原来南市仓基弄年久失修的旧家里又一次看见了它，就带回到他按供给制分配的愚园路 82 号的新家里。除了母亲，他从未让任何人看见过它，包括妻子和孩子们。20 多年了，他没有把它带在身边，却也从未想到要扔掉或者烧掉它。这几句从小就背得烂熟的句子，原是无需翻书的。

"难道真的是祂创立了秩序？"

"难道真的只有祂掌握着'善'？"

合上书，他把它重新放回办公桌最下面的抽屉里，压在一堆不常用的文牍下面，再小心翼翼地合上抽屉、落锁。桌面上还有几本翻箱倒柜找出来的旧书，是立信事务所时期的旧物——从勾股定律开始的《初等几何》，那是他 19 岁站上 3 所教会大学会计学讲台时买下的。

---

11 《圣经 旧约》创世纪

　　"书到用时方恨少"，已经掌握的、偏重于应用的数学知识，例如函数，微积分，指数等等已经不够用了。从编写讲义，课堂讲学到课下答疑时被学生追问，都让他感到自己的数学知识还差得很，尤其是基础数学——初等几何、三角等，因为和会计学相距甚远，他很少接触。在它们面前他感到尴尬。

　　他很早就认为这是一门值得花费一生的时间去追求的学问。

　　除此之外，少年时节囫囵吞枣似的看过的那些辩证法、唯物论、政治经济学之类的书籍频繁提到的一个词汇——逻辑，就蕴含在数学中，蕴含在数字中。老板潘序伦曾告诉他，数学，是最不可能弄虚作假的学问，也是一切学问的基石，他听进去了。可潘老板后面那句"多做点学问，少谈点主义"就显得多余，让他反感。那时他就立志要开始他的数学遨游，只是被更加吸引他的"做一个职业革命家"的理想阻断了。现在有了空闲，有了机会，他迫不及待地要把十多年前立下的志愿重新实施起来。

　　"其实一切决定于数字，那崇高的思想也决定于数字的。"[12]

　　八年后他日记中的这句话充满了哲学的味道，也正是他此刻拿起《初等几何》的动力。他决心丢开一切实用的目的，从纯粹的数字、数学、数理中去寻求世间的秩序。直觉告诉他，什么检讨、检查、申辩、申诉都只会加深混沌、无序、虚假和丑陋的程度，只有从逻辑上摸到事物的脉络，才能一劳永逸地跳出无序的泥淖。

　　他决心从数字开始，把自己从泥沼中一点一点地拯救出来。他放松了一些。

　　"夜不能成寐，卧听马路上车声杂沓，渐渐沉寂，到又有少数人声和车辆开动的声音时，也就是天色欲晓了。"[13]

　　天色欲晓，他悄悄地跨出家门，走上愚园路。

12　《日记》1960.01.05
13　《自述》P212

仲春三月上海的佛晓，风清气爽。天色尚早，加上是礼拜日，街上没有行人，街灯都还亮着，只有清洁工人大扫把的刷刷声和头班电车驶过的叮当声音，让他知道这是上海今天的开始，而不是还留在昨天，而今天和昨天已经大不一样。

站在第一个十字街口，他有些发懵，不大清楚要往哪里去，就顺着人行道向右拐了下去。路两旁的英国梧桐在柔润的东风中泛着深浓的绿意，鳞次栉比，高低参差的老洋房有些还亮着前厅灯和草坪灯，不过也都在陆陆续续熄灭了。晨光熹微中的这条马路异国风情十足，一派雍容华贵。哦，是华山路。

他只是觉得这样走下去好舒服，一种久违的放松感让他索性信马由缰地走了下去。不知走了多久，忽然，一阵天籁般的声音飘了过来，伴随着清亮的钟声，如此的空灵，如此的美也如此的熟悉。不知不觉中他已经沿着华山路走到了徐家汇天主教堂，晨祷刚刚开始，修女们在唱赞美诗。

徐家汇原是蒲汇塘、肇家浜和法华泾三水汇合处，明代杰出的科学家徐光启曾在这里建农庄从事农业实验，他的十多家后裔都居住于此，故名徐家汇。徐光启是上海地区最早的天主教徒，徐家汇遂成为耶酥会的基地。1847 年 3 月，中国第一座天主教堂——圣依纳爵堂在此建成，包括礼拜堂，修道院、修女院、博物院、藏书楼，天文台、圣母院、育婴堂等，成为中国江南天主教的传道中心。1896 年耶酥会在这里重新建造了一座新的大教堂——“圣母为天主之母之堂”。教堂座西朝东，平面呈十字架形，法国中世纪哥特式建筑，红墙白柱青瓦，两座钟楼南北对峙，高耸入云。徐家汇天主教堂以其规模巨大、造型美观、工艺精湛，在当时被誉为上海的第一建筑。

顾准幼时时常到这里来。

毕业于清心女中的两个姑母，常常带着她俩最喜欢的小外甥双五，到陆家浜顾家宅附近的基督教清心堂去做礼拜。庆志姐俩都在少女时代就被哥哥陈蓉生送进清新堂下的清心书院读书并在此受洗成为基督徒。毕业后她们创办了“小姑私塾”，顾准在“小姑私塾”的两年中跟着她们去教堂做礼拜，听布道，唱诗，祈祷，领圣餐，是很日常化的事情。姐俩分别嫁给了徐光启后裔的兄弟两人——徐徵山和徐仰山，徐家人大部分住在徐家汇，小顾准跟了来在姑姑的婆家小住，就在徐家汇天主堂的附近。小孩子家，不懂、也不会在意是天主教还是基督教，巍峨的教堂、庄严的十字架、肃穆的唱诗班、厚厚的《圣经》、直入人心的赞美诗歌，不用上学的礼拜日……，对于一个小孩子的小心灵，这些才是更深刻、更难抹去的印象。

反正这天清晨，已经 37 岁的他鬼使神差下又来到了这里。

"寻找的，就寻见；叩门的，就给他开门。"[14]

起小就懂得这个"规矩"的顾准，毫不踟蹰就叩了门，有人为他开门，他就走了进去。在教堂的长椅上坐下，他聆听那四个声部的美妙声音。多少年没有听到过了？恍若隔世啊。多么安详和清灵，多么熟悉多么美。

教堂能为激情提供一个环境却不会干扰激情。来到教堂的人们常常在不知不觉中就低垂下平日高昂着的头，触碰到面前那厚厚的《圣经》上，也常常会冷不防就被一个巨大的、从心底涌向喉头的呜咽吓住。顾准也不例外。

正是这个呜咽提醒了他——这里难道是一个共产党员，一个无神论者应该来的地方吗？我怎么会走到这里来？他有些慌乱，没等布道开始就匆匆离开了。依然是那位守门人为他拉开大门，一点也没有要问他为什么早早离去的意思。

回到家已经过了早餐时间。警卫员和秘书都已撤消，老母亲默默为儿子端上简单的早餐，他默默吃下，站在窗边望了一会儿楼下草坪上欢快嬉戏的孩子们，默默走回书桌，坐下，翻开最上面的一本《初等几何》，从第一行字读了下去。

他的数学遨游就从这天开始。

"自此以后，直到 1955 年进中央高级党校为止，除工房工程处和洛阳工程局两段又朝夕投入工作外，业余时间全用在学习数学

---

14 《圣经 新约》马太福音 7:8

上……我从几何学中发现了严密的逻辑论证方法，觉得除阶级斗争、政治工作而外也还'别有天地'……在家严寒夜读，竟弄成一场肺炎……学习数学不是坏事，可是对于我却是思想堕落的开端。学习数学中的客观主义开始发生极其恶劣的作用，为我滚向修正主义的堕落过程开辟了道路。"[15]

顾准"从逻辑论证开始的思想堕落"开始了。

4. "思想堕落"由逻辑论证始（下）

被撤职的顾准，秘书、警卫员、汽车和司机都没有了，但每月的工资并没有减少一分，一家老小也保持了原有的生活水平。

一头扎进计算尺、三角尺和圆规世界里已经两个多月的他，差不多能算"入门"了。智商极高的顾准从来都是靠自学拿下一门门学问的。他有本事触类旁通，举一反三：这一门有问题，答案可能在另一门里头——几何学里搞不懂的，可能会在哲学里找到出路，反之亦然；计算尺拉不出来的答案，可能会在经济学里突然令他恍然大悟，反之亦然；三角尺、圆规画不出的图形可能会让他猛然想起苏格拉底、柏拉图、亚里士多德或者康德、黑格尔说过的什么话而彻底改变思路，迅速找到新的路径，反之亦然。这些都常常让他有一阵小小的狂喜而忘记了世间的一切，包括自己多舛的时运。

"请师师为主"向来不是他的"范儿"。从垂髫时的《非非孝》到弱冠时的《中国银行会计》，再到而立后各种学问——财政学、货币学、银行学、税务学、经济学、金融学……的汲取，他少有"拜师"，多为"偷艺"。就连大名鼎鼎的潘序伦，你看他什么时候心悦诚服、认祖归宗似的膜拜过？不惟不拜，该吵他就要吵，该跳他就要跳，该走更是抬腿就走人，留都留不住。他唯一一次向苏联老大哥拜师学

15 《自述》P210

艺，学了一招"专户专管"，还被"上头"连老师带学生骂了个狗血喷头。他不得不自认透顶倒霉并从此再也没有"虚心求教"过谁。

在这个问题上，他和上海孤岛时期的老上司，日后最知音的挚友孙冶方很不相同。

孙冶方和顾准一样，一辈子都在经济学的海洋中摸爬滚打，也和顾准一样深知没有坚实的数学基础成不了一位出色的经济学家。可不同于顾准的是，他是位比较典型的学院派——早年就读于无锡荣家开办的商科学校，之后留学莫斯科中山大学主攻社会主义经济学，三十年代师从著名经济学家陈翰笙先生从事农村经济学研究，中共胜利后在华东局任工业部副部长，后任国家统计局副局长、中国科学院经济研究所所长。算上七年整天沉溺在他的社会主义经济学里的秦城囹圄生活，以及中国新时期重新获得尊重、外人看上去十分荣耀的最后几年，他这一生和数字，数学的纠结缠绵可一点不比顾准少。在华东局（机关在上海）任职期间，他更是"利用职务之便"，先是请了一位白俄老太太帮助提高俄语精读程度，以便能精读俄译的《资本论》（他从来不相信中译本，德文又来不及学），后是请了中国著名数学家顾毓琇给他上高等数学课，从微积分学起（真可谓"杀鸡用牛刀"）以便去理解《资本论》。他曾对自己的侄女，中国微生物专家薛禹谷先生说"不懂自然科学，尤其是数学，就不可能成为一个真正的经济学家，最多是个次品"。

顾准哪里是个能做"次品"之人！别的不提，就冲着老友孙冶方的"进步"，他也绝不会自甘落后。再说如果能在既无"白俄老太太"，又无顾毓琇的情况下赶上孙同学，他那颗骄傲的心当然会有加倍的成就感和满足感。

沉迷于数学的顾准有一天忽然抬起头来，上海已经"入梅"了。菲菲梅雨中他有些焦躁。怎么好就这样坐在家里拿干薪？我才37岁，"挂甲"太早，"归田"不甘，我也懒得琢磨那些什么大隐、中隐、小隐的劳什子，只是总得干点什么才对劲，起码得对得起这点工资吧？我倒是想学成个数学家，可那怎么也得个几年上十年的功夫，估计党和国家不能白养活我这么久。再说还有这么一大家子需要我养活，横竖不能光靠妻子的力量，我是个男人，是家庭的顶梁柱，经天纬地是不行了，刍荛之献当还可能，路还长的很，我连"不惑"都还未到，摔倒一下很正常，又不是第一次摔，这次摔得重些罢了，何况和前人比可能连摔跤也算不上，趔趄了一下而已，更何况这还不是我的错。他再次释然。

自从成为政治老虎，从上海财、税总管的位置上被撤下来，顾准听到许多风言风语。他和妻子汪璧都习惯了，懒得去理会。可有两条传言弄得他异常恼火却有口难辩，相当窝囊。

一条是有人言之凿凿证明顾准说过"三年做市长，五年做总理"的狂言，正是"狼子野心不小"，而"野心"是当朝者最忌讳的。这种一无本证，二无旁证的道听途说，当年曾是很普遍、很常用的定罪依据。"谁主张，谁举证"，那是资产阶级的一套，"谁否认，谁举证"，也就是说基本上"无法举证"才是正理，你越解释越黑，顾准就索性不解释。

另一条就是那天清晨他鬼使神差般走进徐家汇天主堂。虽然仅仅听完赞美诗就出来了。却不料当天在场的信徒中有人认出了他。当事人应该是毫无恶意，可话传出来就难听了，"顾准撤职后到教堂去祈祷了"，还有更离奇的，"顾准还去佛寺烧香了"。

这个顾准受不了，太低级、太功利，也太猥琐。

顾准对"猥琐"这个词颇青睐，日后曾在他明知自己"非常的与众不同"时称呼自己是"我这样一个猥琐人物"[16]，在更高的层面上骄傲了一把。可见你要真把他和"猥琐"联系起来，对他是多么大的侮辱——

我听赞美诗的感受怎么能和你们讲得清楚？就算我说破了天，你们能理解吗？你们认为人只要进了教堂佛庙清真寺，不是下跪烧香，就是磕头祷告，求平安，求子孙，求升官，求发财，求这求那求一切，免得对不起那点香火钱。和你们谈宗教，谈信仰，谈我心目中"哲学的上帝"岂不是对牛弹琴？

---

16 《日记》1971.3.29

顾准有个很"中国"的毛病，就是士大夫情节，或者说绅士情节相当严重，"可亲而不可劫也，可近而不可迫也，可杀而不可辱也"，有时都到了孩子气的地步。比如在右派改造的河南商城，他饿得都快成莩了，离开时被要求大队全队照相。他还"我站在高处，还自然表现出一种高傲的神情。——不，高傲而沉思。"[17] 这样的人中共要是能容得下，倒真是咄咄怪事了。

像高贵的名马，顾准这种人很难驯服。3个月过去了，多少骏马、瘸马、烈马、杂毛马都驯服了，这头狮子骢也该老实了吧。可你想不到这匹该死的狮子骢被关在马厩里这么久，既没有嚼着草料低头思过，也没拧着马颈怨天尤人，而是整天和计算尺、圆规、对数表较劲。顾准1955年的日记，在追记下台后开始的系统数学学习时写到，"看看以前，浅薄得实在厉害。发奋读书而能在基础方面有所补益，也不过是三四年的事"[18]，和他"十年期间"写下的"历史交代"——"学习数学中的客观主义开始发生极其恶劣的作用，为我滚向修正主义的堕落过程开辟了道路"相映成趣，令人哑然并窃笑。

6月，新的任命下来了，顾准被降职调任华东局建设部住房工程处主任。人人都知道他是块用于开拓的好材料，可遇而不可求，不用太可惜了。

新工作地点还在上海，但组织关系从此离开了上海市。短短半年后，连工作地点也离开了上海，从此直到22年后他去世，顾准再也没有回到家乡上海工作过，他59岁的生命，28年在上海，31年在上海以外的"乡下"其中包括北京。这点顾准确实很不"上海"，倒是很有些福建人或者四川人那种"四海为家"的德性，从早年由上海奔向上海人最不屑的苏南苏北，到延整后有回上海的机会而不回，到动员人家刘长胜先生的人马离开上海去东北，到欣喜不已地打算在河南洛阳安家落户，到将来他和他的全家永久性离开上海到北京"乡下"高就，无不让人尤其是北京人感叹他"不像个上海人"，这正是

17　《日记》1960.01.16
18　同上 1955.12.1

北京人对上海人最高的褒扬。他是中国人中的另类，更是中国上海人中的另类。至少，再骄傲的他却没有一般中国人根深蒂固的"地域歧视"观念，仅仅这点就很不凡。

他的新工作是在上海五个点修建两万户工人住宅。这五个点分别是曹杨新邨、控江新邨、日晖新邨、真如新邨和天山新邨。

1952 年的巨额税收加上五反运动轧出的巨额赔款，上海市下半年出现了严重的通缩，急需政府投放购买力，同时也急须解决居民住房的严重不足，这是工房工程处成立的两大原因。

工程处辖下职工多达两万人，既有传统建筑工人，也有中央指定的六个解放军师组成的建筑部队，完全属于基本建设项目，其艰苦不言而喻。顾准的履职都是在工地的工棚里，上海的气候夏天奥热，秋天湿闷，冬天阴冷，好在那时国家年轻，人也年轻，政治老虎顾准也就 37 岁，却辖制着差不多一个军编制的 2 万人马，营造着差不多顶上一座小城市的两万户工房。

他的兴致和"逻辑"又上来了，什么老虎不老虎，降级不降级的，活得有意义就行！"带领一批人马，做一个建设工程的领导工作"[19]，他何止是愿意，简直就是称心如意。

半年中"进行了和技术要求相一致的大规模组织工作……除此以外，我也努力学习，方向是工程知识"。凡有新知可以学习的，顾准从来不放过，从来是兴致勃勃。"愈是向这方面钻，愈觉得缺乏物理学基础知识，愈想读一些物理学知识，愈觉得数学基础不足。"[20]他计划把他的工程知识程度迅速提高到工程师的水平。顾准从骨子里认同"外行不能领导内行"，他自己首先是绝不肯做那种令人厌恶、不懂装懂，刚愎自用的外行领导的。

他"利用职权"，不断地从工程师们那里学艺，有时谦虚地问，有时不大谦虚地追问，有时命令式地逼问。工程师们倒都很乐意和他交流，认为是棋逢对手，兵遇良将，很专业，很过瘾，也很开心。再

---

19 《日记》1956.3.11
20 《自述》P216

说都是工程、技术和管理问题，也没什么忌讳和担心，大家都愿意把自己所长传授给他。

可他"从来没有想到要向工人学习"[21]，这就有点那个了。有一次，一位姓陆的工程师（亏他好记性）告诉顾准，自己向一位老工人请教有什么简易的办法可以给锅炉除垢。这位老工人说加大火力可以把水垢烧掉。顾准笑了，"我说水烧到一百度变成蒸汽跑掉了，怎能提高锅炉水管的温度？这位陆工程师回过脸来一本正经地对我说，加大火力，水可以'过热'，这就表示这位老工人的建议是可取的。"[22]

顾准的"历史交代"和日记里常常有这样"你怎么理解都可以"的句子，就像上面这段话，你很难判断他是在检讨自己"看不起工农兵实践经验"的错误，还是在无情地嘲讽"无法成为理论的"所谓"知识"。你需要看下文：

"我是工程'指挥员'，我依靠的是工程师，我汲取的是'成为理论'的知识。"[23]

上海是标准一个大气压的海拔高度，锅炉是普通的烧饮用水的不加压锅炉，水可不可能通过加大火力达到"过热"，可不可能因过热而除垢，哪种"知识"是"能成为理论"的知识，顾准到底是在否定自己还是在肯定自己，读者，您自己判断吧。

"这个时期的工作，也暴露了我在社会主义企业管理问题上，不自觉地、自然而然地形成了一种和刘少奇的反革命修正主义路线完全合拍的见解"[24]

刘少奇也搞过企业管理？可不是！百度上赫然一篇《建立完全的厂长负责制——刘少奇在中央苏区的企业管理思想初探》，有图有真

21　同上
22　同上 P217
23　同上
24　《自述》P217

相。苏区时期就搞过如此修正主义的东西，那岂不是比赫鲁晓夫的修正主义还要老资格？顾准和他一脉相承，要求完全的"内行领导外行"，怎么可能有好下场？果然，年末华东局就派了大员来工程处，领导工人群众进行民主改革运动。

顾准很不解，"已经建立起社会主义企业秩序的工房工程处，民主改革运动的目的到底是什么……我要真正了解这一点，一直要经过整整十七年"[25]。这几句你很好理解，可下面，他就什么"鞍钢宪法""光辉思想""意识形态""阶级斗争""清算自己""接受再教育"……云山雾罩说了一大堆，让人弄不清他顾准到底"想"说些什么和"在"说些什么。可这就是当时的标准语境和语言艺术。

"当施工队伍的架子初步搭起来，工程完成大体已经有了保证的时候，我这个'政治老虎'不应该在工房处留下去，我应该离开这个单位了。其实我不仅应该离开工房工程处，也应该离开上海了"[26]。

这倒是句大实话，是顾准从华东局派来领导民主改革运动的大员脸上、眼中和口中读到的极为明确的信息。

你以为倒霉的他又一次遭遇"卸磨杀驴"的背运会又一次"夜不成寐"吗？错！如今他不但已经"惯于长夜"，而且已经惯于"享受长夜"了。因为忙于组建工程处而放下多日的数学课本，他就早在想念，加上工程处几个月来的实践，令他对具有高度客观主义特征的"高等数学"更加迷恋。被"驱逐"正好又给他一次充电的时间，何乐不为？他抬腿就回了家，扑向书桌，捧起书本一头扎了进去。

恰在此时，中央新组建的建筑工程部副部长到上海招徕财政人才。一听有这么个宝贝正闲置着，二话没说立即从中央人事部要来令箭，着令顾准、汪璧两口子立即进京到部，顾准出任财务司长，汪璧随后安排。

你以为顾准会对这样的"知遇之恩"感激涕零？又错！对这份"御

25　同上 P218
26　同上 P219

差"他不但不领情还颇多烦言，故意延宕上任时间。刚刚移交完工程处事务，他正沉迷于"高等数学"呢，没日没夜地苦读，连吃带啃。数学的美妙引起了不可遏制的求知欲望，他哪里还分得出半点神来关注官场杂戏。正值深冬最冷的时节，上海又没有暖气，"严寒夜读，竟弄成一场肺炎"，他不得不住进医院近一个月。这次肺炎是他20多年后死于肺癌的发端也说不定。

"一个月中，我不和建工部联系，只是利用时机和汪璧两人游览故宫、天坛，并蛰居在招待所内埋头读数学。"[27]

18年前和汪璧"流亡"北平的一幕，即宛如昨日又恍若隔世，亦真亦幻，难取难舍。那时两人一门心思在革命上，没有时间也没有心情欣赏历朝古都北京的风貌。这一次他们补上了这一课，夫妻俩都觉得非常值得和舒心。他们租住在东单的一个小四合院里，孩子们还都在上海，难得这样温馨的两人世界，比起18年前的激昂和神秘，又是一种别样的浪漫。

可惜神仙夫妻的日子只有短短的一个月，4月，他必须到建工部财务司报到上班了。对于新的工作，他真是情绪全无——不就是一名"部吏"，和契科夫笔下的小公务员无甚二致，既不能有主见，又不能有主观能动性，与工房工程处大规模兵团作战的实际工作相比，真是没意思透顶。再看看这"工部"的庞大臃肿，人浮于事，人际关系繁杂，"志不在此"4个字再一次冲上脑海：

"建工部财务司没有必要设置庞大的机构，但是这个时候我在工作上不再操持上海时代的主动权，以'精简上层，充实下层'来代替大机关主义这种主张不会得到司内同志和部领导的同意，我也就采取了妥协态度……出于'宁为鸡口，毋为牛后'的个人英雄主义思想，工作消极。办事不认真，无一定计划，无一定方向，敷衍了事，

27　《自述》P219

得过且过。"[28]

从他的逻辑出发，他又看到了新工作环境中的"无逻辑"处。可这次，他变得"老练"和"识趣"，闭口不语，消极怠工，"不利于团结的话不说，不利于团结的事不作"，他也学会了"混"。

关于顾准在建工部的一年半时间，其"历史交代"被删去了两段，九百余字，是在讲到他带领好几个司局干部参加一个综合调查组到东北，在沈阳、哈尔滨、鞍山调研时遭斩截的，最后一句话是"我自己还是尽可能挤时间学数学"[29]。这些被删去的内容在很大的可能性上应该与数学、逻辑、规律以及中国工业现实有关系，又肯定不止于此。从他临终前，也是他生命最后成熟期的一篇极漂亮的文章《资本的原始积累和资本主义发展》（实际上是他写给六弟陈敏之的通信之一）中，他谈到"1954 年我初次系统读《资本论》的时候……"[30]。初读《资本论》才是占去他最多时间和精力的一件事，早在彼时他就已经开始对马克思定义的"资产阶级""无产阶级""劳动异化"等社会主义革命学说的出发点，对"他坚决主张社会主义不存在商品关系（这是他称之为拜物教的一种关系）和价值范畴的原因"[31]产生了最初的怀疑。他日后写下的对于社会主义制度下"价值规律"和"商品生产"的最初观点，坦率而激烈，不宜面世，即使到了出版《顾准日记》的 1992 年，依然在很大的程度上与"主旋律"不和谐。

还有一种可能性是他的文字涉及了"高、饶反党集团"，这是浑浊至今的"大酱缸"，谁碰它就是自找麻烦。

最后一种比较小的可能性，就是他批评了鞍钢，批评了它的"技术组织"和"现代化施工"方式。这是顾某人的强项，也是他最喜欢"置喙"之处，一次次被教训，一次次不接受教训，屡战屡败，屡败屡战。

28　同上 P220
29　同上 P221
30　《文稿》P339
31　同上

既然黑格尔说"凡是存在的，都有它存在的理由"，那么凡是被删去的，一定有它被删去的理由。罢罢，本书懒得去猜了。

1954 年仲夏，部党组给了他一个月到庐山避暑疗养的假期，作为中组部驳回他再次申诉的一个小小安抚。

从庐山回到北京，建工部已经换了几位部长。副部长万里正在组建一个班子到河南洛阳筹备洛阳拖拉机厂等三个大工厂的施工，顾准受到热情邀约，一起到洛阳做了调研，副部长问他愿不愿意留在即将建立的"洛阳工程局"工作。他当然愿意！

刚刚在庐山疗养院读过苏联卡达耶夫的小说《时间啊，前进！》，他正在为呆在京城做"部吏"发愁呢，有这样的机会，真太好了。"在第一个五年计划中有机会战斗在建设第一线是光荣的，我满腔热情地同意留在洛阳工作"[32]。

原以为年届不惑已不再浪漫了呢，哪知还是这么不经诱惑。他到老也不大明白，革命是浪漫的，可凡是革命胜利了的地方却都是不可能再容忍"浪漫"的。顾准担任洛阳工程局第一副局长的时间不足一年，命运和两年前几乎一模一样——局面打开了，你也该走人了。

起先，顾准认为自己既是第一副局长，负责指挥施工天经地义。仗着两年前的工地经验，他很快忘乎所以地大干起来。在他的主张下，动用了建筑部队的一个团，当年年底就建成了厂区道路，然后是大张旗鼓的"五通一平"——通电，通水，通电话，通道路，通排水，平整土地，再其后就是搭建职工宿舍。

这些看上去非常符合基建项目基本秩序的行为，不料又触怒了别人。

先是苏联专家大发雷霆——"我还没有设计好，你就敢施工，还施工完毕！还挺好用！！那还要我干吗？你这不是诚心要我好看吗？！"

后是"先置窝后治坡"还是"先治坡后置窝"——先安置好职工生活再战天斗地还是先"枕地盖天"凑合着、干起来再说之争。顾准

当然赞同前者，大概又是从他的"逻辑"而不是"政治"出发。

苏联专家的震怒，他倒不是特别在意——又不是没见识过，有意见你我可以讨论嘛，谁怕谁？可怕的是自己人旁观的冷眼，那一道道寒光让他心惊。

来洛阳时副部长的原意是要他担任洛阳工程局正职的，他识趣地拒绝了，只答应担任副职。可即便如此，人们对这只来自上海的"政治老虎"第一副局长依然是侧目而视，尤其是对他那么高的积极性，那么大的干劲，怎么看怎么不顺眼。

果不出所料，新上任部长刘秀峰到洛阳视察，"用半是嘲讽，半是质问的口吻对我说：'你来洛阳，原来大概是打算有所作为的'，按他的口吻来说，我不宜积极有所作为，不合时宜……"，"我没有清醒地估计我当时的政治处境不宜积极有所作为，我同意万里要我留在洛阳工程局工作的提议，本身就是不合时宜的。"[33]

这一次顾准终于看懂了"脸色"，算是个进步吧。

可是已经来不及了，工程局在新部长的指示下终于定了他一个"擅自做主，把路修得太宽"的罪名，加上一次"草帘子事件"——因为顾准属下一位部队转业干部的调度主任对业务的不熟悉，在购买防冻草帘子时数目后面多加了一个 0 而导致的浪费，又一次勒令他写检讨，接着就是处分、撤职。

他受够了。

毕竟是凡人，这一次他没那么洒脱。当新部长冷冷地要他"呆在洛阳检讨完了等待处分"时，"眼前一阵漆黑，几乎栽倒"[34]。

---

33 《自述》P221
34 同上 P224

第六章　你如此肯定的东西是眞的吗？

1. 党校-屋檐

"我提出进中央高级党校学习，刘秀峰同意了。"[1]

1955 年 9 月，做事情做一桩成一桩，却又"百事不成"的文人顾准进入中央高级党校。

党校——一个让人肃然起敬的名词，每位国人耳熟能详。可"耳熟"却未必"能详"。此名词从未收入《不列颠百科全书》，纯中国（且仅限大陆）特色。1933 年 3 月 13 日创办，时称马克思共产主义学校，1935 年改称中央党校，1955 年改称中共中央直属高级党校，1966 年停办，1977 年复校并恢复 1935 年名称至今，全部办校经费由国家财政负担。

先考证一下顾准的党校学历。

在他入学的 1955 年，并未有人大通过决议允许动用国库公帑将党校经费编列入政府预算，党校国办，至今于法无据，最新的《中国共产党章程》也没有"党校"二字，可见就算根据党章，党校这一事物也无章法可依。因此从严格意义上讲，顾准 1955 年的党校学历在法理上是站不住脚的。

但这样追索未免矫情。顾准作为共产党员被送进党校，彼时和此时都天经地义。党校除了"培养、训练、轮训党的干部"以担当党更重要的职位和任务之外，还有一个重要的用途，就是收容那些党性不强，不乖，不听话，不懂事，不好用，不服用，但又没有触犯党纪国

1　同上

法的党员干部，先送他们进党校，"学习理论，提高认识，联系实际，改造思想"，甄别堪用和不堪用之才，加以"改造"，再行处理。

党校还有一个作用，就是在某种运动狂飙般兴起时，又是一座保存、保护干部以避免过于无谓的伤害和牺牲的"逃城"。在这种意义上，党校即是锻造炉又是淬火池，即是象牙塔又是保护伞，顾准更是干脆管它叫"屋檐"——

"在屋檐底下躲避暴风雨，这是无论如何必要的，躲过去，并且要趁此机会好好读些书"[2]。

中央党校，省部级党校，地县级党校，莫不如此。

党校人员中既有无法调教的狮子骢、乌骓、赤兔，也有"由来识途久"的"老马"，还有"再寻商岭路"的"劣马"和各类无法安置，甚至无法分类的"马"们。他们的身份大部分是学生，也有些是教员。

例如顾准同学日记里提到的"二十八个半布尔什维克"之一——张心一先生（原名张心如，官方的28.5名单上却并无此人）就是党史教研组的主任。校长杨献珍不知出于何等考量，竟让"王明的人"讲党史。好在短暂做过毛泽东秘书并首创了"毛泽东思想"表述方式的这位张主任相当聪明，"这门课所占时间极少，也没有印发讲义"。口说无凭，白纸黑字将来就难说了。

还有一位主讲辩证法的孙定国先生，原是阎锡山晋军训教总队长，后加入中共，在"再寻商岭路"——批判胡适、梁漱溟的战斗中成为著名哲学理论家。顾准同学恶习不改，课下和同学非议老师讲课的凌乱和知识面的狭窄，还不怀好意地"都笑了一阵"[3]，好生无礼。孙先生不幸9年后因非常屈辱的原因自杀于党校西南角人工湖的冰窟里。

校长杨献珍常亲自下课堂主讲"唯物论"。对校长，顾同学照样非议——杨校长您既然主张只读"经典"，可首先没包括"毛著"而

2　《日记》1955.12.11
3　同上 1955.9.29

只限于马恩列斯，其次您的马恩列斯又不包括哲学，没有哲学成何"马恩列斯"？"也许因为他实在不懂马克思的哲学"，"听他的讲，读他的讲稿，其实远不如读列宁原著"。连校长也这么非议，该生简直可恶。

还有曾被毛泽东先称为"一位真正的好人"的，主讲"历史唯物主义"的艾思奇先生，彼时颇有名望，是将马克思主义大众化的先驱人物。艾先生原名李生萱，"艾思奇"三字据称是"爱马克思和伊里奇"的含义，可惜积劳成疾，54 岁就英年早逝了。

主讲"政治经济学资本主义部分"，也就是《资本论》的，是龚士其先生，龚先生后来做到中国《资本论》学会的副会长。顾同学对龚先生倒是评价颇高，说"感谢他的讲课，推动我通读了几遍《资本论》，这也是我系统地读马恩著作的开始"。[4]

还有一位范若愚先生是"联共党史"教研室主任，但范先生不讲课，只是"经常到课堂来照料"。有意思，无论如何顾准和同学们都是成人了，课堂纪律应该是没问题的，不知为何要范主任"经常来照料"。一种可能大概是因为主讲"外教"是位俄国人，恐怕大家有语言上的困难；还有一种可能就是怕班上的刺头们难为他，对老大哥不敬。其实联共党史由联共党员来讲，可谓顺理成章，天经地义，至少顾同学少有聒噪。

还有一门"世界通史"，是顾同学最喜欢的一门课程，由一位名叫尼基普洛夫的苏联年青人主讲，从古希腊罗马讲起，讲到哪算哪。顾同学听课嫌慢，先通读一遍他的讲义，"古代史与中世纪史部分，看到倒是很不错的东西"[5]。可惜尼老师很少涉及世界近代史和现代史，更没有中国近、现代史。这令顾准同学深感遗憾。党校根本不设中国史这门功课，他甚是不解，可党校能在最痛恨"言必称希腊"的党魁眼皮子底下开"希腊罗马史"课，已够了不起，就别太苛责了。

1939 年在上海孤岛，顾同学就立下了"读史"的宏愿，中、西

---

4 《自述》P226
5 《日记》1955.9.24

史都要读，要深读。如今党校的"史课"安排得如此铿吝，西史一点点，中史等于零，至于党史，除了张心一（如）老师那一点点"口述历史"之外，只有许邦仪先生任教研室主任的"党的建设"课程，可教材却都是联共的"建设"，驴唇不对马嘴，令他好生郁闷。

还有社会主义经济学课程，也是一位苏联外教主讲。这门课对顾同学可没起什么好作用，"听讲课时随时摘记了一些对讲课的疑问，后来有些成为写我的毒草《试论》时'原料'的一部分"[6]。

顾准的同学们就更是来自五湖四海。"普通班二支部"的同学们大体有这么几位——

支部书记刘建华是江西赣南区党委书记，后来享受正省级待遇；

同学申建，后来是驻古巴大使，中联部副部长；

同学金城，后来是统战部副部长；

同学邵井蛙，后来是中纪委委员；

同学韩直飞，后来是张家口市副市长；

同学张双城，黑龙江省的一个县长，和顾准同学好像颇投契。顾准就是和他一起背后笑话孙定国老师的辩证法课程的。张双城同学后来没了音讯，和顾准如此合拍，估计张同学也不会有太高的党性以及太好的下场；

还有江苏的杜同学，铁道部的萧同学，四川省某区专员李同学，还有一位女生汪同学。

党校第一课，开宗明义就是宣布学校当局的声明："本校不接受学员提出的任何问题申诉"——这是学校，不是中组部，同学们你们要先搞清楚。顾准同学很明白这一点，上个月灰头土脸地从洛阳回到北京，他就下决心"冤死不告状"。两次申诉无果，他已经死了心，加上"肃反""镇反"开始，"胡风"案起，上头忙得脚打后脑勺，哪里顾得上这些"死老虎"们。顾准乐得在党校深深的"学术空气"中修生养息。

好些年都没有在这样清新的"氧气"中呼吸了，党校除了大大满

---

6 《自述》P227

足了他"静下心来好好读点书"的宿愿，更是令他躲过了一场场重大的"运动"灾难。

"1955-1956 年，是发生了许多重大革命变革的一年：肃反运动，胡风反革命案件，农业合作化高潮私营工商业的全面合营等等"[7]。

此时的他非常明白，假如人不在党校，照其秉性很难躲得过去这些东西。对某些课程的设置和老师有看法，那是每个做学生的常态，顾同学也不例外。和"上学"这件事本身的幸福相比，都是可以忽略不计的。因此才有他 1955 年 12 月 11 日的日记：

"在屋檐下躲避暴风雨，这是无论如何必要的。一定要躲过去，并且要趁此机会好好读些书。"[8]

顾准总算是学了些"乖"，懂了些"事"。

除此之外，他和他的同学们还能听钱伟长讲物理学的基本知识，王淦昌讲门捷列夫的元素周期表，看好莱坞电影《居里夫人》，苏联电影《第四十一》《士兵之歌》《蜻蜓姑娘》《忠实的朋友》，印度电影《两亩地》，读高尔基《克里木·萨姆进的一生》，狄更斯的、《老古玩店》《双城记》，巴尔扎克的《人间喜剧》，左拉的《崩溃》……

《老古玩店》令他读得掉泪，而《大卫·科波菲尔》因为"写得极其温柔"而触动了他心底最柔软的地方，那里藏着的是他的妻子和孩子们。《双城记》中断头台一幕让他震颤——"足音永逝（告别革命）"的那一天会到来吗？

《双城记》和《九三年》让他模模糊糊感到"二种类型的革命"——法国式的和苏维埃式的，都不尽人意。"将来能不能有第三种，即从芬奥这一类中立国家……逐渐增强自己的力量……像西班牙或捷克的方式……像在缅印这些国家……或者再加上假如实现了中立化以后的德国……因而争到人民民主的前途。如果如此，战争最后就

7　《自述》P227
8　《日记》1955.12.11

会避免了"[9]。

比较左拉、巴尔扎克和狄更斯，他更喜欢狄更斯。狄更斯的人性、温柔和悲天悯人都与自己内心那簇下意识燃着的蓝焰丝丝相扣，虽然他说书中"有很多庸人气息和宗教气味"[10]，但读起来他依然是爱不释手。比起年轻时读雨果时的激动，狄更斯给他更多的是人性的感动。下一步要读莎士比亚，朱生豪译的全集刚刚上市，得赶快去买，再晚就买不到了。

"料想不到在进入四十岁以后，才懂得生活，懂得文艺，懂得爱孩子。"[11]

顾准同学常常知足得要感谢上帝。党校的氧气多得他都快要"醉氧"了，夫复何求！

刚入学，他还抱着要深钻数学的愿望。导数、函数与极限、单变及多变量微分、定与不定积分、级数等等他都已经入了门，只希望能有个深造的机会。他甚至幻想成为一名数学家，为这门学问献上一生也是值得的。可是数学太完美，创新也太难，党校也不是理工科大学，他的这个愿望很难实现。但就他目前的水平，用于经济学是差不多够了，不满足也只好靠今后在实践中深钻。

"今后"？我还有今后吗？这也是他常常自己问自己的问题。

"有，一定有！"他也常常这样回答自己。

年轻时立下的做一名"职业革命家"的壮志并未泯灭，纵观他一生的言行和文字，他真正想要做的是一名政治哲学家和经济学家，虽然这句话他从未说出口。他不说，原因很简单，在中国，这个理想（或者愿望）距离一个大大的贬义词——"野心家"太近了，近到几乎可以划等号。凯恩斯说——"经济学家以及政治哲学家之思想，其力量之大，往往出乎常人意料。事实上统治世界者，就是这些思想而已。许多实践家自以为不受任何学说之影响，却往往是当了某个已故经

9　同上 1955.11.02
10　同上 1955.11.22
11　《日记》1955.11.16

济学家之奴隶。"

凯恩斯的这句话倒是很好地诠释了为什么"政治哲学家+经济学家"在中国如此可怕。可这里不是他们的胡佛塔下、卡内基湖畔和史德林纪念图书馆，那里脱颖而出的政治哲学家、经济学家们哪里懂得什么叫"野心家"和"阴谋家"，扣在他们头上倒常常是学术王国的桂冠。

顾准至死都相信中国也会有这样的一天。

日后他有那么多关于国事、世事、天下事的文字，有些如今看来几乎犹如"先知的语言"留给我们，留给他的中国，却从未享受过哪怕一天胡佛塔下的安宁，卡内基湖畔的静谧和纪念图书馆的善意。那上百万玑珠般的文字都是在唾面自干的污秽和饥饿血汗的泥淖中留下的。1955 年的党校就是他的胡佛塔、卡内基湖和纪念图书馆，中国有顾准，海淀西山麓、颐和园林旁的这片土地，功莫大焉。

党校的第一年是他一生中最享受的读书时光。他拼命读书，像拥抱情人一样拥抱着历史，逻辑，数学，经济学，马恩，亚里士多德，黑格尔，狄更斯，雨果，左拉，高尔基……。

党校，可爱的屋檐。

2. 圣者与圣经

"今天又读了《资本论》的四、五、六章……真好啊……这几天简直是拼命地读《资本论》……把《资本论》的第一卷读完了，开始读第二卷……第二卷与第三卷总共 1800 页，设法在月底前读了她。可能的话，还要……做些摘记。"[12]

顾准同学在党校最先迷上的，就是共产主义的"圣经"——《资本论》。

---

12 《日记》1955.12.1

　　第一次读《资本论》是在 1933 年 18 岁的时候，那时他就"在《资本论》思想指导下参加了实际斗争的行列"[13]。那代青年人人开始干革命的时候，其理论水平要远远高于生于 1949 年以后的人们。从读巴枯宁、克鲁泡特金，读马克思、河上肇开始认识革命的他们，比起从《大众哲学》或者干脆从"造反有理"开始的人们，深刻了不知多少倍。

　　但是顾准真正通读，细读，深读和反复读《资本论》是从 40 岁进党校才开始的，为此他甚至放下了数学。

　　"马克思对资本家的憎恨与对工人阶级的爱，对铁的法则的科学的冷静的态度，渊博的知识，美丽的文章（不很好地读，还看不出文章的美丽），真是使资本论是政治宣言，科学著作，与文艺作品。而由于他对第一卷曾经费去那么多的劳动，比之他生前来不及校正再写完成的，第二卷、第三卷，更是精妙绝伦。"[14]

　　顾准读书的速度是神奇的。比如他读三卷本的《大卫•科波菲尔》只用了两周睡觉前的时间。读《资本论》，他用一周的时间读完了第一卷第一篇《商品和货币》并做了大部分的摘记，"此外，图书馆有斯密与李嘉图的译本……，都是准备今后大大致力一番的"[15]。他同时阅读亚当•斯密和李嘉图，将马克思和这两位学者的"劳动价值""交换价值""货币数量"各论点相比较，首先提出的是对人民币是"金的代用物"还是纯粹的管理货币的疑问，以及苏联规定货币含金量原因的疑问——

　　"三十多年的实践，使他们要规定货币含金量，原因是什么？是对外关系以示巩固呢？还是整个货币的机能（国内与国外）要求如此做呢？"[16]

---

13 《文稿》P326

14 《日记》1955.12.1

15 同上 1955.12.11

16 同上 1955.12.1.

　　他一口气读了《资本论》第一卷的四、五、六章，惊艳于她的"精美绝伦"——"这几天简直拼命地读资本论……已经读到第一卷的第十七章，已到 676 页"。他对她相见恨晚，叹道"很奇怪的是，怎么以前不读这样一部好书"[17]。顾准同学可能忘记了自己十八岁就和这位"美女"相识，可惜太年轻，未经沧海不识水，直到今天才看出她是如此之美。

　　到 12 月，他已经读完了第二卷并做了大量的笔记，货币论、地租论再生产论"大致都有了头绪"。转年 1 月，他开始读社会主义部分，同时阅读《剩余价值学说史》。此书原是《资本论》第三卷的内容，恩格斯曾计划把它编为资本论的第四卷，但最后考茨基将它以《剩余价值学说史》的书名单独出版，作为权威版本沿袭了下来。他还同时阅读凯恩斯的《就业、利息和货币通论》，"Keynes 的公共工程，集体浪费，不能说不投入若干阴影在我的经济思想上"[18]。

　　这段话在十几年后的"历史交代"中他又重复了一次。凯恩斯"公共工程"和"集体浪费"两个概念留给他深刻印象，令他对大跃进和人民公社之类的"公共工程"不计成本的、疯狂的对人、财、物的"集体浪费"深恶痛绝。

　　紧接着，他开始阅读第三卷。他的计划是这样的：把原始积累作为经济史来读，把再生产理论与积累理论联在一起探究，再读亚当·斯密、李嘉图和凯恩斯，并且要学会批判。

　　这样读书，他感觉太过瘾了——这才真叫是读书，原来那样满足于读些"报章杂志之学"是多么浅薄和可笑啊。12 月 16 日的日记，他写了很大一篇，记录了自己读书后对中国经济形势的忧虑——

　　"大规模建设"与解决失业遥遥无期的矛盾；
　　批判马尔萨斯理论与提倡节育的矛盾；
　　工业不发达与大量轻工业设备闲置的矛盾；
　　大批市民与农民依然处在中世纪状态；

17　《日记》1955.12.5.
18　同上 1955.12.11.

集中国家财力进行重点建设却发生货弃于地的情况；

深山探宝探出名堂却没有配套交通随后；

设计赶不上施工变成全国范围的普遍规律；

发展教育，结果中小学毕业生据说又嫌太多……

"归总到底，这是'生产力和生产关系'不适合。"[19]他总结并提出自己的想法：

要解放和发挥中国独有的、"神话一般"的力量——农村劳动力；工业建设必须使用现代技术，绝不能靠农业的落后吃饭；我们的计划，我们的建设要在自己国土上生长起来而不是靠输入；不能单纯追求高效率，首先要发挥农业劳动效率，保障充分就业，提高国民收入。

"认识这些问题本来不能靠外国同志帮助我们，要靠我们自己去认识……这么大一个国家的工业化我们自己确实无经验，不能不借鉴他国。从思维运动的规律来说，从认识的片面到全面……联系到我们自己的客观实际再提高起来，全面化起来，路径是不能不这样走的。"[20]

在马克思和《资本论》面前，顾准生平第一次"自惭形秽"——我算什么？

"其实是停留在 Clerk（记账员、会计员）的水平上，庸俗的白领子工人，事务所职员，只配实用主义哲学"[21]。

比起他在延整时候的自我否定，这一次他要心服口服得多，而且不需要别人的训斥和教诲，是无声的马克思和《资本论》直接在训斥和教诲他。"真是高超的圣者"，他叹道，"我们只是白领工人，可是也得取法乎上，仅得乎下呀！"[22]

19　同上 1955. 12. 16

20　《日记》1955. 12. 16

21　同上

22　同上

顾准对马克思崇敬和尊重的感情是从党校时期真正建立的。他从此尊马克思为师，直到生命终了。日后他在政治哲学上的各种无情追索、尖锐批判和热嘲冷讽很少直接针对马克思过，别的权威和威权们可就没有这样的待遇了。即使在"吾爱我师，吾更爱真理"的极端境况下，他也常常为"吾师"开脱。纵观他面世的全部文字，他对马克思最不敬的情况大概只发生过一次，本书第四部中"西奈山的上帝"将有详述。

在二支部的课后讨论上，顾准的发言常常引起激烈的讨论和反对，这对于他的"改造"是不利的。"昨天的小组讨论，居然因为我的发言而引起争论。今后当考虑除掉准备发言稿外，是否说话"[23]，不久他就觉出"有所感而不去轻易表示意见是完全对的"[24]。可是他很难做到有感而不发。他的胆识——有胆去识、有识更胆，是无法压抑的个性，也正是萌芽思想的土壤。

带着"悟道"般的愉悦，他回家度周末，兴高采烈地把这篇日记读给妻子听，也告诉她小组讨论的激烈场面。妻子静静地听完，叹了口气。望着比自己小一岁，结婚21年，共同哺育了5个孩子的丈夫，她从心底发出一声叹息——她深爱他，无比珍惜他，可也知道自己永远也驾驭不了他。他太出色了，出色到很难有人能真正理解他，除了她。可是仅仅她的理解又能给他多少支撑和帮助呢？

"唉，我永远也长不大的亲人，你怎么从来都闻不到近在咫尺的危险味道呢？你什么时候才能学到保护自己，而谁又能保护你呢？"

"采秀！采秀！你为什么要感觉寂寞？你不是告诉我马克思怎样引了笃伯格勒的话吗？"[25]

彼时被译作"笃伯格勒"的，就是法国百科全书代表人物德尼·狄德罗——马克思最喜爱的文学、哲学家。他和列宁都喜欢引用其人的名句，例如"你最喜欢的……？""你最厌恶的……？""你最能容忍

23　《日记》1955.9.28.

24　同上 1955.12.14

25　同上 1955.12.16

的……?""你最不能容忍的……?"等等，然后改换成自己的自白。马克思和恩格斯都极为欣赏他的一部著作《拉摩的侄儿》，前者称之为"无与伦比的作品"，后者称之为"辩证法的杰作"。书中的一句话："忍受孤寂或者比忍受贫困需要更大的毅力，贫困不过是降低人的身份，但是孤寂就会败坏人的性格。"被秀抄录下来给他看。

秀啊，快振作起来，不要感觉孤寂，有我，有孩子们，还有书呢。

此时此刻秀的"大孩子"顾准，读得懂《资本论》，读得懂斯密李嘉图、黑格尔考茨基，却完全读不懂妻子心中的孤寂。兴奋莫名的他，正跟孩子们闹成一团，滚作一团——

"稽头，咱们明天就去买冰鞋！一定要拉上妈妈一起去！"

"小米，高粱，五五，咱们都去，爸爸除了给姐姐买冰鞋，还要给你们买巧克力，买新手帕，可有条件哦——必须带上小弟，还不能让他哭，不可以要妈妈抱他，你们要轮流背他。回来咱们比赛羽毛球，谁输了就得交出自己那份巧克力，谁赢了就吃双份！"

这是顾家在北京第一次逛王府井。孩子们和奶奶刚从上海搬来北京，看来上海人顾准要和他这一大家子人扎根"乡下"北京了。北京的一切，奶奶和孩子们都喜欢，可最喜欢的还是儿子和爸爸的眉头不再紧锁这件事。

望着五个可爱极了的孩子和这个可爱极了的"大孩子"，妻子终于微笑了。

"就让他随自己的性格生活吧，他值得我用尽我全部的力量去爱，去支持，去帮助。可若是我不在了呢？"她的心口又痛起来。

这样的周末让顾准又疲倦又高兴，"深感我有这样好的一个家庭，我的生活如此稳定幸福"[26]。许久以前那本小书上的话——"所以我告诉你们，不要为生命忧虑吃什么，喝什么；为身体忧虑穿什么。生命不胜于饮食吗？身体不胜于衣裳吗？"[27]现在想起来真是有道理，我在享受生命，享受生活，我没有任何必要怨天尤人。为明天

---

26 《日记》1955.12.16
27 《圣经 新约》马太福音 6:25

凄惶，那才真的是傻瓜呢。

可一回到党校他又后悔，深感惋惜——呀，又少读了一天书，"下星期日（我得）把《哲学之贫困》带回去，再（对秀）朗诵一遍马克思对普鲁东所作的结论"[28]，"必须把假期也补充进去，否则没有办法完成工作"[29]。

妻子和孩子们实际上是在和马克思、普鲁东、亚当·斯密、李嘉图们抢夺丈夫和父亲呢。

他太喜欢党校的学习环境了，"阳历年假这二天，痛痛快快地玩一下。阴历年，带些历史书，当小说一样去读。经济学的研究，需要学校里的安静环境的"[30]。你看他阳历年还没过就忧虑着阴历年离开学校的环境，怎样安静读书的事情了，孩子们和书们的"争夺战"怎么打得赢？

1955 年的最后几天，他攻读"积累法则"和"积累之史的考察"，包括（资本论）第三卷的商人资本和生息资本部分，还和凯恩斯的"就业论"对照来读。抽空，他上街去买了一本刚刚创刊的《经济研究》，发现有老友林里夫的一篇文章。读罢，他哑然失笑——全是谬论嘛，"此公思想方法实在整扭"[31]。

看，他又不谦虚了。可是"我们的思想确实是贫乏的"[32]，在深读过西方哲学和政治经济学后他不能不发出这样的哀叹。学问不是用来卖弄而是用来产生思想，产生指导人类进步的精神的，我就是这样认为。至于别人怎么想，那不关我的事，我也没功夫，没兴趣代替别人思考问题。但既然生在中国，我多少要听秀（妻子汪璧）的话，收敛一点，"近日来情绪又上来袭来一股逆流。话说得太多，非其时，非其地，成为一股骄气的表现，今天在家，秀责备我是对的。"[33]

他同时读列宁的《帝国主义论》。但他对列宁论及先进的资本主

28 《日记》1955.12.18.
29 同上 1955.9.24.
30 同上 1955.12.18
31 《日记》1955.12.20
32 同上 1955.9.23
33 同上 1955.12.25

义国家的生产、工资、工人运动史以及第二国际的妥协历史，"总还觉不足"，就去查找从 1900 年到列宁死后的 1929 年英法美德诸国工人工资提高的情况，悟到"而这正是革命中心转移到俄国，转移到东方的原因"[34]。

他同时也读考茨基的《土地问题》。这位被列宁无情地称作"叛徒"的马克思主义权威，改良主义者，却受到顾准同学的追捧——

"历史就是这样，无论如何是继承性的。被表彰的，比起实在的内容来，总是表彰的多些。被批评的，却往往有些灿烂的珍珠，未被承认而确被使用着。完整的历史观点本来也确实不易啊！"[35]

农历小年那天，他第一遍粗读完《资本论》，包括考茨基编辑的"第四卷"，用时大约是二十天左右。

好怀念当年爱多亚路上潘老板事务所里随便喝的咖啡，那是太能提神醒脑了。眼下他不大敢带这种"资产阶级的玩意儿"到党校当着大家的面啜饮，就只好拼命抽烟。顾准原是不抽烟的，上海财税时期工作太繁重了，他学会了抽烟。可抽得最凶的一次却并非因为工作，而是那个闰年闰月闰日的夜晚，他一动不动地坐在办公室抽了整整的一夜。这几年他戒烟戒了许多次。这次为了马克思，为了《资本论》，他又开戒了，但感觉很值得。

抽烟可能是他在五十九岁上就死于肺癌的原因之一，他最后一次戒烟是在临终前半年。

到了年底，他下定决心：1956 年绝不再抽烟！捻灭最后一支烟头，他"不抽烟已经二昼夜了，这回是用汕头蜜桔代替。有效无效不管，反正比吃糖好。——这回一定戒掉，说什么也不改变决心了"[36]。

吃掉 2 元钱的蜜桔后，终于"现在橘子也已无须再吃了"[37]。

2 元人民币在 1955 年是一笔差不多可以算得上是"财富"的款

34　同上 1955.12.8
35　同上 1956.1.5
36　同上 1955.12.29
37　《日记》1956.1.3

子，可是相比于顾准同学只用了不到一个月的时间就重新认识了圣者马克思，通读了圣经《资本论》，那真是太合算了。

3. 初识黑格尔

顾同学在党校和卡尔·马克思先生同时邂逅的，还有另一位世界级重量人物——格奥尔格·威廉·弗里德里希·黑格尔先生。仅仅入学第 2 周，他就制定了一个庞大的读书计划，除开马、恩、列、斯不算，最重的一项，就是读黑格尔的《小逻辑》。作出计划的当晚他就开卷了：

"昨夜起读逻辑……逻辑一书，读得极有兴趣，最近期间，包括假期在内，准备读完此书，并做一定的摘记"[38]；"愈向后，愈感觉不能没有逻辑知识。四时往后一口气读逻辑，今天还准备读她，并且也做了一些笔记"[39]；"瓦因斯坦的介绍黑格尔，思想上给开了很重要的窍……不读形式逻辑，不会知道 Aristotle（亚里士多德）以来的思维规律的规定"[40]；"改造思想，以逻辑代灵感，反对以感想代政策"[41]……

顾准的文字有个非常有趣的习惯——凡是他喜欢的、非人物的东西，他都用人物代词"她"来带替，不喜欢的或者无所谓喜欢不喜欢的则都用"它"。对于黑格尔的《小逻辑》他最经常用到"她"，其特别的喜爱之心非常显见。

孩子们，完了，你们对爸爸的争夺战中又多出了一位强有力的对手——黑格尔先生，你们的胜算更小了。

10 月，孙定国先生的辩证法课程最后一讲，传达了苏联马克思

38　同上 1955.9.28
39　同上 1955.9.29
40　同上 1955.10.5
41　同上 1955.12.18

列宁主义哲学家谢·斯·吉谢辽夫专门针对中共中央党校唯物辩证法教研室所做的"关于黑格尔辩证法三定律的第三定律——'否定之否定'的报告。顾准被这个报告"大大地振奋了"[42]。

"否定之否定"命题在中国不知从何时开始，成为一个非常非常微妙的东西，在中共的马列主义理论界几乎是"不围铁丝网的禁区"。这一著名的概念和理论，是黑格尔总结欧洲哲学史后第一次明确提出的。他用"否定之否定"来描述"绝对精神"的自我运动，并用此作为构造其哲学体系的基本方法。

但是中共关于马克思主义的三个组成部分的第一个组成部分——德国的古典哲学（黑格尔哲学的辩证法）的主流说法，却只提其前两条定律——"对立统一"和"从量变到质变"，很少甚至根本不提第三条即"否定之否定"。原因之一是斯大林先生在世时就要求哲学界必须坚决彻底地将"否定之否定"摒弃在辩证法之外。斯大林并不能创造自己的辩证法，他只是阉割黑格尔，把'否定之否定'当作黑格尔的"糟粕遗迹"加以摒弃。其实用不着绕来绕去搞得这么复杂，一句话——他和他的主义只可以"去"否定，不可以"被"否定，就这么简单。原因之二是毛泽东先生承袭了这一理论王道和话语霸权，却又不如斯大林坦率，并未留下文字的东西，例如文件、指示、文章来确认对黑格尔这一"糟粕"的杀伐，只是所有的党校理论教员讲到辩证法时都不许"否定之否定"5个字，而以"新陈代谢"，"辩证否定"，"扬弃"等等中西合璧的术语替代。

1965年毛泽东先生在《哲学批注集》中批注李达主编的《马克思主义哲学大纲》时，有如下一段批注：

"辩证法的核心是对立统一规律，其他范畴如质量互变、否定之否定、联系、发展……等等，都可以在核心规律中予以说明。盖所谓联系，就是诸对立物间在时间和空间中互相联系所谓发展，就是诸对立面斗争的结果。至于质量互变、否定之否定，应与现象本质、形式内容等等，在核心规律的指导下予以说明。旧哲学（指黑格尔辩证

法）传下来的几个规律并列的方法不妥。这在列宁已基本上解决了，我们的任务是加以解释和发挥……。"

中共的常态是，"解释"和"发挥"远比"原创"权威，从时至今日无论政府还是企业，要发布个什么告示之类都要在末尾严正声明自己保留"解释权"，可见一斑。

"上有恶者，下必甚之"。

中国哲学界立刻三缄其口，从此谁也不敢再提"否定之否定"这个怪怪的词组，偶然提起，必曰"旧哲学之唯心主义辩证法"。"人民"在"解释"和"发挥"中开始大规模"学哲学用哲学群众运动"，当然也可怜只有学上 2/3 个辩证法，认识 2/3 个黑格尔的缘分。顾准可不是普通老百姓，他不好哄。要"解释"，要"发挥"，他也要自己的一套解释和发挥，但前提一定是不能妨碍对原著的理解。顾同学的"被振奋"基于以下三点：

"（一）确认了新旧之间中断而又继承的关系，这样即便由于实际政治斗争的需要而有暂时的宣传上对某一方面的强调，它终将走上彻底的历史的科学的真理论上去。这样，在马克思恩格斯列宁等伟大的著作中伟大的基本思想，不会发生'是否暂时有所修改'的错觉。"[43]

仅仅这第一条，就很可能是俄国人列、斯和中国的毛氏忌讳"否定之否定"的原因。

不久之后，一场大规模的反对"修正主义"的斗争就要展开，"否定之否定"正是革命导师列宁先生所指的"披上马克思主义的外衣来反对马克思主义"的修正主义始祖——伯恩斯坦的理论依据。顾准对"修改是错觉"的振奋，至少在理论上已经具备了"修正主义"元素。

接着看顾同学的"被振奋"：

"（二）新东西之不可战胜，是由于吸收了旧东西的一切积极因素，又加上新的东西。这样的无限发展，这样的"否定之否定"（实

---

[43] 《日记》1955.10.11

际上这是发展了恩格斯，更不用说黑格尔了），自然而然地达到了历史的乐观主义。"[44]

顾准一生都是"历史的乐观主义者"，这和他亲近黑格尔，亲近"否定之否定"原理大有关系。在多少高贵都被蹂躏和打碎的年代，他情愿"瓦全"也不学老舍、翦伯赞、傅雷夫妇那样"玉碎"，就因为他是历史的和乐观主义者。在那个特别混沌无序的10年（他只经历了8年）中，他相信的既不是名存实亡的"党和政府"，也不是虚无缥缈、呼啸来去的"人民"，而是历史。他相信迟早会有"我们历史上见"[45]的那一天。正是"无序到了头一定会走向有序"的历史乐观主义，让高贵、高傲的他活了下来，而没有像他的秀那样，连"先倒下来再说"都没能坚持住，自己先就了断了自己。

"这样的历史乐观主义，丝毫也没有那种（'建立起人工的纪念碑'来纪念一代的丰功伟绩，即使不是公开声称'达到顶点'，至少也是'相当高度'，并且也不反对'高山仰止，景行行止'的颂声）理论与实际之间的勉强的符合的感觉。"[46]

顾准这篇日记写于1955年10月11日，正是天安门前的"人民英雄纪念碑""人民大会堂"动工之日。他对这些"人工的纪念碑"极为反感。几年后，当他从易子相食的河南商城回到北京，更是杜鹃啼血地发出"我永远也不进这个'人民大会堂'"的悲嚎。这些东西不就是那本书中的"金牛犊"和"力巴"吗？人造的它们真能不朽？真能万岁？深谙英美政治史的顾准对这些东西深恶痛绝，厌烦透顶，光是愚昧就令他恶心——"苏联、东欧我们固然看够了，东方某些国家也一样，你对那一套阿谀崇拜不觉得恶心吗？"[47]。

顾准"振奋原因"的第三条是——

---

44 《日记》1955.10.11
45 加缪语
46 《日记》1955.10.11
47 《文稿》P392

"再次确认马克思主义不是教条，不允许以黑格尔式的三段论套到客观事物上去作为普遍规律"[48]。

这一条，顾准很多年都放不下，直到 1959 年，他还在日记中写到：

"无论如何，辩证法作为认识过程的描绘与认识规律则可，作为世界图式则不可。恩格斯的自然辩证法的公布对恩格斯本人来说是一件遗憾的事，那里充满着黑格尔的图式向自然界头上套下去的片断。80 年代前恩格斯曾有此企图，无论如何，费尔巴哈论以后，他是一直没有理睬那些片断旧稿，而那些片断旧稿的观点，与费尔巴哈论也是不符合的。"[49]

自认识黑格尔以来，他又兴奋又懊丧。最让他懊丧和无法接受的就是黑氏的那个"绝对精神"。"绝对精神"（或曰绝对意志，终极灵性）——"Absolutely Geist"——"Absolute Spirit"，这不就是神性，不就是神在世间最高体现吗？当神在人类精神中完全展现自己的时候，必是以精神的形式出现的。如果神是精神，而世界又是神的产物，那么很显然，世界也就是精神的产物。这种"精神"是独立于所有人，甚至独立于所有事物的。它是在自然界和人类社会出现以前就存在着的一种精神性的本原。

这是和唯物论多么不可调和的唯心论，他一时很难接受。

可是他又很多年摆脱不了迷惑甚至迷恋的感觉。一直到 1960 年代后期，尤其在生命行将结束的最后几年，顾准在哲学和政治哲学上对自己有很多"修正"，包括对黑格尔哲学思想"接受或抵抗"的修正。这个放在后面慢慢讲，话还是说回到黑氏辩证法的第三定律上来。

这一天顾同学因为"否定之否定"，激动得午觉都不想睡，和张双城同学"卧谈"不止。不过"因为是愉快的兴奋，倒也很快入睡了"。

48　《日记》1955. 10. 11
49　《日记》1959. 3. 5.

起床后又是理发又是沐浴，孩子般无法表达的兴高采烈。

在真理面前，他可不就是个孩子。其实我们不都是孩子吗？只是我们大多不愿做孩子。有些人甚至想象着自己就是"真理"的化身，就是"绝对精神"和"上帝"本身。许多年后顾准在读书笔记中狠狠地讽刺了这群人中最典型的一位，虽然至死他都崇敬他——

"XXX 在这里站得多高呀！所摘引的 Hegel（黑格尔）的话，其实是 XXX 自己从西奈山上发出的雷鸣。"[50]

从西奈山上发出雷鸣，除了上帝还会有谁呢？这种自我神化，自我显灵的想法是如此地具有暴虐意味，不能不使他产生厌恶的感觉。先卖个小关子，不提 XXX 是谁，把这个有趣的谜底留到最后。

除了读《小逻辑》，他也读狄慈根的《辩证逻辑》，因为马克思、恩格斯和列宁一致赞许狄慈根的这篇东西，他必须了解是为什么。此时初读，他对《辩证逻辑》中"全篇大谈上帝"[51]还非常不解。一直要到多年后，在他经历了更多，更深重的苦难，尤其是犹如"信仰洗礼"般的商城经历后，他才——"懂得一切理性主义者都把理性归到上帝，或者没有上帝的上帝那里，方懂得这并不奇怪"[52]。

有了"哲学上的上帝"概念，他才有一种"悟道"的感觉，虽然这个上帝和那本小书中的"神"是不一样的，可是不知在哪一点上，祂们又极端地重合。他开始有"序"的感觉，至少有了秩序的原点和标准，虽然还比较模糊。

12 月中，中共中央召开了以"反保守主义"为重点的工作会议。

听过会议的传达，联系《资本论》和《小逻辑》，他有点急——会议只"提示了方向，只是开端，具体的方案，连提都没有提起呢。"[53] "社会主义经济问题目前那一套规律是独断的，缺乏继承性

---

50 《笔记》P438
51 《文稿》P241
52 同上
53 《日记》1955.12.16

的，没有逻辑上严整性的。问题实在还多着呢。"[54]

皇帝不急，太监先急了。

除了着急，他也"不免有怅惘之意"和"寂寞之感"，只得不断提醒自己"目前就是要好好读书"，不要像在延安时那样"闻捷则不安"。可现在他的不安不是因为"闻捷"而是因为"闻蠢"呀。

顾准从未因为自己所受的不公平待遇而起过任何"恨意"，无论是对他的党还是对他的同志和身边人。这种对人不怀妒忌和怨恨的人是少见的，他们通常是在离群索居和沉思默想了一生，最终达到了精神上完美的境界之后，能抵御把别人看作是可能的对手的诱惑，因而也不把任何人看作是他潜在的敌人，而我们所有的人都受到并很难抵御这种诱惑。

至于动辄争论，一触就跳则是他的性格。正因为"恨"这个字不在他的人生字典内，形成了他对人不设防，动辄争论，一触就跳的性格，但这不是"恶意"。从他一生的言行、文字直到他的临终遗言——"我原谅一切人，也求一切人的原谅"，都有一种令顾准之所以成为顾准的、很难言说的高贵。特别是对他的国家，顾准明知她贫穷，落后，民众教育水平低下，传统粗陋，苦难深重，却依然无条件地热爱她。即使他如今只是党校一名"普通支部"（既然有普通，一定有不普通，我的一位朋友就在顾准的母校上过不普通的"市长班"-著者注）的普通学员，他依然关心着这个国家的一举一动，一颦一笑，特别是在读《资本论》和初识黑格尔的过程中，他感到需要提醒和建议当权者、行政者之处太多了，多到他心急火燎。

还有"公私合营"，他也觉出了不对劲——

"报上还在宣传上海资本家加入了房地产一起合营，还有一家拿出了495两黄金。房地产是丢包袱，拿出黄金一事就比较奇怪。需要观察一下，今后如何解决私有制问题"[55]。

54　同上 1956.3.3
55　《日记》1955.1.9.

前几天讨论"资本主义工商业的改造"要他做中心发言，"就拿已准备好的稿子拿去敷衍充数"，不料还是和大家唱了"对台戏"。他又有些忧郁起来——看来"知无不言，言无不尽"都是假，连半假半真的也不能说。只要我一发言，一定会引起争论，接着就是扣帽子和大批判。

"这几天是1949年以来最热闹的全民的日子，北京打头，上海跟上，全部社会主义化了。我有些寂寞之感，批判过自己，但总无法遏止。那是一种下坡道的感觉。"[56]

他又有些摸不着逻辑的脉搏找不着北了，连呆在党校读书也这么不消停。前几个月对党校安静的读书环境的感激之情在消退，他有些想走——我不需要正经上学，也从来没有正经上过学，书就是我最好的老师，而读书的门道我已经摸出来了，直接向马克思、黑格尔老师求教岂不大家省心省事？还用不着参加这些劳什子的"讨论"，受些鸟气。

他一边开始"探听设法离开的可能性"，一边又拿否定之否定开导自己——"应该使自己更为心平气和一些，正如听否定之否定的规律时一样，应该努力提到这个境地"[57]

恰在此时，老朋友孙冶方来看他。

眼下老孙是国家统计局副局长，分管综合平衡，劳动工资和农业统计。这位上海孤岛时期的顶头上司和自己一直意气相投，苏北，淮海和1949年后的上海时期也时常见面。二人一说起经济学、统计学和数学，就更是没完没了。总有话题，总有争论，争到面红耳赤是常事，赢家还常是老顾，可老孙从没舍得送过他一顶"帽子"，争完吵罢你爽快、我尽兴，两相宜。

在这位老哥（老孙比老顾大7岁）面前，顾准好生肆无忌惮——狷也狷过，狂也狂过，睥睨也睥睨过，可人家老孙根本不看——我喜

---

56 同上 1955. 1. 23.
57 《日记》1955. 2. 22.

欢和关注的是你的想法和见识，至于你做什么嘴脸，那是你的事，我没兴趣看。你这些毛病我也不是没提醒过你，你自己不改，那是你活该。可顾准这号的还就拿孙冶方没办法——你越是不在意、不在乎，我还就越是没办法猖狂和睥睨了，只好收起"嘴脸"，老老实实、规规矩矩讨论学问。

今天老孙来看老顾可不是没有目的的。

作为中国目前屈指可数、出身"科班"的理论经济学家，他已经从统计学的角度看出"全本照抄苏联"的中国经济大盘上存在着巨大的谬误和危险，开始认真思考"价值规律"，并计划按照价值规律制定管理报表的办法。眼下各省递上来的数据统计，说句不好听的话，老弟，跟赵姨娘一样没有可信性。

可不是！咱们报纸上说"到 1962 年止要铺轨五万公里，我计算最后几年的铺轨要超过一万公里，因而认为不——可——能！因为如果铺轨一万公里，全年需要钢轨将达 76X15000，即一百二十万吨左右……可惜关于这一点，手头缺乏资料"[58]。

"我有！我们一起来搞！我也不当这个官了，你也快点毕业吧，我们一起搞经济学研究你看好不好？"

他们一拍即合。顾准心中也早就有了同样的想法和思路，只是被马克思、黑格尔、亚当·斯密、李嘉图缠住了手脚，还没有静下心来落笔成文。一听老孙的建议，他高兴得无可无不可。别看人家老孙是个老"海龟"，莫斯科中山大学马克思主义经济学科班出身，可他从来没有睥睨过我这个连中学都没毕业的"土鳖"，反倒是我常常睥睨人家"是一个不熟悉实际情况的经济学家，拿不出什么深刻的主意，领导一般化"。唉，老孙，您大人不见小人怪，容我慢慢改正缺点吧。

两个人都兴奋不已。只是老孙有点发愁——自己肝病老是不好，只怕需要休养一段时间；老顾则有点惆怅——谁知道党安不安排和怎么安排我呢？

---

58 《日记》1955.1.9

4. 从信仰式寄托到事变式变化

党校也放寒暑假，1956 年的寒假在 2 月，从上旬到下旬。

顾准的寒假读书计划是读史——中世纪史和新编近代史，前者来自尼基普洛夫讲义，后者是周谷城的《中国通史》，还要读苏联通史。至于列宁文选和斯大林全集的八至十三卷，那是学校要求必读的，特别是"地租编"，还一定要精读。对于列宁文选，他没有确定的目标，打算仅仅浏览一番。

顾准的书斋很安静。孩子们都知道爸爸读书的时候针插不进，水泼不进，他的注意力非常容易集中却非常不容易分散。这个时候谁要是打岔，那是不明智的。

可这个冬天对全世界的社会主义阵营来说却很不安静。北方发生了巨大的事变——苏共第二十次代表大会上，总书记尼基塔·谢尔盖维奇·赫鲁晓夫先生做了震惊世界的报告——《关于个人迷信及其后果》。这个被所有中国人叫做"赫鲁晓夫秘密报告"的东西其实完全不秘密。

二十大 2 月 24 日结束，赫先生的报告 25 日凌晨"出笼"，26 日就将俄文本交给了中国代表团。它之所以成了"秘密报告"是因为赫先生作报告时未邀请任何外国兄弟代表团进入现场。但事到如今我们依然将它唤作"秘密报告"就有些不妥了，保密的不是人家，而是中共自己——《纽约时报》、路透社、法新社早就在 3 月初就全文发表了，社会主义阵营共产党国家也早已尽人皆知，只有中国还煞有介事地保持沉默，连中共中央党校也要拖到 4 月 5 日才传达。

2 月 22 日，中国报纸发表了米高扬先生在二十大上的发言，而苏斯洛夫和谢皮洛夫的发言前一天就发表了。

顾准闻到了异样的味道，但并不难闻，很清新。这一天他匆匆读了阿·托尔斯泰《彼得大帝》的第二部和马克思《法兰西阶级斗争（1848-1950）》。

"近在当时和远去几十年，历史常常要重写，而且一定是愈写愈近于客观的真实。争论的问题内容，归根结底还是恩格斯在费尔巴哈论所论述的真理的'相对性'这一段。独断、绝对，当时常常不免，事过境迁，也就会发现正确之中有自己的界限，错误之中有一定的道理的。"[59]

直觉告诉他，"老大哥"那边出事了。但是此刻，他还估计不出事情的严重程度和对中国兄弟有多大的影响。

23 日，莫洛托夫和马林科夫的发言也发表了。老大哥那边还没有怎么样，中国兄弟之间倒开始"阋墙"，许多人声称"不解"，情绪激动。教室外，顾同学和岁数大他许多的"一个老头子"——郑同学起了争执。两人怫然，不欢而散。人人都还不明就里，"不解"，"不能接受"和"反对"的呼声就占了上风，理由头头是道，言辞咄咄逼人[60]。

他很后悔上午的争执——又忘了秀的话，和这些人争执"也许是多余的"同上，可他总得有个倾诉的地方，秀刚出差去西安，要一个月才回来。他憋屈郁闷得不行。

"与张双城谈得稍多了一些，或许是太多了一些。""议论纷纷自然是在继续中，我还是说得太多，昨天开始刹车。"[61]

"日记不会出卖我"，他想（唉，顾同学，还没有到那一天呢）。这一天他写了很长很长的日记：

"长期以来，在个人崇拜气氛下宣传的结果造成了一种偶像观念……去年听……讲哲学课时，再三地说要读经典著作……说过去我们读经是读孔孟之作，而现在是读马恩列斯毛著作云云……孔孟之书几千年来在中国，实在是随各家注释，许多学说以释经、经注名义发表，这是一种畸形现象……我们，辩证唯物主义者，反对陈腐教

59　《日记》1956.2.22
60　同上 1956.2.23.
61　同上

条，实际则在提倡以读经的态度来读马列著作。发展到'社会主义经济问题'的阶段，则一切对当前经济的研究就是这个规律那个规律如何应用，学风至于如此，再不改变，将于僧侣主义何异！

"但是偶像主义对于懒汉来说是十分适宜的。要获得对一个问题的系统了解——从历史的以致逻辑的，是要花力气的，而无条件遵循一种教条则是省事的。为什么封建主义总是表现为'经典主义'？因为文化不普及……因此偶像主义自然是有市场的。米高扬发言之所以被许多同志所反对，因为对他们来说，有一个偶像，使他们精神有所寄托，还是方便而廉价之故也。

"其实历史地来看，这又是不足为奇的……40 年来，赖有高度的组织性纪律性才取得了胜利。这种组织性与纪律性，从 1903 年反对马尔托夫、马尔丁诺夫之类时起，到时而容纳八月联盟的托洛斯基，到 1920 年党的统一决议，到清党，哲学联盟，以致到处以'狂妄自大'的森严铁罩，把一切即属于学术性的，然而不合'钦定规律'的意见格杀勿论为止……

"正确的东西，发展到顶点，僵化了，在加特力教（天主教－作者注）就产生 Calvin（加尔文）、Luther（路德）、Huss（胡斯）的反动……历史自身一定是按照其自身的逻辑前进的，这是无可置疑的……事情总会一步一步走向必然应该走去的方向的。"[62]

这篇日记，是"赫鲁晓夫秘密报告"在党校"秘密宣读"之前整整 50 天写下的。

顾准并不是个先知。苏俄的事情他一直在关注，除了那个人（3年前他已死于中风）之外，赫鲁晓夫，贝利亚，日丹诺夫，还有哥穆尔卡，纳吉，季米特洛夫，铁托，斯兰斯基……，他都在关注，他料到迟早会有事情发生。

现在事情终于发生了，性质在意料之中，速度在意料之外。可是党到现在还是"不动声色"，所有关于这个"秘密报告"的消息都不

---

62 《日记》1956.2.23

是来自正常途径，有外文报刊的，有道听途说的，有窃窃私语的。3
月底，《参考消息》才刊登了波兰、意大利、捷克等诸国的评论，"据
说外国通讯社有一种谣言传布，说各国享有斯大林式威望的领袖，只
有一个中国，因而不公布材料云云"[63]。这令他心烦意乱。

顾准已经结束了他的第一遍《资本论》通读，准备复习与考试。
他又开始抽烟，但绝非因为考试，纸头上的东西对他来说实在太小把
戏了。他处在一种亢奋与消沉交替出现的压抑中，糖和蜜饯橘子都解
决不了问题。

3年前，这个人蹒跚着"下场"了。他曾是他少年时代的偶像，
英雄，榜样和力量。自打从那本至今还留在手边的《从一个人看一个
新世界》中认识他，他就下定决心，做人就要做他那样的人——仁
慈、高尚，圣洁。他放弃了已经得到的一切，头也不回地追随了他和
他的主义。24年了，他是他和许许多多中国人精神上"信仰式"的
寄托甚至灵性上的支柱。可今天却眼睁睁看着发生了"事变式"的变
化——祭台崩裂，支柱倾倒，这尊高大镀金的雕塑就要难看又难堪地
灰飞烟灭，泯灭了他对他的一切想象。残酷、卑鄙、邪恶取代了仁慈，
高尚，圣洁。他难过极了。

3年前，当这个人死去的消息传来时他也曾难过，但那只是一次
正常的死亡，人总是要死的，不值得大惊小怪。这次不同，这次是偶
像的坍塌，金字塔的崩裂。虽然四十不惑的他早已不再有任何偶像，
但他依然是他的英雄，也依然是绝大多数中国人的、社会主义阵营
的，孩子们的，也是秀的偶像和英雄——3年前秀不是还因为他的去
世掉下过眼泪吗？

没有一位中国人知道彼时在苏联、在俄罗斯、在每一座"古拉格
岛"上发生着什么，也没有一位中国人知道会有一位叫"索尔仁尼
琴"的人在一本书中记录下了这一刻，日后这本书成为了俄罗斯文学
中能和陀思妥耶夫斯基《死屋手记》齐名的瑰宝：

"这是我的朋友和我曾经盼望的时刻……这是身在古拉格的每

63　同上 1956.3.30.

一个犯人都在祈盼的时刻！他死了，亚洲的独裁者死了，这个恶人蜷曲着死去了！啊，在这个特殊劳改营中，将会发出怎样毫不掩饰的欢呼声啊！可是在我所在的这个地方，俄罗斯的女孩子们、学校的教师们却在大声痛哭……他们失去了一个挚爱的父亲……我真想用扩音器在那里幸福地大叫，甚至还想跳一支狂热的快步舞！但是，唉！历史长河的水缓慢地流淌着。我的脸已经练就了应付各种场合的本领，它立刻装出一副悲哀的表情。眼下我必须装假，就像以前一样继续装假。"[64]

彼时的顾准还没有学会这种熟练的装假本事，因为他还没有被送进过"古拉格群岛"，那还要等到 6 年以后。到那时他不但必须学会并且很快学会了，比索氏还更进一步——他能做到"唾面自干"后还可以"笑脸迎人"并且习以为常。这是后话。

他没有像女人们那样流泪，只是又沮丧又亢奋，急切地等待着"变化"的发生——北方的变化可能会引起的东方的变化。

和北边苏联老大哥们有过许多接触的顾准，很不喜欢他们。这些人大都粗鲁、傲慢，有些甚至酗酒、色情，特别是那些"专家"们，他真看不大出来他们"专"在哪里，却专横和跋扈得厉害，在上海和洛阳，他都吃过他们的亏。在和东北的同志们接触时，有些风言风语他一直半信半疑，比如关于苏联红军哥萨克式的野蛮作风，比如那个忌讳莫深的"张莘夫事件"[65]，尤其是对朝鲜战场斯大林引得中国和联合国军迎头相撞。他一直有一种受骗、被侮辱与被损害的感觉。

这些年出于职业习惯，他非常关注"老大哥"的经济状况和他们公布的经济数据。从数字上，他断定他们的国民生活状态是处于停滞

---

64 摘自亚历山大·索尔仁尼琴《古拉格群岛》
65 张莘夫事件：　张莘夫，中国地质学家、矿业工程师。1946 年张莘夫被国民政府任命为经济部东北行营工"满炭"工程师赴中共占领的抚顺，交涉接收抚顺煤矿事宜，在回沈阳途中，一行八人于抚顺以西的李二石寨车站，被抢劫搬运东北工业设施的苏联红军劫往南山枪杀，随行七人同时遇难。张莘夫时年 48 岁。张莘夫的被害曾引发中国全国性反俄运动，重庆，上海，南昌，北平，南京，青岛，汉口，杭州等中国各大城市发生示威大游行，要求"赤色帝国主义"（苏联）如约撤军。

状态的，1954-1955 年的苏联粮食总产量甚至低于沙俄时代。虽然老大哥在军事上相当鼎盛，能和二战暴发户美国一争高下，却是以牺牲国民生活质量为代价的。日后他将他们偏好的这种战时经济称之为"竭泽而渔"。

这令他吃惊、失望和愤怒。

"近年来苏联的实际情况：农业、工业的技术改进，建筑业的反对人工纪念碑，修改工资标准，克服人力流动现象，多方面加强核算，加强价值规律的作用，重新强调重工业，反对共产主义的空论，学习外国等等，这个理论体系，看来注定要垮台的。"[66]

现在，他可以把说不出口的想法、问不出口的问题说出来、问出来了，可是从中共对待苏共二十大沉默、阴冷、迟缓的态度上，他立刻断定出——前途无法乐观。

"个人崇拜问题好解决，法治问题不好解决。帝俄与中国一样，是一个极端野蛮落后的国家。斯大林统治的三十年，是国家鼎盛发展的三十年。发展，不能归功于斯大林，但发展助长了粗暴的统治，形成了一系列的生活方式与准则。这些方式与准则，提供了一个发展斯大林式统治的沃壤，思想上则是绝对主义代替了辩证法。现在绝对主义推翻了，对于西欧革命无疑是取消了一大障碍，在中国呢？"[67]

他急切地盼望着"秘密报告"的传达，非常激动，吃不好睡不好，一支接一支地抽烟，有时抽得咳嗽起来，止都止不住。现在他已经管那个人叫"杀人凶手"了，是他的"反阶级斗争熄灭论"杀死了那么多无辜的人。他甚至怀疑三反五反也是在斯大林的唆使下搞的，"与斯兰斯基案件同时的三反五反运动，也会与这个杀人凶手有关系"[68]。

66　《日记》1956. 4. 11
67　同上 1956. 3. 29
68　同上 1956. 3. 31

"这个人将会变成有功的同时也是一个万恶的人。"[69]

他作了一个在那个年头暂时可以被容忍的判断。但是对另一个人的怀疑和判断就非常的"出格"了——就在许多人还在为斯大林辩护的时候，他已经开始对列宁产生了怀疑。实际上，他对列宁的怀疑早在"秘密报告"的消息飞长流短之前就开始了。

"其实，二十次代表大会又何曾仅止批评了斯大林。只要是打开大门，放进清新空气来，一切问题都要重新估价。例如，关于第二国际的整个历史评价，1939 年近代史教程，是根据列宁和斯大林的'教训'，可是从马克思与恩格斯对哥达纲领与爱尔福持的批评，从恩格斯 1895 年给法兰西阶级斗争所作序言来看，前后不完全是一致的……考虑到普列汉诺夫和列宁的初期活动，起码是反对民粹主义的活动不仅从马恩的理论得到了力量，也从德国社会民主党的实际活动得到了力量（参阅左派幼稚病），那么第二国际，以及倍倍尔、考茨基等人的功过，其估价也应该有历史的，公允的结论。历史的发展自然已经毫无可疑的证实了列宁的伟大功绩，但只要我们承认'历史的继承性'这一原则，承认相对真理到达绝对真理无论如何不是一个天才独立完成的，承认历史上许多人投了一些'小粒子'到宝库中来。对'成功'的人，做绝对肯定的估价，与对'不成功'的人作绝对否定的估价是同样不正确的，那只对于小学生才是有价值的，因为这简单，好记……童话的市场是在缩小中的。谁还要企图以只手掩盖天下耳目，并且企图甚至在身前把纪念碑、历史、传记全部钦定好，那真是天大的笑话！"[70]

在几乎所有中国人都还满怀崇敬地沉浸在列宁诗一般的语言——"因此我建议同志们仔细想一个办法，把斯大林从这个职位上调开，任命另一个人担任这个职位。这个人在所有其他方面都和斯大林同志一样，只要有一点强过他，那就是较为耐心，较有礼貌，较能关

69　同上

70　《日记》1956.3.4

心同志而较少任性"[71] ——列宁病重时口述中的时候，顾准已经开始怀疑他了。

从第二国际历史开始，从此人对卡尔·考茨基和奥古斯丁·倍倍尔的排斥和否定开始，如今又从他最终依然选择、支持了斯大林的上台开始，顾准产生了深深的怀疑。

"列宁的遗嘱也公布了。斯大林的'反阶级斗争熄灭论'现在还没有人将它与列宁遗嘱连在一起来评论"。他结论道："公平地说，我看应该是一件事（斯大林和列宁－著者注），否则杀戮异己又如何会取得一个理论根据呢？"[72]。

这两个月，顾准被强烈的幻灭感和颓丧感折磨得很厉害。一忽儿，他觉得自己最好的年华也已随着这尊偶像的坍塌而逝去，"还是看清楚自己，过过家庭生活，满足于几间房子，积几个钱买个收音机，老来准备结庐黄山拉倒了吧"[73]，一忽儿"又是梦中惊醒，情绪凄凉。激愤、凄凉，真的许会把我毁了的"[74]。即使在 1952 年那些不堪回首的日子里，他也没有如此凄惶和愤怒过，那时的他决不打算拿别人的错误来惩罚自己，可这一次呢？这又是谁的错误？谁之过？谁之罪呢？

"1952 年以来，已经冷静了整整四年了。那些痛苦……现在都已逐渐解决——很痛苦地解决了……那时还没有到达不惑之年，现在已经没有惑，已经到达不惑之年，却真正失去今后残年的方向了。"[75]

有两次，他竟忍不住胸中块垒的压迫啜泣起来，却即无声音也无眼泪。他想干脆找个没人的地方大声地哭号一场，却没有力气。他感

71　列宁《给布尔什维克代表大会的信》
72　《日记》1956.3.31
73　同上 1956.3.13
74　同上 1956.4.2
75　同上 1956.2.27

到窒息，肺里没有氧气，好像被一双无形的大手推到墙角，无路可走。

"我来本不是召义人，乃是召罪人。"[76]

那本书上他从小背熟的句子像篆刻在金石上一样清楚地浮上脑海。我是纯洁无暇的吗？我难道不也是罪人吗？

"1949年以来，自己以为是有定见，有主张的，但仔细想起来也荒唐。现在我热烈反对教条主义，1949年以后在上海的一些主张，又何尝没有教条主义的成分？我这样一个人，何尝能够是大智大慧的？回顾一生，有几件事算是创造了些什么？当然，我还能观察人家一些空子，但如果很不冷静对待自己的本领，不是认真的，只好追踪屈原于地下——而且是一个极劣等的三间大夫，跳窗口的三间大夫。"[77]

信仰崩溃的痛苦很多人都经历过，但对于我的传主这样敏感和聪慧的人，这杯苦酒格外苦涩。这些日子他常常欲哭无泪，手足无措。

"事情确也十分复杂。不是少数人而是多数人，被过去的宣传过分肯定了的'信仰式的寄托'，如今变了，在思想上简直是事变式的变化。透彻地解释这件事是必要的。"[78]

他迫切地希望有人来给他"解释一下"，也试图从"辩证法"，尤其是"否定之否定"那里寻求"安慰"，于是又捧起《小逻辑》一头扎了进去，却又一次被"三段论"卡住，烦躁不堪。

秀总算回来了。妻子的倾听和安抚，仅仅是那口轻柔的吴侬软语也能使他慢慢安静下来。秀在，就过得去。每个周六，她都为他准备一本和周围的混乱截然不沾边的书。她深知这个亲爱的"大孩子"看

---

76 《圣经 新约》马太福音 9:12
77 《日记》1956.3.13
78 同上 1956.2.25

书如吃书，你不给他准备些清新的"小点心"，他就又会一头扎进滚油沸汤的大部头里去，那些书太耗精力，她必须让他换一换口味，换一换心情。

这个周末，她为他准备的是《安徒生童话选集》。为他挑书，她比为孩子们挑书还用心。看到他拿起来，翻开，读下去时的微笑，她也微笑了。

"公路上有一个兵在开步走——一，二！一，二！他背着一个行军袋，腰间挂着一把长剑，因为他已经参加过好几次战争，现在要回家去……"[79]

是呀，我也要回家去，我也累了。有秀在的家是多么好啊。

4月25日，他盼了很久，又恐惧了很久的"传达"，终于来了。

这一天非常冗长，冗长得连日记他都懒得写——"报告"加上列宁遗嘱，足足5个小时的传达。他疲惫不堪。那位专门挑选出来的、不知姓名的党校工作人员，就是站在那读、读、读，没有表情，没有手势，没有一个多余的字。人们就是屏住呼吸听、听、听，反正心的战栗谁也听不见，有些人的手在颤抖。

没有会后讨论的要求，也没有批判的要求，就是一声——"散会"，人就散了。走出礼堂的人们，鸦雀无声，万马齐喑。

他也没有一句话。他疲倦极了，也厌倦极了，只想早一分钟回到家，看到秀那张清秀、安详的脸。可今天是星期五，还要等上整整一天。第二天星期六，"听克里木科的讲课，觉得十分不耐烦，'表现不好'……内心的激动实在非常厉害"[80]。

顾准日记写到此处，忽然就出现了我已经很熟悉的字样——〔此处缺页－编者〕。2002年出版的书，该"删掉"还得删掉，该"缺页"还得缺页，谁又奈何得了？缺页就缺页吧，他已经告诉了我这么多，加上还有他13年后的"历史交代"作注解：

"这个极端反动的秘密报告引起了我极大的震动……这份反动

79　安徒生　《火柴匣》
80　《日记》1956.4.6

211

报告把我向堕落道路上大大推进了一步：这是总的'党内民主'，'社会主义法治'这个大问题的一部分，于是，我就转到了怀疑党所领导的历次政治运动的反动立场上去……我也把我国广大人民对伟大领袖毛主席的无限信仰无限崇拜，诬蔑为'神化'毛主席，是一种'宗教现象'……我党各级党委，实际上实行的是政治委员制度，第一书记就是政委，党内民主是绝对缺乏的。"[81]

有如此注释，没有正文也凑合能懂了。

"缺页"中还有可能记录了他的噩梦——有几个人听罢"传达"能不做噩梦？也可能还有和秀的交流和秀对他的"劝诫"和"警告"。但是更多的，恐怕不是这些东西。看看"缺页"处的上下文就知道，大都是在他要发出极不符合主旋律的或者是"先知"式的声音时，文字必戛然而止。比如：

"这个思想体系（以不变的教条：列宁关于国家是专政的工具和马克思关于资本主义竞争与无政府状态来看待一切中国现存的状况，而对大量存在的事实闭目不看，充耳不闻，深闭固拒 - 作者根据上文注），与以道德范式的规律吹嘘，粉饰太平的理论来描写社会主义经济，在哲学体系上是一贯的，这是独断主义式的唯心主义，如果说这是教条主义是不公平的，不，这些人怎么会看不到事实？他们到底不是高呼皇帝万岁的人，而是掌握了大量材料的人，其……"（此处缺页 -原书编者）[82]

再比如：

"斯大林有无过左的地方？驱逐富农，以致二、三年间农业生产低落，可否改成另外一个样子？在布哈林、李可夫等的主张中有没有可以采取的地方？显然这里还存在着问题。至于斯大林对古比雪夫的暗示来反对托姆斯基，谩骂式的而不是说理式的争论，那就更多

---

81 《自述》P230
82 《日记》1956.4.12

了，目前关于右派的问……"（此处缺页 –原书编者）[83]

他居然提到"右派问题"，此刻距离中国的反右和右派一词的流行还有一年多的时间。这样的例子在全部的《顾准文存》中，尤其是《顾准日记》和《顾准自述》中实在太多了，举不胜举。

"中国是否会有新的变化，是否冲击力只是到现在为止，且再看。大概看来，不会有什么新的重要的发展，恐怕就是到此为止的了。"[84]"中国还是会变，虽然会变得慢一些。"[85]

他希望"变"，却又不抱什么希望。

他又在做先知式的、"胡说八道"式的预测，但事情也确如他所料。

5. 从"一点体会"到"一篇劄记"到"一株大毒草"

1956 年 4 月，毛泽东先生以苏联教训为鉴，在中共中央政治局扩大会议上做了一次重要的讲话，就是著名的《论十大关系》。中共中央政治局扩大会议紧接着讨论了这个讲话。4 月 28 日毛泽东本人就讨论情况作总结发言，同时提出要"在艺术问题上百花齐放，学术问题上百家争鸣"，并称这一说法"应该成为我们的方针"。

《论十大关系》和"双百方针"，从题目、目录到详细内容、遣词用句，都迎合和鼓舞了中国知识界。千千万万读书人，尤其是读经济和读文艺的读书人，同声惊呼"久旱逢甘露，枯木终迎春"，刚刚平息了一阵的山呼万岁之声又平地骤起，响彻长城内外，大江南北。

"1956 年夏季学期将要结束时，主席做了《关于十大关系》的报告。我不记得学校当局是否传达了，我只记得从同学那里抄了报告

83　同上 1956.4.25
84　同上 1956.4.17
85　同上 1956.4.11.

的全文，并且再三学习了这一报告。"[86]

这段话摘自顾准写于 1969 年 5 月的"历史交代（二四）——从进入高级党校学习到堕落成为右派，1955/IX-1958/V"。可是顾准 1956 年的日记对《论十大关系》竟只字未提。

2002 年，中国青年出版社出版了一套到迄今为止最完整的《顾准文存》，包括《顾准笔记》《顾准日记》《顾准文稿》和《顾准自述》四本。四本文存中的《自述》，严格从文字和语言的角度、从讲述者讲述时状况看，它既不是"自述"更不是"自传"，而是一份"文革、历史交代大全"，是介于"叙事"和"口供"之间的一份笔录。"自述"二字，是事隔近三十年后编辑们在万般无奈下，苦思冥想起的书名。

但《日记》却是至今有真迹留在后代手中，货真价实，如假包换的文本。《笔记》和《文存》虽然有编辑者分类和冠名的痕迹，却毫无疑问也全都是顾准的文字，从少许的错误和笔误也都保留了下来，可见一斑。

非常遗憾的是还有他的一部分文字，包括日记、笔记、自述、文稿，从前后文推理应该是很珍贵，也许是最珍贵的，时至今日仍未面世。原因很复杂也很悲哀。但毕竟这些文字，尤其"日记"，都是个人信息，而保护私人生活安宁与私人信息秘密即保护隐私权，又是顾准最推崇的人权之一，所以遗憾只能留给时间去解决了。

但是假如你读《顾准文存》时能仔细把实时记录——《顾准日记》和事后的口供加口述——《顾准自述》对照起来看，是一件非常有意思的事情。除了真阳春白雪和假下里巴人间可笑的反差，两者间的互解、互补以及互相诠释更令你眼界大开——"原来如此！"

2002 版的《顾准日记》，仅"党校日记 1955/IX-1956/VII"部分就"此处缺页"达 10 处之多。常常在你认为马上要看出"端倪"时，文字戛然而止，让你忿忿然，悻悻然，书空咄咄。遇上这种情况，不妨试试到《顾准自述》中去碰碰运气，很可能会有斩获——它们的互

---

86 《自述》P225

补，会将一件不连贯事情连贯起来。反过来也一样，若是你在《顾准自述》中看到太过不像顾准的言辞，也可以倒着找出他当年当月、当月当日的日记来，立刻就能分辨出哪个是真顾准，哪个是穿上了迷彩服的顾准，哪个是迷彩服穿得不大好的顾准，那个是"赤裸裸"的顾准，百试不爽。

上一章讲述的关于"赫鲁晓夫秘密报告"的故事就是个上佳例子："交代"怎么讲，"日记"怎么说，"日记"怎么讲，"交代"怎么说，你只要对照一下，"删去"的就删不去了，"缺页"的也就不缺页了。但你也不要希望这样一来什么问题都能解决，因为《顾准自述》也有无数"缺页"，还不止是"缺页"，编者干脆直接就标明"此处删去一段，约近九百字"，"XIII，XIV 两部分计七百余字，删去"，"这部分内容计二段，900 余字，删去"……等等，简直就是被人随心所欲地阉割和肢解，令你更加沮丧。

这些"缺页"，我倒是情愿相信它们是在逼迫过甚时被顾准自己撕掉的，但从他一贯的行为方式看又实在说不过去。再说从常识的角度这个说法也不通——你撕掉几页就能隐瞒反革命言论了？与其撕页，不如把它们全部销毁，岂不干净省心？况且按照"破罐子破摔"，"死猪不怕开水烫"的国粹，他好像也不必出此一举。因此"删去"就更明显是出版时编者干的了，但又绝不可能是责任编辑干的，倒是更像是后人在为顾准或别的什么人"避讳"着什么，很像顾准的母亲和妻子当年为这个不安分的儿子和丈夫刀劈斧剁，火烧水冲了很大一部分文稿一样，事隔虽已半个世纪，时间已是 21 世纪，依然被巨大的恐惧笼罩着。

好在这一章将要写到的"大毒草"，情况属于前者。顾准的迷彩服这回相当"劣质"，他简直就是"赤裸裸"站在那里，不光能在《自述》和《日记》中找到互补和差异，还能让你很容易就能看出事情的来龙去脉。

《论十大关系》的出台，是 1949 年后中国全体读书人政治生活中的一件大事。这么大的事情，顾准的日记中居然只字未提。反倒是在 4 月底的某日（具体时间因"缺页"而不清，《论十大关系》已经出台）日记中，详细记录了"毛泽东同志关于二十次代表大会"的讲话——一二三四五六七八，一共八条，他逐条点评，最后顾学生越俎代庖替毛先生总结出他自己不大好出口的结论是——"Stalin（斯大林）功大过大？功大于过。"[87]他猜测"中国是否会有新的变化，是否冲击力只是到现在为止"，他将"且再看"，可旋即又哀叹"大概看来，不会有什么新的重要的发展，恐怕就是到此为止的了。"[88]。

这个判断是先知性的，与将要发生的，完全一致。

此时《论十大关系》已在党内悄然传播，身在党校的顾准大约是没有聆听正式传达的资格的，但显然他已经听见、看见并且立刻手抄了下来。《论十大关系》并非中共中央的正式文件，也并非毛泽东的正式著作。此文正式发表，是在二十年后著者的第一个冥诞——1976年12月26日，媒介是《人民日报》，而正式收入《毛选》还更晚。《论十大关系》仅仅是毛先生的一个口头讲话，但是让口头讲话成为经典文献，在毛泽东那里本是寻常事，也是他习惯和擅长的工作和领导方法。党校学员顾准同学既没有看过文件也没有听过传达，却将这1.3万多字全文手抄了下来，可见彼时他是多么看重这件事情。

但他当年的日记却对此事一字不提！

不提也罢了，可他以学习这篇文章的体会写出了一篇和原文字数几乎相等的"读后感"——《学习毛泽东同志"调动一切力量为社会主义服务"的报告中经济部分的几点体会》，这就有点意思了。

写个"体会"也就罢了，反正是党校布置的作业，大家都得写。可紧接着，他又把这篇"体会"扩写成了3万多字的"一个劄记"——《关于社会主义经济中价值规律的问题》，这就大有意思了。

到了1957年，顾准同学已经从党校顺利毕业，进入中国科学院社会学部经济研究所，他又把这篇劄记改写扩写成洋洋4万字的一篇长文——《试论社会主义制度下的商品生产和价值规律》，这篇文章可以说是他日后一系列精彩思想产品生产线上第一件完美下线的

---

87 《日记》1956.4.25
88 同上 1956.4.17

成品，是开篇之作，开山之作，当年就在中国经济学界引起了巨大震动，日后更是备受推崇。这篇文章对他的老上司，老朋友孙冶方更是起了"惊蛰"的作用。老孙此刻正坐在"中国首席经济师"的位置上，看罢此文，如遭雷击，不顾死活地喊出"社会主义制度下的经济学也必须尊重价值规律"的历史性声音，孙、顾也从此被"绑在同一架战车上"，一荣俱荣，一损俱损，从生前到身后。

这就太有意思了。

"《体会》企图阐述国家在农产品收购中贯彻等价交换政策的必要性，探讨农产品收购中流入农村的购买力，怎样形成工业产品的最大市场，以及它对工业发展的推动作用，由此来阐述主席关于多发展一些轻工业，整个工业发展速度不会放慢，只会更快的指示。"[89]

从上述"交代"看，顾准同学起初确实是在老老实实、认认真真地写一篇命题作文，试图将导师的教导吸收为自己的知识，不是被动地死记硬背、生吞活剥，而是主动地汲取，消化和应用。可是顾同学发挥得太淋漓尽致，不是"跑了题"，而是"破了题"，破了天，把导师略略提到的一个小命题——"等价交换"演绎成逆天的"必然客观规律"——价值规律，并且"把它片面地扩大起来，写成了《试论》。结果《试论》就成了一篇宣扬修正主义的大毒草"。

顾准真的是由于偶尔的心血来潮，不小心而因言获罪吗？看他当年的日记：

"昨天起，提了约计 4 千 5 百字的疑问，关于价值论的……摘录了资本论与哥达纲领批判的论证，提八个问题……有趣的是，现在才懂得，斯大林的社会主义经济问题原来是专门用来反马克思的。大概从 1947 年反世界主义以来，苏联经济学界恐怕也是在强调苏维埃经济的优越感，而马克思的哥达纲领批判与列宁的国家与革命的第五章则成为拦路虎，这就需要有人出来打虎，斯大林就来担任大户的

---

89 《自述》P232

任务，可是实在这'编'不成一个体系。"[90]

同一天的日记——

"苏联也正在解放思想的时候，我……就这么干起来了，现在反正已写成信，并且已经干脆送走了（这封信，很可能是顾准同学向《经济研究》杂志的投稿，但找不到证据，也很可能被退稿了－作者注）。要继续弄下去，就牵扯到一系列问题，小问题有货币论，大问题有道德规范式的理论系列……还牵扯到哲学方面……可是不能继续弄了，再弄要出毛病的……恐怕要重新定一个计划，读经济学……"[91]

打一开始，他就知道会"弄出毛病"，他哪里是"不小心"，他是早就"处心积虑"！此时"赫氏秘密报告"尚未正式宣读，但早已在学员中流传，顾准同学肯定也已经知道近一个月，思考近一个月了。

"赫鲁晓夫的'个人崇拜''人的尊严''社会主义法制'，陶里亚蒂的'阶级专政怎样变成党的专政，党的专政怎样充数成个人专政'，艾德礼的'没有两党制就没有民主'等等反动谬论……唤醒了我本来还未达到明确自觉的民主个人主义，使我急速地滚回到1934年以前的世界观方面去了。我认为解决这一系列问题，必须强调党和国家生活中的民主。我强调民主如此强烈，达到否定无产阶级专政的程度，以致认为社会义必须是'民主的社会主义'。"[92]

在经济问题上，他曾经压抑了很久的、"潜意识间认为是永恒的，无法替代的"市场体系、价格机制、企业内部的成本利润计算这一套秩序，如今形成了"有意识"的思想，"把从前强调的市场体系、价格体制、经济核算、物质刺激这一套秩序系统化起来"。至此，捋清思路书写成文，成了他迫不及待要去做的事。

---

90 《日记》1956.4.11
91 《日记》1956.4.11
92 同上

如今不是倒了一个暴君，应不应该趁此机会为自己"洗冤"，"不是听了骂倒一个斯大林感觉痛快的时候，（而是）需要冷静认真地考虑一下问题"[93]的关口。是的，问题这么多，这么尖锐，都是颠覆性的，颠覆了理想、偶像，也颠覆了自己。政治、经济、思想、精神纠缠在一起，剪不断，理还乱，又无法和他人交流，他又痛苦又亢奋。

"问题还应提得尖锐一些。对西欧来说，议会稳定的多数是否意味着对列宁主义的背弃？""150 年来资本主义的发展所造成的文化的普及，生活的提高，个人的觉醒与资本主义经济经历了初期的残酷野蛮的统治（后），在民主政治，国家调节经济生活（方面有了）长期发展，这算不算是社会民主党理论？……1895 年恩格斯对德国党的议会活动做出了与他们 1848 年不同的结论"[94]，这又是为什么？

为什么？为什么？？为什么？？？

不是说的好好的——"每个共产党员对任何问题都要问一个为什么吗？"可是每一次问过后为什么都没有好结果？

"中国是否会有新的变化？是否冲击力这是到现在为止，切再看。大概看来，不会有什么新的重要的发展，恐怕就是到此为止的了。"[95]

问题太多，却很可能又不许问任何问题了。

到了 5 月份，他下决心先放下其他东西来读经济学，"至少把晚上的时间安排来读经济学"，从经济向政治推演，先看看问题的根子到底在哪里。明知"这个时候读经济学，未免十分不合时宜"同上，毕竟现在人人面临着政治上的大是大非，可他安慰自己"读这些东西，有一个很大的好处，就是练习自己来判断事物。说起来也可笑，自诩为能判断事物的，可是实际上还不是跟着——无条件跟着

93　《日记》1956.4.12

94　同上 1956.4.17

95　《日记》1956.4 月中旬某日

跑。不应该这样。样样事情都要自己学习去判断。这就是读历史的好处"[96]。

他首先捧起来的，居然是《斯大林全集》。

"斯大林在政治经济学上的错误是把自己30年前那一段'产品'绝对化了，教条化了，以致贻害了40年代与50年代初期的经济发展，也造成了东欧各国的苦……"（此处缺页–原书编者）[97]

毛先生既然这次提出不要束缚思想，要有创造性，说苏共二十次大会使党走向正常，要破除迷信，对任何人迷信都要不得，虽然顾同学深表怀疑——"但这不是一句空话就能解决的。过去弥漫上下的空气，愈来愈严重地走上谨慎与肃杀之气，谁来创造？"[98]；"怎样防止堕入盲从与官僚主义的世界里去？我们的孩子，应该防止掉到这样的坑坑里去的。而目前的儿童读物，又是再也超不过这个水平的。"[99]但他同时也认为毛泽东"运用了马列主义，拒绝了斯大林的粗暴干涉"，只是"应该有一个希望，就是曾经跟过斯大林主义一小段，或者曾经自我陶醉过几天，希望今后永远不要再有"[100]。

于是有一天在党校的课余，他铺开稿纸，开始落笔《试论社会主义制度下的商品生产和价值规律》，唱响了"我不下地狱谁下地狱"悲歌的序曲。

对《十大关系》一字未著的顾准日记，实际上在4月末以后常常提到它，而"不小心"写出的。"大毒草"《试论》的前身——"体会"和"劄记"，更是在"事变式变化"的"秘密报告"之前就有了"预谋"并在之后有了成熟的思路——"社会主义经济问题目前那一套规律是独断的，缺乏继承性的，没有逻辑上的严整性的。问题实在还多着呢。"[101]

96　同上 1956. 4. 23
97　同上 1956. 5. 7
98　同上 1956. 4. 29
99　同上 1956. 5. 27
100　同上 1056. 6. 14
101　同上 1956. 3. 3

"今天上午讨论价值规律……说了一下，似乎大家都不敢讨论的样子……拉了一阵算了。"[102] "我们的财政，现在是偿债而不是举债……我怀疑我们是不是应该举债而不是偿债。"[103] "轻（工业）重（工业）之间，沿海与内地之间，军政费与建设费之间的关系等问题的提出……显然跟新的经济高涨有连带关系的……（它们）促成物资与财政的紧张，就必须使用一切现有力量，从沿海城市的工业潜力，到军事生产的向和平工业转变，全部动员起来……依托东方，开发西方。"[104] "评1955经建公报……思想总结不做了，要写心得，就写这一段。"[105] "下死劲写完那篇文章，聊度岁月。"[106] "那篇文章已写起了……历史上写东西没有像这一次这样费劲的。通篇看来，还不满意……所以费这样大的劲有三个原因，第一是问题太大，第二是水平不高，第三是现在的研究态度。"[107]

最后这段话中顾准同学的三个问题，第一个是真实的，第二个是谦虚但更是真诚的，第三个是现实而苦恼的——这是个禁区，更是个雷区。这一次，他是真的感到了自己的"薄学少才"，也怀疑自己是否已经具备了足够的勇气。

"《试论》的写作前后经历约一年，直到综合考察委员会工作的后期才定稿。每一次改稿都扩大了论题的范围，更强调价值规律的作用，直到它明确地和主席关于一切经济工作中都应该政治挂帅，也就是和列宁关于'政治同经济相比不能不占首位'的指示相对立而止。"[108]

大毒草《试论》最晚也在1956年2-3月间就开始酝酿了，且越

102　同上 1956.3.28
103　《日记》1956.5.7
104　同上 1956.5.7
105　同上 1956.6.15
106　同上 1956.7.3
107　同上 1956.7.13
108　《自述》P232

写越长，越写越深，越写越勇。《试论》是顾准对世界与中国，社会主义阵营与资本主义阵营的经济状况作了长期细致的观察，阅读了大量的马、恩、列、斯著作，积累了浩瀚的数据与知识后的一次爆发。这株大毒草并非如彼时那个毫无逻辑性的句式——"出笼"，而是由他精心"种"出来的，其萌生土壤是厚积薄发的知识，阳光雨露是关注民生的良心，助长肥料就是那个"又臭又长"的"秘密报告"。

第七章　事情正在起变化

1. 无字的 1957

随着（此处缺页，党校时期日记到此完）字样的出现，顾准已面世的日记文字到 1956 年的 7 月 13 日告一段落，再见面已经是一年零七个月后的 1959 年的 2 月 23 日。

19 个月，时间能做多少事情？中国发生了多少故事？

仅仅人们现在已知的就有那么多——

中共召开八大、城市全面的公私合营、农村 96.3% 人口加入高级农业社、增产节约运动、首届广交会召开、百万干部下放劳动、中国历史上最大规模迫害知识分子的反右运动开始、马寅初发表《新人口论》并立即遭厄运、少数民族也开始整风、大跃进口号出台、志愿军全部撤出朝鲜、除四害、赫鲁晓夫出任联共第一书记兼苏联总理、英美核聚变试验成功、炮轰金门开始、中央电视台开播、汉语拼音方案公布、全国人民公社化、郑州会议、西藏"平叛"、刘少奇当选国家主席……

还有许多至今未解密的。顾准的事情，他的故事，也在其中，却缺了他一定写过，现在一定还在世，却无法出版，无法面世的 1957、1958 两年的日记！

1956 年 9 月，顾准同学从中共中央高级党校顺利毕业，需要按照党校历来的毕业分配方案——哪来哪去，回到建工部。他放下臭架子，求张三拜李四，再三设法，总算离开了"工部衙门"——中央建筑工程部，来到"翰林院"——中国科学院哲学社会科学学部经济研究所。这是他和老孙早就约定好了的事情，他急切地想来经济所

223

"做和尚"，老孙却是急切地想要他来做"方丈"。

孙冶方1956年开始做经济所所长，从职位的角度看就是国家的首席经济师，而他国家统计局副局长的位置反倒成了辅业，是任他纵观国家经济局势的"大沙盘""气象站""数据库"以及培养年轻经济人才的"博士点"。可就算这样，他也早就不安于位，和老顾一样，一心一意想"出家"到经济所这座庙里来，安安静静地打坐读经做学问。

中科院副院长张劲夫先生先和"刚分配来的学生"顾准谈话，要他做经济所的副所长。顾学生坚决不干，说自己目前正处在"思想危机"中，只适合做悄悄读经的"和尚"，不适合做领导众僧的"方丈"，张劲夫拿他没办法。

其实顾准对自己进经济所早有计划：

第一，"我对研究机关怀着资产阶级知识分子对'神圣殿堂'的敬畏之念，在这里，不仅'外行不能领导内行'，我还'怕教授'"。所以副院长，您还是饶了我吧。

第二，《试论》正写得如火如荼，初稿还没有完成。我的计划是"要把价值规律从农产品收购扩大到整个经济生活"，这是个大题目，这个当口怎么可以分心？

这第二条很实诚，可是人家开始却以为他嫌副所长的地位低了才不愿意去，弄得他哭笑不得，不得不再三解释，再三拒绝才总算说清楚了；

第三，我反对"骆耕漠（彼时国家计委的副主任兼金融物价局长）当时倡导，不久还见于实行的生产资料降价措施……在我看来，他在理论上和实践上都不正确地站在阐释斯大林《苏联社会主义经济问题》一书的立场上……"，它"是'违背价值规律'的，也是不合时宜的"[1]。我的《试论》一朝写出，就是最有力的反证。

这第三条"最顾准"——他总是认为自己有责任向国家献"策"——提供经济上的方法，而且总喜欢用"刍荛之献"来形容。这个在

---

1 《自述》P232

顾准文字中多次出现的成语，是他所有用过的词汇当中最中国、最谦虚的语言。

张副院长拿他没办法。就这样，顾准兴高采烈地走进了经济所——这座日后被康生先生叫做"庙小妖风大，池浅王八多"的"小庙"，做了个"长住"的和尚，日后又成为这个"浅池子"里 3 只最大的"王八"之一。

此时经济所实际责任所长是狄超白先生，又一位不受待见的中共经济学家。1949 年前主编过《中国经济年鉴》，1955 年主持创办了《经济研究》杂志，1956 年主持制定了《经济科学研究十二年（1956-1967）远景规划》，眼下正需要精兵强将，集体作战。狄所长对顾准的到来非常高兴，久闻此人大名——会计学，财政学和税务学专家，不可多得的精英级将才。不过他也知道，此人不说天不怕地不怕吧，也是个天不服地不服的"铜豌豆"，相当不好领导。可是他要的不是领导谁，而是要他手下的"军机""章京"们把智慧加在一起，向更科学、理性和人性的经济学高峰攀登，向执政者们提供更准确的民情和更高明的国策。至于你是铜豌豆还是铁蚕豆，那是你自己的事情，我的能力只能是给你提供个尽量好点的"竹筒"来装你。所以"狄超白优待我，给我一个人占一间办公室，成天只是闭门读书，并且开始写作《试论》。到后期，狄超白一定要我担任财政组组长……"[2]。

中科院院部也为他的家庭提供了彼时北京算得上"豪宅"的专家楼，就在如今寸土寸金的中国硅谷——中关村。

除了孙冶方、狄超白，还有一个人对顾准的到来大为高兴，那就是顾准最"老"的老领导林里夫先生。林里夫九死一生从延整中活了下来，背着个"历史上有政治问题"的包袱也到经济所来了，现在担任《经济研究》副主编兼政治经济学教研组组长。老朋友，老冤家殊途同归，两人都不胜唏嘘。林里夫拿出一套自己正在使用的英文版《资本论》慷慨相送作为重逢的大礼，顾准欣然接受——这是一件不轻的礼物，不在其价值而在其附加物——志向的相同，学识的相近和

2 《自述》P234

对话的平等上，有"尺幅鲛绡劳解赠"之妙。

此时经济所正在发生一场不大不小的争论。几个年轻人和党支部领导——狄超白，林里夫等人之间起了一场关于"青年人是应该先从做好老科学家助手做起，再发展自己的特长，还是老年人、青年人各人发展个人的？青年人也有权利争取做副博士，副博士不是老人的专利"之争。如果用今天的眼光审视，这个题目相当幼稚和可笑——每个人都可以选择自己的道路嘛，你是天才能无师自通，你就去发展你自己好了；你不是天才需要师傅引进门，你就去拜师学艺，然后再"修行靠个人"好了。至于"副博士"一词，先是当年剑桥牛津设的一个学位，相当于眼下的研究生衔，后来是苏联教育体系设的学位，相当于眼下的博士衔，而博士则是眼下的博士后，谁拿得出响当当的论文，还能被别人一遍遍引用，谁就去申请好了，年龄不是个问题，没有什么可斗可争的。可眼下看着不是"事儿"的事，当年却一直闹到《中国青年报》，闹到团中央书记胡耀邦那里。那是个"共产党的哲学就是斗争的哲学"的年代，人人充满"斗志"，"与天斗其乐无穷，与地斗其乐无穷，与人斗其乐无穷"。在如此口号中，人与人之间怎么可能充满爱和善意！于是青年人要打倒老年人，新人要打倒老人，老年人看不惯青年人，老人瞧不起新人，闹了个不亦乐乎，连胡耀邦先生也劝不住。

新老经济学家，青年人老年人（老年人也就 40 来岁吧）都希望新来的这位学识渊博的老年人（顾准当年 42 岁，已足够老）、老人（大会计学家，当然算得老人）表个态，支持谁，反对谁。顾老人没有表示态度。

从内心讲，他比较同情青年人，当年自己不也有过相似的经历？可他也甚觉乏味，人与人之间怎么就不会"讲道理"而只会"斗争"呢？有这个必要吗？这一次我那"敢说敢做，敢笑敢骂"的传主坚决地闭上嘴巴不表态——除了没意思，也没功夫，自打革命以后，他经历这样的事情实在是太多了，厌倦透了。这次他总算是做了件"对"的事情。

这事后来愈闹愈大，狄超白、林里夫两个 1930 年代的老党员居然就因为这么个破事被"搞"成了"狄林反党集团"，还牵连了一批老年人少年人，有些人为此一生没得到安宁。

他懒得理会，埋头在《试论》里，其乐无穷。

从"体会"到"劄记"，从"劄记"到《试论》，现在就要杀青了。像个待产的准母亲，他又兴奋又担心——孩子生出来会是个什么样子呢？发表嘛，当然就在里夫的《经济研究》，她是中国最顶级的经济学术刊物了。可是会引起什么样的反响他却没有任何把握——反响一定会有而且小不了，可反响是正是反就很难说了，后者的可能性要比前者大得多。反正我把要说的、该说的和很可能不该说的都说了，我的责任也就尽到了，剩下的，就不是我能控制的，也就不是我的事情了。

他常常把这样的事情天然地看作是自己的"责任"，匹夫有"责"的责。这种现象在类似顾准这样高智商的人物身上好像是一种特质——姑且把它叫做"天才之为责任"。在探索顾准的过程中屡屡发现这种特质或者现象，是个比较有趣的话题。

除了扩写和改写《试论》，他也参加了一两次所里召开的、有所外的经济学家参加的座谈会，讨论去年毛先生倡导的"双百方针"。这回他可没闭嘴，"关于双百政策，发表过以资产阶级自由化来歪曲这一方针的意见"[3]。在和罗马尼亚经济学家们讨论他们国家的经济生活时，对于这个社会主义兄弟国家至今还在厚待工人薄待农民，重工轻农的做法表示了明显的惊讶。这些都让也是"老运动员"的所长狄超白深感不安，为他捏一把汗——这颗铜豌豆又在铮铮作响，使眼色他不看，打岔打不开，又不能上去捂住他的嘴，真叫人后怕。事后顾准自己也嘀咕，嗨，幸亏我没当什么副所长，"这时候，我的右倾倾向已经随时有所表露，那时如果真由我负责经济所的领导工作，一定会造成工作上极大的损失"[4]，还不定怎么不可收拾呢。

恰好此时，中国科学院自然科学部成立了一个"资源综合考察委

---

3 《自述》P234
4 《自述》P235

员会"，主任是著名的气象学和物候学科学家，原浙江大学校长竺可桢先生，副主任还没有找到合适的人选。彼时重要的自然科学研究机构"搭班子"，都需要组建成即有非党员科学家也有党内高级干部的统一模式，但由于一是 1950 年代初社会主义改造后，理论上知识分子也成了工人阶级的一部分，要求入党的人很多，二是 1949 年后的各次运动中知识分子认识到不管地位多高，没有政治保护还是危险的，而"共产党员"就是最好的保护色，三是共产党要积极建立自己的知识分子队伍，尽量吸收大知识分子进入党内，所以一弄得到了综考会成立的 1957 年，非党的高级科学家供不应求，以致不得不由政府总理周恩来出面恳请大家留在党外，以备不时之需。

竺可桢先生就是其中之一，因此一直到 1962 年才加入中国共产党。

张劲夫副院长再一次挑中了顾准，不料此人又一次摆出"不愿意"的嘴脸。这一回张院长不客气了——"你愿不愿意事小，党的任务你接还是不接，自己看着办好了"。

再拒绝未免太矫情，也让张副院长下不了台，只好提了一个"你们院部必须保留我经济所研究员名额"的强硬要求，乖乖上任去了，时间是在 1957 年岁末。

这一年，国务院成立了科学规划委员会，由杜润生先生主笔，"以任务为经，以学科为纬"起草了《十二年科学发展远景规划（草案）》，在中国历史上第一次把科学家组织到国家建设的计划当中来了。这个规划后来被许多中国读书人称作 1949 年以来影响最大最好的规划。

综合考察委员会就是为了实现这个远景规划而成立的。综考会的任务，首先是调查中国自然条件和自然资源的基本特征与数量、质量，并在此基础上提出自然资源开发、利用、治理与保护的科学方案，为国家和地方编制具体的国民经济计划提供科学依据。1956—1957 年，中科院先后建立了 6 支综合考察队，分别是黑龙江综合考察队，新疆队，华南与云南热带生物资源综合考察队，长江、黄河流域土壤调查队，柴达木盐湖科学考察队，此外还有治沙考察队，南水北调考察队等，参加的单位达 100 多个，1 万多人次。

顾准亲身参与的综合考察项目一共就两项：1.海南岛和雷州半岛橡胶垦殖成果和前景；2.中苏联合黑龙江考察。中间插上了一起到新疆队的短差则纯属政治任务——协调汉维两族干部关系，维护团结，可以略去不说。

竺、顾两位主任的合作是愉快和谐的，但顾副主任在其他方面却又犯了大错误，何止是错误，简直就是"永世不得翻身"的罪过。

俗话说："不是冤家不聚头"，此话用在顾准身上非常精确。这"冤家"，上海时期遇见过，洛阳时期遇见过，这次综合考察又遇上了。上两次，他吃他们的亏，可还算不上伤筋动骨，这一次他可被他们害惨了。他们，就是所谓苏联专家。

先来看看事情的原委。综考会成立伊始，竺、顾两位主任就都认为"把综合考察委员会扩大到苏联科学院生产力研究委员会的规模是不现实的"，那是个极为庞大的考察、研究和决策机构，中科院任何一个部门都无法与之相比。两位主任一致主张综考会不建大机构，一是中国还穷，建大机构劳民伤财；二是综考会的任务不过是组织考察队分项工作，只用把考察报告送到部、委、办机构，让他们利用考察所得资料就行了。参加考察的研究人员自会抓紧工作，综考会无需拥有自己的研究机构，"有一个办公室也就够了"。这让原以为顾副主任到职后要大肆扩大机构的综考会管理资金的副秘书长大大地松了一口气。

顾准随竺可桢行程的第一站是海南岛和雷州半岛，考察项目是两岛 1953 年以来的橡胶垦殖成果。

是时新国家的"老大哥"——苏联与"全世界人民的敌人"——美国的军备竞赛正烈火烹油般不可开交，老大哥的军、重工业急需大量橡胶。可这种最重要的战略物资偌大一个苏维埃共和国竟无一方适合种植它的土地，而北大西洋公约国对华沙条约国绝对禁运此物。大哥的战略眼光自认而然地盯上了刚刚建国的小弟——中国。早在斯大林还在世时期，苏联政府就决定贷款 1 亿卢布给中国政府搞橡胶垦殖，两国在斯大林时代后期，也就是新政权建立之初就签订了合作经营华南橡胶垦殖协定。根据协定，海南岛和雷州半岛必须以毁掉大片水田、荔枝林、香蕉林、椰林、原始森林为代价，大规模、强行推广种植橡胶。此协定深得斯大林之心，他甚至将中苏共同发展橡胶业与志愿军付朝参战相提并论，高度赞扬中国人民对苏联人民的巨大支援。

可是中国华南根本不适宜种植橡胶。"这两个地区种胶除小块地区外其他都是失败的"，作为世界一流的物候学专家，竺可桢早就警示过这一点。这一次竺可桢就是希望通过联合考察使苏联权威认识到这一点，为此他特别邀请了对方一位 90 高龄的植物学家参加这次考察，就是希望他能支持自己不再在华南发展橡胶垦殖业的主张。人上 90，倒过来算应该是沙俄时代已经开始植物学研究的老科学家，去政治，纯专业的倾向可能会大一些，竺主任可谓煞费苦心。

加上赫鲁晓夫上台后"苏联政府已经片面毁约，我方经营此项事业的巨大损失早已成为既成事实，这次考察，充其量只剩下一个植物地理学的争论问题有待于解决"罢了。两位主任在否定华南橡胶垦殖问题上高度一致。

实际上顾副主任这会子还随身带着他那宝贝《试论》，准备在考察的途中进一步完善并彻底截稿。假如考察中遇上的新情况能让自己有新见解加进去，那就更好了。

两岛考察结果与竺可桢早前的判断一模一样——植被严重毁损，胶树却基本上无法生长，我方损失巨大。顾准坚定地鼓励和支持他以人大常委委员的身份，向全国人大提交一份如实反映情况的报告。通过阅读和交谈，顾准已经了解了事情的来龙去脉，对苏联的大国沙文主义和不负责任的态度气愤至极。

竺可桢的报告递上去了，顾准因为并非人大代表，是没有资格签字的，但他事先一定看过并明确表示过他的看法。可惜从后来的情况看，中央并未理睬这份报告，至少海南岛的橡胶业一直搞到 1970 年代，最晚的甚至到了邓小平时期才最后罢手。从 1952 年初中央军委下令从华南抽调近三个师的军队现职和复转军人赴两岛热带雨林开发，到 1958-1962 年又陆续从东北、新疆抽调大批复转军人赴海南岛种植橡胶林，到 1968 年大批广州知识青年的下放，这一切错误的国策给海南岛大林莽的原生态和原住民，他们中间有很大一部分是少数民族，如瑶族、黎族、僮族、畲族、苗族、京族……，带来了巨大的人文和生态灾难。

请允许在这里说一点我自己的家事，因为它和这一次"海南综考"关系太密切了——

我的姨夫吴子玉就是跟着王震将军，1961 年 2 月从中国的东北角——北大荒"转战"到海南岛文昌县的橡胶林，在一个叫做"东路农场"的橡胶种植基地做了五年的党委书记。1968 年 2 月 8 日深夜，他被残酷地枪杀在海南岛清澜港的紫贝岭，身中 16 枪。那一个恐怖的夜晚，海南岛全岛同时枪杀了 140 多名南下干部，都是汉族。1985 年我曾陪着我的小姨，拿着王震先生的亲笔批示，到文昌县寻找姨夫的遗骨，一无所获。枪杀他的凶手还活着，1980 年代初期坐了 3 年牢已经放了出来。他也已经是个老人，姓符，典型的海南岛土著之姓。那时我恨透了凶手，不知为什么政府对他那样宽大。现在我不恨他。了解了这一段历史，我能体会当年他们祖祖辈辈千辛万苦种出的香蕉林，荔枝林被推土机强行推平，在妻子和孩子们厉声哭号声中，他是什么心情。仇恨的种子那时就已经在他的心里播下了，10 年之后，又是你们这些"大陆人"要搞什么"文化革命"，要打倒这些书记场长们，我们不趁乱杀掉你们更待何时？我那 14 岁就参加革命，大尉军衔专业军垦，又英俊又慷慨的姨夫就这样惨死在远离他河北家乡的天涯海角，尸骨无存，时年 38 岁。

人们，假如你们当年听了竺可桢先生的一句话，假如你们相信一点你们自己派到综考会去的"党内高干"顾准先生的话，我的姨夫今年应该整整 86 岁。

顾准对海南岛、雷州半岛之行至今尚无实时的文字面世，人们写这一段，大都是从《竺可桢日记》入手。但我坚定地相信顾准也是有"综考会日记"的，且震撼力不在他的"商城日记"之下。

"1956 年上半年，在苏共二十大逆流的袭击下我在哪些问题上堕落到了修正主义泥坑里去，已说明于上面第二节（关于"秘密报告"一节－作者注），这些反动思想在海南考察途中，在同行的党员同志面前有所流露，主要还是发泄……不满和牢骚"[5]。

又是这些该死的省略号！除了"缺页"，除了"删去"，省略号也是探索顾准的大敌。这些无趣的点点有几个是顾准自己打上去的？你看《顾准文稿》和《顾准笔记》，他最不喜欢用的，用的最少的标点符号就是省略号——这个所有标点符号中最鬼鬼祟祟，油腻猥琐的一个。可历史岂是能被这些点点省略掉的？"人类，或人类中的一个民族，绝不是当代的政治权威有权僭妄地以为可以充任其全权代表的"[6]，谈何标点符号！

2. 截流之坝，蓄洪之坝

3月下旬，两岛考察完毕，顾准回到北京。

他立刻发现北京的气氛与一个多月前离开时很不相同。一时间，人们怎么什么话都敢说了？万马齐喑几乎变成了"万马齐嘶"，你不"嘶"还不行，哪怕就是提一条"某书记太不注意保重身体"，"党支部应该多组织大家搞卫生"，"门前的水沟要淘一淘了"之类的淡话都行，就是不能不提，不提就完不成"任务"。

党号召全民都来向党提意见，帮助党改进和提高，什么意见都行，党自会"有则改之无则加勉"。中国的读书人向来不大聪明，给个棒槌就当了针（真），还真就提起意见来。令顾准大吃一惊事小，让提倡提意见的人大吃一惊，这事儿就闹大了。

上年与《论十大关系》同时就出了个"百花齐放百家争鸣，长期共存互相监督"的方针，简称"百百长互"。顾准没太当真，被"对革命的幻灭感"折磨得正苦的他，情愿去"体会"价值规律也无心去

---

5 《自述》P243
6 《文稿》P249

体会这个什么劳什子"百百长互"，他认为它们是文艺界的东西，和他的经济学不搭界。可现在是怎么了？

就在他随竺可桢参加综合考察的这不到两个月时间里，中国发生了一系列的故事。

先是 2 月 27 日毛泽东先生作了一个《关于人民内部矛盾问题》的讲话，用纯意识形态的哲学语言将他"在心中积累了很久"的话语说了出来。他解释国内外的种种问题，给党提供指导方针。关于"香花和毒草"就是在这个讲话里提出的一个譬喻——"百花齐放就是有香花也有毒草，百家争鸣就是也可以讲唯心论"。好一派大国盛世之君的满满自信和煌煌大度！

几天后，意犹未尽的他下令中宣部长陆定一召开了一次大规模的宣传工作会议，史无前例地邀请了一百六十多位科学、教育、文艺、新闻、出版界的非党人士参加，约占会议参加总人数的五分之一。会议上他首次提出"党内整风要党外人士参加"。

这次会议在中国读书人中引起了巨大的反响，并且全部是正面的。储安平、傅雷、马寅初、冯友兰、罗隆基、章伯钧、徐铸成、费孝通……除中共外的各党各派无一不是兴奋不已，众口一词拥护毛的讲话。

在我所知道的范围内，真正认出并完全不相信这一套"匠心巨手，叹观止矣"，对"百百双互"不置一词，不发一言而终以 85 岁的高龄安逝在自家床榻上的，就只有一个人——孙冶方的亲哥哥——薛明剑先生。这位前国民党国大代表，立法委员，1949 年婉拒了包括中共在内的一切党派请他"出来问事，服役人民"的邀约，1957 年又坚拒了"向党提意见"的好意，才得了这么一个好死。他在 1957 年 5 月 12 日的日记中白纸黑字地写道"虑不仅是怕诱敌深入聚而歼之"。真高人也。

可惜顾准，在这种危险面前总是迟钝和弱智的，且屡教不改。回到北京，他像刚刚跋涉过大沙漠，又渴又饿的骆驼，一头扎进文字的水囊和草料里，大批量地阅读了各种报刊杂志——党内的，党外的，还千方百计查阅国外的。等他再抬起头来的时候，他以为自己已经差不多明白是怎么回事了，立刻决定了自己的行为方式——

"我对于报纸上发表的许多右派言论，诸如诋毁肃反运动、资产阶级自由化、政治设计院等都有程度不同的同情"。但，"我绝未在公开的会议上，或用文字参加过以'大鸣大放'为名的向党进攻，我的反党反社会主义的言论，都是在和党员同志的闲谈中流露的"。[7]

就在顾准呆在北京的短短两个月时间中，仅供党和国家高级干部阅读的、《参考消息》的前身——《参考资料》全文连载了南斯拉夫人密洛凡·德热拉斯的《新阶级：对共产主义制度的分析》。顾准迫不及待地从别人那里借阅了它。这个东西对顾准的冲击力实在是太大了。

从他已经面世的文字看，《新阶级》是继 1956 年赫鲁晓夫秘密报告，将他对"地上天堂"——共产主义的"幻灭"彻底变为"湮灭"的最后一击。他从来没有读过如此一针见血地分析共产主义制度的作品。

德热拉斯曾是铁托重要的助手，南斯拉夫中央书记，国民议会议长。1954 年因主张多党制和议会改革而被开除出党，接着是多年的牢狱生涯。

和单纯地站在政权的对立面批判不同，《新阶级》以德热拉斯自身的特殊经历对共产主义制度作了极为透彻的分析。本书写于 1957 年，即使今天来看，也不得不佩服作者惊人的预见性。此书的主要结论是，共产党在取得政权后并不会真正地建立一个美好的大同社会，而是将运用恐怖和暴力维持一个垄断权力和社会的新阶级。任何共产主义国家，无论自称奉行何等意识形态，只要垄断权力的新阶级没有消失，它们的本质都是一样的。

顾准一向就对进城后的许多老干部们以功臣自居，不工作，不学习，高官厚禄，压制或妨碍新生力量的成长深恶痛绝。虽然他自己也是个"老干部"，却主张对他们"赎买"——你们拿一份干薪回家抱

---

7 《自述》P243

孙子好了，别占着茅坑不拉屎。但这些都没有上升到德热拉斯那样的高度去认知和分析。当年毛泽东提倡全党读《甲申三百年祭》，他也是有感触的，但他对郭沫若的历史研究方法和历史观一向质疑，除了肯定郭氏甲骨文研究成果以及基本同意他"中国文化西来说"之外，其余的，他都持不信任态度并准备在有时间、有机会系统读史后再做批判。所以他对此文并未像其他党内人士那样特别重视。

现在《新阶级》摆在他的面前。德热拉斯从哲学，历史和人类发展规律、秩序的角度对马克思创立的"共产主义论"的分析、批判，比起《甲》文对闯王李自成进京后立即崩溃原因的分析，不知要高明深刻多少倍。

早就断断续续、隐隐约约出现的一个想法——对一种"要将一种生活方式强加在所有人头上"的东西的怀疑，现在慢慢明晰起来了。但这种东西是什么呢？它是在什么时候产生的呢？它是怎样发展和强大起来并且强大到可以奴役一切人的呢？

北京的气氛令他一时静不下心来思考。

他公开对人宣称"对林希翎、谭天荣之类的疯狂的反动言论有些是同情的，至少认为这些年青人有胆量"，对毛泽东的什么"阳谋"——"因势利导，夺取胜利"，"引蛇出洞——好打"的手段则十分厌恶和抵触，"甚至模仿储安平的口吻，恶毒诋毁伟大领袖毛主席，说什么'老和尚要认一下错也不可能了'"。[8]

幸亏，北京和新疆的工作很快结束了，他没有时间和机会"大放厥词"。7 月，顾准又一次跟随竺可桢，开始了中苏水利资源黑龙江联合考察。

这一次，苏方领队人叫涅姆钦诺夫，是个经济学家。此人比竺可桢还小几岁，却常常对竺先生流露出一种老子教训儿子的口吻，令顾准大为反感。但这不算最重要的，重要的是当考察进行到要为中苏合建的水利工程选址时，中苏双方因为坝址选择问题起了剧烈冲突。

中俄两国因黑龙江水源争夺的矛盾也不是一天两天了，即使大

---

8 《自述》P246

家后来在社会主义阵营里成了兄弟，可老大哥依然不允许小兄弟从黑龙江取水灌溉。这一次从黑河（瑷珲）开始到符拉迪沃斯托克（海参崴）为止的联合科考就是要解决这个问题，拦河筑坝，让哥哥和弟弟都有水喝。

以涅姆钦诺夫为首的苏方坚持要求将坝址选在黑龙江上游的海兰泡，而竺可桢则含蓄地表示黑龙江下游的太平沟才是一个对于中方来说最好的坝址。当然，在这个问题上双方都有自己的小九九，国家利益在前，谁也不会胳膊肘朝外扭。

竺可桢主任希望能得到作为党内负责干部顾准副主任的支持。顾准当然支持！

对于竺可桢这样的"老教授"他本来就比较"怕"。此教授的专业程度他早已了解透彻，加上自己这几个月"临上轿扎耳朵眼"式的对水力学书籍生吞活剥的阅读，即使仅仅从常识出发，他也知道竺可桢的建议是对中方最有利的。顾准当即向国务院副总理聂荣臻作了紧急报告，取得了他十分明确的支持，接下来就是双方各自为了本国利益的艰难谈判。

顾准和涅姆钦诺夫就在此时起了剧烈的冲突。

老科学家竺可桢，温文尔雅，温良恭俭了一辈子并已年近 70。让老人撕破脸皮去和苏方争执是不合适的，顾副主任义不容辞地冲了上去。他咄咄逼人，寸步不让，从数据、逻辑、经济、效益、民生、发展这几个他的强项上撕开口子，咬了下去，死不松口。

作为两个国家的谈判对手，各自为自己国家争取利益本是天经地义的事情，坦率地讲，俄国人也没有太多可指责的。只是他们遇上这么一个谈判对手，真算是倒了血霉。

道理上讲不过他，他们就打算从气势上压倒他。涅姆钦诺夫把顾准叫进自己的包厢，本想像教训其他中国人那样好好呵斥他一顿。谁知这回他算是自找倒霉，碰上对手了——你讲专业他陪你讲专业，你谈历史他陪你谈历史，你说理论他陪你说理论，你操英文正中他下怀，你回到俄文他有最好的翻译，你还要不要操法文或者日文试试？他肯定奉陪到底！

顾准早就看不上他们那种不知打哪来的傲慢和优越感，又不是没见识过，不过如此嘛。我和你，我们和你们，是平等的，你要从道理上说得过我，我就服你。想凭大国势力压人？真要做大哥，让中国兄弟戴上俄国镣铐跳舞？休想！

"我和他谈话时，在这种傲慢态度面前绝未表现出丝毫的恭顺之意，反右斗争中也有人把这当作右派罪行加以揭发，我认为不是我错了，而是揭发者自己错了。"[9]

涅姆钦诺夫暴跳如雷，操起一顶大"帽子"向顾准头上扣去——你，反苏！

其实涅、顾二人从考察开始就有成见。涅一直希望能受到邀请到古都北京去开个会，借机逛上一圈，这个讨厌的中国人以经费无预算为由就是不同意。某位中国植物学家同志想买几把 10 块钱一把的鲜花献给老大哥，他死活就是不批——10 块一把？一个北大学生一个月的伙食费才 8 块！

"你，你们中国共产党，怎么能留这样的人在党内？！"

倒霉的涅先生只看到顾准此时的倔强和别扭，哪里想得到正是他们的格鲁吉亚大叔在此人心中引起的痛苦和幻灭感，才是他老涅今天触霉头的最大原因。

不过公平而论，除了得理不让人，顾准确实是在迁怒。他不光是迁到老涅身上，你看看下面他十几年后，都在作"历史交代"了，提起当年的俄国人依然是不依不饶，怒火中烧，怒不可遏。而迁怒的对象是谁？你连想都想不到：

"黑龙江考察的苏方领队人是涅姆钦诺夫，从最近大字报的揭发中，知道他就是 1958 年在北京，1959 年以后在莫斯科，孙冶方几次向他乞求指导经济所工作方针，特别是平衡组建组方针的那个苏联经济学家……我却料不到孙冶方会如此彻底地实行张闻天的所谓'拿来主义'，在他负责经济所工作的开始就去乞求这个傲慢以极

9　《自述》P240

的人为他'定策'，向他'取'数理经济学的'经'。其实在数理经济学方面，涅姆钦诺夫也不过贩运西方的东西。应当坦白交代，如果那个时候我这个修正主义者当所长，我要搞数理经济学，我绝不会向涅姆钦诺夫卑躬屈膝地去取经，我会要巫宝三，关淑庄这些人来翻译介绍西方的东西，也组织人翻译西方的东西，哪怕是搞修正主义，我也还要取两者之长，走自己的路哩！"[10]

真是恨屋及乌啊。

顾准写上面这段话，时间已经到了1969年，老友孙冶方正蹲在北京的秦城大牢里，罪行嘛，也是因为"疯狂叫嚣价值论"，和他老顾基本相同。本应同病相怜的顾准写到此处，虽事过多年依然是余怒未消，大骂没出息的老孙，恨铁不成钢。落难中的老孙，人都坐在牢里了还被你骂成这个样子，到底还是有些不厚道。

就连受了涅姆钦诺夫不少窝囊气，顾准为之狠狠出了口恶气的竺可桢老先生，也被顾准的怒火吓着了——"我也觉得（顾准）自由主义太重，主观深"，他在日记中写到。

即使时至1957年，"反苏"依然是一桩非同小可的罪行，离中苏彻底撕破脸皮的1960年代还远，更要命的是有位中国黑龙江省的陈同志一直站在涅先生一方。这位同志一封信把顾副主任告到了中科院，除了他对苏联专家的恶劣态度，还有考察途中的各种右派言论，例如他在北京期间听到和读到的各种极右言论，加上该同志自己的诠释，例如到处宣讲德热拉斯的《新阶级》，例如关于对苏问题如国界、领土、拆迁、汇率、华南垦殖、贸易等等各方面的非议……最严重的是他把毛主席一口一个"老和尚"叫了一路。就连那几把没买成的鲜花也成了顾准"对老大哥大不敬"的罪行。

一向大度的顾准对此人也不宽容，文革时写过一篇《揭发陈剑飞》，还巴巴另加上了一篇《关于揭发陈剑飞的补充》之类的东西。比起好几桩他对待其它要他"揭发"的人和事，情愿被打死也不肯作

10　同上

伪证的案例，比起他能少连累一个人就少连累一个人，情愿自己多受精神上、皮肉上的苦也绝不咬上别人，他这次确实俗了一点，虽然揭发的都是事实。

可你要说顾准一路上都在找老大哥的别扭，招黑龙江同志的不高兴，那就又错了。

就在北京呆着的最后几天，他终于把《试论》截了稿，投给了《经济研究》。老友里夫也不含糊，六月号就刊载了。顾准拿了多少稿费现在查不出来，但应该不低，毕竟3.7万多字，又是一流的稿子，一流的写手。他现在正兴奋地等待着反响，又兴奋，又紧张。

而此时，贴着8分钱邮票的告状信也已经截稿、发出并很快起效了。8月——

"当黑龙江考察途程结束，在哈尔滨开学术讨论会的时候，谢鑫鹤（综考会副秘书长）有信给赵峰（综考会临时党支部负责人）催促我们尽早回京，但是我心里就有点嘀咕，为什么这样的信不直接写给我？"[11]这一回顾准总算是事前就嗅出点危险的气味，也算是历练出来了一点初级的"政治功夫"。

太平沟大坝终因中苏很快分裂而弃建。

这个最终没有建成的东西，却在顾准的政治生命河流上筑起了截流大坝，一下子就彻底截断了这条原就曲折、崎岖、坎坷的河，涓滴不剩。

可上帝是公平的，他关上一扇门的同时也会打开一扇窗。顾准的"太平沟大坝"截流了，可与此同时他的生命之河却因着"太平沟"的截流开始关闸蓄水。待到开闸的一天，大水将携雷裹电排山倒海般倾泻而下，发出无法计数的能量，照亮千千万万颗人的心。

顾准自己生前没有看到这一天，他早已随这一泓清澈的生命之水流进大海，融入永恒。

11　《自述》P240

3. 从幻灭到湮灭

8 月底，顾准回到北京，立刻感到情况不妙。"事情已经起了变化"。

毛泽东反右的初衷很可能并不像薛明剑先生预测的那样，真是要"引蛇出洞，聚而歼之"。从政治、历史、哲学、逻辑和常识的角度看，在一个新国家正逐渐走向兴旺，人民情绪还算安定，在野人士还算安生的情况下搞这样一场运动，无论对共产党还是对毛泽东本人来说都是无谓的和得不偿失的。1957 年冬春之际毛先生想要"整"的，很可能还是他党内的"同志们"——他们的居功自傲，刚愎自用，卖弄学识，头头是道，自以为是，喋喋不休，早已令他从厌倦到嫌恶，从嫌恶到憎恶。苏联，匈牙利和波兰的"事变式变化"和对斯大林"物伤其类"之感的日益加重，令他烦躁不堪。于是才有了2 月 27 日的"关于人民内部矛盾问题"的讲话，将他"在心中积累了很久"的话语用"纯意识形态的哲学语言"说了出来，成为一纸在党内开展一轮新整风的动员令（这一讲话和日后正式出版的《毛泽东选集》中《关于正确处理人民内部矛盾问题》是有很大区别的，请读者注意）。接着才有中宣部长陆定一召开的大规模宣传工作会议，邀请了几乎全部显赫的非中共人士参加，他在会上首次提出"党内整风要党外人士参加"。

"请外人介入家事"，本就不是个好事，这个道理连村夫村妇都懂。但是毛先生过高地估计了自己"在人民群众中"的威望，看见成千上万人围着自己高喊"万岁"就以为一切都会在自己巨手的掌控之中，风何时起，雨何时住都是挥手之间的事情，眼下不过用"外人"整一整"家人"，使他们听话些，乖巧些也就罢了，而家，是决不能乱的，更不能让"外人"当了家，这才是最大最大的"大是大非"。

于是就有了"大鸣大放"——让外人骂骂家人，让家人知道自己在家算老几。

许多过来人，无论是否右派，是否受到过"反右"的逼迫，提到

1957 年，都说那是一个"最让人心情舒畅"的年头，他们所指都是该年上半年"事情正在起变化"之前，毛泽东要"借助外人整家人"的短暂时日，是"关于人民内部矛盾问题"的讲话正普降甘露的日子，满打满算不足半年。

此处"家人"，并非指全体共产党员，而是一部分被毛所憎恶的党的高、中、低级干部，前者是他"抬头不见低头见"的同僚，后两者则是他听取汇报和推想"必然如是"的人群。

岂料人算不如天算，鸣放过程的难堪就不提了，除了"外人"的穷凶极恶让他始料不及、大吃一惊之外，家人的"叛家投外"更让他恼羞成怒——这还得了，外人起哄，家人架秧子，竟然一起"搞"起"家长"来了，是可忍，孰不可忍？！

"事情"就这样"起了变化"。

毛泽东先生立刻清醒过来：御外还得亲兄弟，护家仍需父子兵，家人终归是家人，外人终归是外人——家人可以日后"关起门来打狗"，先把堵上门来要"帮着家长整家风"的外人痛击回去才是刻不容缓。

至此，反右不得不为之。薛明剑先生的"先见之明"不过是歪打正着罢了。

从 1956 年，已执政 7 年的"极峰"[12]出现了最初的对高级同僚的猜疑，妒忌和不满，这令他发动了"外人"整"家人"的"双百运动"，继而马上又感觉不对劲，又发动"家人"整"外人"，全民整"外人"的"反右运动"。之后，他在依靠"家人"或依靠"外人"的选择上反反复复，用顾准的话叫"匠心巨手，叹观止矣"，本书却认定他是"弄巧成拙"，万不得已的下策。老党魁一直折腾到 1976 年 9 月才算正式谢幕，彻底消停下来，离反右正好 20 年，离延整 34 年。除了他的人格特质导致中国这种极特殊的现象外，也和新政权的执政者们因为几乎个个都在基业未成时跟着"北方吹来的风"在朝左暮右，暮左朝右的"意识形态"中摸爬滚打，对左右斗争形成了"心因

---

12 顾准始自 1950 年代后期对毛泽东的称呼

性成瘾"，有着直接的关系。

回到北京的顾准没有慌张。

毕竟"曾经沧海难为水"，他也是摸爬滚打过来的，但几乎次次都是因为"右"，包括上海时期那次，虽然眼下又被说成是"左"。比起那些初见世面的人，他的心里要平静和坦然得多。从形式逻辑的角度看，"左"和"右"是能被随意摆布的"条件性概念"，它表达不出实质性的东西。他也从不拿左、右说事。

先是张劲夫副院长听取综考会竺可桢主任和顾准副主任的汇报。对太平沟-海兰泡之争，副院长未置一词，只叹了口气。

预感更坏了。

不出所料，第二天综考会秘书长就召开了一次小型批判会，批判"老运动员"顾准的新右派言行。这样的小会开了几次之后，最后一次由张劲夫主持，"明确点出我的问题是大是大非问题，这实际上已是宣布我被划为右派了"[13]。

恰巧（不如说是不巧）此时，《经济研究》1957年第三期发表了顾准的《试论社会主义制度下的商品生产和价值规律》。令他始料未及的是，此文不仅在经济所而且在全中科院、全国经济学界都引起了巨大的震动并在倏忽之间就成了大毒草，陷入全党共诛之，全国共讨之的境地。

关于《试论》，因为过于专业，将单列一篇，尽作者能力通俗、细细地讲来。这里先略过。9月，"经过一二次中型的揭发会议，立即转入批判斗争我的右派罪行的大会，召开大会前，科学院党组分发了《党内右派分子顾准的右派言论》这本小册子，推测起来调查搜集这些材料的工作，在小会开始时或开始前已在进行之中了"[14]。

这本小册子里已经包括对了《试论》第一轮的批判文章。连续四五次批判大会之后，顾准已经习以为常了，但这一天的批判大会格外隆重——时间选在10月1日国庆节当天，地点选在中山公园里的中

---

13 《自述》P248
14 《自述》P248

山纪念堂，人物是中科院党组全体成员出席，"革命群众"则有一千多人。顾准对于这样的安排还是"相当满意"的。他是个完美主义者，做什么都要求要"做得像个样子"，最讨厌"婢学夫人"式的不伦不类。

是时中国，遍地右派。批判会、斗争会白天开，夜里开，天天开，时时开，数不胜数，可像批判右派分子顾准大会这样规模和档次的还真不多。再说经济所大部分他看得上眼的人物，除了孙冶方，很多都已经是右派了，狄超白、林里夫、章良酉、章有仁……再多个自己也算不上个事儿。再说章伯钧、罗隆基、费孝通、钱伟长、章乃器、沙文汉、丁玲、吴文藻……，这些让我"怕教授"的真正的教授们都是右派，和他们排在一起还真不丢人。

"主角"顾准的登台亮相也比较精彩：红红白白的大字标语，震天动地的革命口号加上各位领导的正襟危坐，在典型的中国京剧式主角即将登场的热烈气氛中，顾准稳稳地从舞台一侧走了出来，整洁的中山装，宽边眼镜，紧抿的嘴唇，睥睨的眼神，一上场就是个"碰头彩"——好一个大右派，"打倒……严惩……"，革命群众的革命口号喊得更加惊天动地了。

人们一个个上台去发言。这又有一点点像西方芭蕾的剧式——配角亮相，拿出自己最精彩的身段，完了再退至台侧。除了揭发、批判，群众们还要加上质问：

"你说你要三年当市长，五年当总理，你是不是要取代周总理？"

"你在上海，为什么反对民主评议？"

"你为什么反对苏联老大哥？为什么多次在华南和黑龙江难为人家？"

"你恶毒攻击毛主席，管他老人家叫'老和尚'，居心何在？"

"你为什么同情葛佩琪、雷宗海这帮大右派？"

"你为什么同情林希翎，谭天荣这帮小杂种？"

……

随着一位位群众代表的或揭发，或批判，或质问，或仅仅表示一下自己的愤怒，顾准索性把嘴抿得更紧一些，身子站得更直一些。42岁的他正当壮年，只要不上武斗手段，问题还是不大的。除了有些人指着他的鼻子质问，不小心愤怒的唾沫星子飞上他的脸上略感恶心之外，其他还都承受得起。他深知如此场合，如此气氛，你纵有一万张嘴最好也别为自己辩护，那只会让你得不偿失。你现在不是被告而是罪人，记住，不要奢望申诉和辩护的权力。

他早就"肯定地"认识到了自己一个最大的错误：

> "我只在一个问题上肯定我是'错'了：三反撤职以后我不放弃，累次提出申诉，愈是这样，我愈'倒霉'，从此以后我绝不再申诉，党怎样处理就怎样处理，党叫到哪里就到哪里。"[15]

从综考会回到北京那天，他就开始读史了。

"读史"对于他，永远是一剂最好的镇痛和安慰剂，也是他次次在批判会上都能身杆笔直的支撑——1939 被撤职并"清算顾准路线"时，1952 年被撤职并"接受党和群众的批判"时，1955 年在洛阳时，1956 年在中央党校时，他都用读史来度过最艰难的时期。读史给他的精神力量从某个角度看要远远超过家庭和妻子给他的安慰和支持。特别是在他被彻底排出"母体"后，在外人很难想象的残酷环境中，在妻子因不堪重压自戕后，在五个孩子都对他背过脸去后，他都靠读史"苟活"了下来，而他自己也创造了历史。

眼下，已经没有"班"好给他上，到了 9 月，连"职"也正式撤了，他就等着停薪了。他知道这一招是必然要来的，倒也不慌，不在其位，不食其禄，他和妻子已经准备好。

"我闭门家居，除在宿舍房前开一小片土地种蔬菜外，全部时间都用来读书——读已出版的马恩列斯的著作，读了一批西方历史的

---

15 《自述》P250

书籍"[16]。

他又一次进入 1952 年被撤职后的状态中，精神上感到极度的干渴，强烈需要补水——攫取新的知识，从知识中获得力量。那一次他拿起的第一本书是《几何初步》，因为彼时最感困惑的是混沌和无序，他渴望触摸逻辑，循着逻辑去摸索事物的"原点"或"起点"，弄清楚"我"到底错没错？错，错在哪里？没错，没错在哪里？中国好像就从未有过真正的数学和逻辑学，而这，是不是她经常性地处于混沌和无序的原因呢？

那一次他从几何入手，未几就从数理中触摸到了强烈的逻辑感，这令他狂喜并沉醉其中。后来在上海和洛阳的建筑业工作中他都没有间断数学的学习。在党校，他先是将数学和马书（马克思书），亚书（亚里士多德书）、黑书（黑格尔书）放在一起读，读出许多别人很难体会的新意。但当他一旦意识到逻辑只是工具，研究经济一定要研究历史后，立刻就跨出了对数字和图形的迷恋，一步从圆规三角尺和计算尺的丛林跨入了历史的平原。他贪婪地阅读一切能够到手的历史书籍，差只差一个正式的读史和研史的详细规划，因为醉心于《试论》，因为综合考察而没有去制定和实施。

这一次他要正式规划了。从历史下手，从中到外，从东到西，从古到今，由此触摸这个世界和他所属的这个物种——人类，找出秩序和规律。

"对于未来的瞻望，必肇始目前。没有未来会出现的东西，而目前没有萌芽的。"[17]

他深信今天的历史昨天一定发生过，明天，太阳也绝不是新的，只是重新升起罢了。所谓"太阳底下无新事"，就是秩序，就是规律和逻辑，就是"道"。

16　同上
17　《日记》1957.3.8

他下决心做一个历史的观察者和探索者。没有同行的伴侣，更没有团队，他也无心、无力呼朋唤友以壮声势和胆量，他只能是一个孤独守望的观察者，单兵掘进的探索者。他立志做"独行侠"的想法并非出于无奈而更像是有意识地要远离一种什么东西。假如不是"独行"，这个东西就会如影相随，它会妨碍、阻拦直到毁掉他读史、研史、解史，前瞻的进程计划。

他警醒着，不让它靠近。

"我要'独自探索'，表明我离党愈来愈远了。思想上与党离心离德，只保持一个组织上的服从……。"[18]

几年来他总是感到身处一种类似"模子"的东西里面，这种感觉已经很久了，"痛"感愈来愈尖锐却很难言说明白。起初他将它当成是革命的磨练，是打碎"旧我"塑造"新我"过程中必不可少的痛苦。可是越往后他越感觉不对。

撇开自己的遭遇不谈，1952年的"统购统销，梁黄叫嚣"，1953年梁漱溟的"笔杆子杀人"，1954年的胡风"反革命集团"到1957年的反右……，尤其是1958年的"人民公社运动"，他听说有个县的农民每个人的后背都订上一个阿拉伯数字，取消姓名，按号叫人派工，他惊悟了。这个模子似的东西，就是专制者泯灭每个自然人个性和特质的工具。它要将一个个不同的"人"挤压成一个个无个性的被治者，一个个号码。这和马克思在《共产党宣言》中宣称的"每个人的自由发展是一切人的自由发展的条件"，和"人人都是自由和尊严的"地上天堂——共产主义何止是格格不入，分明是背道而驰。

德热拉斯的《新阶级》让他的思路更加明晰起来——共产主义是一种新的宗教，它要根绝"人的意识"，将人放入被告知"无害"的模框里，并告诉他们只有这样才能进入天堂，万不可企图跳出来，因为就连通向地狱的路也是好意铺成的——

"他们想出了最反人道的口号——'根绝人的意识'，而且他们

---

18 《自述》P250

就依照这句话去做，好像是在根除树根与莠草，而不是在对待人类的思想。"[19]

他不能忍受这种从肉体到精神彻底的奴役。他要挣脱出来，肉体不可能也要从精神上挣脱出来，无论如何，在所不惜，否则，毋宁死。为此而读史、研史和解史早已不是什么兴趣或者爱好而是钳碎模框、冲破牢笼的斧锥。

他还需要时间，现在上帝给了他时间。右派的身份使他即刻丧失了工作的权力——不可以做研究也不可以写文章或翻译文章，更不要想什么"刍荛之献""策论"之类的东西，他没有了工资却有了大片的空白时间。

实际上到了国庆节那次大型批判会前，他已经做好了一个读史计划并开始实施。除了读书，他还大量地读报，"其中有关反右、双反（反浪费，反保守－作者注）运动和经济问题的报道社论等等，还摘抄了一些卡片"。他的心更踏实了，"并没有引起1952年三反撤职和1965年再度戴上右派帽子时的那种激动心情和悲观情绪"[20]。

到了秋凉11月，批判会也就渐渐没了新鲜感，没了气氛，未鸣金就草草收了兵。此时的顾准，幻灭感已然平复，甚至连泯灭感也没有了。尘埃落定，一片清凉。

"那时候心情所以比较'平静'是因为……我对这些问题还要探索"，"我感到'幻灭'的总是比较抽象的问题，由此我决心要'进行探索'，而不是躺倒不干了"[21]。

从幻灭到泯灭后下定决心要去"探索"的顾准，"事情"也已经"起了变化"——根本的变化，是那种蛹蛹化蝶的递嬗和蜕变。借用一个辩证法术语，"量变"已经"质变"。

19　密洛凡·德热拉斯　《新阶级》
20　《自述》P250
21　同上

4. 我的社会观只能是人本主义的

顾准在 1950 年代的一系列被批被整和 1957 年的打成右派，彼时中国根本就算不上是回事儿，只除了一点点——非常小又非常刺目的一点点——在这些揭发、批判他的人的名字中，有些被人们十分熟悉和敬重的名字。例如侯外庐。

侯外庐，中国历史学家，思想家史家，教育家，马克思主义哲学家，《资本论》德文中译第一人。他著作等身，仅看书目就令人肃然起敬——《中国古代社会与老子》《中国古代社会史论》《中国古代思想学说史》《中国近代思想学说史》《中国近代哲学史》《中国思想史纲》《中国封建社会史论》《宋明理学史》……。侯先生还被称作学术研究中最少教条主义的马克思主义学者。在研究社会发展史方面，他首先和最重要的一条学术思想是"研究社会史从研究经济学入手"，这和顾准"研究经济学从研究历史入手"有异曲同工之妙。

由侯外庐来批判顾准的世界观，当权者可谓"人尽其用"。侯先生对顾准的批判从世界观下手，可谓一矢中的，可惜顾准对侯外庐的批判评价颇低：

"1957 年反右斗争中历次会议上对我的批判斗争，批判了我反对毛主席和反党的言论，也批判了我的反苏言论和对 1952 年三反撤职的不满情绪……指出我丧失无产阶级立场的只有一个侯外庐……侯外庐的批判虽然十分软弱无力，当时也曾使我有所触动。"[22]

很可能侯外庐先生的发言是唯一能使顾准"有所触动"的批判，毕竟它点中了顾准的"要害"——世界观。顾准这次不好太难睥睨，毕竟侯先生问到了点子上。顾准对侯先生的批判可能不是"评价颇低"，而是唯一评价了的一篇，其他的，他连提也懒得提——他们可以成为探究对象，无法成为对话者。

顾准的世界观是什么？

---

22 《自述》P327

"我的社会观只能是人本主义的"他坚称[23]。"社会观"者，离世界观不甚远，这是他的日记文字。再看他的"坦白交代"文字："民主个人主义还是我的根本世界观，斗争形势要求暂时放弃它，斗争的目的却是要实现它。"[24]

这是顾准写于1969年的"坦白交代"，没有丝毫隐讳，连目的、手段、前因后果都"交代"了——我参加革命斗争的目的是为了"民主个人主义"的实现，为此甚至不惜暂时放弃她。当然，上面两者都不是他当场给予侯外庐先生的回答。再骄傲的人到了1957年也知道在批斗台上说出真话是以卵击石，自取灭亡。这是他在日记和"历史交代"中宣称的。

他一直有一个疑问，从党校时期就开始了，但苦于无人可以讨论——为什么马恩最著名的著作之一、《神圣家族》的前身、1932才被发掘出来并当年既以德文出版，直到1956年才有了俄译本和中译本的马克思早期著作——《经济学哲学批判》（也做《1844年经济学哲学手稿》或《1844年手稿》），在国际社会主义阵营中一直无声无臭，很少被人提起。即使提起，"迄今为止，人们还只敢提到其中否定的辩证法，不敢提到人本主义-自然主义。二重的禁忌：一是马克思-费尔巴哈的关系，妨碍马克思的神化；一是人本主义-自然主义与阶级性的对立。陆定一还说人的本质就是阶级性哪！"[25]

这部被誉为"马克思主义美学光辉起点"的马克思早期作品，引起了西方研究马克思主义的转向，逐渐从政治学和经济学转向哲学，将被神话成无产阶级上帝的马克思先生逐渐还原成他当之无愧的思想家、经济学家和哲学家的地位，促使了所谓西方革命的新思想——新马克思主义的诞生。

1956年人民大学何思敬教授首次将《1844年经济学哲学手稿》译成中文并出版，顾准在党校时期读了此书。这是中国人第一次接触到"异化"理论，但并未引起广泛的注意。

---

23 《日记》1959.3.5
24 《自述》P324
25 同上 1959.2.24

1957 年顾准从内部读物全文阅读了南斯拉夫"最大的修正主义理论家"德热拉斯的《新阶级》，此书首次使用"异化"概念论述取得胜利后的社会主义国家共产党如何走向自己的反面——原来的无产阶级先锋队"异化"为官僚特权的"新阶级"。

此书对顾准震动极大。"德热拉斯的大读草《新阶级》，对我起到极其恶劣的作用"[26]，他第一次注目"异化"一词和异化问题，大量相关论述将出现在他 1960 年代的文字中。

哲学术语——"异化"由黑格尔原创，意指把自己的素质或力量转化为跟自己对立并支配自己的东西，例如造"神"又被"神"压迫，造出"观念"又被"观念"控制等现象。异化的典型表现是非理性、反科学和唯科学主义。

令几乎所有社会主义阵营国家大人物都头疼不已的这部《1844年经济学哲学手稿》，是马克思论述"异化"集大成之作。在研究"人"的基础上，他提出劳动产品的异化、劳动本身的异化、人的本质的异化、人与人的异化，明显带有费尔巴哈人本主义的印记。

费尔巴哈是要把神的本质还原为人的本质，把天国生活还原为现实生活，要人们相信自己，为追求现实生活而斗争。他是德国哲学史上第一个自觉的、公开的同基督教决裂的资产阶级思想家，他指出不是神创造了人，而是人创造了神。

但自从恩格斯"包含着新世界观的天才萌芽的第一个文件"，"历史唯物主义的起源"的《路德维希·费尔巴哈和德国古典哲学的终结》于 1888 年出版，以及它和《德意志意识形态》一起，被公认为是马克思主义哲学，特别是唯物史观创立的基本标志后，把马克思与费尔巴哈的思想截然对立就成了社会主义阵营的铁律——马克思是"神"而费尔巴哈是人且是错误的人，马克思著作将成为和基督教《圣经》一样几千年不能改动一个字的绝对真理，至于马克思临终前坚决否认自己是一个马克思主义者的微弱声音，是无人听见，即使听见也是无人会去理会的。

---

26 《自述》P245

但是有些人不会被这套东西迷惑，例如德国人马克斯·韦伯，例如奥地利人艾瑞克·沃格林，例如中国人顾准。

顾准绝不是一个随随便便就相信已经"变成铅字"的文字的人。他要观察这些东西变成铅字前的背景、状况，它们的前生今世，来龙去脉。为此他会比较各种版本，排列出版时间，挑出其中的变化、取舍，问上一个或多个"为什么"，最后才决定相信，还是不相信。而这些变化、取舍往往十分微妙，很难被人发现。

他这样读马克思的《费尔巴哈论》：

"读费尔巴哈论及提纲。1845 年的提纲与手稿基本一致，其中还没有唯物史观的因素，只是实践哲学而已。其中还有一系列的中间媒介。再读一些东西就会知道。"[27]

仅仅马克思的《费尔巴哈论纲》，他就读了马克思生前未发表的 1845 年手稿和 1888 年被恩格斯命名为《关于费尔巴哈的提纲》并作为自己《路德维希·费尔巴哈和德国古典哲学的终结》一书的附录而公开出版的读本。

他反覆地比较它们，发现"基本一致"，但其中"还有一系列的中间媒介"[28]，他要把这些中介统统"旁路"掉，直接攫住马克思的本意。

"《手稿》全称《经济学哲学手稿》，直到本世纪 30 年代才被发掘出来，列宁未及见到。《德意志意识形态》，马恩生前从未发表，查苏利奇（？）等俄国革命家曾指名想读此手稿，恩格斯不给（参见《回忆马恩》一书）。《费尔巴哈论纲》十一条，一直到 1888 年《费尔巴哈论》（恩格斯的《路德维希·费尔巴哈和德国古典哲学的终结》）发表时才附在篇末发表。可是，恩格斯写《费尔巴哈论》的时候，真可以说竭尽了一切力量来遮盖"逻辑=神学"的性质，简直把辩证法写成了进化论，把 Hegel 写成 Marx+Darwin（黑格尔=马克思+达尔文 -

27　《日记》1959.2.25
28　《日记》1959.2.25.

251

著者注），把 Marx（马克思）写成"反对不可知论的培根"了。"[29]

不知中国马克思主义哲学研究界有几人曾经注意过《手稿》这叵测幻化的。马克思的《论纲》和恩格斯的《论》为何存异？两篇著作对待费尔巴哈人本主义的区别何在？大人物们为何拒斥《手稿》？恩格斯的论点前后为何不一？人本主义与阶级性相悖在哪里？

"甚至你把《反杜林论》和《费尔巴哈论》作极粗糙的对比，你也能发现这一点。比如说'按它的本性、使命、可能和历史的终极目的来说，[人的思维]是至上的和无限的'，在《反杜林论》中特别着重，在《费尔巴哈论》中，不仅没有这样明示的文字，连这样的精神，都不可能在《费尔巴哈论》的字里行间找出来，唯有极其细心地读《费尔巴哈论》，体会那里论"思维与存在同一性"的篇章，才可以知道那里在反对不可知论，亦即在十分委婉地主张唯理主义。"[30]

那么"异化"、《手稿》《论纲》和《论》《新阶级》……，它们究竟相关在何处？

读书不唯书，尤其不唯它最后约定俗成的版本，是顾准的标准做派。请看他的党校早期日记，彼时"秘密报告"尚未"出笼"，《手稿》尚无中译本，"异化"一词还没有几位中国人听说过：

"这几天曾经怀疑为什么有些文件如此绝对，又如此富有'套'的意义？……辩证法本来是否定教条的，辩证唯物主义绝对肯定的东西只是根本问题与反映论观点，只是认识的相对性及其无限发展的可能，一切独断主义是别人加上去的东西，不能由他们负责。看到恩格斯在《自然辩证法》与《反杜林论》之间的取舍（发表哪些，不发表哪些），就看得出其郑重来。解决这个问题，是令我极其愉快的。"[31]

---

29 《文稿》P439
30 同上
31 《日记》1955.10.5

"极其愉快"？是的，极其愉快！因为他的怀疑被证实，困惑他已久的问题被部分解答，追问和探索从此开始了。他怀疑马克思主义有些东西很可能并非马克思的真意和一贯的思想，而是后人，甚至同时代人强加给他的。如此读书已臻炉火纯青，再看不出歧义、破绽和相关，那才叫怪了。

"马克思主义的道理"确确实实是"千条万绪"。本来马先生就是位记者，写字是他赖以为生的职业。同时他也是位哲学家和思想家，这是他的"天职"（和顾准相似）。他的文字千条万绪，汗牛充栋毫不奇怪。《马克思恩格斯全集》中译本一套凡六十册，就算马克思的文字仅仅占去一半，但除了专业人士，有几位中国人曾经通读过，哪怕就一遍？

从马克思先生的中学作文、考试卷子和博士毕业论文《德谟克利特的自然哲学和伊壁鸠鲁的自然哲学的差别》起，到1882年他去世的前一年写下的《〈共产党宣言〉俄文版第二版序言》止，谁能、怎么就能肯定五十年间他所有的精神产品都是稳态不变，且都是一贯正确，且都是顺应了历史的进步？再看：

> "列宁因为是一个实践家，所以坚持恐怖主义——专政这个方面，他对马克思学说的推崇超过接近马克思的人，其实各方面是列宁主义，非复马克思主义了。"[32]

顾准对列宁主义的怀疑由来已久，尤其是在党校期间经历了苏共二十大的重大变故，了解了斯大林体制的生前身后，他认为列宁和斯大林应该同罪。前面提到他对"一系列中间媒介"的怀疑和排斥，除了针对恩格斯，更强烈的还是针对列宁。

> "我接受马克思人本主义=自然主义这个方面，罗素说这个方面是与工具主义相符合的，我就接受工具主义。"[33]

32　同上 1959.2.25
33　同上 1959.3.8

紧接着这段话的后面，就是他最为人们所熟悉的《从理想主义到经验主义》名篇奠基式的句子：

"我信任人类的不断进步，我注目现世，不信有什么地上天国。对于未来的瞻望，必肇始目前。没有未来会出现的东西，而目前没有萌芽的。因此我注意经验的归纳，不信从经验方面无根据的对未来的预言。"[34]

顾准的社会观就是相信自然，相信人类，相信人类的经验。

除了顾准"人本主义"社会观之外，还有一点可以肯定的是，顾准的世界观，不是马克思主义"意识形态"的。

"人们既身处于历史过程之中，又各以自己的哲学语言反映了对历史的态度。各人有各人的哲学，却都假一个已成思想体系之名来进行争论，孔夫子对中国，基督教对欧洲，黑格尔对德国，马克思对社会主义者，事同一例，又何必深责呢？"[35]

这段话极其精彩，摘自他 1959 年 2 月 23 日刚刚续上的日记开篇。这几十个字以中国式语言，简练地、彻底地否定了"意识形态"概念，将人，至少将他自己，从那个他"一看到就头痛"的"绝对"中解放了出来，从那个他深恶痛绝的"模子"中挣脱了出来。

与顾准同时代（1900-1985），1938 年从纳粹铁蹄下的维也纳九死一生侥幸逃亡美国，后来成为伟大的政治哲学家的奥地利裔美国人艾瑞克·沃格林先生，在他的《自传性反思》一书中这样说——"有些人原本不那么愚蠢的，在其日常事务中也拥有相当诚实这种次级美德，但为何他们一接触到科学，就会沉浸于知性上的不诚实。毋庸置疑，意识形态是知性上不诚实的现象，因为，种种意识形态终究无法反驳批评，而任意阅读文献的人都知道，它们是站不住脚的以及为何站不住脚。如果一个人仍信奉意识形态，显然可以认为，他在

34　同上
35　《日记》1959.2.23

知性上不诚实。知性不诚实这个引人注目的现象又提出了一个问题：为什么一个人愿意沉浸于这样的不诚实。"[36]

沃格林对于将"知性的不诚实"公然强加给别人极为反感，导致他"反对任何意识形态——马克思主义的，法西斯主义的，国家社会主义的，或者任何什么主义的"，因为在理性分析批判的意义上，各种意识形态都与科学水火不容。他认为任何人，只要他是一个意识形态分子，就不会是个称职的社会科学家。顾准用温和的中式语言和沃格林用激烈的西式语言所表达的对"意识形态"的憎恶，从语义和语意两个方面都极其相近。

"我的社会观只能是人本主义的"[37]。我信仰人类。"信仰人类可以允许建立学派，宗教式的信仰，就要建立异教裁判所了"[38]。

他就这样回答了侯外庐先生以及所有人提出的那个问题——你的世界观是哪种意识形态的？——这就是我自己的"意识形态"，我的社会观，也是我的世界观。而既然仅仅是我自己的，那就不如干脆把"形态"两个字去掉——这就是我自己的意识！

1950 年代后叶，尚未经历炼狱——商城劳改队的顾准还是个不大彻底的"唯物主义"者，换句话说，不是个极笔[39]口中"彻底的，无所畏惧的唯物主义者"。这一点从他对德国工人哲学家约瑟夫·狄慈根那部"全篇大谈上帝的"的《辩证法逻辑》从质疑："狄慈根公开把辩证法等同于神学，但是未受'斥责'。这究竟是怎么回事？"[40]到理解："到后来，懂得一切理性主义者都把理性归到上帝那里，或没有上帝的上帝那里，方懂得这并不可怪"[41]可见一斑。他信仰自然，信仰人类的世界观与其人道主义的精神始基有高度的一致性，以致到了后来，崇尚人道成为他最大的罪过，仅仅在商城劳改队就因此被批斗了无数次，到息县干校劳改依然不肯放过，怎么检讨

36　艾瑞克·沃格林《自传性反思》P45
37　《日记》1959.3.5.
38　《自述》P324
39　顾准始自1950年代后期对毛泽东的称呼
40　《文稿》P347
41　同上 P241

也无法过关。他索性破罐子破摔，直接怒骂"人间何世？"[42]"狗道主义！"[43]，宣泄他的愤怒和不耐烦。

"人本主义"和"人道主义"在英文中原是个相同的单词——"Humanism"。顾准在这一点上倒是和中国的另一个"罪人"——鲁迅的亲兄弟周作人有着相同之处。周作人先生说："我所说的人道主义，并非世间所谓'悲天悯人'或'博施济众'的慈善主义，乃是一种个人主义的人间本位主义。"这也许是关于顾准世界观——民主个人主义和社会观——民主社会主义的最简单和明确的解释。

假如你能接受这一点，那顾准花那么大的力气，拼命要弄懂出现在马克思、费尔巴哈和狄慈根著作中，恩格斯却又竭力要掩盖的"人本主义"思想，还有他在 1960 年代对两个少不更事，在自己就读的清华大学组织"马克思主义研究小组"的外甥所说的："与其研究共产主义，不如研究人本主义。共产主义就是人本主义"[44]就不难理解了。

无论是人道主义还是人本主义，都是专制制度或者无产阶级专政的大敌，和"共产主义"格格不入，在他的时代连小学生也明白这个道理，也是各社会主义国家的大人物们拒斥"异化"，拒斥《手稿》的真正原因。然而顾准在他生命之树最成熟时期所追寻，探索，领悟和向往的，早已不是人们被教诲的、作为国家立国之本的、意识形态的所谓"马克思主义学说的科学共产主义"，而是被他定义为"渊源于基督教的"、承认人的价值和尊严、以人为万物尺度的共产主义（包括社会主义）。

除了艰难的哲学思辨结果，顾准世界观、社会观和人生观的形成还有一个世俗因素：

"我在潘序论那里过了十三年的社会职业生活，所做的工作，是资本主义经营管理的主要工具的会计。潘序伦的社会联系是多方面

42　《日记》1959.12.8
43　同上 1970.8.6
44　当事人口述

的——他是美国留学生……他的主要政治倾向是资产阶级自由主义。我在潘序伦那里的十三年，正是我思想定型的年代——从 12 岁到 25 岁，弥漫在'立信'这个机构内的，表面上含混、并未以哲学语言表达出来的资产阶级自由主义，不能不对我产生异常深刻的影响。"[45]

而资产阶级自由主义本质是什么？就是将"个人生命中适当的道德目的定为追求自身的幸福或曰'合理的自利'"，就是尊崇"唯一与该道德观吻合的社会系统——自由放任的资本主义制度"。在本质上，这个主义的哲学是将人类当成英雄一般，以其幸福作为生命中的道德目的，以其建设性行为高尚的目标，以理性为唯一的原则。

如上的认识和表达，无论如何，1957 年的顾准还做不到，而它却是个政治学上的常识。

5. 母体，或者模子

讲到顾准的世界观，讲到他 1957 年的故事，不得不提到另一个令人肃然起敬的名字，那就是综考会的党外人士主任——竺可桢先生。虽然在综考期间，每当竺主任为了中方的利益和苏方产生分歧时，副主任顾准都是他最坚定的支持者，但他对他的评价并不太高。来看一则竺可桢日记——

"……（顾准）到去年来院时常批评党，说共产党做事如猴子种葡萄，种下后又一下拔起……我也觉得（他）自由主义太重，主观深……"[46]

竺先生对顾准因被人告状"反苏"而成为右派深感不安，但也并未挺身而出，为"两岛橡胶垦殖"与"太平沟-海兰泡筑坝"事件中顾准奋起为国争利的行为辩屈，事后在顾准被打成右派开除出党后，

---

45 《自述》P340
46 《竺可桢日记》1957.9.5

也没有为这位副手开脱哪怕半句。

那年那月，竺可桢先生自己也陷在痛苦中，且自身难保。

他的长子竺津，1937年16岁时即由父亲亲自送上抗日的前线，却在21年后和顾准一样被打成右派分子，外加历史反革命分子，就因为少年的他抗日时参加的不是八路军、新四军，而是国民政府军。他也几乎和顾准同时被送入血吸虫肆虐之地的劳改营，死于这种"华佗无奈"的小虫。竺先生多年挚友、浙江大学物理系一级教授、著名理论物理学家束星北也没有逃脱这场政治灾难，只因1944年被国民党重庆军令部技术研究室借聘，研制并研制成功了中国首部雷达！

可就算是这样的丧子、丧友之痛，也没有阻止竺可桢先生强烈要求加入中国共产党。最终，周恩来先生请其"留在党外"的劝说无果，经过党"多年考验"，1962年竺先生终于入党并在1974年得以党旗覆盖遗体离世，享年84岁。小他25岁的顾准同年去世。

顾准曾在给六弟陈敏之的信中谈到竺可桢先生和他的一次对话：

"竺可桢有一次对我说，他去美二三次，美国现在道德水平下降了，这是因为宗教精神衰落了。事实上，在科学极端昌明的现在，西方人还不想，也不敢丢掉基督教呢。"[47]

竺先生谈及的"现在"，当然是和他当年在美国伊利诺伊大学和哈佛大学做学生时的比较，他的叹息当然是惋惜而不是庆幸。竺、顾谈话不过是5年前的综考途中，一个人世界观的转变真的会如此的轻易和彻底？假如不是，那有究竟是一种什么力量，能把一副副曾经的铮铮铁骨挤压得如此不堪且形状一模一样？

任何人写顾准、探索顾准、评价顾准，都不应该在赞扬他的同时贬低他周围的人们，况且顾准身边出现过的人，无论有趣还是无趣，都不是青面獠牙、无知无识的草莽人物，他们几乎个个都是社会和人

---

47 《文稿》P248

群中的佼佼者或比较出色者，他们和顾准、和你我一样是凡人，有同样善、恶两面的人性。可是顾准为什么总是在人群当中显得鹤立鸡群，有时更是和人群格格不入？除了他的出类拔萃和孤傲狷介，还有别的原因吗？

　　"批判必须继续，批判而不入于杨必入于墨是不好的，勉强地（而）不是以一个自觉的思想为基础的不入于墨是维持不了多久的。身在掌权的势力圈内，不有贰心是容易的。身处群众之中，不在势力圈内，既批判。而又保持坚定不移的立场，这是不容易的。解决这个问题，确是比什么都重要。能够达到这一点，自然是一件高兴的事。"[48]

　　这是顾准在被开除党籍十个月后写下的日记。

　　如果说在"事情正在起变化"的前年他还说不大明确的，那种像"模子"一样令他痛苦，怎么努力也无法"格格而入"的东西，现在他对它已经慢慢认识了。在找不到更好的表达方式之前，他姑且用"杨朱"之说暂时代之。如果说顾准革命的早期是一直在努力去格格而入它，那么到了1950年代的后期，他的努力已彻底翻转，变作了一种竭尽全力去挣脱它的努力，"以一个自觉的思想为基础"[49]，像脱蛹前的蝴蝶，拼了命地挣扎，要出离茧壳。

　　他比绝大多数中国人早了几十年意识到这个类似"模子"的东西的存在。早在党校时期，他叫它做"铁罩"——"到处以狂妄自大的森严铁罩，把一切即使属于学术性，然而不合'钦定规律'的意见格杀勿论为止"[50]。其实这个东西有个现成的，由西方哲学家起的名字，叫 Ideology，中译众口铄金叫做"意识形态"。

　　Ideology，工艺家可以叫它"模具"或者"模子"；数学家很专业地叫它"模型"或者"矩阵"；医学家偶尔叫它"子宫"；生物学家喜欢叫它"基质"；社会学家不大确定地叫它"制度"或者"体

48　《日记》1959.2.23
49　同上 1959.2.23
50　同上

制"；哲学家严肃地叫它"观念"；革命家们则兴高采烈地把它叫做"意识形态"。

特别是从马克思 1845 年发表了《德意志意识形态》始，这四个字简直成了专制国家的"宝典"和"秘诀"，后来竟成了某种公职，一种纳入国家行政编制，行使政府职能并由国家财政负担工资福利的职业——"管理意识形态者"，例如德国的戈培尔，苏联的日丹诺夫。在中国，从中央到地方的各级党组织至今都有"主管意识形态"的官员，文革就不去说它了，那 10 年反倒是"你方唱罢我登场"，很难看到哪位意识形态大总管清晰的身影。到了 1983 年的"清除精神污染"运动，这个身影的轮廓就比较清楚了。只是在中国，扮演这个角色的还没有一人的知名度能够达到戈培尔或日丹诺夫的高度而已。

殊不知这个来自西方的词汇原是个贬义词，远可追溯至柏拉图《理想国》中"高贵谎言"（The Noble Lie）的思想，近可查阅拿破仑把他不喜欢的哲学家叫做"意识形态家"的轶事。这个东西最方便以君临的姿态笼罩住所有人类的社会生活，令绝大多数人产生恐惧并因此而臣服，只有极少数的人对这个东西能意识到它的存在并深怀警醒。例如希特勒时期"白玫瑰小组"的索尔兄妹、斯大林时期的索尔仁尼琴、英国人统治下印度的甘地、种族主义泛滥时期美国的马丁路德·金和南非的曼德拉……

再例如，中国的顾准。

这些人的可贵并不在于他们天生的真善美比别人多，而是他们有意识或下意识地保护着心底最深处的那簇蓝焰——人性不被它的强势泯灭，但也可能反之，是那簇蓝焰保护了他们至少在人的高度上不被装进那个"模子"而永远地被它桎梏和奴役。

顾准比绝大多数中国人早了几十年意识到这个"模子"的存在，为了剥离出来，他不惜"剔骨还父，割肉还母"并在血、汗和泪水中把这种"剥离"的过程记录下来，用文字对抗它，痛击它。

顾准熟读并翻译了英国哲学家、经济学家，边沁主义代表人物约翰·斯图亚特·穆勒的名篇《论自由》。篇中穆勒如是说："如果等到生活已经被压成差不多一样的模子再来抵抗，那一切不同于这个模子的差异就会被看成邪恶，不道德，甚至乖戾，违反自然。人类只要在一定时间内不常看见多样性，就会连多样性这一概念也飞快忘记了。"

　　就如西方人后来那个特别、特别不礼貌的提问——"你们中国知识界在上世纪六、七十年代究竟有没有哪怕稍微像点样子的人物？"里隐喻的——面对模子的强暴和奴役，中国的读书人休提"反抗"，连"稍微像点样子"的自卫也做不到，就这样慢慢或者迅速地"死于习惯"。顾准并非完人，只是因此显得比众生洁净一些罢了。

第八章　《试论》

1. 试述《试论》（上）

　　必须有一个完整的章节，叙述顾准《试论社会主义制度下的商品生产和价值规律》一文。是这篇长文令顾准在中国经济学界占据了一个独特的位置，也是他"到底是非跟马克思主义的基调分手？还是仍旧可以服从这个基调？"[1]至少从逻辑学和经济学的角度上选择了前者的真正发轫，是他陷入极右派泥淖的第一步，也是他成为出走的娜拉，从此踏上单兵挺进、绝无回头路之路的开端。

　　吴敬琏先生将他的老师顾准称为"中国市场经济第一人"，也是基于这篇长文。在中国近代史上，这是个不轻的头衔，《试论》的出世在中国近代经济学史上也的确算得上是件不小的事情。

　　《试论》的"出笼"经过前章已经讲述了——1957 年 6 月号的《经济研究》全文登载了顾准《试论社会主义制度下的商品生产和价值规律》，大毒草至此正式出笼。

　　这株大毒草向人们呈上了一种从未嗅到过的味道——"社会主义制度下也要有商品生产。既然有商品生产就必然有价格。既然有价格就必然有价值决定——价值规律。既然有价值决定——价值规律，就要遵循价值规律"的、新鲜而异常的味道。

　　今天的人们早已像习惯空气一样习惯的名词——"商品""价值""价格""价值规律"，六十年前却是一种真正的大逆不道。就算时间都到了距今不过三十多年的 1979 年，人们提到一个最常用的经济概

---

1 《日记》1956.2.27

念——由劳动产生出来的、将被交换的物品时，还只能用"产品"而不可以用"商品"称呼，前者是社会主义的，后者是资本主义的。这是一个绝不容小觑的、严肃的"政治"立场问题。去问每一个那个年代过来的经济学家，无人不晓。

许多普通人都知道马列主义名句中两个最著名的句式：1. 各尽所能，按劳分配；2. 各尽所能，各取所需。前者是眼前共产主义初级阶段——社会主义的分配原则，后者是不久的将来——共产主义的分配原则。

到了1950年代初，在将所有帝国主义者和他们的代理人统统赶走后，中国名正言顺地宣布进入了社会主义，当务之急，是实行第一个句式——"各尽所能，按劳分配"的时候了。可是旗帜好打，口号易喊，实行就难了。"各尽所能"还好办，大家日夜不休，加班加点就是，可"按劳分配"就比较难了——怎么个分配法？谁来分配？以什么标准分配？是回到古人桃花源式的以物易物，还是以中介物，例如货币或者劳动券，形成以它们为媒介的商品交换流通体系？那么这些商品和中介物的价值又有何样可循的规律的？

这是个无传统可继承，无前例可借鉴，无章法可尊循的崭新问题。唯一可以参考的是俄国人老大哥的前车之鉴，而大哥所拥有的无非斯大林的一整套所谓"新经济政策"，早已被顾准视为毫无学习与借鉴价值的垃圾，咻咻然弃如敝履了。这也是他的"天问"——"到底是非跟马克思主义的基调分手？还是仍旧可以服从这个基调？"[2]最初的萌芽，《试论社会主义制度下的商品生产和价值规律》是这只萌芽上的第一片叶鞘。

就像基督教的基础建立在"爱"与"复活"之上一样，马克思主义哲学的基础是建立在"剩余价值论"和"生产关系的异化"之上的。

"马克思所以采取这样的定义（资产阶级是指占有生产资料并使用雇佣劳动的现代资本主义阶级-《共产党宣言》），显然是因为他悲叹丧失了生产资料的劳动者，被他的劳动所异化了——这是他的

2　《日记》1959.2.27

根本哲学命题，是他的社会主义革命学说的出发点，是他坚决主张社会主义不存在商品关系（这是他称之为拜物教的一种关系）和价值范畴的原因。"[3]

《试论》正式"出笼"于 1957 年 6 月，但他思考它至少在 1956 年年初就开始了。下面是他 1956 年身在中共中央党校学习期间的两则日记：

"读哲学之贫困。对价值问题写了一些前后毫不连贯的疑问与自以为是（真的是自以为是）的解答，准备读完若干著作以后（哲学之贫困，雇佣劳动与资本，工资价格与利润等等）把它整理一下，珍藏起来。同时这件事大大引起了我读古典派经济学，剩余的价值学说史与 Keynes（凯恩斯）之类著作的兴趣……其实八十年以来，资本主义已经出现了多少新的现象了呀，我们的问题是科学地论证这些新现象，而不是深闭固拒地不加理睬。"[4]

"要继续弄下去，就牵涉到一系列问题，小问题有货币论，大问题有道德规范式的理论系列：（一）资本主义经济规律，马克思的论证被丢掉了，大概是因为那里过于强调了价值规律，跟社会主义划不清界限，而马克思则是强调残迹，母斑的；（二）"基本经济规律"与"有计划按比例发展的规律"，是离开社会主义经济再生产理论（那实在是不折不扣的规律），与价值规律（这实在还是多方面起作用，而基本方面则是劳动报酬方面）的空东西、道德规范。其实问题还牵涉到哲学方面。把那些独树一帜的"要求"性质的规律去掉了，哲学家岂不是在论证规律的客观性质时要省事一些。理论水平之低，其情况实在是足以惊人的。可是不能继续弄了，再弄要出毛病的。"[5]

冰雪聪明的顾准明知"再弄要出毛病的"，可他实在是受不了"理论水平低得惊人"的人去误导领袖、欺骗"人民"。到了 1957 年，他

3　《文稿》P339
4　《日记》1956.3.22
5　同上 56.4.11

管不了那么多了，决定先"捅出去再说"。于是《试论》面世，他"捅出去"的，就是和马克思主义坚决主张"社会主义不存在商品关系和价值范畴"的计划经济原则唱反调的"让市场价格的自由涨落去调节商品生产"的市场经济原则。

顾研究员捅的可是个大"娄子"，相当于在中国历史的整只大脚已经全都套进"历史唯物主义"五段论的"水晶鞋"上生生捣了个窟窿。关于这只"水晶鞋"将会在后面的章节详述，还是先说《试论》。

首先《试论》指出，至今为止社会主义阵营国家经济问题的结症所在，是废除了市场制度的计划经济。社会主义可以选择的经济体制，应该是由企业根据市场价格的自发涨落来作出决策的市场经济。作者使用了在普通人看来过于繁多的经济学术语来论证他的这一主张：

1. 中国两种所有制——全民和集体并存的社会主义并非典型的社会主义所有制，不可以把现实中的"社会主义"与马克思主义的"社会主义"混为一谈；

2. 在国民收入和个人消费品的分配上，不能用实物凭证式的劳动券代替货币，货币是一般等价物的唯一分配手段；

3. 社会主义经济毫无疑问地必须进行经济核算，其工具只能是货币、工资和价格，办法是"使劳动者的物质报酬与企业盈亏紧密联系，使价格成为调节生产的主要工具"；

4. 根据劳动时间确定货币工资率是相对而不是绝对的；

5. 几十年的历史发展使社会主义经济形成的体系，马恩并未全部预见到，他的"从资本主义到社会主义的转变中，生产资料将为全社会所占有，商品生产将被取消"的预言是落空的，不能苛责但也不能再依赖，必须突破；

6. "所有权"是一个法律概念而不是经济关系，此概念的长期混淆影响着人们对客观事物的认识理解。对"交换"的注意和研究应放在经济关系上而不是"从谁的手中转到谁的手中"上；

7. 定"将一部分社会产品定义为商品，另一部分定义为非商品"的划分方法，认为其中的"商品之生产的特征是流通过程（买卖交换过程）的存在和产品所有权的转移的观点"，是可疑的；

8. 社会主义必须是计划经济，但不是绝对指令性计划，而是用经济核算来补足。社会主义就是计划经济与经济核算制的矛盾统一体，强调任何一方都会否定另一方；

9. 实行经济核算制的计划经济，出现价值与价格是不可避免的；

10. 剩余价值也完全服从于价值规律；

……

总而言之，《试论》以非常的谦恭与温和，指出马克思列宁主义经济学中完全否认"社会主义制度下也要实行经济核算，也有价值规律"孙冶方语是错误的，是不符合历史发展现实、也是不能作为社会主义国家经济建设和发展的指导方针的。

这不啻于基督徒批判《圣经》。可是此人居然找出了"圣经"中前后矛盾的地方，最典型的例子，莫过于他拿了去"惊蛰"孙冶方的《资本论》中的那个"孤证"：

> "在资本主义生产方式废止以后，但社会化的生产维持下去，价值决定就仍然在这样的意义上有支配作用；劳动时间的调节和社会劳动在不同各类生产间的分配，最后，和这各种事项有关的簿记，会比以前任何时候变得重要。"[6]

也就是说，在社会主义的生产方式中，价值决定依然和在资本主义的生产方式中一样对社会劳动时间和劳动在不同类型的生产之间的分配上起着支配作用，而与此种分配相关的簿记（会计）甚至比以前（例如资本主义时代）显得更为重要。

这段话几乎完全否定了马、恩在他们浩瀚的政治经济学文库中明确指出的"社会主义社会将没有货币，产品将不转化为价值"的所有论述。假如不是通读、熟读、烂熟于胸《资本论》，谁又能发现如此"鸡立鹤群"的孤证，或者，换句话说，一个"破绽"？

"社会主义经济是计划经济，马克思、恩格斯再三指明过；社会

---

6 《资本论》1954 年人民出版社版 第三卷 P1115—1116

主义经济是实行经济核算的计划经济，马克思、恩格斯从未指明过。相反，他们确切指明社会主义社会将没有货币，产品将不转化为价值。"[7]

可既然找到了，顾准是不会轻易放过的。以此为据，他大胆指出斯大林与马克思在"价值规律"命题上是相悖的、对立的——

"斯大林认为不正确的论断'价值规律调节不同生产部门间劳动的分配'……，我们若认为，上述斯大林的论断与马克思的论断是直接互相反对的，也许不是没有根据的。"[8]，即使如此委婉的表达，他仍不是十分有把握，就捧着《资本论》第三卷，翻到第七卷《各种收入和它们的源泉》，第四十九章《关于生产过程的分析》的最后一页，敲开了所长孙冶方办公室的门。

2. 试述《试论》（中）兼述"故事与数据"的故事

"我拿这段论证去请教孙冶方时，他似乎很'震动'……也许这段论证他从前没有想过，此时在苏共 20 大逆流的影响下，抽芽盟长，蠢蠢欲动，（论证）对他起了一种'惊蛰'的作用。"[9]

正苦苦思索着"在中国社会主义制度下还要不要遵循价值规律"的孙冶方，面对着手捧《资本论》推门而入的顾老弟，欣喜不言而喻——浩瀚如沧海"圣经"中的这"一粟"，和自己大力推崇的"价值规律说"竟然不谋而合！作为"首席宫廷经济师"，他的被"惊蛰"可想而知，这相当于为"价值论"找到了最经典、最权威、最可靠的理论基础。

7　《文稿 试论》P96
8　《文稿 关于社会主义经济中价值及价值规律的问题》P29
9　《自述》P357

然而不幸，马克思的这段话真的就是个"孤证"，"圣经"文献中再也找不到类似话语，而中国出版的所有节选节译本，提纲本，研究本，学习本……无一选录这一段话。也就是这个所谓"孤证"从此将顾准推向万劫不复的沉渊，带给孙冶方的更是七年的牢狱之灾。但是，就算没有这个"孤证"，孙、顾二人的命运又会怎样呢？不知道。历史无假设。

"我这样引证马克思，其实是在歪曲马克思。因为我引证的，马克思肯定社会主义社会中价值规律还要起作用的那段引文是'孤证'，我对它的解释也是和马克思的本意相违反的。除此以外，《资本论》各卷论价值之处，《哥达纲领批判》，以至后来我读的浩瀚的马克思的著作，都否定社会主义社会还存在价值范畴。"[10]

这段顾准的"自贱"文字写于文革如火如荼的 1969 年。可紧接着这段文字之后，他写到："到 1957 年春，我所读的马克思的著作虽然还比较狭隘，大体上我已肯定了上述看法，并且认为马克思之所以否定社会主义社会存在价值范畴，是和他的根本哲学思想相关联的。"[11]

这是他日后苦寻马克思痛恨"市民社会"（即公民社会）的哲学思想根基的起因。

可说着说着，他从极严肃的哲学话题一下子跳到了"滑稽戏"式的独白：

"1957 年春，和孙冶方在电话中谈哲学，我所说的主旨就是如此……我在《试论》中引证马克思，实际上歪曲了马克思……我认为，孙冶方引马克思，无一处不歪曲马克思，可是直到现在，他对此还是完全不理解的。"[12]

好有趣的黑色幽默——顾准一记左勾拳就打向了老朋友孙冶方

10　《自述》P233
11　同上
12　同上

的右脸。表面上打的是你"政治上不正确"，实际上打的却是你的"笨拙"——到现在你都还是"完全不理解"，真是笨死了。

孙冶方确实是"笨"，至今人们还没有发现他写下的任何坦白，交代，检讨之类的文字。在那个凡有书写能力的人都必须写出各式各样的检讨书、坦白书、交待材料、认罪书之类无趣文字的反常识年代，从国家主席到工农一员，从耄耋白首到黄口小儿，写这类文字已经被人们视作常态，成为生活方式不可缺少的一部分。如果说中国的帝王们历来在最无奈的状况下有"罪己"的传统，那么中国的庶人们则在"史无前例"中建立了这种"贱己"传统。顾准就写下了无数的"贱己"文字，且常常"贱"到无可再"贱"的程度，被"恨铁不成钢"，忍无可忍的后人称作"失却了'免疫力'，相当严重地感染了'猩红热'"、是"雅努斯"现象等等。

可孙冶方从不买这个账。

从他1956年发表《把计划和统计放在价值规律的基础上》并引起争议开始，到1964年在经济所和张闻天、顾准一起被"小"批判，到1966年在天安门广场上被"大"批判，到1968年因此而被关进秦城监狱，到1975年出狱监管，孙冶方除了解释、说明、辩护，绝不坦白交代，绝不低头认罪，更不用说像顾准那样用上一大堆"自贱"之言，让后人哭笑不得。

孙冶方的不"自贱"在1960-70年代的"大革命"中算得上是个小小的奇迹，他到死都坚持自己的经济观点，坚持价值规律，坚持价值论，真叫是"死不悔改"。

就在顾准捧着《资本论》来找他前大约有一年多的时间，算下来应该顾准还在中央党校没有毕业，两人就已经接触频繁了。碰在一起，他们话题只有一个——价值论，包括价值决定和价值规律，其他都是扯淡。

从顾准党校毕业来到经济所，到离开去了资源综合考察委员会，前后不足三个月，他俩的接触一直没有中断。每次回到北京，顾准第一个要找的人就是孙冶方。要说孙、顾传奇式的友谊是建立在"价值"两个字上的，真是一点都不奇怪——两人高度一致的价值观就是

269

建立在"价值论"上面的。

有位民间经济学家告诉我："价值关系是一切人类社会关系的核心内容。价值论是市场经济的基础。市场经济是以普世价值和契约精神为本的人类社会关系模式。否定普世价值就否定了效用价值，也就否定了市场经济。孙冶方、顾准不过是古典经济学的核心——'价值规律'的传承者。说顾准是中国的哈耶克有些过了，但基本意思不错。"[13]

可惜当年，作为同时代人的顾准和那位奥地利裔英国政治哲学家弗里德里希·奥古斯特·冯·哈耶克，连神交的可能性都没有。至今没有史料显示顾准曾经读过哈耶克，尤其是那本最著名的《通往奴役之路》。

彼时的顾准，除了孙冶方真是没有第二个可以交流的人了。经济所其他的经济学家，要么死抱住斯大林的《社会主义经济问题》论点不放，倡导生产资料降价措施（这个措施不久即在全国实行）和重工轻农的经济政策，要么保持沉默，即使有自己的观点也绝不在公开出版物上发表，更不用说和苏联经济政策和经济观点唱反调的文章。对前者，两人私下里"大加非议"，对后者则又无限惋惜。

顾、孙交流的后果相当严重。1957年两人先后发表了三篇在经济学界及至学术界都出了名的"反党文章"——顾准的《试论》，孙冶方的《从总产值谈起》和《把计划经济放在价值规律基础上》。正是这些几篇文章为日后的"孙顾反革命思想联盟"奠了基。

"我拿这段论证去请教孙冶方时，他似乎很'震动'……也许这段论证他从前没有想过，此时在苏共20大逆流的影响下，抽芽盟长，蠢蠢欲动，（论证）对他起了一种'惊蛰'的作用……（我们）炮制出来的毒草，在我是《试论》，在孙冶方是《从总产值谈起》和《把计划放在价值规律的基础上》。推动我写《试论》的实际经济问题是农业问题，尤其是几十年来苏联农业停滞不前这一可惊的教训。孙冶方的议论中心则是固定资产问题，他对'只准复旧，不准革新'这一

---

13 宁波清华子述

可怪事实（颇有微词）"[14]

　　到了 1957 这个特殊的年头，《试论》已经绝不会被单纯地看作是一篇纯学术论文了。既然动了计划经济的"奶酪"，也就是动了中国社会主义的根基，相当于在中国历史唯物主义"水晶鞋"的社会主义部位捅了个窟窿，破坏了一个完整的"意识形态"。没有什么比这个更让人恼怒了。本来就是个"三反分子"的顾准，居然在反右当年发表《试论》，此人不下地狱谁下地狱？！

　　大字报立刻铺天盖地而来，《顾准右派言行》被印成小册子散发，除了那些"三年当市长，五年做总理"的陈芝麻烂谷子，新罪行的主要成分就是《试论》内容。孙冶方也没有逃过这一劫，他也压根没打算逃，早就准备好了和顾准一起被摆上"中国社会主义经济"祭台上去。

　　"我的《试论》，批判文章都发表出来了，深深感到《试论》所陈述的观点是违背大跃进方向的……以后在《经济研究》上读到孙冶方的《价值论》，很惊诧何以这个时候（他）会公然（唱）出这样严重的反对大跃进的'反调'，尤其不理解我的'老朋友'怎么会在我已划为右派，我的《试论》已经公开批判后还公然出来继续唱他的反调。"[15]

　　顾准这里有点不老实，他怎么可能不理解老朋友唱的反调？他绝对理解！只是被"八公山上，草木皆兵"氛围中老朋友的"赤膊上阵"吓了一跳罢了，他没有料到这位尚在位上，应该有所顾忌的老哥，胆量和勇气居然比自己这个"二次戴帽"，"开水死猪"还大，这着实让他高兴之余吃了一惊。

　　"那时曾动念写信劝告他以我为'前车之鉴'，当心一点。后来

14　《自述》P355
15　同上 P357

想想我是右派，和他通信不好，就放下了。"[16]

哎呀，幸亏老顾没写。倘若他真写了"劝降"信，老孙一定会跟他翻脸——"怎么？真理只能靠你坚持不成？"。

孙、顾在1957年的遭遇还与一件他们必须自认倒霉的事情有关，那就是"极峰""极笔"毛泽东先生对经济学的半通不通以及正是由于这种半通不通而起的厌恶。

毛先生和数字、数据生来无缘，必然连带他和经济学无缘。他喜欢从外形到内涵都极尽华美的中国字，喜欢用中国字排列出的大写意的文章，从诗词歌赋、言谈话语、笔下华章到执政方针、行政政策、政府报告，无一例外。前者是个人爱好，作为苍生一员、文章家和诗人当然无可非议。可他是一位大国的最高执政者，这就比较麻烦了，尤其是一个专制国家的最高执政者。

毛氏不喜欢精确的东西，尤其不喜欢数字，除非是他希望听到的数字——假的数字，大写意的数字。顾准最欣赏的修正主义分子德热拉斯曾经的同僚，南斯拉夫部长会议主席大卫·卡德尔先生在跟毛先生打交道后对媒体说，"数字对于他是不必死扣的。比方说他说'要两百年时间，或者四十年'"。

另一位苏联经济学家阿尔希波夫，希望读者还能记得他，就是那位从一个村的苏维埃财政委员一直做到列宁格勒州的财政厅长，曾教给彼时上海税务局长顾准"专户专管"秘诀宝典，事后又不认账的"老大哥"，曾这样哀叹毛泽东的不懂经济——"完全不懂，一窍不通"。

毛泽东喜欢文字和故事，憎恶数据和数字，继承了他帝王前辈们的好恶观及"所有因素都无法在数目字上管理"[17]的陋习。由于统治者个人的这一好恶，中国的经济、经济学、经济学家，国计民生，国民经济……备受困扰，备受摧残。

国语中有一句最浪漫和大写意的话，叫做"治大国如烹小鲜"。

---

16 同上
17 黄仁宇语

关于社会主义经济这样大的理论问题，"大国小鲜"论是这样诠释的：

> "搞社会主义不能使羊肉不好吃，也不能使南京板鸭、云南火腿不好吃，不能使物质的花样少了，布匹少了。羊肉不一定照马克思主义做，在社会主义里，羊肉、鸭子应该更好吃，更进步，这才体现出社会主义比资本主义进步，否则我们在羊肉面前就没有威信了。社会主义一定要比资本主义还要好，还要进步。" [18]

顾准写《试论》的最初冲动就是在这"羊肉、板鸭、火腿"的激励下产生的，可是当他提出如何将这些"小鲜"烹好，烹得比资本主义还要好，至少不亚于资本主义——顾某人可是知道资本主义的羊肉板鸭火腿是什么样子——的时候，这锅"小鲜"已经被倒掉，"总路线、大跃进、人民公社"这锅"大鲜"就要上灶了。尔后这一锅"大鲜"又没烹好，可怜至少三千万条人命就这样"肉烂在锅里"，一起被倒掉了，"大厨"却没有受到任何谴责和惩罚。

毛氏对经济是外行是一件众所周知的事实。薄一波先生晚年在回忆录中曾这样形容1957年的党魁——

> "毛那时要听管经济的部位汇报，但听得非常吃力。毛主席十分疲劳，有次听完汇报（具体那次是听国家计委主任李富春先生的汇报），他带着疲乏的神情，说他每天是'床上地下，地下床上'……听完汇报就上床休息。累的原因是'汇报材料很不理想，只有干巴巴的条条或数字，没有事例，使他听起来非常吃力'。一次听一位部长汇报，毛紧皱眉头，抬起头来说，这是使他强迫受训，比坐牢还厉害。周恩来某次检讨说，他给毛的报告是材料数字一大堆，没有故事性。"

他曾批评国家计委送上来的"官样文章"是"灵台如花岗之岩，笔下若玄冰之冻"，质问他们"哪一年（能）稍稍动一点，使读者感觉有些春意，因而免于早上天堂，略微延长一年、两年寿命呢？" [19]

18　毛泽东在1956年的"知识分子会议"上发言
19　毛泽东1958年9月2日的一封信

可见数字已被他视作催命符一样的不祥物。可经济学偏偏是离了这道"催命符"就活不成的学问，是门绝不可以大写意的学问，再说得难听点，是一门毫无诗意的学问。这就怪不得经济学家们不受待见了。

而马克思，无论如何不能否认他是个大经济学家，其最宏大的经济学著作莫过于《资本论》。被尊为"当代最伟大的马克思列宁主义者"的毛氏读过马克思之所以是马克思的《资本论》吗？好像可能性不大，更不可能通读和精读。和顾准读《资本论》居然能从中看到美，看到"渊博的知识，美丽的文章（不很好地读，还看不出文章的美丽），真是使资本论是政治宣言，科学著作，与文艺作品"[20]，看出著者呕心沥血写成的第一卷和后边纷杂的两卷不可同日而语的读法——"由于他对第一卷曾经费去那么多的劳动，比之他生前来不及校正再写完成的第二、第三卷，更是精美绝伦"[21]，是完全不同的两种读法。

中国的经济科学曾在新政权体制下受到过致命的摧残，甚至可以说曾经有过一段"没有经济学"的年代——除了马克思主义的政治经济学，其他都是异端邪说。所有的经济学家都必须是马克思主义者，而马克思主义由谁来诠释、定义、解释、制定标准，除了北方的那一套，又没有任何自己的规则，一时奉为圭臬，一时斥为教条，谁有"解释"权谁就是"真理"，加上"极峰"对经济学的厌恶，有时连汇报都懒得听，身处这种时代环境的经济学家们，处境就可想而知了。

但是，说毛泽东先生对经济之学避若蛇蝎也肯定是错误的。顾准在坦白交代中多次提到的《毛泽东政治经济学笔记》就是个有力的佐证。

"读了一些例如《政治经济学笔记》这样重要的主席的光辉著作，对伟大的毛泽东思想获得了从前未曾达到的体会"；"1964 年所

---

20 《日记》1955.12.1
21 同上

内"四清运动"开始，我不知道孙冶方对抗主席《政治经济学笔记》这一辉煌著作，尽心竭立为刘少奇的黑党纲准备经济理论的基础，以及他的一系列里通外国的滔天罪行。他是运动的首要对象，我'同情'这个'老朋友'"[22]。

毛泽东的这个《政治经济学读书笔记》就是他从 1952 年到 1958 年三次读斯大林《苏联社会主义经济问题》的批注、1959-1960 年读苏联《政治经济学教科书（修改版）》的批注、谈话纪要。这本教科书恰恰就是出过大毒草《试论》的中科院哲学社会科学部经济研究所编译和整理的，只是此时大毒草的炮制者顾准还在河南商城右派劳改营中，与蚀骨噬心的饥饿作殊死的苦斗，什么也不知道。

读这两本书是 1959 年庐山会议毛泽东拟定的 19 个问题的第一个。他还组织了一个读书小组，组员包括了刘少奇、周恩来、陈伯达、胡绳、邓力群、田家英等，看上去重视非常。

看了斯大林 1946 年选举演说，苏联在 1921 年产钢 4 百多万吨，1940 年增加到 1800 万吨，20 年中增加了 1400 百万吨，毛氏"当时就想，苏联和中国都是社会主义国家，我们是不是可以搞得快点多点，是不是可以用一种更多更快更好更省的办法建设社会主义"[23]。先读书，后实践，结果就是"大跃进""人民公社"。他说"我们做了个大试验"同上，而试验的材料是 3 千万条生命和时至今日无法恢复的生态。

顾准认为"历史唯物主义的公式不足以解释全部历史，比如中国大跃进的动力它就无法解释"[24]，而西方人士则根本不用什么主义、什么公式，刻薄地评论中国的大跃进"穷是动力"，毛氏却十分欣赏这句话，说："'穷是动力'这句活讲得很对，富了，事情就不妙了。中国现在不富，将来富了，也一定会发生问题"[25]，倒是和黑格尔先

22 《自述》P331
23 龚育之《毛泽东读书生活》
24 《日记》1959.3.5
25 龚育之《毛泽东读书生活》

生"恶是发展原动力"说不谋而合。穷则革命富则修，宁穷勿修才可能不断革命，这才是毛氏经济的根本所在——国要强，政权要强而民不可富，而恰恰是顾准用"餬口经济"和"白薯共产主义"将这一经济观点作了最浅显和通俗的注释。

从理论上讲，毛氏好像也并不否认商品生产。就在他读斯大林和苏联教科书的过程中，1959 年 3 月 30 日在一个批示中提出"客观存在的价值法则是一个伟大的学校"，并在其读书笔记中作了重申，弄得孙冶方一帮经济学家们又惊又喜，又疑又惑，简直不敢相信自己的耳朵。可是仅仅这样一句话有任何意义吗？"大跃进"是否符合价值法则和经济规律早已由历史作了无情的结论和严厉的惩罚，而真正"客观存在"和"价值法则"大学校教授级人物顾准和孙冶方，一个成了"资产阶级右派分子"，一个成了"反革命修正主义分子"，夫复何言？

1957 年"出笼"的《试论》是加倍的生不逢时——右派+数字+诘屈聱牙的修正主义理论，双倍的不爽，三倍的厌恶，活该顾某倒霉。孙冶方、顾准笔下充满了"若花岗之岩，玄冰之冻"的数字、数据，哪里有日产钢铁 X 万吨，亩产小麦 X 万斤，年修水库 X 万座的故事好听。看来历史学家黄仁宇先生所说中国的历朝历代"所有因素都无法在数目字上管理"，到了中国的"社会主义"无丝毫改进。毛氏终其一生也没有一部系统的政治经济学论著问世，这一点他不如斯大林，后者至少在去世前不久口授、发表了《社会主义经济问题》并出版了纯斯氏的《政治经济学教科书》，而前者在经济学上要么大赞，要么大骂，故事与数据，颟顸与尖锐，没有制约的机制，没有制衡的人群，如何调和？

"没有比知道我们怎么努力也不能使情况改变这件事更使一个人的处境变得令人难以忍受的了"[26]，1957 年孙冶方、顾准的处境就是如此，他们东突西撞，却找不到出路，思想碰撞擦出的火花先就重重地灼伤了他们自己。

26　哈耶克《通往奴役之路》

3. 试述《试论》（下）幷再述娜拉出走

　　"民主个人主义还是我的根本世界观，斗争形势要求暂时放弃它，斗争的目的却是要实现它。"[27]

　　顾准写于 1969 年的"坦白交代"中这段话坦率、直白，毫无隐讳地将自己参加革命斗争的目的、手段、因果关系"交代"得一清二楚，其题目是《我的反动世界观和反动政治思想、经济思想的初步清算》。"清算"了没有暂且不论，"交代"倒真是彻底。

　　任何一种世界观，说到底是对世界-社会-人-神所构成的共同体之运行秩序的认知经验总括，是对精神、意识，或者干脆直接说——灵魂秩序的认知经验总括。世界观的形成多半发生在人参与生存过程的早期——童年、少年、青年时代，顾准的这个时段恰恰是在"立信"浓厚民主个人主义氛围的环境下度过的，"那里的环境每时每刻都在培养'个人奋斗，成名成家'，而我又在这个环境中成了'名'，成了'家'，（因此）其根本精神是反对集体主义，是典型的民主个人主义"的[28]。

　　顾准在晚年的"坦白交代"中坦承，在他的潜意识中，资本主义的市场体系，价格机制，企业内部的成本利润计算这一套秩序天然合理，它是永恒的和无可替代的。这种理念在他心中根深蒂固，萌芽于"立信"，蘖生于苏南苏北时期、上海时期和洛阳时期，形成意识于党校时期。到了 1957 年《试论》完成，已臻成熟。他一生世俗生活的坎坷都和这一秩序——世界观——价值观的与众不同有关。

　　从他开始系统研究经济理论和写作《试论》的 1957 年，潜意识就已变成了有意识——即使社会主义革命消灭了私有制而代之以国营经济，这一套秩序还将因为其天然的合理性而存在，社会主义依然要实行经济核算，市场体系和价格机制。这秩序强调的普世的物质性

27　《自述》P324
28　同上

深深契合了他的民主个人主义世界观——社会主义革命所要消灭的，只是不劳而获的收入。允许个人的收入因着才能的不同，对社会贡献的大小而有巨大的差别，"这（才）真正是民主个人主义的乐园"[29]，而纯粹的计划经济却是窒息一切个人主义的牢笼。一旦价值规律对经济计划不再有制约性，国家实行彻底的物资分配制度，社会成员的一生都将被"国家生产局"或者类似机构"计划"，这意味着人的信仰、个性、技能、特长、职业、工资以致生命都被计划，不是被每个人自己，而是被社会，被强人计划。

这就是奴役，计划经济就是"通往奴役之路"。

赫鲁晓夫秘密报告公布后，他的这种信念更坚定了——反对个人崇拜，保护每个人的尊严，推崇社会法制，才是民主社会主义——民主个人主义的铁则。与苏共二十大赫鲁晓夫秘密报告同时公开的、意大利共产党总书记陶里亚蒂的"阶级专政怎样变成党的专政，党的专政怎样变为个人专政"说，英国工党政治家，首相克莱门特·艾德礼的"没有两党制就没有民主"说，都对他影响至深，加上"1952年以来长期滋长的不满情绪，唤醒了我本来还未达到明确自觉的民主个人主义，使我急速地流滚回到1934年以前的世界观方面去了。我认为解决这一系列问题，必须强调党和国家生活中的民主。我强调民主如此强烈，达到否定无产阶级专政的程度，以致认为社会义必须是'民主的社会主义'"[30]。

在如此世界观的指导下，完全出自一种使命感，他决定把在他看来几近完美的那套经济学观念系统化，体系化起来。

"从前没有经验过国家计划，现在经验过了，也加以考虑了，所得的结论，表面上是二元论的，实际上是否定国家计划作用的。我强调用经济方法管理经济，我说用'行政方法'管理经济是不能持久的。"[31]

29　同上 P325
30　《自述》P326
31　同上

他用了"经验"——这两个他后半生深信的字，也相当狡黠地表述了自己根据"经验"得出的结论——"表面上是二元论的，实际上是否定国家计划作用"[32]——国家计划经济体制我已根据经验全盘否定，但我期待你拿出好过市场经济体制的东西，只要能说服我，我一定接受，否则我将不得不坚持那一套"天然合理"的秩序。他解释所谓"行政方法"就是"经济方法"以外的一切方法，包括什么"政治挂帅""计划第一""经济战线的群众运动"、以及马上要出台的三面红旗、精神变物质、物质变精神等等噱头。这些东西成事不足，败事有余，只会造成政治的、经济的和精神上的无序和混乱。

"民主社会主义是我的理想，但是它的实现，要以高度发达的经济为前提，它的逐步实现要在二三十年之后。"[33]

此话堪称"先知之声"。

从 1957 年《试论》问世算起，二三十年后，中国果然实现了"高度的经济发达"，只是经验主义者顾准的理想——民主社会主义，依然"山在虚无缥缈间"。而这二三十年间发生的一系列事件，诸如反右、三面红旗、大饥荒、庐山会议、反修、四清、文革，给中国留下的严重后遗症至今都无法消除，紧随它们而来到的"高度的经济发达"从某种角度看很像是过度压抑后畸形的"反弹"——物质主义压倒了一切，玛门（财富）崇拜替代了偶像崇拜，实质上还是偶像崇拜。

顾准预测了将要在几十年后出现的"拜玛门"现象。

在经历了 1959-1960 年大饥荒、恐怖的商城劳改，经历了日日宗教仪式般的学习、批判，经历了人们争先恐后地说谎，告密，道德败坏，他在日记中写到："人相食，卖屄，说谎，拍马，害人自肥……若说这是历史必然，付出的代价也够重大的。后一个历史时期，为了消除这些恶毒的影响，不知要付出多少精神与物质的补偿！"[34]

32　同上
33　同上 P327
34　《日记》1960.1.15

他一语成谶。

《试论》是顾准瓜熟蒂落的精神产品，是他世界观和价值观的一次显露，而苏共二十大，秘密报告，德热拉斯，陶里亚蒂，艾德礼，还有《论十大关系》等等都不过是催熟剂罢了。今天因为这篇《试论》，人们称他为中国的哈耶克，只能说哈氏和顾氏在某种精神始基上碰巧契合了。人类社会发展到一定地步，这种契合是经常会发生的，7 千年前，5 千年前会发生，两千年前和今天也会发生，今后必然还会发生。

思想家不同于凡人的，往往在于他不必亲身经历就可以总结出人类的经验，尤其是人类的苦难经验。哈耶克并没有在他所谓"通往奴役之路"的体制下生活的经历，但他预见到了生活在计划经济专制下的俄国人民的不幸命运，极有可能也预见到了将要在中国发生的相同悲剧，至少在他因《通往奴役之路》获得诺贝尔经济学奖，也是顾准死去的1974年，他一定看完了整场悲剧的始末，只是他令人遗憾地未发一言。而他的中国同行、同道，亲历了整场剧目的顾准先生，用鲜血做墨水的笔杆子记录下了一切。学术上，顾准可能达不到哈耶克那样的高度，但就其勇气、人格魅力评价，谁能肯定后者不会对前者高山仰止呢？

今天的人们喜欢用"娜拉出走"来形容顾准，喜欢引用他"我赞美革命风暴。问题还在于'娜拉出走以后怎样'"[35]，但他最决绝的"出走"，与其说是1930年代受救亡激情与革命浪漫的推动而加入中国共产党，不如说是 1957 年他这篇温柔到十二万分的"出走留言"，或曰"出走宣言"——《试论》的面世。前者是感性的产物，后者才是理性的力量，也惟其如此，后者要比前者强大得多。

来看看顾准怎样谈"娜拉出走"并对比他自己的"出走"：

"我们也可效法鲁迅'娜拉出走以后怎样'的口吻，问一下，Robespiere（罗伯斯皮尔）不死，而且彻底胜利了以后怎样？也许，

---

35 《文稿》P384

答案是 Robespiere 自己会变成拿破仑。" [36]

中国的罗伯斯皮尔果然变成了拿破仑，所有历史的先声、曾经的承诺都变成了空头支票。

"Democracy（民主政治）是一种公认的，大家被迫不能不遵守的共处规则。只有'我必须（只好）和这个狗养的在一起'，'保护少数'才不再成为 Lip-service（空头支票），容忍才能付诸实行。事实上，听凭一个人任性而为，世界上就永远没有容忍这回事。" [37]

娜拉走后怎样？可能找到了出路，独立了而且生活得很好，但也可能自己变成了海茂尔——虚伪的暴君。

"论到夺取政权，Kautsky（考茨基）错了。论到'娜拉走后怎样'，Kautsky 对了。" [38]

考茨基在革命胜利后要"告别革命"，指出以列宁为代表的苏联共产党走上了追求独裁的歧途。他追求的是民主社会主义。顾准也是。

"革命取得胜利的途径，找到了，胜利了，可是，'娜拉出走以后怎样？'；1789-1870-1917，这一股潮流，走了它自己的路，可是还有另一股潮流，两股潮流在交叉吗？怎样交叉的？它们的成果可以比较吗？前景如何？1789-1870-1917，设定了一个终极目的。要不要从头思考一下这个终极目的？" [39]

那"另一股潮流"——自由与民主、进步与发展，不就是出走后的娜拉——革命胜利后的人们光明的坦途吗？但这可不是什么"终极目的"而依然只是道路，人类依然"在路上"——"民主是与不断

36　《文稿》P380
37　《笔记》P327
38　《文稿》P387
39　同上 P394

进步相联结着的，而不是和某个目的相联结着的"[40]。

从 1950 年代中期就开始"终极目的"思考的顾准，用了整整二十年的时间得出的结论是——

"地上不可能建立天国，天国是彻底的幻想，矛盾永远存在，所以，没有什么终极目的，有的，只是进步。"[41]

至于他自己的"出走"——"贾宝玉不做禄蠹，只好出家。我又要问娜拉出走以后怎样？——出家以后怎样？如果活下去，而且还要维持一种清高的生活，怎么办？"[42]

当"娜拉"发现"丈夫"所有"民主社会主义"的面孔都是虚伪的假面，骨子里依然是几千年不变的"东方专制主义"时，出走是必然和决绝的。骨子里就是个"娜拉"而不是"祥林嫂"的顾准用自己经历回答了这个问题：出走后的娜拉要活下来，再艰辛也要维持其清高和清白。"'娜拉出走以后怎样'，只能经验主义地解决"[43]。娜拉，她没有后悔也没有屈服，从未回到，更未徘徊在丈夫安乐窝的门前檐下。她也许走向各各他，他也是。

但各各他之路不也是复活和永生之路吗？

40　同上 P392
41　同上
42　《文稿》P420
43　同上 P432

第九章　　事情已经变化

1. 一定有字的 1958

　　1958，又一个没有只言片语顾准文字面世的年头。

　　从 19 岁与潘序伦合著的《中国政府会计制度》到临终遗言，顾准一生的文字，包括日记，笔记，劄记，文稿，检讨，交代，坦白，心得、体会、发言、卡片，摘记，信函……以千万为单位计数是毫不夸张的。今天人们读到的顾准，充其量有十分之一就算不错了。

　　根据如是：

　　1.他亲爱的秀——妻子汪璧，自戕前留下的只有一句话的遗书"帮助反革命分子销毁材料罪该万死"。这是汪璧 1964 年在家中帮助顾准烧毁积存多年的手稿笔记一事在文革中被揭发后发生的惨剧。这次被销毁的字纸估计数量浩瀚，至少销毁时的烟雾、碎屑或其他东西给揭发者留下了深刻印象，否则不会在两年后还"记忆犹新"地去揭发批判，致她死地。假如数量小则可能根本就不会被发现。

　　2.六弟陈敏之在多年后的《顾准文集·序》中写到——"顾准在劳动改造期间，似乎依然不大安分，写下过一些东西。这些东西的内容究竟是什么，我未见过，不清楚。不过确实知道这些东西又惹下了祸，原因是文革前夕把这些东西都毁了。为什么要毁掉，显然是为了毁灭'罪证'，这个罪名是难以申辩和推脱的。我母亲也参与了毁灭'罪证'的活动……用'水浸法'，把纸张放在水中浸透，揉烂，然后放进抽水马桶抽掉，抽水马桶都堵塞了……顾准在劳动改造期间写下的一些东西全毁掉了，留下的只能是一片空白。"

这又是一批巨量的文字。

3. 他的第三子顾南久（高粱），日后以经济学研究生的身份到经济所工作。有一天在全所大扫除时有人叫住他，说这里有你父亲一大堆材料，你要不要，不要我们就处理给废品收购站了。高粱拿回一大包父亲的文字，至今还没有整理完毕，也因此至今还没有面世。

4. 顾准写于 1969 年 4 月的某日的读书笔记，摘录并旁注关于"绝对贫困化学说的根据及其在马克思主义体系中的重要性"时，有过这样一段奇怪的旁注："绝对贫困化。然而这里的绝对贫困化是哲学。所以，1958 年我写道：对于他，经济学是服从于哲学的。"[1]

暂且不论这段话是什么含义以及顾准对"从人的绝对贫困化到哲学的绝对贫困化"的思考过程，仅仅从"所以，1958 年我写道"几个字，就可知他在 1958 年曾经写过多少东西。如此宏大的话题，又哪里是几百字、几千字能够打住的？而相似的话题，在 1958 年又会有多少？但是如今却没有任何他 1958 年的文字，例如日记、读书笔记、卡片或者文稿面世。

5. 顾准自己也在不断地烧掉自己的文字，他倒不是出于恐惧，而是如"收拾屋子"一样地大扫除。"一个个问题突击是艰苦的，但很愉快地烧掉几百张稿子是痛快的。"[2]"准备八个月时间，又可以弄三十至五十万字回来，充实我的稿库。"[3]他突击一次问题就会烧掉一批手稿，把一大堆深奥的推理过程和文献线索抛在脑后，以保持大脑内存足够的容量和条理整齐的排列。他还居然号称还有一座"稿库"，那三五十万字在其中肯定就是不值一提的小数……。

6. 1960 年的商城日记一篇说到"当然，其中一部分是传统影响，Refer（参见）1958. 12 日记"[4]。顾准 1958 年有日记存在，这就是铁证。

7. 妻子秀——汪璧是写日记的，至少从 1936 年就有日记，六弟

---

1 《笔记》P489
2 《日记》1959. 02. 23
3 同上 1959. 3. 10.
4 同上 1960. 1. 15.

陈敏之曾经在无意中看到过，但至今也是片字未留。妻子写日记往往能带动丈夫，何况他们那么恩爱。顾准既然在恐怖大饥荒的商城，人饿得打哆嗦的时候都有日记，1958 年没有只言片语，于情于理，于逻辑于常识都无可能。

8. 1960 年代读《马恩全集》的笔记所作"恩格斯的哥达批判"只有（一）（四）（五），至少不见了（二）（三）。

9. 1960 年 2 月 3 日的日记中顾准写道"写铁佛寺水库记录，II/2 写完"，II/2 也就是该日记的前一天。从他 1 月 19 日回到北京就开始写的这部《铁佛寺水库记录》，在分量上可能要超过他的《商城日记》，毕竟《商城日记》是日记体，而《水库记录》一定是纪实体，且很可能包含了解释他首创的"糊口经济"一词的确切含义，而"他们的救命恩人回过头来，以强力来打破糊口经济，代替圈地、代替羊子吃人的，是在饥饿状态下上山炼铁与 7 千万人的大兴水利，而且还要在政治上给以资本主义自发势力的称号"[5]的、连糊口经济也不允许存在的行政行为，会不会在他的铁"佛寺水库记录"中被引申到类似 20 年后，亲历本国 1943 年大饥荒的印度经济学家——阿玛蒂亚·森的饥荒经济学，人们只能单凭它的"商城日记"去猜想了，可能性非常大，但没有凭证，因为这个东西不在他已经面世的文字里，最大可能是已被妻子采秀销毁。

……

还能举出很多例证，后面会一条一条加进来。

因此 1958 年不但顾准一定有字留下，而且还应该是字数特别多的年份。先看看 1958 年中国和世界都发生过什么大事：

国内——中国人民志愿军全部撤出朝鲜；开始炮轰金门；马寅初提出"新人口论"；"大跃进"运动在全国展开；全民大炼钢铁；全面开始农村"公共食堂化"；公布《汉语拼音方案》；全国"除四害"；干部下放劳动锻炼；中央电视台试播；浙江景宁县实现全县人民公社化……

5　同上 1960. 1. 11

国际——欧洲经济共同体共同市场成立；英美完成核聚变试验；美国发射人造卫星；赫鲁晓夫任苏联总理和苏共第一书记；宁夏回族自治区成立；法兰西第五共和国宣告成立；科威特创建巴解运动法塔赫……

向来喜欢对局势作出评论和判断的顾准，绝不会住笔。这是其一；从他已经面世的 1959 年 2-3 月间的日记看，"混乱的思想已经整理成为系统，初步的思想体系已经形成……现在不是思想的基本体系问题，而是它的完整化"[6]，可见上一年已有数量巨大而又比较杂乱的文字问世，否则他怎么敢随随便便就把它们称为"系统"？这是其二。还有他的"自述"——坦白交代材料，关于1958 年的叙述信息量巨大：

> "1958 年 4 月下旬，综考会支部大会宣布我划为右派，已经上级组织批准，宣布我开除出党。这次支部大会我也到会，这是我参加我生活其间达 22 年之久的伟大、光荣、正确的中国共产党的组织生活的最后一次。"[7]

在被开除出党的前几天，综考会党支部组织委员来通知顾准，党对他的处理定为监督劳动，除每月发放 50 元生活费外，工资停发，劳动地点为河北省赞皇县，不日出发。他终于被排出了"母体"，"妈"松了一口气，"孩子"也松了一口气。"1958/V 下乡劳动，自此以后，直到 1962/III 一直在农村。"此事在他不是灾难而是解脱，是乌烟瘴气后的尘埃落定和一大堆"不确定因素"后的确定，也又一次给了他读书的时间和心境，以及对历史与现实观察和探索的机会。

有位作家在长篇大论地谈到顾准时，说了句站着说话不腰疼的话——"顾准太被历史青睐"[8]，可细想想，有道理。

"为什么是顾准？"人们常问。

一个思想，一位思想家被接受与否，不仅和他示人的表达其思想

6　《日记》1959.2.23
7　同上 1959.2.23
8　易中天语

内容的文本（Text）本身相关联，而且也同其产生思想时所处的历史语境（Context）相关联。顾准经历的历史过程虽然数亿人都经历过，在经历中思考的也绝不止顾准一人，但真正能够从东西方历史、现实和未来展望的开阔度上进行思维，且能将思维的过程真正用文本在是时的历史语境中表达了出来的，至少到今天还没有找到第二人。“顾准太被历史青睐”和“为什么是顾准”两句话巧妙地互释了。

回顾他的一生，历史总是让他站在既往中最尖锐和激烈之处——在火山口上、地震中心，在熔岩边、洪水中，却又没有让他立即葬身，反倒是给了他各种取样的条件和工具，参照的资料和分析的仪器，直到他记录下发生过的一切，留下宝贵的历史“地质”资料——哪里危险，如何躲避；哪里安全，可以安家之后，才让他在无边的爱海中遽尔长行，给后人留下无尽的回忆、思念和遐想。

即使是令人们扼腕遗憾的他的早逝，也依然是一种“青睐”。试想从深海中打捞出的维纳斯假如是完整的，她还能带给人们那独一无二的缺憾美吗？试想假如顾准活到今天，他还能特立独行而不被淹没在茫茫人海中吗？

还是回到 1958 年 5 月，河北省，赞皇县，土门村、野草湾和千根村，顾准身处茫茫的右派人海中。这里是中科院右派的集中地。去年年底就已经去了一批下放干部，“5 月下旬下乡的共二十余人，绝大多数是各所的右派分子”，由一名下放干部专门回京带领他们下去。先稍稍探究一下“下放干部”和“右派分子”的区别。

“下放干部”是“调到下层机构去工作或送到农村、工厂、矿山去锻炼”的公职人员。“右派分子”是政治上不正确，“意识形态”上与在朝者对立的敌人。这两种人与在朝者之间假如有矛盾，则前者是“人民内部矛盾”，后者是“敌我矛盾”。所以两者在本质上就是不同的。顾准当然是后者，他是康生——虽不如戈培尔或日丹诺夫显赫，却是那个时代中国意识形态总管理者——钦定的右派。康在中科院送来的准右派名单上“圈阅”时，重重地在“顾准”二字上打上了红圈并愤愤道：“顾准这种人不是右派还有谁是右派？”

顾准所属的这支右派团队包括徐懋庸、李泽厚、汪国训、李明等。

徐懋庸是《从一个人看一个新世界》的首译者，引领顾准走向"职业革命家"之路的正是这本书。

这是顾准第一次真正参加体力劳动。43 岁的他因为常年伏案工作，腰腿都已不是很灵活——"我生长城市，在解放区的九年，虽然生活在农村环境中，其实还是呆在机关里，除延安时期开过一、二次荒而外，从来没有参加过体力劳动……河北农村锄地一般用小锄，我腰腿发硬，不能长时间蹲着干，有时干脆就跪在地下干。"[9]

这算不了什么，"也只有在这种环境条件下，才真正有机会学习我国农村经济这一门功课"[10]，他又把"坏事变成了好事"且不是阿Q式的"精神胜利法"，他是真把它当做课堂和功课了。既然是功课，他一定认真做，于是他就插手高级社的合作食堂，按照他的经济理论提出一整套"按合作原则办食堂的"的记账法。千根村社主任李同志兴高采烈地采纳了这位曾经是中国数一数二会计大师的建议。只可惜好景不长——

"我是监督劳动的右派分子，按照合作原则办公共食堂的建议……没有通过下放干部分队长 XXX 所提原则，也没有得到她的同意……已是严重的无组织无纪律行为，对我来说更是不认罪服罪，不服从群众监督的极端恶劣行为。千根分队曾经召开会议对我这一罪行进行批判斗争……我在会上承认了错误，但因为没有狠挖错误的原因，不久在土门又犯了其他罪行"[11]。

看来"下放干部"的政治身份要远远高于"右派分子"。虽然两者之间不过就隔着一张窗户纸，但前者在后者面前的优越感却常常是巨大的。

比起擅自置喙高级社的经济管理，他在土门的罪行就比较严重了——恶毒攻击"大办钢铁"运动：

9　《自述》P252
10　同上 P253
11　《自述》P245

"9月份，原驻千根村的下放劳动人员全部调到土门参加土法炼铁，我也随同到了那里……我曾借机大发牢骚，诋毁土法炼铁为'得不偿失'"[12]。

他认为全民大炼钢铁是一种完全无法理喻的愚蠢，是专制者为证明自己的伟大、光荣、正确而强行为之的"即兴之作"——一种"不正常激情"的产物。这些言论让他付出的代价就比较大了，特别是十年文革，成了他特大罪行之一，不得不在1968年9月10日专门为此写出一篇罪行交代，可惜已经遗失。

10月他又回到农活上，泛善可陈。

11月下旬全队回到赞皇县城，学习总结。人们又要他当了一把队部的伙食会计，因为粮食供应已经非常紧张，不论是城里下放的干部还是劳改的右派，大家都得定量吃饭，缴纳粮票，吃饱为止的大锅饭好日子早就一去不复返了，顾准这才不得不被重用了一回。

半年多的劳动改造令他性情大变，往日的所谓绅士风度已经被农民"大口吃饭"，"大声说话"和"大动作手势"替代，所谓的"腹有文章气自华"已经变为"一肚子臭狗屎"，只好抛掉，若不如此，他很难在劳动队立足，也很难生存下去。

"我这种态度也许有其积极的一面，显然不是正确地对待监督劳动的态度，因为重点没有放在接受贫下中农的监督，彻底在劳动中把自己改造为新人上面。千根时期也有同志（记得是李泽厚）对我提出过这个问题。"[13]

大概也只有当年的青年才俊李泽厚先生这样同时具有美学与哲学功底的眼光，才能测度顾准的心思。

12月初他回到北京。

在乡下就已经接到秀的信——中关村的房子是政府按照顾准原来的级别分配的，现在他成了右派，秀不愿受人家找上门来要她退房

12　同上 P254
13　《自述》P270

的羞辱，就主动退掉了这套专家公寓，按照她自己的级别搬到了百万庄的建工部宿舍。顾准坐卡车回到中科院集散地，又好不容易寻找到百万庄，摸到新房子的门。又饿又累的他按照乡下的习惯猛烈地拍门。

"我还记得父亲从赞皇农村回来，是 1958 年的冬季"，是年 10 岁的次子高梁回忆说，"一阵猛烈的敲门声突然传来，紧接着去劳改的父亲出现了。他穿着一身破烂而肮脏的棉衣裤，一团烂棉花从裤裆旁边的大破洞里露出来，样子十分狼狈。他的神色显得忧郁和凶狠，和他下放以前文质彬彬的形象，有了很大的变化。他显然在劳改地吃了不少苦。他后来陆陆续续对我们说了一些那里的可怕情况……"

能把一位绅士在短短的几个月时间里就"改造"得如同乞丐，其力量之巨大和可怕已不言而喻。但赞皇的改造比起 3 个月后开始的河南商城的改造，那可就太不值一提了。

顾准的"商城日记"日后成为了中国政治学、社会学、政治哲学中对大跃进、人民公社运动以及紧随其后骇人听闻的大饥荒的最重要的标本之一，能与其比肩的大约只有杨继绳先生的《墓碑》和杨显惠先生的《定西孤儿院纪事》两部纪实文学作品，但后两者并非亲历。纪实文学和亲历日记，无论如何两者是无法相提并论的。

可是他的"赞皇日记"又在哪里呢？

2. 雪线

1959 年 2 月 23 日，《顾准日记》在这里又重新起了头。

自 1957 年 7 月 13 日和《顾准日记》相揖而别，19 个月过去了，我只能从他的"历史交代"，从旁人的叙述中去 Puzzle（拼图）他的这一年半。19 个月"不见"，顾准在知识上的积累、思辨上的进展和表达上的提高，都让人刮目相看，而情绪上，他不仅没有消沉，反是一派"得道成仙"的轻松愉快、自如洒脱。

开篇第一天，"II/23 1959"（让我用他最喜欢的罗马式记日方式。他是从 1955 年 10 月 7 日开始使用这种方式的，一直到用到商城劳改营的 1959 最后一天，从 1960 年元旦开始改回中国式的记日形式。其间在这两种记日法之间变化了多次，直到 1972 年的 10 月13 日即"北京日记"后一直到临终前最后一天 1974 年 10 月 17 的日，均使用罗马数字记日），这一天他的日记长达两千多字。

"很愉快地把四年来的工作做了一个小结，把混乱的政治思想也做了一个小结。"[14]

顾准并非真正长时间停止日记，而是前文被人隐匿了许多的续笔。因此他的"很愉快"只能去揣摩，根据就是这一天的日记。

一个满腹经纶的、曾经的"高干"和学者，一个大右派，罪人，去作了 8 个月农民以求生存，期间好不容易当了几天不脱产的"队干部"，还又被讥讽嘲弄，揭发批斗，回到北京的家里已经"脱形"得连孩子都认不出的人，他为什么"愉快"？他凭什么"愉快"？可他就是愉快。

19 个月的时间里，他又读了多少书，结识了多少智者，思考了多少问题，得了多少安慰和喜乐，你又怎么能知道，怎么能理解呢？谁拿度量普通人情态的标准去猜度顾准都一定会吃亏。初读顾准，我就吃过这样的亏。当时最大的困惑就是为什么顾准居然能够"苟活"到 59 岁。

无论什么样的过程吧，他好歹死在医院的病床上，而不像老舍、范长江、吴晗、邓拓、翦伯赞、严凤英、容国团、熊十力、傅雷、顾圣婴……这些人，他们因高贵而脆弱，因脆弱而玉碎，在强暴面前大有"伏波惟愿裹尸还，定远何须生入关"之意，又凄美又壮美。顾准却"瓦全"了，终是不如"玉碎"来得完美和壮丽，更何况他曾是那么浪漫和绅士的一个男人。

但你能说司马迁不完美吗？出了蚕室的太史公为了《史记》，在"诟莫大于宫刑"的耻辱中活了下来，名垂青史。可是我的传主，除

---

14 《日记》1959.2.23

了一个亲爱的六弟陈敏之，其手稿，其文字，其思想无人可托，无人能继，更无人能传。六弟陈敏之仅仅比五哥顾准小五岁，既不是他的学生，也不能时常跟随左右。说到底，他绝无要写出什么"传世之作"的念头，从他很多精彩至极的文字居然就用铅笔随随便便写在"破旧的本子"上 [15]，可见一斑。

他的牺牲在当时看，几乎完全不可能有"回报"，别说名垂青史，连自己的孩子们都不可能理解和继承他，哪里可能被别人传承和纪念。顾准，用他的一生诠释了海明威《乞力马扎罗的雪》中那个著名的开篇——

"乞力马扎罗是一座海拔一万九千七百一十英尺的长年积雪的高山，据说它是非洲最高的一座山。西高峰叫马塞人的"鄂阿奇—鄂阿伊"，即上帝的庙殿。在西高峰的近旁，有一具已经风干冻僵的豹子的尸体。豹子到这样高寒的地方来寻找什么，没有人作过解释。"

豹子到这样高寒的地方来寻找什么，没有人作过解释，它自己也不解释，只是把自己冻僵后又被风干的身体摆上，像一个祭品。多年前年曾有一本顾准的传记——《拆下肋骨当火把》，书名出奇制胜，引用了泰戈尔的名句，令人联想到脱衣跳涯，以身饲虎的摩坷王子和背负十字架向各各他行走的耶稣。然而纵观顾准的全部著述，你既看不到要唤醒民众的鼓动家，也看不到要普度众生的传道士。你只看到了一位苦难造就的学者，史家和思辩家，一个一把火把自身传统的奴性烧了个精光的民族另类，一个追问人性的悲悯者和一个在罪恶面前始终警醒和桀骜不驯的人，一头要到"鄂阿奇—鄂阿伊"去寻找它的上帝或者天堂的孤独的豹子。

天地间有一种叫做"Righteousness"或者"Justice"的东西，中文翻译也特别好，叫做"公义""完美品格的塑造"或者"慈恩"，文天祥形容得也好，叫"天地有正气，杂然赋流形"。顾准是幸运的，他得到了这种东西并且自己也融入了其中，其他的，那都是身外之物，他早就无所谓了。

15　顾准语

这就是信念。在一个除了马恩列斯毛不可以有其他信仰的时代，姑且称它做"信念"吧。

话说回来。19 个月不见的顾准真个是神采奕奕。来看看这 6 百多天的时间里，他又读了多少书，从而结识或重新结识了多少伟大的或者是有趣的灵魂，这些"横卧着整个过去的灵魂"[16]——

Bernstein（英文为顾准原稿，后同）——爱德华·伯恩施坦，德国社会民主主义理论家及政治家，修正主义（进化社会主义）的理论家，修正马克思主义基本原则（如放弃资本主义经济即将崩溃的思想）的第一批社会主义者中的一个，设想将个人的创新精神与社会的改革结合在一起的社会民主的模式；

Keynes——约翰·梅纳德·凯恩斯，英国经济学家，"宏观经济学之父""资本主义的救世主"。顾准则仅仅称他为"医生"且是个"并未解决问题"的医生[17]，倒符合他一贯的孤傲做派；

Plekhanov——格奥尔基·瓦连廷诺维奇·普列汉诺夫，俄国马克思主义之父，将马克思成熟思想表述为辩证唯物主义第一人，著有《论一元论历史观的发展》。坚决反对他认为是无原则的布尔什维克的活动，并痛心疾首地认为布尔什维克夺取政权为时过早并有可能导致灾难性的后果。联共（孟）的祖师爷；

Zdanov——安德烈·亚历山德罗维奇·日丹诺夫，联共（布）中央政治局委员、中央书记处书记，前后控制苏联意识形态达 14 年，试着建构一个新的艺术哲学，主张大量减少该域的文化，改以简单、科学性的图表或符号来象征某些道德价值。被称作日丹诺夫主义，是苏联特有的文化产物；

Adam Smith——亚当·斯密，顾准的"老朋友"，经济学的创立者，所著《国富论》是全世界经济学界所发行过的最具影响力的著作，是使经济学成为独立于哲学的大学问第一人；

Oskar Lange——奥斯卡·兰格，波兰经济学家，货币和经济均

---

16 黑格尔语
17 《日记》1959.2.23

衡理论家。1957 年正在撰写《试论》的顾准是把他的《论政治经济学》当教科书来读的。初识兰格，他的"把市场机制引入社会主义经济运行的理论模式"曾令中国同行顾准大吃一惊，"当时我像触了电，这表示我感觉到这个问题的重大，但还没有完全理解其意义"[18]。这位不知足的同行话题一转，又埋怨人家"其实 Lange（兰格）不过提出了这个问题，也没有展开和解决这个问题"[19]；

Andrew Ure——安德鲁·尤尔，世界上第一个从理论和技术上在大学培训技术和管理人员的教育者，开管理教育先河，被《资本论》的作者称作"天真而正确地说出了机器生产与资本主义生产方式的内在联系，但坚定地站在工厂主的立场上"；

哥穆尔卡——瓦迪斯瓦夫·哥穆尔卡，波兰共产党中央委员会第一书记，中年时代曾一度因反对成立共产党和工人党情报局被免去总书记职位并遭到迫害，赫鲁晓夫秘密报告后恢复名誉，重新成为波兰党和国家的领袖。反对苏联干涉波兰内政，维护了波兰的独立；

Russell——伯特兰·罗素，二十世纪英国哲学家、数学家、逻辑学家、历史学家，无神论或者不可知论者。创建了分析哲学。他的《数学原理》对逻辑学、数学、集合论、语言学和分析哲学在全世界范围内至今有着巨大的影响；

汪奠基——中国逻辑学家、哲学家、教育学家。中国科学院哲学所研究员、逻辑研究室顾问。著有《老子朴素辩证的逻辑思想——无名论》《中国逻辑思想史料分析》《中国逻辑思想史》等；

康福斯——莫里斯·康福斯，英国马克思主义哲学家，"曾经企图把杜威、罗素哲学打上帝国主义的印记"[20]。在他的 1956 年出版的俄文版《辩证唯物主义》一书中说：毛泽东主席在《矛盾论》中对矛盾特殊性概念"作了现时在马克思主义著述中最完备的探讨"。康福斯的该书唯物辩证法部分曾 9 次引证《矛盾论》，在认识部分 12 次引用《实践论》；

---

18 同上 1970. 1. 2
19 《日记》1970. 1. 2
20 《文稿》P359

斯宾诺莎——巴鲁赫·斯宾诺莎，西方近代哲学史重要的理性主义者，最伟大的著作是《几何伦理学》（简称《伦理学》）。行而上学体系创始者，认为"神即自然"。伦理上认为一个人只要受制于外在的影响，他就是处于奴役状态，而只要和上帝达成一致，人们就不再受制于这种影响，而能获得相对的自由，也因此摆脱恐惧，主张无知是一切罪恶的根源；

杜威——约翰·杜威，美国实用主义哲学家，实用主义的集大成者，"实用主义神圣实用主义神圣家族的家长"。胡适的导师。著作涉及科学、艺术、宗教伦理、政治、教育、社会学、历史学和经济学诸方面，使实用主义成为美国特有的文化现象；

Thomas More——托马斯·摩尔，英国空想社会主义者，是个圣人也是个作家，1516 年用拉丁文写成《乌托邦》一书。1523 年当选国会下院议长，1525 年受命为兰开斯特公国首相。1525 年被任命为英国大法官，1535 年因反对亨利八世兼任教会首脑而被处死；

考茨基——卡尔·考茨基，德国和国际工人运动理论家，社会民主主义活动家，第二国际机会主义派别领袖之一。亦是马克思主义发展史中的重要人物，是卡尔·马克思代表作《资本论》第四卷的编者；

Rosa Luxemberg——罗莎·卢森堡，国际共产主义运动著名政治活动家和理论家，德国社会民主党和第二国际左派领袖。1916 年与李普克内西一起建立德国共产党，1919 年被捕遇害。曾被列宁称为"革命之鹰"；

黑格尔——不用介绍，老朋友啦，接头暗号嘛，还是那本《小逻辑》；

马克思、恩格斯、列宁、斯大林、毛泽东……就更不用介绍啦。

这里就不一一罗列顾准和这些新老朋友接头时，手持的是他们的哪一本著作了，否则这一章就会像一大张图书馆的书目登记单，难免冗长枯燥。

站在这些人中间，有这些书垫底，"腹有文章气自华"的他神采奕奕。就从"重逢"后的第一篇日记说起。一篇日记，他写了两千多字，一口气论述了 3 个极具原创性、时下中国还从未有人提出过的三个问题，充满了政治哲学气息。

顾准的文字功夫十分深厚，看他日后在中科院经济所相对比较安静和安全的环境下写出的《从理想主义到经验主义》和《希腊城邦制度》两部文稿，前者是由他读书笔记、随笔和与六弟陈敏之的通信汇编而成的文集，后者则是他读不同作者，不同版本的《希腊史》所做的笔记，两者思维的开阔，文笔的优美和表达的精准在同时代都是独一无二的，也是《顾准文存》中最吸引读者的地方。而他的日记因为是实时写下的文字，其随意性的痕迹就很重，尤其是所谓的"新生日记"，其文笔的隐蔽、晦涩、大量的曲笔，肉麻的夸张，初看上去真让人心酸。但只要你肯下工夫垫上浓重的时代背景细看，其信息量一点不亚于他的"党校日记"或"商城日记"，而有趣的程度则超过它们，简直就是一本时代的高级黑色幽默读本。这个放在日记被写下的时段来叙述。

说到他的自述——"坦白交代大全"，那就更加需要"解读"了。在这个方面他不如老朋友孙冶方。十年文革，老孙就愣是一个字的检查不写。"文革中他根本不检查！"——这是他的养女李昭女士亲口告诉我的。可老顾写，"反正他们也不让我干什么正经事，让我写我就写，坦白交代当自传写好了"当事人口述。可这样写出来的《自传》可不能仅仅去"读"而是要"解读"。

这也是他留下的文字"不规范""不学术"的原因。日间艰辛的、超出他力所能及的劳动重压，夜间大量笔记、卡片的摘录，大量文稿的撰写，加上这些文字必须千方百计地藏匿和保存，最重要的是要时时提防在被偷看、抄查时人们由文字的断章取义对他更加严厉地"定罪"，他写作环境的严酷是眼下的人们，特别是年轻人很难想象的，许多文字的不精确，不打磨也因此是应该被原谅的。读顾准也需要有一点读《红楼梦》的能耐，在"真事隐去，假语村言"中看背后的东西，尤以"日记"和"自述"为最。"读顾"，最好横着看一遍再竖着看一遍——按时间顺序看一遍，再按事件脉络看一遍。

有人总结顾准一生经历了三次思想高峰，分别是 1956 年斯大林主义倒台后的反思、1963-1964 年接触西方经济学思想后对中国社会主义经济的反思和临终前 1973-1974 年对人类历史、政治、经济、社会辉煌的总体反思。这是有道的，但可惜遗漏了 1959 年这个高峰。

1959 年的他和 1955-1956 年党校时期的他相比，已是大大地不同。

假如用攀登雪山，例如珠穆朗玛峰，乞力马扎罗峰作譬喻，用登顶作为他最后的思想高度，那么 1956 年他从党校毕业时还处在无装备，无经验，无向导的"三无状态"，仅仅靠一对"勇气"和"逻辑"的登山杖就开始攀登。到 1957 年他已经有了攀登的经验，有了登顶的地图并已攀登到了雪线下的大本营。到了 1959 年他已有了专业的"氧气瓶"和"食物"并攀登到雪线前了。

"To be or not to be?"

这句"世界名问"中文至今找不到一个公认的译句。大家比较偏爱的还是约定俗成的"生存，还是毁灭？"但语义立刻就窄了很多，而"是，还是不是？"语义就更混乱了，基本上没人敢用。可我的传主在 1959 年就发出了类似的"天问"，不是屈原挟雷携电式的"问天"而是哈姆雷特喃喃自语式的"问己"：

"到底是非跟马克思主义的基调分手？还是仍旧可以服从这个基调？"[21]

这就是"雪线"，迷蒙、危险、无法预测。他已经攀越了多次，依然无法越过——气促，胆怯，不得不折回到大本营补充"给养"和"装备"。

从上年底回到北京已经快两个月了。在秀细心的调理下，他精神和体力都渐渐复原。吓坏了小高粱的凶恶的眼神柔顺了，"裤裆旁边的大破洞里露出一大团烂棉花"的棉裤也被秀处理了。换上穿惯了的吊带西装裤和洁白的衬衫，他几乎完全恢复了从前的绅士派头，只除了一件事——吃。他吃饭吃得很多，但比起"吃"书就小巫见大巫了。

赞皇七个月，他饿坏了，在胃和大脑两个器官。

---

21 《日记》1959.2.27.

从 1955 年"统购统销"开始使用粮票，顾家一大家子——3 个"吃死老子"的半大小子，两个正在发育的女孩，奶奶、爸爸、妈妈一共 8 口，全靠奶奶和妈妈的精打细算，到了 1959 年初还没有让孩子们尝到饥饿的滋味，好歹能吃个半饱。现在爸爸回来了，在妈妈的号召下，孩子们都悄悄地少添一口饭，先让爸爸吃饱。这个，谁都没有意见。

可另一件事情就不大妙了，他"吃"书吃得简直是穷凶极恶。

读书时谁要是打扰了他，轻则会遭他"猹猹"两声，重则他根本就像看不见你，你在他眼中根本就是个"隐身人"，他有本事能透过你去唆视书架上的某本书，连母亲和秀也不例外。母亲早就习惯了这个不凡的儿子，秀也早就理解他从书中得到的欢乐很难与她分享，熟悉了丈夫的这种"如入无人之境"的状态，很少去打扰他。可孩子们不能理解。

从老大稻头到老幺小弟，五个孩子无一不以能得到爸爸的注视和夸赞而自豪，他是多么渊博，多么强大。但他对书的挚爱令他们醋意横生，尤其是爸爸读书过程中偶尔不得不面对他们时的那种空洞眼神，令他们黯然神伤，以致到了晚年依然不能释怀。

"先读哲学。从 1 月 29 日起，开始这个工作到现在是二十四天。二十四天中几乎废寝忘食，一个一个问题那么突击。具体的论点是小事，重要的是思想上解决了几个大问题。"[22]

胃是补过来了，大脑还是饿，不，不仅仅是饿，是饥饿。

1959 年 1 月，如乞丐般回到北京的顾准一经回复到习惯的生活环境，攀登就又开始了。每隔两天他就要跑一趟北京图书馆。熟门熟路了，24 年前和秀一起流亡北平，他就把这儿当成半个家，既要为改写潘序伦的《高级商业簿记教科书》找资料，又要从日文、英文报纸上摘录全国抗战的信息交给上海党，他熟悉她的各个角落。如今她变大了，书也多了，可他最希望寻找的书依然是没有，例如西方政治

---

22 《日记》1959.2.23

经济学的最新出版物，经济学的最新论点以及处在经济发展最前沿的英美各国的经济类刊物，经济学家的新书等等。他只能另外一趟趟跑中科院的图书馆，从外文部借阅。

他完全不在乎人们看他的眼光，也不惮于和熟人打招呼。好在这些眼光大多是善意和同情，也有些是怜悯。他不需要怜悯，有点烦，就拿"夏瑜看华老栓"的眼光回敬了过去，反倒令对方无地自容。

每次夹着一臂弯的中外文大部头穿过各种各样的一道道目光，他都坦坦荡荡，从不在意别人议论他什么。有次完成秀交下来的任务，带着小高粱到理发室剃头，那时理发一般都是要排队的，他也捧着本厚厚的《资本论》吭哧吭哧地"吃"，丝毫不理会周围惊诧的目光和小高粱的尴尬。

既然已经到了"雪线"跟前，他就下决心跨过去——穷追马克思、恩格斯对资本主义、对社会主义、对人类的进步和发展的预言到底还有多少是"没有实现"的，是错误的，马和恩、马和列到底是不是一体，他们的思想有没有差异，假如有，在哪里？到底是应该和他的"主义"分手，只把他当做一位可敬的思想家来对话和求教，还是应该继续追随"没有他的他的主义"或者是别人冒充的他的主义？

这是雪线，也是生死线。

选择了前者他就必须跨过去，前边立刻就是雪崩区，冰川区，很可能会死无葬身之地，就像那些僵坐着怒视峰顶的先驱们。选择了后者，那就可以打道回府了，至少还有个温暖的家，温柔的妻子，可爱的孩子们。凭着他全国数一数二会计学家的本事，全家人吃饱穿暖是毫无问题的，至多不再和这些填不饱肚子的政治、哲学劳什子打交道罢了。

可他好像根本就没有起过任何选择的念头就跨了过去。

雪线之上从未见过的壮美，令他"常如触电一样被震动"[23]，雪崩每一秒钟都可能发生，处处劈面高耸的冰川更令人战栗。他不得不小心翼翼。

23　同上 1959.2.24

他是幸运的。一路上有越来越多优秀的向导来带领他，鼓舞他，装备他——老的有苏格拉底、柏拉图、亚里士多德、斯宾诺莎、亚当•斯密，少的有李嘉图、黑格尔、福泽谕吉、凯恩斯、罗素、杜威……就连马克思这位被质疑者也一刻没有抛弃他，不时用"在科学上没有平坦的大道，只有不畏劳苦沿着陡峭山路攀登的人，才有希望达到光辉的顶点"的话语来激励他。

"运伟大之思者，必行伟大之迷途。

背起行囊，独自旅行，做一个孤独的散步者。

悲观的头脑，乐观的意志。

无知者是不自由的，因为和他对立的是一个陌生的世界。

只有那些躺在坑里、从不仰望高处的人，才会没有出头之日。

人是靠思想站立起来的。

给自己一个希望和勇气。大喊没有什么大不了的！慷慨地说句'大不了就是一死'！

嘿，哥们，我说，嘿，哥们，我说，没有意义的怎么可能存在。

世上不是缺少美，而是缺少发现美。

密涅瓦的猫头鹰（隐喻哲学家）在黄昏起飞。

假如没有热情，世界上任何伟大的事业都不会成功。

……"

这是黑格尔的歌声，时而高亢，时而婉转，时而絮絮叨叨，让他有些烦，就像一个善于独立思考的、出色的学生偶尔也烦自己的导师一样。但他从未忘记自己是站在巨人的肩膀上，对顶峰的敬畏，对导师们的感激会令他很快谦卑下来。在他们面前他不迷信，不盲从但也不敢癫狂，因为他服膺。

他是那种让老师又爱又怕又绝不愿放弃的学生。在陡峭山路上他们陪着他攀登，整整一个团队在和他一起行进。他不如他们老练，但配得上与他们为伍。

意气风发，一路高歌，这个"独行侠"的好戏还在后头。

3. 三个问题

还是回到顾准 1959 年 2 月 23 日的日记，看看他的"三个问题"。

"第一个问题是政治-哲学问题。"[24]开明宗义。

"政治-哲学"或者干脆取消中间那个破折号——"政治哲学"，不但在顾准的年代，即使在新时期开放后到世纪末的九十年代，"在中国一直是沉寂的，学术界很少有人使用'政治哲学'这一术语，几乎没有人自觉地以政治哲学视野来处理和研究问题。这个沉寂状态直到新世纪初才发生了根本性的变化。"[25]

顾准提出这个命题在 1959 年，也就是前述"根本性变化"开始前至少 41 年。

"不能对资本主义用预料的 Catastrophe（大灾变）期望它迅速灭亡，马克思的预言第一个失败是在英国，第二个失败是在德国，Bernstein（伯恩斯坦）原是道出了真相的。资本主义的转变，将是和平的转变。历史违反了马克思的预言。"[26]

直到 1960 年代后期，在所有思想家中，顾准对马克思的敬重和推崇一直非常特殊。他看出了马克思主义的破绽，道出了他的预言在多处失验的地方，可还是为他辩解——"这是不能责备他的……那不是他的本意……他不想做人类与自然界全宇宙的创世主"[27]。他敬重他，通读了好几遍他最重要的著作《资本论》，极尽赞叹。但这都是马克思在生命和思想都处于成熟期时候的著作。

可是难道，他高中的毕业论文也要算作他的"主义"？难道他早期的，例如 20 几岁时写下的东西，这世界上一半的人就应该奉为圭臬，照章革命，照章杀人？他和恩格斯关于一件相同事物的论点，在

24　《日记》1959.2.23

25　刘擎《关于当代思想史的经验研究》

26　《日记》1959.02.23

27　同上

不同的时代是不一样的，为什么人们要故意地弘扬这个，隐匿那个，夸张这个，弱化那个，引申这个，斩断那个……这又是为什么？"意识"有固定的"形态"吗？如果有，那么"变化"和"进步又算什么呢？……

"绝对主义的统治，确实存在过。自由主义曾经是资本主义的圣经。对比下来，反而社会主义是独断的、黑暗的了。"[28]

从 1956 年开始的强烈的幻灭感，使他"由失望而偏向对资本主义的憎恨几乎消失"[29]，现在逐渐地转了过来。"然而"，他说，"资本主义的自由主义，即就其最好的方面来说也是不完全的。物质利益的自由主义必然走向世纪末的肉欲与颓废"。[30]

距离"世纪末"还有整整 41 年，他竟做了一次如此肯定的预言，却不幸一语成谶。

他并不提倡和向往资本主义，但是人类到底该怎样前进呢？

中国的社会主义要求经济以"大跃进"的速度发展，"九三年"的罗伯斯庇尔式恐怖主义是没有了，可社会主义的罗伯斯庇尔恐怖生命力还强得很，尤其在中国，在中国农村，"对农村中的恐怖主义统治，不能低估其物质上的作用"[31]。他已经在这样称呼所谓的"大跃进"和"人民公社"——硬搬教条和不伦不类马克思主义的、农村罗伯斯庇尔式恐怖主义的、普遍的农奴制。

顾准可能是中国第一个提出"恐怖主义"的人。

"无论如何，辩证法作为认识过程的描绘与认识规律则可，作为世界图式则不可……历史唯物主义的公式不足以解释全部历史，比如中国大跃进的动力它就无法解释"[32]。

28　同上
29　同上
30　同上
31　同上 1959.3.3.
32　《日记》1959.3.5

不错，"大跃进"——以强行实现个人的政治抱负为目的，在人文学上很难定义的这次社会性疯狂"痉挛"，其动力不但顾准一时找不出来，就算马克思再世，找出其原动力恐怕也难。能稍微"靠点谱"的解释说不定还是顾准前年和章乃器长谈时说过的一句话："前人之失，大半由于发即兴之作。"

即兴之作，旋兴旋废，用霍布斯《利维坦》中对人类行为所下的定义——"不正常的激情（癫狂）——一般所谓的智慧之德的缺陷"也许比较靠谱。不过半年后，身处劳改营的顾准自认为找到了答案，而这个答案哪怕放在今天看，也极其惊世骇俗：

"上帝明鉴，若 4 年 5 年之内，农村人口减至 3 亿，再加上扎扎实实的提高一些产量，全国平均商品率达到 40%，毛先生就大功告成了。"[33]

这很难让人苟同。仅仅两年前，毛先生才搞臭了马寅初先生，大力提倡人口无节制繁殖，表彰一口气生上七八个、十来个孩子的妇女，称她们作"母亲英雄"。虽说他老人家喜欢翻云覆雨，可怎么也不至于这么个"翻""覆"吧。

不过此先生的即兴之作是很多的，随心情，随情绪，随个人好恶，甚至随昨夜"睡得好不好"、今早"拉得好不好"而定，把老祖宗一句"治大国如烹小鲜"用到极致。至于"天子一怒，血流漂杵"，那是不要紧的，虽然他口口声声将"人民"放在最重要的位置上，其实作为个体的"人"在他眼中是最不值钱的东西，不过蜉蝣蝼蚁而已。

顾准很早就看出了这一点并极为反感。就在论及"大跃进的动力无法解释"的当天，他在日记中写到了后人探索顾准的一把"钥匙"之语：

"我的社会观只能是人本主义的……马克思是人本主义者，所以如果说他有信仰，至多不过是信仰人类。信仰人类可以允许建立学

派。宗教式的信仰，就要建立异教裁判所了。"[34]

顾准尊崇人性和人道，憎恶漠视生命的政治游戏。不久后他的两个小外甥——两名清华大学学生，在罗伯斯庇尔式恐怖主义愈演愈烈的 1960 年，公然组织清华大学一批孩子成立了"马克思主义研究小组"，不知利害地向右派五舅舅顾准请教如何研究马克思主义。他对他们说："你们与其研究马克思主义不如研究人本主义，马克思主义就是人本主义"[35]。

顾准对马克思有一份特殊的尊重和推崇，常常不惜在扬弃他某些基本"论调"的同时又为他辩护。他和马克思始终有一种惺惺相惜的情感。在他的时代，人们面对大人物以及代表他们的符号，例如著作、肖像、观念、思想等，要么是"仰视"——万岁、奉旨，要么是"俯视"——批判、斗争，很少能有"平视"的讨论。他却是常常要和马克思"讨论"问题的，大有"僭越"的意味。使处在那个时代，"人被造平等"美国《人权宣言》首句的概念还是根深蒂固地深植在他的心中，这是三十年前爱多亚路上的英文教材，它留下的"母斑"很难消除。

相对于他对马克思的情感，顾准对列宁和列宁主义则很早就开始不客气和不以为然。早在党校时期，他就认为列宁是应该和斯大林一起受到谴责的。他无情地质问——

"列宁的遗嘱也公布了。斯大林的'反阶级斗争熄灭论'现在还没有人将它与列宁遗嘱连在一起来评论，公平地说，我看应该是一件事，否则杀戮异己又如何会取得一个理论根据呢？"[36]

请注意顾准在这里将"列宁遗嘱"称作"它"，与他将黑格尔的《小逻辑》、马克思的《资本论》称作"她"相比，情感色彩十分浓烈。

34　同上 1959.3.5
35　宋家弟兄口述
36　《日记》1956.3.31

顾准认为列宁仅仅是一个革命的"实践家"，"所以坚持恐怖主义——专政这个方面，他对马恩学说的推崇超过接近马克思的人，其实各方面都是列宁主义而非马克思主义了"[37]。

断然将马克思主义和列宁主义分割开来，这在"指导我们思想的理论基础是马克思列宁主义"[38]的国度无异亵渎，非议列宁更是大逆不道。可顾准认定，马就是马，列就是列，两人压根就不在一个层面上。尤其在辩证法方面，"（列宁）实在是无知的"[39]。

再看他3年前的一篇党校日记：

"如果说，恩格斯……说明了如资本主义的生产力已经不能容纳在它的狭隘的生产关系中了，面对着目前资本主义国内的实践与理论，怎能以一个不变的教条：列宁关于国家是专政的工具，与马克思关于资本主义的竞争与无政府状态，而对这些大量存在的事实，闭目不看，充耳不闻，深闭固拒呢？"[40]

说他狂妄也好，说他僭越也好，他就是讨厌列宁。在"列宁遗著"公布后，他更认为列宁对斯大林犯下的罪行有不可推脱的责任。他无法与这位大人物平等对话，他的"睥睨"这一次用在了"伟大的导师"列宁身上。

顾准的读书书目、摘抄笔记、卡片中很少有列宁的东西，除非是党校课程表上硬性规定必读的著作，还有就是别人对列宁批判的著作摘录。例如他从美国经济学家罗斯托的《发展经济学》中摘录了许多有关列宁"现代共产主义实质上是以少数人为基础，用无产阶级的名义取得政权，违反历史潮流以行"的论述[41]，"列宁就是根据一国内实行共产主义的理论进行工作的……通过使用武力镇压党内可能是多数派的叛变，决定在警察国家独裁的基础上继续进行统治"[42]的

37　同上 1959.2.25
38　《毛主席语录》首条
39　《日记》1959.2.23
40　同上 1956.4.12
41　《笔记》P324-326
42　同上

独裁者。他读马、读恩，读毛，也读斯，例如在"秘密报告"之后捧起《斯大林全集》狂读，但是一直到1959年，都没有看到过他通读列宁的文字记录。相反他谴责列宁的东西倒是常常看见，虽然有时写得十分夹缠。

再看顾准的第二个问题。

"第二个问题是历史问题。马克思对英国有过期望，恩格斯对德国有过期望。然而英德既然现代化了，否定现代化了的资本主义就不是1848年的纲领所能做成的了。1848年的纲领是反对野蛮化的资本主义的纲领，他们只能在野蛮化的资本主义上升早期实现。"[43]

"1848年的纲领"指的什么？非常明显就是以《共产党宣言》为最主线的马恩一系列关于"反对资本主义"的纲领性文献，或者干脆可以说就是《共产党宣言》。顾准很可能自己也吓着了，用了这样一个比较隐晦的名称来代替那个尽人皆知的响亮名号。

1848年，马克思先生30岁，恩格斯先生28岁。

"马恩形成他们的思想体系的时间太早，来不及看见——后来虽然看见了，对暮年的马恩而言，已来不及改变他们的思想体系了。他们指出了问题的结症所在，却看错了历史的进程。结果，学说是在落后国家开了花，结了果。因为混合了经济发展规律的自觉掌握与罗伯斯庇尔的恐怖主义二个因素的马克思主义，只在落后国家才产生了巨大的生命力，并收到了'毕其功于一役'的效果。"[44]

至此，顾准已经把马克思主义定了位——一种"混合了经济发展规律的自觉掌握与罗伯斯庇尔的恐怖主义二个因素"[45]的，具有强烈排他性的、强力推行的理论与主张或学说，但到了20世纪，它们已经过时了。

这篇日记可以说是彻头彻尾反马克思主义的——马克思"看错

---

43 《日记》1959.2.23
44 同上 1959.2.23
45 同上

了历史的进程"，其理论只适合于低级和落后的社会且是恐怖主义的。

"第三个问题，最不重要的问题才是社会主义经济问题。一切繁琐的争论都丢开，一件事倒是新发现：人类能够掌握自己命运的时候，调剂是可能的。然而初期只能服从必然。提纲（顾准在 1958 年曾经写过一个'社会主义经济问题研究提纲'，是和孙冶方合作还是独立完成，因为 1958 年没有他只言片语面世不得而知。-著者注）在这方面强调了必然。"[46]

"调剂"——"必然"？

对！调剂——市场经济，必然——计划经济。当人类能够掌握自己命运的时候，"经济稳固了，罗伯斯庇尔的方法将一去不复返"[47]。顾准预测了一个为期 20-30 年的全球性生产力的猛烈竞争，他预言"在这个竞争中甚至印度都会露出一手来的"[48]。接着他又做了一个 7 年的预测——

"苏联为了强烈地影响西方，七年内，七年后，政治上还将有极大变化。到 1965 年为止，斯大林时代的人都换掉了，新起来的人，出发点是赫鲁晓夫主义，终结点是哪里，谁也不知道。肯定的是，民主主义必将出现，考茨基所说的，一个阶级不一定由一个政党来代表，至少将出现萌芽。"[49]

他从"最不重要的社会主义经济问题"[50]又转回到了政治哲学问题。

政治哲学—历史—经济；发生与发展—否定的辩证法—发生与发展的辩证法—进化论，这才是他最为醉心探索的东西：

46　《日记》1959.2.23
47　同上 1959.3.12
48　同上
49　同上
50　同上

"关于否定的辩证法，与发生发展的问题，其关系究竟如何？否定的辩证法与进化论相背，发生与发展的辩证法与进化论是否相背？"[51]

达尔文的进化论他是在党校学习期间才接触到的。"读物种起源。实在是很深刻的东西"[52]。现在他把它与"否定的辩证法"即对当代资本主义的激进批判并列比较，这比德国人特奥多·阿多尔诺1966年以《否定的辩证法》为代表作提出此概念，整整早了7年。阿多尔诺被称为西方马克思主义（Western Marxism）的杰出代表人物，社会批判理论的主要建筑师。

"这3个月的成就超过过去那8个月。写就了一个提纲，涉及到哲学的奥秘之处，弄清楚了历史的发展方向，把愤慨转为观察，失望转为希望。再下乡几个月，去观察活生生的生活，比之过去那个时期之还缺乏一定看法的情形是不相同了。"[53]

他好有成就感。

4. 灵性的愉悦

就在顾准写下这些充满了政治哲学味道的、预言性日记的当口，继续劳改的通知下达了。"今天采秀接到电话，准备出发去河南了"[54]，这是他在和他的"哲学奥秘"较劲同一天写下的日记，"解奥秘"与"去河南"在他心目中的位置不啻天壤。

丈夫要去劳改的通知都只能发给妻子，他这位贱民连接收"单位"通知的资格都没有了，可他早已不在乎这些劳什子，接到通知，

---

51 同上 1959.2.23
52 同上 1955.10.5
53 《日记》1959.3.10
54 同上

反倒是一块石头落了地。至少不用再去那个赞皇，换一个地方就多一个观察点，取样更精确，他甚至有点高兴。"地点改为河南，不知是河南南部还是北部。若是南部山区，将更合我意。豫西山区也好，那个地方我不熟悉"[55]。他哪里像个要去劳改的人，倒像是个挑选实验基地的教授。

"不想带什么书去。农村不是读书的地方，而是观察与记录的地方。观察还要细致一些，记录还要勤恳一些。不是愤慨而是观察，可以观察和记录的东西就多。"[56]

观察，观察，观察，观察。短短一段话他用了四次"观察"一词，哈，这位"教授"也太专业啦！

从怀疑到质疑，从质疑到思辨，从思辨到归纳，从归纳到判断，顾准越来越自信，也越来越愉悦。这是一种无法道于外人知的灵性上的愉悦。眼下就是要进一步论证自己的判断，观察"菌株"的变幻，一步步小心地求证。

"准备八个月的时间，又可以弄三十至五十万字回来，充实我的稿库。"[57]

他居然已经有了个稿库！劳改地成了他的"庄稼地"，家里屯了一库庄稼还不够，还要去收获且对收成信心爆满！

"一个个问题突击是艰苦的，但很愉快地烧掉几百张稿子是痛快的。"[58]

1959 年的中国还没有大兴文字狱，他这样做并不是在"销毁罪证"，而是认为这些从党校开始的探索如今有了结果，保存它们已无太大必要。这是个喜欢整洁和有序的人，深谙文字的"舍得"之道，

55　同上
56　同上
57　同上
58　《日记》1959.2.23

凌乱的文牍和拖泥带水的文字是他深恶痛绝的。文字被烧掉，撕毁或者"冲下马桶"是件平常事，重要的是留下的东西，无论已经示人或尚未示人或永不示人的，其精确、干净必须保持在一个相当的高度上。这个功夫是需要磨练的，从"潘序伦的年代"开始，他已经磨练了很多年。再说，他的家已经从原来以他"高干"名份分配的中关村高级干部宿舍搬到了以汪璧普通干部名份分配的百万庄建工部宿舍，工资已从九级干部 260 元的高薪降为右派分子 50 元的生活费。妻子能为他保留一间小小的书房已属不易，探索阶段的稿纸，烧掉也罢。

但这都不是他愉快和痛快的主要原因。重要的是，独行侠顾准在攀登雪峰的苦旅中，忽然看见了一处舒适的雪洞，钻进去，心能安一安，气能喘一喘了，连肉体都是愉悦的——探索的方向没有错，烧掉来时的踪迹就是破釜沉舟——"我将不再回头"。

"雪洞"里的他打开氧气瓶，吸上几口。身心都更舒服了。

就在"花一元钱（买书挡 - 著者注），主要的书都立起来了"[59]孩子般高兴中，他又一次开始读《小逻辑》，上次粗读还是 4 年前在党校，

"前天开始读小逻辑，昨天极粗地读了 Russell: The Scientific Method in Philosophy（罗素：哲学的科学方法）。又翻逻辑，汪奠基的现代逻辑，康福斯的科学与唯心主义的对立等书。晚上三时左右才入睡。"[60]

伯特兰·罗素的《哲学的科学方法》全名是《我们关于外间世界的知识：哲学上科学方法应用的一个领域》，是这位"对爱情的渴望，对真理的追求，对人类苦难不可遏制的同情心，这三种简单而又强烈的感情支配了我一生"的西方现代数学、哲学和逻辑学家最著名的著述。

59　同上 1959. 3. 3
60　同上 1959. 3. 5

汪奠基先生则是顾准在中科院的同事，哲学所研究员，逻辑学家、哲学家、教育学家，主要从事西洋和中国逻辑思想史的研究。

《小逻辑》上次读还是 4 年前在党校的时候。再读，还是有新鲜感，但也依然和 4 年前一样和黑格尔的图式说犯别扭。

"历史唯物主义隐含着一个黑格尔历史哲学的前提——存在一个必然规律，这个必然规律向着共产主义的完成。我接受经济学的分析，但拒绝黑格尔式的图式。黑格尔的图式实际是未脱离宗教气味，不是以发现自然界与社会历史的奥秘，不断增加认识程度为其全过程，而要求一个世界图式，由此以建立目的论，建立必然与自由等等这一套伦理观念的东西。所以辩证唯物主义前门拒绝形而上学，却从后门把形而上学的范畴一一偷运进来。"[61]

他判断：

"斯宾诺莎是泛神论，黑格尔是有神论，而普列汉诺夫解释的马克思主义至少是有信仰的。马克思是人本主义者，所以如说他有信仰，至多不过是信仰人类。"[62]

他在这一天的日记里写下了前面已多次提到的有关他世界观的一句话：

"我的社会观只能是人本主义的"，假如你非要说这就是工具主义，"我就接受工具主义。我信任人类的不断进步，我注视现世，不信有什么地上天国。对于未来的瞻望，必须肇始目前。没有未来会出现的东西，而目前没有萌芽的。因此我注意经验的归纳，不信从经验方面无根据的对未来的预言"[63]。

这段话也是日后顾准写成集丛《从理想主义到经验主义》的萌芽。

---

61 《日记》1959.3.5
62 同上
63 同上 1959.3.8

"人本主义"和"人道主义"在英文中都是 humanitarianism，前者更加关注人的基本价值，比如生命和基本生存状况；后者则思考人的成长和发展价值。显然，此时的顾准受罗素的人本主义影响——"人是万物的尺度"很深。罗素认为人类历史是不断前进的，由专制而民主，由愚昧而启蒙，由残暴而宽容，由迷信而科学。罗素历史哲学思想的这个基调得自他反思的信念，而不是从某种思想体系或逻辑分析推导出来的结论。他的历史哲学也因此被称作是"反思的历史哲学。"

顾准再次重读罗素的《自由与组织》（顾准错写成《自然与组织》-著者注）一文，击掌称快："明快清晰，极惬我意"[64]。他还同时读约翰·杜威的《哲学的改造》，"极有意思。苦我问题极深者，不图于此公处获得解决。"[65]

苦他极深者，无非黑格尔"未脱离宗教气味"的绝对精神，并由此建立目的论，建立必然与自由等等这一套伦理观念的东西。他无法从黑氏那里找到哲学的解答，"我看到那个绝对就头痛"[66]，于是就到杜威先生那里找些头痛粉之类的东西。

至少在 1959 年，顾准对黑格尔的图式说、目的论和形而上学还是不能接受的。但是到了 1960 年代末 1970 年代初，他对黑格尔有一个重新认识的过程，就是在对《自然辩证法》《反杜林论》和《费尔巴哈论》的追索过程中，他发现"君临"中国的黑格尔哲学被中国的理论权威们追随者俄国人模式化、偶像化、工具化，成了号称马克思传承者们政治经济学意义上真刀真枪"玩儿命"的事情。至此，顾准在依然不接受黑格尔绝对精神图式说的同时悟到"黑格尔哲学其实是哲学化了的基督教"[67]，而"基督教的上帝是哲学化了上帝，是真的化身"[68]。这和他早期只是单纯地拒斥黑格尔的绝对精神图式有

64　同上
65　同上 1959.3.7
66　同上 1959.3.8
67　《文稿》P384
68　同上 P242

着本质的差别，也是他精神发展的重要里程碑。

黑格尔的逻辑学一直是他的"葵花宝典"，和"那本书"一起，从未被他丢下过。

顾准的攀登在 1959 年 1 月到 3 月上旬这 70 多天的时间里有一个极漂亮的冲刺，他在灵性和知性上的愉悦很难道与外人知，无人可以分享，连秀也不行。这是一个无序世界中罕见的有序灵魂。

第十章　　1959 之殇

1. 地土多润湿，丰收有希望！

　　"通知已来，明晚 12:30 走。

　　"意外的是临走之前，还有幸知道有过一次会议，II/27-III/5（1959 年 2 月 27 日-3 月 5 日的郑州会议 - 著者注）。现在承认失败了。

　　"现在承认，1958 年刮了一阵共产之风；

　　"现在承认，大兵团作战是不行的；

　　"现在承认等价交换与按劳分配。

　　"没有说到废除供给制，这不过是为了避免与决议抵制而已。既承认按劳分配了，既说是要以生产队为核算与分配的基础了，就是说要废除供给制了。

　　"……总而言之，承认这是一阵痉挛。

　　"说到公开做自我批评，好呀！毛先生还从来没有承认自己犯过错误呐！

*　　*　　*

　　"这个时候下去是好极了的。去年我看了痉挛的发作，今年又有幸去看修正主义了。

　　"地土多润湿！丰收有希望。春播之前改变政策还来得及，迟了就不行了。"[1]

　　这是顾准再次劳改出发前一天的日记，即不是勇敢，也不是"故

1　《日记》1959.03.12

作勇敢”的勇气，文字散发的是一种真正的、灵与肉双重的愉悦，几无任何“伤别离”掺杂其中。

1959 年，仲春 3 月。

中原大地，华北大地，江南大地，华南大地，西南大地，西北大地……，上年被莫名其妙的人群疯狂蹂躏过的地土，在大自然不可抗拒的秩序里顽强地苏醒了过来。又是一年惊蛰时，风是调的，雨是顺的，几千年来都以生存本身参与存在、具有无限包容能力的中国农民，心田也随之复活——“皇上”常常会发疯，上年发了疯，今年也许会平静下来。无序是暂时，有序是永恒，中国老百姓最是尊重常识传统，这就是“道”嘛。

1959 年 2 月 27 日至 3 月 5 日，中共中央政治局在郑州召开了第二次扩大会议。眼见党同农民之间的关系紧张到了一个可怕的程度，中共开始修正“一平二调三收款”，既平均主义的人民公社供给制和食堂制（一平），对生产队以及农民个人的财产和劳力无偿调拨（二调），把银行过去发放给农村的贷款统统收回（三收款）这样毫无理性可言的苛政。会议在讨论中形成了《郑州会议记录》，并很快以“群众喜闻乐见”的四六骈文形式公诸于世——“统一领导，队为基础。分级管理，权力下放。三级核算，各计盈亏。分配计划，由社决定。适当积累，合理调剂。物资劳动，等价交换。按劳分配，承认差别。”

就要被遣送劳改的顾准，临走前“有幸知道了”这次会议。

“有幸”，大半原因可能是拜汪璧“传达”所赐。他对他的党从未幸灾乐祸过，对他的国家遭遇如此浩劫更是痛心疾首。看到自己预言成谶，他惊喜参半。惊的是事情的结果比他想象的还要糟糕，喜的是党意识到了，没有一意孤行下去的打算，苍生还有救，地土还有救，1958 年的“痉挛”不能再延续到 1959 年了！现在修正还来得及！他对这个国家依然抱有巨大的希望：

“1960 年工业生产总值可以达到 3000-3500 亿，国民收入可以达到 1500-2000 亿，作为一个平衡而高速度发展的起点是大致可以的了。但 1961-1965 必将是一个收尾重于开始，整顿重于发展，农业重于工业的五年计划。"[2]

假如再不修正，就迟了！

二月的郑州会议给芸芸众生带来的，仅仅是不再饥饿的盼望，是人的本能——活下去的盼望，给顾准带来的，除了这些还有他的中国，他曾经"在"过的党能够"痊愈"的盼望：既然在医学上"痉挛""抽风""癫痫"都是短暂发作的重症，按照常识，在社会学上也不会长久。面对"远看青青近却无"的大地，他四十四岁的心也随着地土的润湿而润湿起来，从心底里发出对大自然造化的一声咏叹：

"地土多润湿！丰收有希望……明天什么也不写，一切等车上再开始"[3]

明天，是他去劳改的日子。

"劳改"——劳动改造的缩写，起源于 1951 年 5 月第三次全国公安工作会议通过的《关于组织全国犯人劳动改造的决议》，是中华人民共和国管理罪犯的一种手段。中国的"劳改"制度来源并模仿苏联的"古拉格"（ГУЛаг——苏联劳动改造营总管理局缩写）。《牛津简明英汉词典》和《牛津成语和寓言词典》同时收入了 Gulag（字音罗马化的古拉格）和 Laogai（劳改）两个名词并做了基本相同的解释。中国右派被"送去"劳改营劳动改造，是中国小老弟从苏联老大哥那里学来的一门政治技术课——"古拉格"制度。与当年沙俄时代的政治犯被流放西伯利亚做苦工，苏维埃时代的"人民的敌人"被送进古拉格劳动惩戒一样，中国的异见者先被定义为右派，再被送入劳改营是天经地义的事情。他们已经不是"人民"，更不是公民，而是犯人，政治犯、贱民。

命运的不可知、不确定往往最令人惊惧，甚至甚于确定性的死亡。有些人赴劳改营前自杀了，有些疯了，有些人先托孤再走，也有

---

2 《日记》1959.3.12
3 同上 1959.3.12

些人先离婚再走。"风萧萧兮易水寒"的悲壮是没有的，"十二月党人"式踏上流放之路的浪漫是没有的，有的，尽是耻辱，恐惧，无奈和茫然。这些右派们没有一个不是读书人，"读书"本身就是他们最大的罪过。

赴劳改营的旅程被选在午夜与凌晨交界处开始，无论当局出于何种打算，"加增一层恐惧"的心理作用肯定是起到了。可在顾准，你看他的日记，不亚于明天要去登山，去郊游，去踏青的心情。他竟有些盼望那个午夜零点半开始的启程。

从赞皇回来到今天，他是愉悦的，因为书，因为悟，还有就是"郑州会议"带来的消息。他确信他是一个胜利者——所有预测都应验了，虽然无力阻止，但他尽了责任和努力。就像一位地质工程师提前很久准确地预报了一次八级地震，即使自己也丧身在震中，临终前一瞬依然是骄傲的一样。

"胜利的人，不准骄傲，此去屁话不说，找一切机会去做实际工作，也许，这回下去可以做做会计，可以干一些什么了。我还要歌功颂德，还要维护主席威信呐！"[4]

可以不骄傲，可你挡不住他的嘲讽。2月底，他决定给自己放几天假不读书，为家人做几件实事。

一是跑到银行去"对公债号码"取出一些现金，安排今后若干年他不再生活于其中的这个家庭的预算。这些公债还是他和秀1953年购买的"建设公债"。那时虽然"下台"了，可他俩的工资相加还有四五百元，养活5个孩子和老母亲绰绰有裕。他们买下了不少公债。可如今，工资已经被惩罚性地砍掉了4/5还多，家里老的老小的小，只有秀这一处工资来源。自己劳改，照理没有花钱的地方，可总得备个"不时之需"吧。老母亲上个月不慎摔伤，自己要去劳改，秀无法请假，只好将上海的大姐秉真接来北京照顾。这些都需要钱。

二是整理了自己和秀的藏书。

---

4 《日记》1959.03.12

"花一元钱买了几个书挡，所有的书都立起来了……书真不少了。中关村阶段增加得最多，属我自己专业的书与杂志，足够占满两个五层的书架了。"[5]

几个书挡就能带给他很大的愉快。生活上，他是非常容易满足的。秀给他的零用钱都用来买了书，反正也没有别的开销，烟早就戒了，其他的，秀都安排得好好的。除了50元生活费，他已经被停薪，秀对此从来都没有过一句怨言。

三是给亲友们复信、寄书。给六弟敏之的信，是和他辩论"辩证法是否可以作为世界图式来套用世间的一切事物"，"六弟来信，辩难结果，他不能不服输"[6]。

六弟常常服输，服得口服心服，让五哥得意得很。

给表妹夫秀彬也写了信。秀彬是庆志姑妈最喜欢的女婿，苏州的一名医生，这次也成了右派，是顾准这个表大舅子认为可以交流、讨论的伙伴，"臭味相投"。但是可惜，"写得慷慨激昂，采秀不准发"[7]。看来秀的"书信检查制度"是够法西斯的，直接查信，信封都不要进。审过了你就发，审不过你就自行销毁吧，没什么好商量的。他也真听话，查就查，审就审，毁就毁，"老太婆做的事总是对的"，他常拿安徒生这篇童话里的这句话回答秀的种种吩咐，乖得很。也确实，秀什么时候都是对的。

她比自己懂得外面的"风声"和"分寸"，而自己对这些东西总是那么迟钝，那么不设防。虽然眼下和过去比已经"进步"不少，可还是管不住这张嘴，不是要炫耀，而是很多话不说出来，不写出来好像是对不起什么人。他自己也弄不清楚到底是对不起谁，好像是对不起自己心底深处的一点什么。

秀大他一岁。从认识她那天起，他就被她身上水一般的安详降服了。他太浪漫也太容易躁动，却被她身上这种他最缺少的气质深深吸

5　《日记》1959.3.3

6　同上 1959.3.5

7　同上 1959.2.27

引。他们已经一起生活了 25 年，无论是他显赫时还是倒霉时，激昂时还是消沉时，都是这一泓静水令他平复下来。他常常暗自惊叹，"哦，上善若水就是这样的啊。"

她即是妻子又是姐姐，他很依赖她，也很依恋她。她总是从容的，只除了这次。有个猛兽一样的东西眼看已经对孩子们张开血口，露出利齿。

高粱、五五、小弟已经被人骂过"小右派"了，稽头明年要考大学，还不知道会发生什么。小米、高粱在外面受了什么委屈都从不向妈妈诉苦，他们已经是小男子汉。但他们的眼睛瞒不住妈妈，毕竟一个 13 岁，一个才 10 岁。恐惧感常常一下子就攫住了她，就是母兽嗅到危险正在悄悄临近，就要吞噬小兽的那种感觉。她竭力掩盖着，可还是让他发现了。

他拧亮两张对面而放的写字台上那盏翠绿玻璃罩的双头台灯。这台灯算得上是他家的一件奢侈品——日本展览会上买下来的，价值不菲，但非常值得。漂亮还在其次，两人每个晚上都能脸对脸地在它温柔的灯光下读书和写字，抬眼就能看见对方，这才是最浪漫的。开关是双控的，秀通常要在他前边关灯，先一步为他准备洗漱的汤汤水水，展开被子，要么就是去看看孩子们和奶奶睡得好不好。她坚持要把台灯放在丈夫左手边的位置，却不顾自己写字的时候"影手"。

他在对面坐了下来，两人四目相望。

"秀，会过去的，侬勿要惊慌。明朝是星期天，又是三八妇女节，阿拉一家好好过一天。孩子们会长大的，稽头都 17 了，小弟也快上学咯。再过个 10 来年他们就都要飞咯。让孩子们在新疆、西藏和青海，让老头老太婆去看看他们，也看看建设起来的新地区，就是对阿拉最好的报酬咯。"

他和秀之间永远是吴侬软语。不是熟人很难看出他是个上海人，除了这一点之外。

她慢慢平静了下来，终于恢复了往日的安详。这安详他曾百看不厌。往日都是她安慰他，现在反了过来。她的不安比任何不安都令他不安。

几乎家家都不安生。

里夫早就是铁定的右派，好在老伙计和自己一样是个老运动员，大概已经千锤百炼得道成仙了。老孙弄了个"右倾"，他也不怕，反正也没孩子拖累，这老哥要是倔劲上来也够那些人喝一壶的。德藩，大姐秉真的长子，清华毕业的高材生，这次也成了右派，才20多岁，还是个孩子，怎么也成了专政的对象？他们怎么会这样不自信，不宽容？

"3月8日是星期天，五虎上将麇集，棣妹与小苹齐来……孩子们极快乐，小米甚至打羽毛球忘掉了去学校的事。匆匆吃二碗泡饭而去。"[8]

不安中，一家人都快乐着。奶奶，妈妈也快乐着。

不知怎地，他忽然就想起在党校时看过的两部苏联电影，不禁暗自笑了。一部是"秘密报告"公布前的《忠实的朋友》，滑稽片。他从头笑到尾，还记下了"这些欢乐应该拿到西欧去，去影响一下欧洲人，让他们知道他们是快活不起来的"[9]这样的日记，如今想想，可笑可叹。另一部是"秘密报告"公布后的《蜻蜓姑娘》，那天他记下的是"那个苏联电影把农村美化到什么程度哟！别墅式的住宅，城市式的居民点可以修建百万卢布的文化宫，动物园式的养鸡场。一年只能获得四五百亿卢布现金收入的苏联农村，决然做不到这一点"[10]。

两篇日记相隔不足半年，但他已经不再相信他们，"思考"替代了"偶像"——怪不得那本书把"拜偶像"看得那么严重，列为人类"第一诫"。两天后的日记里，他就预测了"目前关于右派的问题……"[11]，此时离"反右"还有差不多一年的时间。他又做了一次"先知"。当全国人民都在跟着蜻蜓姑娘高唱"阿布溜溜溜地亢，阿布溜溜溜地亢，阿布溜溜溜地溜溜溜地亢……"时，他已经作为"主

8　《日记》1959.3.8
9　同上 1955.11.2
10　同上 1956.4.23
11　同上 1956.4.25

角"站在了揭批、斗争右派的大舞台上。

孩子们看见爸爸笑就更高兴，闹得更欢了。

5天后就要离开家，不是去出差，是去劳改。可他还是不顾小弟失望的眼神，放下羽毛球拍走回写字台，擦干净眼镜，翻开书，拿起笔。每当至此，妻子、老母和孩子们都知道，外边世界的一切就都与他无关了。

对于顾准，天伦之乐实在是一种奢侈。后人多有指责是"天伦"离弃了他，可他在"天伦"之中却浑然不知，顿失之时却倔强任性，失却之际却不懂挽回，也是很难说得过去的。罕见高度的全神贯注，是一个天才的重要特质，却也往往因此而下意识地摒弃了天伦，顾准即如是。

很多人想要思考。想要思考是一回事，而有思考的能力是另一回事。顾准有思考的能力，甚至是思考的天才，而他把自己的这种能力（或者天才）当作了责任，当作了使命。在中国，这种"天才之为责任"的情态通常被称作"野心"，而汉语词典中"野心"一词的解释——"对领土、权力或名利大而非分的欲望"反倒不被重视。连顾准自己不也说：还是"怡然自处，把野心烧成枯木死灰算了"[12]吗？可顾准到底对"领土""权力"或"名利"，哪一项有"大而非分"的欲望呢？

"户口转好，行李打好，一切都弄好。0:30走，已算是明天了。"[13]

他今天就写下了明天的日记。等你再见到他，已经是在他那最具震撼力的"商城日记"里了。

2. 肯定了，这是一个集中营

"1959年3月，第二次下乡劳动，地点在河南省商城县……商

12　《日记》1956.3.15

13　同上 1959.3.13

城县属于信阳专区，到达信阳后在那里逗留了几天。"[14]

顾准等一行 6 个右派，四男两女，随中科院下放干部先乘火车从北京到信阳。

正值信阳地委召开会议，传达中央某次重要会议精神，下放干部可以参加，六名右派被拒之门外不允许参加，一来更显得煞有介事地重要，二来要你再次加重概念——你已不是"人民"，已经没有如此"政治待遇"。

他早就知道此会无非是传达"郑州会议"精神，在北京他就从秀那里听过"传达"，兴奋劲都过去了。他要的是信息，不是"待遇"，但眼下还是要作出渴望、遗憾、羞愧的表情，否则就是"抵触"改造。这一套，在秀的帮助下他已经有点入门了。

承蒙领导看得起，要他这个原干部级别最高，右派级别也最高的人主持 6 个右派在大会隔壁的小间里开讨论会，主题是"对本人右派罪行的认识和下乡劳动的态度"，倒不是什么偏题、难题，他在赞皇就轻车熟路了。

两个女右派都是中科院心理所的，搞心理学的不懂"政治心理"，被钓了鱼，打了蛇，家里上有老下有小，丈夫守不守得住空房，老人扛不扛得住，孩子们怎么办，全是事儿，凄惶得要命。

4 个男右派，除了顾准，两个历史所的，一个语言所的。历史所的不懂"政治历史"，语言所的不懂"政治语言"，打你个右派，说实话也不大亏。

最可怜那位语言所的彭先生，更是个对"政治语言"七窍通了六窍，一窍不通的主——原是位马来西亚华侨，一直嚷嚷着他有马来西亚国籍，中国政府无权这样对待他，多次用中文哀嚎"我是外国人哪！"，要求回大马去。组长顾准劝他稍安勿躁，劝君再莫谈什么权力不权力的，你既然回来了，就是要干革命的，越抵触你越干不了革命，越干不了革命你就越回不去大马。他又谆谆告诫组内各位男女，

---

14 《自述》P255

要好好改造自己，抵触情绪只会障碍自己的改造。

估计 6 个右派中顾准就是最老的一个了，无论从年龄上、右的资格上、见识上、学识上说，他的话大家还算都听得进去。只不知老顾你自己能不能现身说个法，告诉我们怎样才能不"抵触"，怎样才能"改造"得好？怎样才能"永远不再犯错误"？

在县城呆了几天，讨论了几天"改造"和"抵触"的辩证法，他们被分配到西大畈的县国营农场劳动。

在很长的一段历史时期内的中国农村，国营农场和真正的乡下农村都有着巨大差别。农场干部和农工都是工薪制，这就等于旱涝保收；耕作机械化程度较之农村的"零"，什么时候都等于无穷大。顾准一行来到农场时，"农场工人吃饭还不限量，而生产队里粮食定量一般已远低于 1 斤（劳动力人均日定量－著者注）"。

顾准在这里第一次见识了双轮双铧犁。这个东西当年名气非凡，农业部曾在浙江省黄岩县召开双轮双铧犁耕作现场会，毛泽东先生亲自纂文大力赞扬，全国推广。但是农民不待见不喜欢。顾准在他1957 年的《试论》中就质问过：

"（一）凡是劳动人民集体所有制企业所需要的生产资料，它的生产与流通是不受价值规律调节的么？为什么国家花了这样大的劲，供应农村的双轮双铧犁大量退销？

（二）为什么许多国营工厂堆积了大量的机械工具没有投入生产？那些生产工具不是按计划生产，按计划分配的么？认真严肃地考虑这两件事，我们将不仅在政策上获得有益的结论，也将在理论上获得有益的结论。"[15]

现在顾准总算见识到这大名鼎鼎的农具了。在 10 年后的"历史交代"中，他没话找话写下看到它而"懂得了犁地工具和牵引力的关系"这样"淡出鸟来"的体会，不再问上那么多令人心烦意乱的为什么，他是真学"乖"了？不间断地攫取着世界重大经济信息的他，怎

15　《文稿》P121

么会不知道 1959 年西欧、北美资本主义国家乃至苏联、东欧的农业机械化程度？可除了这样的低级白痴（或高级幽默）语言，你又能让他在"坦白交代"中说点什么？真无法想象他是怎么能在相同的时间里，既写这种连"下里巴人"看着都难受的扯谈，又写下《希腊城邦制度》的阳春白雪的。

他还"领会到田间选种的重要性"[16]，更是扯谈得紧。

在领会"犁地工具和牵引力的关系"以及"田间选种的重要性"之余，顾准"观察"和"取样"的手眼可没有闲着。听到农场会计透露的某生产队虚报存量，被查出"粮屯面层有一层稻谷，底下全是糠粃云云"[17]，加上先前看到农场"放开肚皮吃饭，甩开膀子干活"的大锅饭现象，他断定"第二次郑州会议以前，即 1958 年商城县的工作中，恐怕已经存在着极其严重的问题了"[18]。

从中科院劳动队到达商城那天起，商城县委就坚决要求把这 6 个右派集中监管，送到劳动最艰苦的铁佛寺水库去。这样做至少有两个好处：

第一，白捡几个不给钱的劳动力。到了 1959 年 6 月，不付一分钱工资，等于服徭役的几千民工从工地上大批逃跑，头年开始施建时数千人的队伍现在只剩下 5 百人左右。县委将流放商城劳动改造的右派，包括本城的，信阳地区的，省会郑州的，首都北京的，也是 5 百人左右统统算做了徭役人员，以革命的名义坚决地把他们送到最艰苦的水库工地，集中劳动改造。第二，要说北京中科院的这 6 个右派男女也指不上他们能干多少活，他们的价值更在于物以稀为贵，来自北京，高干、高知，不是反右派，我们哪里会见到你们？你们又哪里会把我们放在眼里？把你们交到人民手里，那是伟大领袖的信任。我们必须好好改造你们并好好展示你们，也就展示了这种信任，展示了我们的重要。另外我们县城自己也弄出了几百个右派，加上信阳、郑州送来的，你们正好"物以类聚"，也便于我们集中管理。再说，

---

16 《自述》P256
17 同上 P257
18 同上

你们在农场呆着，大锅饭的负担也太重，下放干部就不说了，你右派凭什么吃那么饱？少一张嘴就少一份嚼谷不是？

"1958 年 6 月中旬，我们这个劳动队伍中的六个右派分子，集中到县委直接领导的铁佛寺劳动队去劳动。"[19]

离京前，中科院党委指示带队的下放干部，原则上不要让这 6 个右派离开中科院的劳动队伍。他们也知道这些人假如真的到了社会最底层，弄不好会闹出人命来。顾准一行 6 名右派这才得以在西大畈农场呆了 3 个月，吃了 3 个月饱饭。比起赞皇时的饥饿和狼狈，顾准很知足。

可命运的喉咙那里是自己能"扼住"的，尤其是右派分子的命运。

6 月，院部派来一位巡视大员到商城"看望"同志们，几经磋商同意了县委坚持要把这 6 人转走的要求。一个基层县委按常理是不能置喙中央大机关内部事务的，可现在商城是人家的地盘，县委书记、县长一生也没有过如此"管理中央事务"的机会，加上本来"原则上要"或者"原则上不要"都是地道中国式话语，原则上事情是可以灵活处理或者反着处理的，巡视大员犯不着为了几个右派分子和地方同志较劲。6 个右派就这样被别人商议着决定了何去何从。他们心里都清楚，等待他们的将是无法与西大畈相比的糟糕状况，当他们到了水库劳改队时将会无限怀念地想起西大畈，就像是回想一个黄金时代。

"6 月 12，到劳动队时，肯定了这是一个集中营。"[20]

顾准一行 6 个右派是 6 月 12 日步行来到铁佛寺水库工地的。从西大畈国营农场到铁佛寺水库大约不到 3 公里，6 个人的行李，两架架子车加上一个担子，他们上了路。自中科院方面和工地方面人员办了交接，6 个人就算是和科学院没关系了，跟着"那边"的人走就行

19　同上
20　《日记》1960.1.12

了，前方等着他们的是什么，最好不要问。

他知道自己永远不可能改造好。如果真有回到从前生活环境的一天（生活方式是想都不用想了）他也一定是最后一个。想早一天回北京，办法倒是有的——把伪装服穿穿好，眉低些，眼顺些，嘴闭起来，脸收起来，把秀苦口婆心教他的那些话说起来，脑子暂时冷冻起来……凭着他的智商，都不是难事。但是他做不到，不是做不到，是不屑去做。所以比起那五位，他澹定得多，日后也让管理右派者恼怒得多。

他们就跟着"那边"的人一路车拉担挑走到了工地。好在都还不算岁数太大，最老的顾准也才 44 岁。

走上一面高坡，铁佛寺水库工地蓦然呈现在眼底。6 个人愣住了。

"到劳动队时，肯定了这是一个集中营"，这句话不是我的传主随手写下的。假如这样来打标点符号——"到劳动队时（才）肯定了，这是一个集中营！"读者就会清楚这里出现的场景对这 6 个人有什么样的心理震撼。它不但超出了心理所、历史所、语言所男女右派们的想象，也超出了综考会右派顾准的想象。

从俄罗斯小说、苏联小说中，从《从一个人看一个新世界》中，他都见识过这种地方，再加上《罗马史》以及乔万尼奥里的小说《斯巴达克斯》。这种地方自古就有，彼时叫奴隶营，现在叫集中营。类似监狱的大型关押地，用于隔离，关押持不同政见者、敌侨、以及属于某一特定种种族、宗教或政治信仰团体的成员，使他们与外界隔绝。集中营与监狱最大的区别在于，前者关押的人由于具有某种特定的身份或行为，往往不经过正常、公正的法律判决即遭拘压，没有确定的拘压期限。

水库工地十分壮观，如一只巨大无比的盆子，以高地为其边沿，突然就凹了下去。"盆子"里是数不清的人，蚂蚁一样的人，车拉肩挑，沿着一条条为减轻坡道陡峭度而不断折返蜿蜒的狭窄车道，从盆子里往外搬运土石方。

正值气温日升的 6 月中旬，又是太阳当顶的中午，酷热难当，人群着衣尽量地少。男人都光着膀子，下身是条缅裆的裤头。还有不少女人，要紧处总算还有衣裤遮挡，缅裆裤也稍长一些。所谓"缅裆"就是把长长的裤腰在腰部掖紧后翻过来以保持不掉，因为要干活，外边再加条绳子束紧。

他们蓬头垢面，衣衫褴褛，面如锅底，不是健康的黝黑，是一种很难形容的腐质的暗黑。其次就是消瘦，骨瘦如柴，却干着蚂蚁搬家一样沉重的活计，而且，居然也还干得动。男人女人不近看是分辨不出来的，就像蚂蚁不拿到显微镜下分辨不出雌雄一样。

顾准脑子里早就有"蚂蚁窝"这个概念，但依然被眼前真正看到的"蚂蚁窝"震慑了。"这就是人民"，他想。

很早，他就开始琢磨"人民"这个概念。党校时期读《法兰西内战》，他对马克思如此肯定巴黎公社就有些不以为然。人民是什么？人民不就是一个个渔父桑娘，牧者田丁，贩夫走卒吗？虽然经济学就是为这些人的生存谋划，可他们在政治上永远是消极被动的。就如眼前的男女，他们肯定是"人民"，可是他们能决定什么？如此奴隶般的劳作难道就是在创造历史吗？他们能实现"直接民主"吗？真要能实现，他们的第一项要求岂不就是停止这样的劳作吗？

"盆子"里连一样带有机械性的东西也没有，什么吊车，挖土机，铲车，推土机，统统没有，"人民"连听也没有听说过这些玩意儿，全部的"机械"就在于他们的肌肉，心脏和血液，还有骨骼，还有那口"气"。

两个女右派先战栗起来，男人们则下意识地双眼上抬。幸亏，6人多是"四眼儿"，镜片后面的水雾不大容易被人发现。搞心理的，心理先崩溃了；搞历史的，这回算是见识了什么叫真实的历史；搞语言的，已经没有什么语言好说，只有搞"综考"的顾准，他还要"综合考察"。

"难道这就是马克思说的'乐生'？这样的劳动就是他说的'乐生的第一要素'？"如今既然上帝安排我进了这个"蚂蚁窝"，那么我就有了考察它的义务和责任，虽然这种义务和责任是如此沉重，沉重到我不知道能不能扛得起。

肯定了自己身处的是一处集中营，他反倒踏实下来。

自己本就是一名"劳改犯"，3个月来混迹于"下放干部"中间，虽然取消了一切"政治待遇"，可这个待遇本身就够高的。想想出发前自己还"豫北""豫西""豫南"地筹划，他有些好笑。现在他来到的就是当初"更合我意"的豫南山区，本应是山清水秀的鱼米之乡，前3个月的西大畈农场也确如他的想象。今天来到离西大畈仅仅几公里的铁佛寺，呈现眼前的却是如此炼狱般的景象。顾准思想准备再充足，还是大大超出了他的预想。

这"盆子"显然不是大自然的造化而是悖逆的人"与天奋斗"的成果。1958年3月，商城县委书记王某就凭着"我就是龙王，我就是玉皇！喝令三山五岳开道，我来了！[21]"的激情，巨手一挥，指点江山，激扬文字，决定了要在铁佛寺山和培山之间修筑大坝，拦河蓄水，修建铁佛寺水库。

这是个典型的大跃进工程，没有勘探、没有设计、没有图纸、没有规划、没有工程师更没有总工程师。书记3月激情燃烧，6月就开了工，首长们亲自督战，火速从各个区，镇，村抽调了几千民工下手修筑大坝，各种"大跃进"手法都用上了。查阅商城县志办公室收藏的一本油印本口述历史文档——《商城水利志》中关于铁佛寺水库的专篇，其防洪、泄洪、疏浚、承压……等等筑库常识均不在考量范围之内，施工的唯一标准就是"多、快、好、省"——又一个颟顸愚蠢的中国式"原创"，为一年后必然的大坝垮塌，"人或为鱼鳖"打下了"坚实的物质基础"。

垮坝前已经回北京的顾准，其实是个幸存者，只是现在的他什么也不知道罢了。

看着眼前这只"大盆"，看着盆里的"蚂蚁窝"，眼下的他明白真正的"严酷"这才算是刚刚开头。但即使顾准，也没有想到这种"严酷"和沉重最后会达到一种什么程度，就算他是先知，也超出了他的预知能力。

几乎立刻，顾准就成了蚂蚁窝中的一只"工蚁"，但时间不长。

---

21 郭沫若《红旗歌谣》

"到劳动队之初，我参加了几天修筑大坝的运料工作，以后一直在自给菜园"[22]。

菜园劳动，顾名思义也比盆子里的"工蚁"劳动强度要小。他为何受到如此优渥？这需要追问。是劳动队怕出人命。

谁也不愿、不敢和这位44岁的老右派搭班推拉一辆架子车，坡陡车重，半道上泄了劲那是要出大事的。让他自己推独轮车更不可能，连小右派们都搞不成这活儿，他一个半老头要了他的老命也枉然。挑担吧，没几天他右腿就瘸了，再让他挑，疼死他事小，挡了大家的道事大。对这样的老混蛋还真没办法，只好调到菜园组去。菜园组就在"盆沿"下边，以种菜自给自足，有多余也卖一些给工地民工。

从此顾准就成了"菜园顾"，人们都这样唤他。比起监狱的叫号，多少感觉好受一些。

让一个人在短短几天的时间里，彻底改变他用了一辈子的时间来熟悉和习惯的生活环境和生活方式，无疑是致命的伤害。当年对待右派的惩罚就是这种方式——彻底改变你们的生活环境和生活方式，还要你承认这不是"惩罚"而是"改造"，要你去掉脑子里自己的意识，顺应统治者的思路。可是惩罚肉体好办，意识怎样惩罚、改造？那就只有一法——洗脑。劳改——洗脑，在政治学和哲学、动物学和生物学上的意义是相近的。

人们都熟悉英国作家乔治·奥威尔写于1948年的政治幻想小说《1984》，如今这本薄薄的小书竖立在许许多多中国家庭的书架上。此书最给人印象深刻的就是"老大哥"集团对外围党员温斯特的"洗脑"过程，从狂轰滥炸的宣传、灌输到惩罚性劳动，到拷打，到老鼠（温斯特最恐惧之物）的出现，读来令人窒息。

可是鲜有人知顾准的"商城日记"——一部非虚构、非预言，亲历者的记录，一个洗脑全过程程序目录，其鬼魅、恐怖和惊秫，不在《1984》之下。

---

22 《自述》P258

3. 商城-殇城 [23]

商城隶属河南省信阳专区，位于鄂豫皖三省交界处大别山北麓，隋名殷城，北宋改商城，"殷""商"都占了。1932 年还因河南省第一个苏维埃县级组织在此成立改名"赤城"，据说著名的革命歌曲《八月桂花遍地开》就出自这里，是红四方面军的诞生地。不过 1937 年又复名商城，可能是国民党军又打回来了，后来就没有再改来改去的。抗日时期，国民革命军路军第 84 军曾在此和日军周旋多年，牺牲将士万人以上。《新华日报》著名记者章汉夫，革命诗人臧克家等领导的第五战区文化工作团，电影艺术家王莹、金山领导的上海抗日救亡演剧队都曾云集于此。商城也是 1947 年 8 月刘邓大军千里挺进大别山的根据地，邓小平的"前指"就曾设立在《顾准日记》中多次提到的长竹园。

到了 1950 年代，商城全县耕地面积在 65 万亩左右，全县人口大约 42 万人，虽说是大别山区，人均耕地也超过了 1.5 亩，加上山清水秀，林业资源和水资源都丰富，在全省范围内算的上是个相当富裕的县份。

1958 年 6 月，《人民日报》连续发表信阳遂平县卫星农业社第二生产大队 5 亩小麦平均亩产 2105 斤、第一生产大队平均亩产 3530.75 斤、西平县城关公社小麦亩产 7320 斤的消息，在全国首次放了"卫星"。

1959 年信阳大旱，春播时滴雨未下，地委却提出"大旱大丰收"的口号。8 月，庐山会议精神传达到信阳。在向中央预报粮食产量时，九名常委中有 8 名认为 1959 年一定比 1958 年更丰收。既然 1958 年是 56 亿斤，1959 年就预估了 72 亿斤，省里根据这个数字将征购任务定为 9.6 亿斤，最后确定数额时地委又向各县追加 20%——1.6 亿斤，这是连农民的口粮、种子都算了进去。

---

23 本节涉及河南、信阳及商城大饥荒的文字和数据，得到河南教育学院青年教师、信阳事件独立民间调查者李素力先生的极大帮助

信阳也是"全民大办钢铁"的先驱和先烈。

1958 年占全地区劳动力总数 30%的 120 万人被迫参与所谓"大办钢铁"，商城县放出日产钢铁 6 千吨的"超级卫星"，还有 50 多万劳动力大办滚珠轴承。"滚珠轴承"原是最普通的机械零件，本应由专业工厂或作坊批量生产，却不知触动了哪位领导的那根筋，成为"全民大办"的东西，其质量、精密度和可用性可想而知。商城的"大办"还惊动了中央，冶金部曾在商城召开现场会向全国宣传。

还有个更要命的"大兴水利"。

商城县 1958 年夏开始兴建铁弗寺水库，全凭书记、县长吃饱喝足后激发出来的革命豪情，巨手一挥就开了工，无勘探，无设计，无图纸，无规划，无论证，无工程技术人员……。是时信阳地区各水利工地上的 2 百万劳力曾一度"放开肚皮吃饭，甩开膀子干活"。肚皮吃饱了，领导在"一万年太久，只争朝夕"的兴头上自不必说，百姓也在兴头上，以为共产主义也就是明年后年的事儿了。但是到了 1959 年夏，农民嗅到了危险的味道——饥饿——大饥荒——大恐怖近在眼前的味道。

去年的"青壮炼铁去"尚还有"收禾童与姑"，而今年连"谷撒地，薯叶枯"[24]的景象也没有了，却还在强征"青壮"修水库，分文不给，还要自带干粮。几年前就许偌下的"楼上楼下，电灯电话"是无望了，"水利带来大丰收"是无望了，"全国都来支援"是无望了，"万不得已政府也会补助"是无望了……，一切都是瞎话。

一切"无望"都不打紧，最令他们颤栗的是因为没有"春种"，怎么可能有"秋收"！凭借着千年万年的本能，农民们终于意识到大饥荒就在眼前——和 17 年前的 1942 年完全一样甚至更加可怕的饥荒，就像猛兽已经蹲守在家家户户的门口，张开血盆大口，准备着残暴的吞噬。轻信而迟钝的农民开始恐慌。他们竭力藏匿起一点口粮，希望能熬到第二年春末，至少能收获些瓜果果腹以求不死，却遭到"反瞒产私分"的血腥镇压。全地区因被搜出私藏口粮而遭毒打酷

24　彭德怀诗《我为百姓鼓咙呼》

刑致死的有 6.7 万人，加上自杀的，人数已超过 8 万 [25]。

从 1959 年 10 月到 1960 年 4 月，信阳地区因饥饿死亡总数为 436,882 人，占全区原有总人口 8,042,097 人的 5.92%。一万多个村庄全村死绝，其中商城占去 453 个，全地区人相食事件几十起，顾准日记中记录了其中发生在商城的两起。这一次大饥荒的惨烈程度远超过 1942 年同一地区的另一次大饥荒，其中人为的残酷和暴烈更远甚于后者。

两次大饥荒时间仅仅相隔十七年。

"这也是本部农民的厄运。若说 1959 年灾荒，他们必将倒下一批人，但 1958 年上半年，丰收年成的一个春季，他们的厄运已经开始了。若说 1959 年是灾荒，但 1960 年即使是丰收年，即使丰收年继续一个时期，他们的状况也改变不了多少。产量已被夸大到远离实际，以后还要每年加 10%，农业，商品率已被提高到首位，情况哪能改善呢？" [26]

这是已经逃离铁佛寺水库回到商城县城，马上要回北京的顾准写下的日记，他的预言都应验了——中原农民苦，信阳农民苦，商城农民苦，苦不堪言。

和大饥荒同时出现的，还有个右派劳改。

40 万人的商城县，不足 2 万人的城关镇，"参加运动"人数、也就是读书人人数——县机关干部、小学教员、县医院医生护士、商业工作者等等不足 3 千人，打出的右派就高达 464 人，占比高达 17.1%，也算是"放卫星"吧。他们中间最小的 18 岁，最大的 66 岁，最高职位为副县级、区长级，大半是小学教员，概因彼时商城连个中学也没有。他们全部被送到铁佛寺水库劳动改造。

至于他们的"罪行"，举一个比较典型的例子：

《顾准日记》里提到过三次的张保秀，女，1957 年划为右派时

25 《中共信阳地委关于路宪文在"信阳事件"中所犯罪恶的处分决定〈草稿〉》
26 《日记》1960.1.11

23 岁，到 1959 年和顾准在铁佛寺水库工地相遇时 25 岁。其全部罪行是"双百"的时候在会上说了一句"现在的教育系统有点混乱"，就被自己某位小学同学，后来不知怎么就成了城关小学的共产党员校长，一手送进了右派队伍。拿今天已经 80 岁的张保秀老人自己的话说——"年年五一、十一我穿着漂亮的布拉吉带着学生们游行联欢时，他都在城门口卖豆腐，后来也不知怎地就做了我们的校长。至今我也不知道自己哪里惹着他了，大概他看不惯我。"[27]

1959 年 3 月被发配劳动改造的顾准，面对和将要面对的就是这样一个信阳，这样一个商城，这样一个人群。

1959，中国一个普通的、紧接着丰收年成的上年并以风调雨顺、地土润湿开始的年份，却以哀鸿遍野，饿殍盈街，人相食结尾，其恐怖和吊诡至今还后无来者。

1959 的恐怖是一个国家的恐怖，一个民族的恐怖，也是人类的恐怖。信阳是其中最恐怖的中心之一，是震惊世界的"信阳事件"发生地，其中也包括了顾准劳改所在的商城。

商城，一座名副其实的殇城。

4. 勒索与人质

被水库工地"猿的社会"景象震惊并被从"盆子"里被淘汰出来的顾准很快镇定下来。

菜园组的活依然很重，但还是他负得起的轭。劳作很艰辛，但可以吃饱，工伤的概率和程度和"盆子"里常常死人相比要低得多，活下去还是问题不大的。菜园组的出产供应劳动队自己，是谓"自给自足"。

"自给菜园所生产的蔬菜，凡供给本队食用的不计价，借以节省

27　张保秀向本书著者口述

队员的伙食费。供应本队队员私人消费的瓜果（西瓜、菜瓜、黄瓜、西红柿）由队员出价购买"[28]。

如今他只有 50 元生活费，可比起当地的右派却是笔巨款，甚至大大超过他们未作右派之前原本的工资，更别说眼下的一无所有了。他的生活费每月发到北京秀的手上，秀知道他苦，不时寄些钱给他。他是菜园组的财主，也是右派劳动队的财主，加上他天性慷慨，对钱也没什么概念，就常常请大家的客吃瓜果，自己也大饱口福。加上他又开始抽烟，有时就花超了支。

"这一段生活过得去，劳动强度不高。分的饭吃不完，大啖瓜果……实际过得比农场（还）好，消费不受清教徒式的生活戒律所限制。伙食也好，粮多，初期菜多，后来大吃南瓜，花钱多，慷慨，请客"[29]。

一直到 7 月份，劳动时间还算正常，也就是 10 个小时左右，他撑得住。可是他很快就惊恐地发现有个巨大的问题——大脑进入了一种无法开动、思路"短路"，思维"锈住"的状况：

"这一段时间的心理上的特征是觉得日子过得昏昏沉沉的……确实单纯……然而只能这样过。据劳动队其他人们诉说，大致都有着一段。不过表达的方式不一样，有人说'不习惯'，或者像沈所说，叫做'没有接上头'等等。"[30]

紧接着是一个恐怖期。

他被要求穿上胶鞋，下到粪池子的底部，用铁锹和手把大粪弄到粪筐里，然后挑上一百多斤的粪肥走上二三里路到菜园，浇水，浇粪，除草，间苗。到了盛夏，一天劳动时间已经延长到了十五六个小时。白天在烈日下，他也学会了和农民一样用湿手巾包住头部以防中

---

28 《自述》P258
29 《日记》1960.1.16
30 同上

暑倒下；夜里，菜园要巡视以防人偷菜，午夜十二点要起来巡夜，第二天白天得照常整天劳动。

"然后是恐怖与屈服。"[31]

几个月过去人们已经分辨不出他到底是个当地老农还是个北京城里下放劳动改造的右派分子了，除了那副眼镜。到了后来，他索性连眼镜也不戴，反正活计看不见也能干下去。

"正是在劳动队，我才算把知识分子架子和官架子真正、完全、彻底、干净地放下来了。"[32]比起他自参加革命后从未间断过的每一次磨难，这一次不仅仅是"触及了灵魂"还"触及了皮肉"，真正、完全、彻底、干净地触及，不，不是触及，是鞭笞！

他一次次被告知："脏"的，不是粪尿，是你的灵魂；"苦"的，不是活计本身而是你的皮肉；"累"的，不是你的肌体而是你的坏思想。能让你来这里改造，那是党认为你还有救，否则就算枪毙了你，你又能怎样？枪毙的也不是一个两个了，你不都看见了吗？

混混沌沌中，他有时竟有些相信了，就像有人在施催眠术——又一次群体催眠。

他不想死在这里。才44岁，有家庭，有孩子，还有那么艰苦建设起来的一个"稿库"，他舍不得。最最重要的是，还有秀。他们到底要干什么呢？搞了这么多恐怖在勒索什么呢？他们想要何样的赎金？他们的"人质"又是什么呢？

"'摘帽子'的刺激，对恐怖到屈服的人来说，产生大跃进的效应是一种常态……我，恰逢其会，碰到摘帽子这一次政治勒索，于是精神振奋，劳动积极，负病干活，思想活跃，批评与自我批评开展，一句话，'变好了'。"[33]

于是我的传主真的"变好"了。先看看他如何"变好"——面对

---

31 同上
32 《自述》P259
33 《日记》1960.1.16

他心知肚明的"政治勒索"，他如何交出赎金，他想要赎回什么。

"昨晚，'写笔记'时接秀信，语句公式化，吾心所深知，却不免有所波动。来商城后第一次半夜呜咽。幸床铺是单置的，未为人所知。"[34]

这是我读顾准中第一次看到他的眼泪。

有一句中国古话——"男儿有泪不轻弹，只因未到伤心时"曾被极峰（有时他也叫他'极笔'）改成过"男儿有泪不轻弹，只因未到离婚时"。离婚，确是右派们的切肤之痛，无论男女。多年后，秀和顾准相隔6年先后离世。孩子们在痛定思痛时一致认为，母亲在世时难于分享父亲探索的欢乐和分担他思辨的痛苦，是造成她玉碎的主因。

细想，不然。

顾准、汪璧，这对夫妻的相亲相爱是有目共睹的。但是谁更爱谁，需要追究一下这个比较无聊的问题才能找到他们的分手和秀的玉碎的真正原因。假如说他们相互间爱的分量难分仲伯，那么谁更依赖谁却是一目了然的——顾准更加依赖、依恋汪璧。

秀，才是顾准最软的软肋。

如果说《1984》中温斯特最不堪一击的软肋是极端恐惧于老鼠的近身和啃噬，那么顾准的"老鼠"就是秀，虽然这个比喻很不敬，但没有比它再贴切的了。结婚26年了，他依然像个孩子似的离不开她。对于他，秀是个姐姐加母亲的妻子，前边已经讲到过很多细节，最温馨的莫过于在他最烦躁不安的理想幻灭期——1956年，她每个周末都要精心挑选一本文艺书藉为他分心解闷。有一个星期六竟然是一本《安徒生童话集》。

这世上在孩子床头放上一本《海的女儿》《野天鹅》《丑小鸭》的母亲何止千万，可有几个做妻子的能像秀那样为自己已经41岁的、犯了错误撤了职、焦躁不安的丈夫挑选一本同样的童话书的？顾准

34　同上 1959.10.17

魔王般的渊博中怎么见得就没有秀的一瓢弱水？从秀给他准备的床头书书目中，怎么可能看不出这个温柔的南国女子那颗精致的心——《大卫·科波菲尔》《老古玩店》《双城记》《金钱》《小酒店》《高老头》《小裁缝》……？

你再看 41 岁的顾准在日记中怎样倾诉对妻子的依恋。注意是依恋，不是爱，但满含着爱：

"那本书（查尔斯·狄更斯的《大卫·科波菲尔》－著者注），有很多庸人习气和宗教气味，但写得极其温柔，因而也使我想到了我有这样好的一个家庭。7 月以来，我的生活如此稳定幸福，实在是一生所未有的。"[35]

"倒是发现采秀也是有些忧郁的，自然也引起我的忧郁。出来时我跟她说有些寂寞之感，她说读书了就不寂寞了，这是对的。"[36]

"采秀之去西安，要分别一个多月，不免使我若有所失……"[37]

"……现在就是盼望她早日回来。"[38]

"又过了一个假日。秀不在家，悒悒寡欢。"[39]

"采秀未回，这一星期未来信。实在希望她早回。"[40]

"内心的激动实在非常厉害。采秀出去一个多月中，热切盼望……"[41]

……

这哪里像是一位结婚 20 几年，共同抚养了 5 个孩子的、40 多岁的丈夫为思念小别的、40 多岁的妻子而写下的日记？分明是个在暗中急切盼着情人到来的初恋大男孩。

35　《日记》1955.11.22
36　同上 1955.12.11
37　同上 1956.2.27
38　同上 1956.3.4
39　同上 1956.3.11
40　同上 1956.3.18
41　同上 1956.4.6

你再看那两张脸对脸并排而放的写字台，看到那盏在顾准的左边、秀的右边的漂亮的绿玻璃罩双头台灯了吗？它能告诉你多少故事！她是他的妻子，姐姐，母亲加爱人。她爱他，他对她则是爱加依恋，她是他的精神支柱。他们现在绑架了要勒索他的，就是她啊。

临来商城，他已经发现她有些异样，就是那种母兽嗅到危险正在悄悄临近，就要吞噬小兽的浸入骨髓的恐惧。"小兽"们个个都可爱，都是他的骄傲。可是在他眼里，秀才是第一位的，孩子们永远是第二位的。他们都会长大，会离开老头子和老太婆远走高飞，他自己不是13岁就挑起了养活一大家子人的重担了吗？有苗不怕不成树，老太婆才是唯一最宝贵的。

可他完全不懂一个有着5个孩子的女人会有什么样的心理活动。

从赞皇回北京后，他和稻头有过一次严重的冲突。已经17岁的大女儿对爸爸说出的某些话极为反感，这和她在学校受到的教育完全不是一回事，南辕北辙。她和小米已经隐隐约约知道了爸爸是个犯了错误又坚持不改的人，是个右派。他们又怕又厌恶，又无法完全抵消他们从小就固有的对爸爸的热爱和敬佩，非常煎熬。

这一次，秀站在了稻头一边。而从前他总以为他才是秀生活的中心，他爱她，她也爱他，这就够了。直到商城劳改结束前他还认为"除掉采秀，大概没有第二个人能够听到我的真心话"[42]。

就像一个人，一生就只有两件珍宝，人们却满怀恶意地偏偏要褫夺其中的一件而勒索那一件。现在他们要勒索他的思想而绑架的人质正是那另一件珍宝——她——秀！

绑架和勒索的程序在"模子"中已经启动，正稳步运行。他们已经开始在信上吵架了。

"15日向秀要钱，二十一日信，更前一些还有一信，担心我改造不好。"[43]

---

42 《日记》1960.1.11
43 同上 1959.10.23

　　秀要的是丈夫的平安，一个完整的而不是遍体鳞伤的丈夫。她不愿随他去跨越那道雪线。与一个平安的丈夫加 5 个平安的孩子相比，那雪线，那顶峰都不足道。我要你回来，回到雪线之下，回到大本营，回到北京，回到我们百万庄的建工部宿舍。你没有工资，我还有，我们省吃俭用绝对活得下去，你没有工作，可以去读读书，钓钓鱼，只要太阳下山时我能看到你，孩子们能看到爸爸，我们一家完完整整的就行。我不要先驱和勇士，我要一个全须全尾的丈夫，孩子们要一个全须全尾的父亲。

　　"你好好改造了吗？否则我不会寄钱给你。"

　　可秀并不知道，他的胫骨已经压坏了，要钱是去看医生啊。像个倔强任性的大孩子，顾准越来越不讲理了：

　　"昨晚复信给秀，有'生活本有各种方式，一切由你决定好了（的字样）'……没有钱，不敢到医院去，对秀的意见愈来愈多了。"[44]

　　秀马上寄了钱过来。

　　"秀寄 30 元来。决定不再吃零食，计划储蓄 20 元。秀说我昧于形势，埋怨太多。告她劳动、笔记、节省计划的情形。"[45]

　　秀看了他的汇报，感觉这个不省心的大孩子，勉强总还算是有点进步吧。

　　"要对得起院领导，还要对得起爱人哪！"[46]

　　大孩子总算还知道个好歹。

　　"摘帽子，眼看是一场骗局"[47]，"所谓右派分子的摘帽子，无非是一种政治上的勒索"[48]。可我还是必须得装个孱头样子把这该死

---

[44]　同上 1959.10.24
[45]　同上 1959.10.31
[46]　《日记》1959.11.23
[47]　同上 1959.12.22
[48]　同上 1959.12.8

的帽子摘了，"还要留一条老命回去"[49]，为了秀。

可是秀，你为什么那么轻信他们呢？"我的改造表现再好，不过求苟全性命而已。什么摘帽子，摘了帽子能如何改善环境，都是采秀式的空想。"[50]

顾准这样的人绝不是什么狗屁"摘帽子"就能让他交出"赎金"的，得有重量级的人质。这人质就是秀。他交出了被勒索的款子，但是，都是假钞。

"我这个变好了是实际没有变好，但说好的成分一点没有也不见得。那是一种双重生活，但也有表现，那就是反复，'好好乖乖'。"[51]

许许多多的人们就是从那时起有了"好好乖乖"式的双重人格，并且把这种人格特质传给了子孙。顾准交出的是假钞，很多人交出的却是真金白银——人格，完整的人格。顾准为他的"假钞"付出了最沉重的代价——秀终于还是被"撕票"了，并且在此之前他就已经失去了她。

震慑——麻木——恐怖——政治勒索——屈服，一整套和《1984》如出一辙的洗脑程序。前4项都货真价实，第5项则很可疑。但是即使坚韧如顾准，依然会有真正的屈服。

真正的恐惧始于1959年10月底，他已经非常非常恐惧，眼看就要屈服了。

现在可以来看他的《商城日记》了。

49　同上 1959.11.22
50　同上 1959.12.8
51　同上 1960.1.16

5. 商城日记

已经面世的顾准"商城日记"起头于 1959 年的 10 月 4 日。

从个多月前 3 月 13 日 13 时的最后一行字"下午准备好好睡觉"[52]后，日记又一次戛然而止，连前一日所记"明天什么也不写，一切等车上再在开始"[53]的"开始"也不见踪影。一直到 10 月 4 日，日记才又接了上来，中间的空白是整整的 205 天。

正因为 1959 年 2、3 月份这十几天的日记给人留下的印象太深，更增加了后面这 205 天空缺的突兀感。他不可能不写，写的不可能不精彩。否则只有下述两种可能：

1. 顾准在探索的路上停了步。但越过"雪线"后停止攀登，从逻辑和常识两个方面都不可能。

假若他停下，只有返回雪线之下或是冻死在雪线之上两种可能，但他两者都不是。从他日后那些美不胜收的文集文稿，谁都能看出他到底攀登了有多高，这个高度远在雪线之上。他也没有牺牲，15 年后 59 岁时死在协和医院的病床上。

2. 他暂时休息了。雪线之上，休息就是死亡，攀登者没有不知道这个常识的。精神死亡了还哪里来的顾准呢？

唯一的可能又是：他有字，但毁了。或者又是：不方便面世！只好又用老伎俩——Puzzle 他。可这次，连 Puzzle 都不好用，因为从 3 月 14 日到 6 月 12 日这三个月，日记是空白，历史交代几乎也是空白。万幸的是到了 1960 年 1 月 16 日，我的传主不知出于何等考量，突然做了一个"劳动队六个月的追忆"[54]，令人大喜过望——总算是"接上头了"——借用一句"商城日记"中的大人物——共产党员沈万山同志的话说。

52　同上 1959.3.13
53　同上 1959.3.12
54　日记 60.1.16.

"6月12，到劳动队时，肯定了这是一个集中营。"[55]

读者请记住，顾准日记中最震撼的部分——"商城日记"其开端应该是这里，而不是起始于10月14日的"X/14 晨四时〔1959〕年菜园所种白菜（畦菜）"[56]并且还因为那天日记是用铅笔写成的，因受磨损字迹不清，被编者"故略"了。

"这是一个右派分子集中劳动的队伍，全队人数一百余人，百分之九十九以上是商城本县的右派分子。另有河南省各机关下放商城劳动的右派分子十余人，以及科学院的六个右派。商城本县的右派分子，大部分来自区级干部（副区长，区秘书等）和小学教师，也有来自县人委各局的。劳动队的劳动任务是参加修筑铁佛寺水库的大坝，修筑大坝的主力是民工，人数不详，恐怕有好几千人。"[57]

顾准日记中的数据可能不大准确。劳动队——右派分子集中劳动的队伍，其人数远远高于"一百余"。从商城县志办公室保存着的一本油印《商城水利志》中著者找到了这样一段口述记录，记录于1987年4月23日中午十一点，口述人就是当时尚在人世的熊县长，熊满银，一个虽然逝去多年却仍能在谷歌、百度上搜索到的人物，只要你打的关键字是"信阳事件"：

"我们当时处在1959年，我自己亲自向各公社要民工，就是要不上来。大坝合龙后，民工参加施工的有500多人，右派有500多人，施工力量不够。我说的是1959年6、7月份有这多人。"

也就是说，顾准一行到水库时，民工已经跑掉了一大半，剩下的施工力量，右派占了整整一半。民工可以往家跑，你很难把他们一个个抓回来，而右派，当然不能跑，也无处可跑。你看熊县长自己说："……当时虽说有千把人，一者跑的多，只剩下2百多人，（访谈人

---

55 60.1.16.
56 59.10.14.
57 《自述》P257

插话：当时在水库的 5 百来名右派也有跑的吗？）右派当然没有人跑……"[58]

无产阶级专政的天下，他们能跑到哪里去呢？

"这六个月，真正经历了一场严格的锻炼。"[59]

"历史交代"中轻描淡写的这一句话，需要到他实时写下的"日记"中去找出全部的注释。

多年后，人们把他 1959 年 3 月到 1960 年 1 月的 10 个月日记编纂成《商城日记》，没有一字改动，除了数处因"不便于公之于众"的缘故而删去的之外，基本上可以当做原生态日记阅读。这是一部迄今为止唯一面世并正式出版的、亲历者写于 1959 年中国大饥荒中的日记。

请君不要轻下"不识庐山真面目，只缘身在此山中"的断语，因为写日记者在写它们之时，最大的欲望（这里用愿望二字未免轻飘）绝非是要去"识"庐山真面目（虽然他曾经有过这样的打算），而是怎样逃出"庐山"，这山太凶险，太恐怖，太邪恶。这位写日记者并非"我不下地狱谁下地狱"的圣人，6 个月后他终于逃了出来，逃回北京，写下已经佚失了或者至今仍被藏匿的《铁佛寺水库记录》。当然，日记中也有他拨云撩雾，想看清庐山真面目的文字，但更多的却是直接面对浓云密雾、前狼后虎、断崖绝壁时恐怖的描写，还有求生欲望、求生手段的叙述，读来惊心动魄。

这部日记更像是一份社会机体取样切片标本、病理检验数据表、诊断书以及——处方单。

本想用老"伎俩"，以他的"历史交代"作为"日记"的注解与补充，加上信阳商城、铁佛寺水库以及还尚在人世的、和顾准一起在那里劳改过的老人们的口述，不再以日记的顺序，而是以事件顺序为脉络，还原（这次姑且放胆地用一次这个词汇）顾准除去西大畈国营

58　《商城水利志·熊满银口述部分》
59　《自述》P258

农场的 3 个月之外，在商城铁佛寺水库 6 个月的生活。但是发现这样写极其困难。

第一，日记很凌乱，背景不清，他认为"显然如此"的东西，现在却是"匪夷所思"，若不详作解释，必然导致误读，所以才有年轻人读过《顾准日记》之后发出"不堪卒读"，"过于浅薄"，"淡如白水"的感慨，大失所望；

第二，被删去的太多，事件关联不清不楚。失去时代背景，一切都说不清楚；

第三，50 多年前的语境和今天是完全不同的，不把那个年代的人的作品拉出其历史语境，并努力将它从时代性的重重"话语包裹"中抽取出来，就很难让读者追索到其思想真正的构成性核心。法国哲学家福柯提出"知识考古学"，就是要将这样的埋在地底的文献档案重新存在于当下，用新的语言、新的概念来重新阐述他们的思想。

第四，用第三人称去旁述他的日记，非常的吃力不讨好。说多了，有夸大之嫌，说少了，有"断""取"之嫌，说深了，有僭越之嫌，说浅了，有人云亦云、浅薄之嫌。

所以，不得不选用一种比较拙劣的手法——改用第一人称叙述来写他的"商城日记"，并在此先发一个拙劣的启事：

"为叙事方便故，下一章《饥饿大地》整章将以第一人称叙述，文字高比例使用主人公的《商城日记》，不做引申和阐释。此种不得已而为之的写作方法敬请读者原谅。"

第十一章　饥饿大地

1. 商城日记（1）——劳动队

我清楚地记得，假如把"蚂蚁窝"的震动排除在外，从我开始过上这种生活的最初一段时间仿佛并未发现有什么特别令人吃惊的，异乎寻常的、或者不如说是使人感到意外的东西。只是到了后来，我才充分了解了这种生活究竟有多么奇特，多么不可思议，因此我越发感到惊愕了。

老实说在我的一生中，这种惊愕心理一直没有离开我，以致多年后它又导致我犯下新的、更严重的罪行。关于这一点可以参见我1969年写下的历史交代（二五）："至于因为我对商城见闻的深刻印象长期不能忘怀，以至在1963年学习农村四清前十条中胡说什么'不进人民大会堂'，则更是极其严重的右派罪行了。"。

我对劳动队的第一个印象就是：这里的一切都令人无比厌恶；尽管如此（说也奇怪！），这里比起我想象的要"好"得多。右派们尽管已是劳改犯人，却可以在工地上和住房旁各处自由行走，除了不准到商城县城去。

右派们大都岁数不大，商城本地的小学教员居多，还有几个副区长、秘书什么的。省城郑州来的右派都是文化机构的，什么教育局，广播局，水平也不太高，包括文化水平和理论水平，也不知把他们弄成个右派有什么意义。

他们都还年轻，奈不住寂寞，吵骂、唱歌、吸烟，甚至喝酒的都有。到了夜里，还有人打牌下棋。几乎每个人都订阅一种报纸，好像

345

谁要是不订就显得很没文化，很不合群似的。

在我看来劳动本身并不那么繁重，只是后来我才弄明白，这种劳动之所以日后被人们形容得万分繁重，与其说在于它的艰苦程度和永无休止，毋宁说是在于这是一种被迫进行的，不可逃避的强制性劳动。然而就劳动本身来说还是有意义的：比如我这个菜园组，种菜，浇水和上粪，都是为了种出蔬菜来能填肚子。

右派劳动队中间年轻一点的，和民工一起脱了上衣打个赤膊推车挑担，和土石方拼命，也还是有意义的。有些人甚至醉心于这种劳动，希望把活干得更巧妙、更迅速、更出色，这样就有一线早日"摘帽"的希望，虽然希望非常渺茫，再说也可以得到沈万山队长的一丝青睐，这个也很宝贵。

队长沈万山是劳动队唯一的共产党员，也是唯一的统治者。有一次听他自己说，他在刘邓大军进军大别山时为我军送了情报，这是他参加革命工作的开始。他最喜欢对右派们说的一句话是"你们简直不像样子！"

他站在队前，每次都要说这句话。或是劳动得不好，或是吃得太多——买零食。他描摹人吃饭时的"寒碜"，一脸的不屑，以及其他等等。他很喜欢队前讲话，东拉西扯，一套套新词汇，也不管用的是不是地方。不过他倒是从来不拿稿子念，他可能根本就是个文盲。

沈万山特别反对人们骄傲自满，骄傲自满的意思就是瞧不起他。所以每次在"简直不像样子"之后，都会加上一句"你们忘了你们是有罪的人"，以提醒大家不要骄傲自满。杨一般就赶紧符合，说大家这一段的确"不像个改造的样子"。这里的人尽量避免说"我"这个字，都用"我们"来代替。可"我们"的卑躬屈膝沈队长并不看在眼里。卑躬屈膝在这里是必修的功课，我最近才明白这个道理。

刚从农场过来，我还成天介拉着个脸——几十年来什么样的嘴脸我没见过，会把你这副嘴脸放在眼里？在中科院右派汇报会上我傻乎乎地埋怨了一番，结果弄得灰头土脸不说，还惹得一身臊——全体下放干部加右派一起开会，对我狠批恶斗。为加强效果，还特邀了沈万山队长参加。沈万山用行动教会我在集中营除了劳动吃饭，吃饭劳动，还必须加上一条——卑躬屈膝。可一开始，我怎么也做不好这一条——不理人，自顾自地劳动吃饭，吃饭劳动。后来我才知道这并不能达到改造的目的，要达到这目的，更必要的是"笑靥迎面，唾面自干"，这是我后来才慢慢学会的。

沈队长对右派们的蔑视和嘲笑中还混杂着另一种成分，特别是对我，这种成分更重一些——夹杂着强烈的羡慕，承认我们、我比他更有见识和判断力，并因这种差距永远也不会缩小而衍生出一种失望和自卑。这种羡慕、失望和自卑愈强烈，恨意也就愈多，嘴脸就愈难看。

其实沈某一开始对我很青睐，指定我做中科院 6 个右派的联络员。因为 6 人分别在不同的小组里，有菜园组的顾准、赵淑仁、李宝仁，"盆子"里的权少珍、彭楚楠和历史所魏某。沈队长公务繁忙，需要有个人经常向他做个"汇总"。我不晓厉害，想也没想就拒绝了，这才惹得他恼羞成怒——还没见过有哪个右派这么给脸不要脸的。

沈万山已经唾过我好几次了，说我不识抬举，当了右派还架子大得很，连我自费订报纸多了都弄得他十分不满。他莫名其妙地极为看重我这个人对他尊重的程度，别的右派，尤其是当地的小右派们他根本就不放在眼里。我也知道他在观察我，我是他眼中的一道风景，但他也是我眼中的风景——一苗菌株，典型的菌株。后来他指定心理所的赵淑仁做了联络员，这姑娘受宠若惊，忙不迭地接了"皇上"的任命。我虽然挨了顿批斗，却也乐得清闲。

不过到了后来，才知道这事儿可是个"大岔子"，回头再说吧。

在我看来，食物也是相当充足的。除了能吃饱粮食，还有大量的瓜果可以自己掏钱买来吃。比如刚来的时候，6、7 月份吧，粮多、菜多，黄瓜、西红柿、菜瓜什么的都不贵，秀也寄了点钱来，我就慷慨地拿出来请客。当地右派们都竭力要我相信，北京也不一定有这么好的伙食。实际上这里的生活确实比西大畈国营农场还好，消费不受清教徒式的生活诫律的限制，不像在那里稍微多吃点瓜菜就有人批判你资产阶级生活方式。

不过这一段时间心理上的特征是整日介昏昏沉沉，脑子转不动，跟锈住了似的。过去用脑做事，有各种事情要关心，各种信息要处理和归类，就不像这儿这么单纯。我也厌恶这种混混沌沌的生活，吃饱了就去干活，下了工饿得很，再吃。肚子吃饱了就瞌睡得不得了，很快就能睡死过去。脑子不好用，想什么也想不清楚，想到一半就睡着了，连梦都没有。我也对自己适应生活的能力竟达到如此惊人的地步大为震惊，但是震惊归震惊，震惊也挡不住要睡的欲望。怪不得人家说劳改能治失眠。

沈万山是非常记仇的。8月15起，也就是我坚辞"圣恩"后不久，他的报复就开始了。

先是他组织队员自己自编自演了个什么戏，冯顺跟赵淑仁演梁山伯与祝英台，硬要我评价。我大概说了句不敬的"婢学夫人"之类的话，他立时就恼了，晚上就在队前点名批评了我，翻来覆去车轱辘话说了一套又一套，说得嘴角直磨豆腐，还威胁要贴我大字报，把我所有右派罪行，所有他知道的和听说的，公诸于世。我倒不怕他写和贴，就怕他写不清楚，瞎耽误功夫。他的大字报由于过于复杂没写成，却要我写检讨。白天活一点不能少干，都得是休息时间写。一次是绝对通不过的，两次、三次、四次、五次那要看他的心情和情绪。

批斗会是必不可少的。他指着鼻子骂，离你不到一尺，口味和唾液那个臭啊。有一次还真就一口浓痰唾到我左脸上，臭得要命，你还不能用手去擦，尤其不可用手绢，这种东西他深恶痛绝。批斗会时间一长，唾液就干了，也就不大臭了。我这才算弄懂了《新唐书》中娄师德所言："人有唾面，洁之，是违其怒，正使自干尔"之意。

为了不占用睡觉时间写检讨，为了不再挨批斗，我很快学会了笑靥迎面，唾面自干，反正所费不多，嘴角扯一下而已，他一个粗汉，根本看不出你皮笑了里面的肉笑了没有。

几个商城当地小右派告诉我，这些他们都经历过。北京有多少右派，商城就得有多少右派，北京有多少右派集团，商城就得有多少右派集团。商城"婢学夫人"的功夫十分了得，这个我到商城第一天就领教了。"夫人"怎么说话，什么作派，婢子亦步亦趋，扭怩作态，像不像那是水平问题，学不学可是个态度问题。

这帮小右派们也可怜，有些竟匪夷所思是被"选上"的——名额不满，滥竽充数，就因为最要命的当口内急要上厕所，就被群众选上了；还有主动要求当右派的，"夫人"那边最有名的是刚从美国回国的歌唱家张权，听说这么多名人朋友都是右派，她也要求当一个，被周恩来一把拉住没有往火坑里跳。"婢子"这边的小右派们就没有这么幸运了，为朋友两肋插刀做了替死鬼的不是没有，一时的义气把一辈子都交代了。

刚到铁佛寺，他们要我去工地做只"工蚁"。虽然经过了赞皇和西大畈的锻炼，可和铁佛寺水库"蚂蚁窝"的活相比，那些都只能算是"儿戏"。不几天右腿就瘸了，没有人愿意和我搭班推拉一架架子车运土石方，推和拉我都力气不够，尤其是拉，坡道又陡，上到一半泄下劲来那是会出人命的。单人挑独担更是要了老命也不行。几天下来，人已经垮了。

看我实在太窝囊，他们也怕这个北京的高级大右派（商城人民很喜欢学郑州人民用"高级"这个形容词）在商城弄出个三长两短来不好交代，就把我调到菜园组种菜去了。这里更加靠近领导，即直接在沈队长的眼皮子底下。这是个自给菜园，也是沈队长的自留地和小金库。

到了盛夏，每天的劳动时间延长到了十五六个小时，有时从清晨二三时起，有时晚上夜战。全队右派相互间一律不得称同志。来往信件，都要经过检查。非经请假，绝对不得离队外出。节假日则一律不放假。除队里伙食外，不得向外购买食物。沈队长非常愿意右派队员购买私用的瓜果，现金所得一律"交柜"，美其名曰"公积金"。

1959 年春夏之交，根据北京"夫人"的一个手势，对待右派的凶狠程度曾经有一个"凹"期，看来现在正往"凸"期发展，且愈来愈凸了。

现在我也进步了不少，可以穿着胶鞋下到粪窖底部去清底，用手把大粪抓到粪筐里；也能挑起一百多斤的粪筐走上二三里路。夏秋间菜园要巡视，轮到我巡夜时，晚上 12 时起巡夜，第二天白天可以照常整天劳动。可左股骨开始下挫。

因为右肩大约是从前写字写多了，根本用不上劲，只好用左肩膀挑水挑粪，这样左脚也肿了。何祥福和杨文华想要照顾我，让我在园子里砍白菜，他们去挑。可下午我还是要去挑，因为沈队长最不能容忍的就是那帮本地小右派想要照顾我的企图。有几个年青人虽然自己是"落难公子"，却老想帮我这个右派老头一把，让我少干点，多歇点。可惜沈队长深谙对敌斗争的一套政策——分化孤立、强迫劳动和政治教育相结合，所以大开斗争会，既通过群众路线教育了被斗者，也教育了斗争者，于是有的人是经过恐怖达到了屈服，有的人方式不同一些，"自觉地"成为积极分子。但总得说来，还是从恐惧到屈服而已。

心理所那个赵淑仁，就是因为我的坚辞而当上了中科院商城右派小组联络组长的姑娘，由于自觉地成了积极分子，遇上国庆节"大赦"而摘了右派帽子。如今她更积极了，却也没有准许她回北京。可怜她孩子还那么小，听说丈夫坚决要求离婚，就算摘了帽子，今后的日子怎么过？在"摘帽子"这样的政治勒索面前，你得心甘情愿拿出包括良心的一切，这值不值得，每个人有自己的选择。

劳动队里人与人之间有种刻意培养互相间仇视情绪的趋向，用沈队长的话说叫做"分化孤立"。就此点而言，劳动队的成就是很大的，它的全部生活与制度，曲尽其妙。人们相互间态度粗暴，虽然都是"麻风病"却决不可有同病相怜之心，大家要比个麻风谁轻谁重，轻的看不起重的，重的也有各种理由瞧不起轻的，虽然都和外界隔离，却也有自己排布下的等级。

劳动评级是结合发多少钱的。虽说少得可怜，但谁也不肯让谁，为一元两元的就能撕破脸皮吵起来。这会儿就只有共产党员沈万山看不起所有人的份儿了。我感觉钱还在其次，更要紧的是谁评级高些，钱多一两元，好像麻风的程度就轻些。人们互相订下框子，要求别人认罪，以昭彰自己的成绩。有时评级时我有意表现积极，没话找话，成为主要发言人，为的是避免争吵，让大家都留些脸面。这个我做起来不费什么事，惠而不费，挺好。

今天蔡璋又评了个最末等，沮丧得要命。徐云周则大暴思想，什么"建设中的大手大脚"，无非多用了几根柴火，没话找话，没事找事，真是拆烂污！可他要是什么都不说，不臭骂自己点什么，怎么过得了沈万山这一关？

董将我的军，除了骄傲自满又要牵扯到人道主义，什么大跃进的愿望和人道主义的矛盾云云，我赶紧云山雾罩扯开了，否则又不知几点才能散会睡觉，弄得不好还要"炒豆子"，就是把你推来桑去，看着是没动拳头，倒在地上摔伤了可得自认倒霉。蔡璋就被这么干过，好在他年轻，经摔，经"炒"。

劳动队有一切残酷生活的外形，但我依然能看到活跃其间的人性！

人们在会上和会下的两幅面孔就能证明这一点。柳学冠私下和我说他曾想打击我，对我在他绝望时所作鼓励，感动得很，说老顾若看得起他，准备与我谈谈云。说到此时，竟至泣不成声。从没有人见他笑过的副队长黄，在蔡璋病重住院时拉着脸扔下句暖心的话："不好全了别出来！"

前晚为跃进灶担土坯砖，一共520块，来回六里路。男十六人，女十二人。女人都担八块，我只好担十块。一块足有十斤，原准备拼了老命的。路上张哲华为我去掉二块，柳学冠又为我拿走四块，到家时才四块。全部担完已是下晚一点，不担完沈万山是万不肯叫停的。

人人都是两幅面孔，我也是。

除了沈万山。其实他也是，不过和我们不一样，不是会上和会下，而是在当官的面前和右派面前。实际上人们的这些表现行为归根结底还是一个原因——恐惧。我这样讲，并不代表我自己不恐惧，不屈服。我只是无法"自觉地"成为积极分子而已。

沈队长对我说原本是可以给我"摘帽子"的，因为我的给脸不要脸，就眼瞅着人家"摘"吧。这就是我前边说的"大岔子"。

我倒无所谓，摘了帽子不还是因在这儿干活吗？摘不摘的有什么区别呢？可秀万分在意，一再告诫我下次可不能再任性了。好吧，为了秀，下次有机会我一定争取摘了这毬帽子。

从"盆子"里被淘汰下来，我就移居到下菜棚。这里真就是个棚子，紧靠着菜园，离"盆子"也不远。有时夜里透过席子的缝隙向外窥视上帝的世界，能看到一隙清亮的天空和闪烁的星星。那些狗屁小高炉，炼铁炉总算是熄火了，不然哪有这样的夜空？

前阵子哪里都是乌烟瘴气，把农民的锅、勺、盆、罐都"炼"了，弄出一堆堆的铁渣，扔都没处扔。眼下别说煤，连烧饭的柴火也不够了，它们才算是熄了火，可到处都还能看见它们丑陋的遗体，像些半截子酱油瓶子，两米来高，东戳一个，系戳一个，把好端端的水田戳得千疮百孔。

因为国庆节，大赦了一批右派，大约二十几个人吧，摘了帽子，其中有心理所的赵淑仁。这姑娘幸福得无可无不可。还有人直呼"毛主席万岁，共产党万岁"，终因没有人随着高呼，显得有些尴尬。

"摘帽子"的刺激看来对恐怖到屈服的人来说肯定能够产生大跃进的效应，将来这怕会是一种常态。再遇上摘帽子这样的机会，我也要努力一下，振奋精神，积极劳动，不怕脏不怕累，负病干活，轻伤不下火线，还要显得思想活跃，开展批评与自我批评，一句话，我要"变好"，做个好好乖乖。不就是双重生活，双重性格，双重人格吗？为了秀，我豁出去了。

眼下菜们等着施肥，可大粪奇缺。百多块白菜地恐怕要靠硫酸钡了。若两毛五一斤，0.25元X300斤=75元，沈队长肯定很心疼，我的劳动强度却降低了。我也不是看他出钱幸灾乐祸，实在是搞不到大粪。去民工厕所掏粪经常一无所获，好像他们就不拉屎似的。他们的家属早就守着茅坑掏完了，我后来也不得不采取这一招，守在茅房门口等人拉屎。

现在是十月中旬。回想中秋国庆前后，伙食真是不错，大吃饼子，就算是月饼吧，商城人管它叫"提糖月饼"，含义不清，比起上海的苏式月饼可就差远了。可过了国庆，伙食就一天不如一天了。工地夜班也日趋缩短，这两天人们九点半就都回来了。下一个高潮是收红薯，种蜡菜和豌豆。天气转冷，日照减弱，蒸发减弱，浇水量也减了。总而言之，不必再那么拼命干了。

只有沈万山还在拼命锄地。菜园的好地他都占去了，大家都猜他打算在这里安家。这些好地肥厚水丰，可以种高级蔬菜，说不定一年能有 150——200 元的收入。他老婆小刘也来了，到处跟人说今年的棉裤问题，说一家四口人就三十多元的收入，做不起棉裤。他老汉早就暗示蔡璋想要他那件呢子大衣，蔡璋问我咋办，能咋办？见机行事吧。劳动队右派们都在暗地使劲争取摘帽，这当口沈可不缺能帮他种菜的人。可光帮他种菜怕是不行，蔡璋的呢子大衣恐怕保不住了。

昨晚上收到秀的信，语句公式化，毫无温存之意。我虽然知道她不能不如此，依然心里一阵阵地疼。从前我们通过那么多的信，她出差时或者我出差时。到商城后也有许多次信往来，虽有专人检查却也不妨碍我们默契表达的真实意思，他们看不懂。有时她数落我几句，言语也温存，从来没有像这封信一样冷冰冰。

来商城后第一次半夜呜咽。上次哭泣是什么时候都不记得了。幸亏下菜棚就我一张铺，呜咽无人听见。

菜园组的何祥福，乡村知识分子，目光开阔，有理想，深知知识就是力量；而杨，自诩全无问题，样样通达，喜告密，爱鹦鹉学舌，极世故，奉承沈万山不遗余力，甚是可厌；最可惜赵，北大毕业生，心理所的，也就三十岁吧，貌似婉娈，琐琐屑屑已十分公式化，初现老太婆之态，心理系的废品，只红不专。她所祈求的无非是脱帽子与做老婆，如此而已；最让我有兴趣的是徐云周，有自己的政治见解，且正直。农民中确无能人，劳动队这些人都还算是农民中的佼佼者，可看不出有什么人能做农民的政治代言人的。徐云周也许是一个，然而他能提出什么政治方案来代替现在的一套呢？何况整风、反右加上大跃进，把仅属于萌芽状态的农民代言人禁锢起来或者大洗脑，他们还能做什么呢？

可是底层的新生力量终还是有徐云周这样的人存在，中国还是有希望的。此来商城，并非虚行。

李老是喜欢跟着我写思想汇报，劳动总结什么的。我十天半月就得向商城那边科学院的领队汇报思想，占去我大量的纸笔、大脑和休息时间，他的东西也不知交给谁看。刚来时我看不起这个獐头鼠目的县级小干部，现在我不鄙视他，我和他是在相同地位、等级上罢了。

睡它娘的，还有明天呢，这些狗屁东西就算你写死了，也是写不完的。

蔡璋进了医院，高烧不退，基本上垮了。我去看伤了的左胫骨，顺便看了看他，大家都说不要出院，好不容易住进来了，不好全了别出来，副队长黄（也是右派）也这么说，可见都有隐蔽着的人性。

昨天在缝纫组干活干到夜里 12 点，赵刚给了我半个馍馍吃。有机会买点什么送她孩子，她总在维护我，赵就为此向沈揭发她，可悲之至。

黄副队长说要每人拿五毛钱出来做"公共积累"，没有沈万山的允许不能动用。

左骨股下挫很久了。挑水挑粪都用的左肩。刘大夫说可能右肩是"五十肩"，怎么也使不上力气。我才 44 岁，怎么就得"五十肩"了呢？手里钱都花光了，不敢再去医院开药。劳动队的医生刘复生是个不错的人，可他也不敢白开药给我，要想让他开个"准休"一两天的证明就更不可能了，一个乡医，右派，能做得像他这样已经很不错了，不要难为他。

一连写了三封信向秀要钱。她担心我有了钱又请客、胡说，改造不好，就是不寄来，还威胁说再不好好改造就和我离婚。我当然不相信，我还能不知道她？今天写了一封吵架的信给她——"生活本有各种方式，一切由你决定好了"，顺便也告诉他我左骨股下挫的事，要钱不是贪吃，是要看病！兜里就剩下 2 元钱了，杨打碎了碗还借给他 5 角，你不给我钱我就只好不去医院，硬挺着。

左骨股下挫换来的是被评为劳动二类，且舆论颇佳。徐云周评为一类。

又是翻地整理粪塘子，胫骨坏得更凶了，都在左边。没有钱，不敢到医院去，对秀的意见愈来愈多了。

思想汇报总算写完了，搞了 7 个夜晚，昨天先向赵汇报并送阅初稿，她俨然以指导者的身份指指点点，不胜其烦。

因为左腿故，特批我喝了 20 多天的豆浆。今晚站队时被告知此事城里机关都已经知道了，提出意见，"右派还喝豆浆，不像改造得样子"，明天就没有豆浆喝了。可磨完豆腐总会有豆浆，除了沈万山人人都是右派，谁来喝它们呢？看来是沈万山假传圣旨，想让小刘把豆浆都拿回家去罢了。

揭发是没有意义的，百害而无一利。

脚已不良于行，岗还是要站，主要是看守待腌的大白菜，冬天主菜就靠它了，农民和民工也最爱偷。喝了一大茶缸代乳粉，精神抖擞。再说站岗是我的时间，可写可读，还可以捋一捋思路。

沈把他父亲也弄来了，专门种菜。他的白菜长得极好，已经砍了好几次，据说已经买了10多元。看来小刘的棉裤问题今冬可以解决了。

沈在劳动队就是皇帝，独裁者。种瓜的人吃瓜是偷，他可以随便吃。他老婆小刘经常带着孩子在大食堂白吃白拿。他一家占便宜占的是罪人的便宜，当然不算什么。他不知道自己有多猥琐，每次站队时都要指着这些人说"你们简直不像样子"，不是偷懒就是吃得太多，还用手做出往嘴里扒拉饭，嘴吧唧吧唧山响的样子，嫌右派们"寒碜"。最后总不忘一句"你们忘了你们是有罪的人"。

眼下地富反坏右已经全部集中在南关附近，病人进城看病在街上逗留久了，公安局就反映到劳动队，"右派满街跑，像个什么样子！"

晚上讨论周恩来《伟大的十年》，全是捏着鼻子哄眼睛的瞎话，骗人骗己，全篇废话。写这种东西的读后感真不如去劳动。

秀总算寄钱来了，还不少，30元。秀说我昧于形势，抱怨太多，但主要是大骂我不告诉她要钱是为看病，看来气得不轻，可这封信我觉得才像秀写的，虽然她从来没这样凶过。

我决定不再吃零食，计划储蓄20元，报答秀的宽恕，并诚惶诚恐赶紧回信，向秀汇报劳动和改造的进步并节约的计划。要是能博她一笑，我就满足了。

沈报告说今后全体右派的生活补助不再发现金，一律存起来。没有人提出资金监管事宜，他的话就是圣旨。

"盆子"里12组大逆不道的杨学廉到了菜园组恢复了人的尊严。这个来自郑州戴眼镜的小科员，就因为别人碰了他眼镜争辩了几句，被人扇了好几个大嘴巴子。受不了这样的屈辱他想自杀被发现了，好歹调到了菜园组。菜园组外来干部多，高级知识分子多，他好受一些。其实什么"高级""低级"知识分子，还不都是沈万山的奴隶。

在"盆子"里干活的大半是本地干部，小学教员占半数以上，水平有限，讨论个"增产节约"全是吃萝卜吃月饼喝酒的扯淡，言不及义。唯一的一个大学生张培从看来也平民化了。杨静超原是位小学校长，好像叫做"共产主义小学"，好几所小学合并起来的寄宿制学校，女民工就住在这所小学里。听女右派叽叽咕咕说，好像这些女民工穷得只有一条见人的裤子，回到住处就不穿裤子。杨静超文化水平和理论水平都比较高，本地右派中很少有像他这样水平的，看来也是底层中能做代言人的料子。可他十分清楚自己的危险，君不见汉阳县几个校长、教师不都已经因为所谓"煽动学生闹事"，最后反被学生揭发而五花大绑上了刑场枪毙了？

偷东西吃的魏和高就不去说了吧，太丢人了，好歹你们也是北京来的。

劳动队的全体人员素质，是被这批小学教员决定了的，难怪沈那一套完全吃得开。

有了秀寄来的钱，我去卫生院治腿。李云卿看见我拄着根棍子，大有"应怜范叔寒"的样子。我倒是巴不得我的腿痛之态能传到县城下放干部处以致达于北京院部，这对我只有好处没有坏处，反正已经坏到底了，还说不定能让我回北京一趟。

卫生院水平还真是不错，腿和脚踝都好了不少，其实就纯是休息也能好。

可我这种轻松不可告人，还是采取老办法，重活抢着干，轻伤不下火线，反正菜园的活已经日趋轻松，累不死人。就算是晚上极困我还是要求代人站岗。何祥福、杨学廉争着要照顾我，我还是坚持重劳动不辍，一是要做出样子给别人看，二也是不连累他们又为了我被沈万山这个王八蛋呵斥。

从下面看，反右倾鼓干劲声势浩大，其实是战略投降，色厉内荏。局面非变不可，不是好起来就是坏下去。色厉内荏是因为现在连要变的本钱都没有，城里局势已经紧张到了要强迫储蓄，如何得了？资本主义有 Cataclysm（大灾变-著者注），难道社会主义就不会有？

徐云周的儿子来看他，告诉他爹家里已经断炊了。亩产仅三四百斤，各家偷藏一些稻米还都被抄查去交公粮，为此村里还打死了藏粮的人，吊起来打，惨状不忍写来。徐极端痛苦——家庭负累，农民疾苦，生长在此要为农民说些话，结果如此，情何以堪？

我告诉他报纸上说的 100 万吨钢如何可能？消弭农村的祸患于无形才是当务之急，今冬明春，如何得了？

难在通达历史。告诉徐云周除历史规律而外，谁说得愈多就愈不真实，愈不自信。色厉内荏，估计无误。

民工队来买菜的人说，村里连红薯叶子都吃完了。有人断定此人恐怕不是民工队的而是倒卖蔬菜的，我和何、杨听了都默不作声。

看来 Cataclysm 已经发生了。

2. 商城日记（2）——劳作与饥饿

徐云周的父亲死了，死于肿病——劳动过度，营养不良。缝纫室张保秀的哥嫂也同时死了，也是肿病。看来肿病就是累的，饿的，没有什么正经病名。

已经开始下雪了。看我穿上大衣和棉鞋，徐云周的儿子羡慕得不得了。这孩子在劳动队吃了早晚两顿稀饭，欢天喜地。劳动队现在成了天堂和避难所。真的是天堂，不光是在这个羸弱的小孩眼里，在我眼里也是。

需要有个避难所，像《圣经》中的"逃城"，专门收容罪人。兴许这个集中营就是逃城吧，城里都是罪人。

政策不变可怎么办？就算他们想变，还要讲究转变的艺术呢。

隐隐约约听说庐山开了个会，我是绝不可能听到真实和细节的，但我猜一定会有争议。

大会堂在开群英会，倒是叫得很响亮，趁着还没有断粮，今冬还要继续大抓水利。这些都是反右倾鼓干劲的本钱。可现在已经在蚀本了，过此以后，又将如何？

劳动队里又跟着形势开始整风，猫猫狗狗、鸡零狗碎的麻烦就没断过。

心理所的李宝仁打碎了本地赵刚的热水瓶却不想赔，小组就开会批判她。我其实并不同情她，可罗正安非要我发言不可，我说了点肯定李宝仁劳动积极性的话，说到她一个女人扔下全家在这里改造不容易，大家可以批判她这件事情，她也确实手头拮据，但不要"哪壶不开提哪壶"，屡屡提到她的丈夫和孩子怎样怎样，这太诛心了。

沈万山就责问我为什么为她开脱，拼命要我说清楚"诛心论"的性质。费尽了口舌他还是不依不饶，实际上他也听不懂我在说什么，于是恼火得更厉害，唾沫星子又喷了我一脸。就为这么点事，连着开了几天批判会，连城里科学院都来人了，按沈万山的说法，"斗争总算是展开了来"。

他极其注意我的态度，我也就积极起来，将热水瓶事件分析了个天翻地覆慨而慷，从它的结构讲到它对于革命的重要性，讲到打碎它对右派的改造多不利，打碎它的右派又是多么罪大恶极，颇得众人好评，夸我到底是北京来的，有水平。其实大家同是天涯沦落人，相煎何太急？下一次的摘帽大赦还不定猴年马月呢。

只有沈头脑清楚，冷冷地说你们中央来的人都幼稚得很，实在贴切之至。

至此，我已经基本上学会了唾面自干，笑魇迎人的一套，渐渐也能习以为常。我的气质已经变化。想起上海时候曾有人当面说我气质好，风度翩翩，不禁黯然。

夜里极冷，上茅房是个苦事情，昨晚开始用瓦罐做尿壶。早就从下菜棚搬回大通铺房了，尿尿时山响，我也不在乎，反正大家都一样。

还有些代乳粉，是蔡璋住院时在城里帮我搞到的。现在城里商店货架上已经什么吃的都没有了。每次喝上一碗滚热的代乳粉都觉得幸福无比，体温上来幸福感就上来了，看来幸福和体温是直接相关的。可眼看着这些白沫沫就快见底了，这比摘不摘帽子的恐惧要大得多。

昨晚我吃了 3 斤红薯，2 斤菜，味极鲜美，从未吃过这么好吃的东西。薯块水分多而淀粉少，脆极了，像水果。白天刨红薯时民工路过，羡慕不已，都到地头来捡碎屑，撵都撵不走。公社小孩也跟着捡，所得甚少，而喜悦愈恒，一派灾年景象。

劳动队发明了用薯藤磨粉来吃，徐云周是发明者和实施者。

沈队长连阶级斗争这根弦都松了一扣，说原来准备冬闲时斗争一二十人，结果发现大家表现都还不错，就说不用斗这么多了云云。

我和蔡璋现在结成了一个秘密联盟，盟约就是一个字——吃。我出钱，他去弄。我俩都知道饥馑近在眼前，要事先学会饿肚皮，可是谈何容易，尤其是当你知道某处藏的有食物时。

农村吃粮历来紧张，但有冬眠之说和男女之分。如今冬春不分，男女不分地干活，强迫劳动，粮耗大增，产量却因为去年的"痉挛"而大减。饥饿与疲劳造成慢性死亡，是大跃进必不可少的产物，但也可能是极峰新近想出来的解决人口问题之道。

沈万山种自己的地，用公地，公粪，右派无偿帮忙。赵刚嘟囔两声，罗正安列队报告大吼"你个小孩子忘恩负义！""斗她！"。赵刚辩解，在一片吼声中声音都听不到。但毕竟沈还是有所顾忌，没有敢真斗赵刚。赵是郑州来的，一个小会计，不知得罪了那个衙门，也不知道她忘了谁的"恩"。

晚上列队时，沈万山故意提到熊县长知道他种菜卖了三四十元。这是他在留后手，应了一句上海俗语"剃头的怕瘌痢头，瘌痢头怕剃头的"。

摘不摘帽子如今我真不在乎了，就是被饥饿弄得很恐惧，也因这种恐惧而恐惧。

昨天开始吃红薯叶，在冀鲁豫时期都不能下咽的东西，这回全部吃完了。凌晨 3 点起来大便，顺便帮外厨房烧火。幸福之感突如而至，一时脑子一片空白，简直就是陶醉了。

最近常常有这样的境况，恐惧——幸福的感觉交替出现，饥饿—

—恐惧——吃饱——幸福，这比饥饿带来的恐惧还要令我恐惧，是一生都没有过的感觉——命运、生死和思想都不能掌握在自己手中的恐惧。

Return to 1957（回到1957-著者注）还可能吗？不可能了。1958春出现的情况曾让毛害怕，他曾企图 Return to 1957。果真如此必先得否定总路线与人民公社，二者兼顾绝无可能。毛受不了这个刺激，于是决定蒙上眼把 Stalinism（斯大林主义-著者注）的道路走到底。Stalinism 在中国有生命力的原因皆在于此。

开始拉肚子。

大家都在灶里烤红薯，谁的大，谁的小又要斗争。有人放个小的进去取个大的出来，我看见了，懒得检举。民工队现在开始吃"跃进饭"，就是米粉中和着大量蔬菜蒸的糕，不经饿，但看着好看，体积也大。

如今连粪都搞不到了。捡粪就得等着人家拉，还要强占茅厕，腻烦得很。在西大畈农场时看稻田所浇粪水中有死虫，以为是死蚯蚓，捡粪才知道那是蛔虫。眼下民工拉的屎都没什么肥料了，有时全是蛔虫。上年极笔写下"春风杨柳万千条"的壮丽诗篇中还有一句"千村薜荔人遗矢"，如今人却连"矢"都"遗"不下了。

我常常因为不暴露思想，不向党交心而被训斥。沈万山能训我，赵淑仁能训我，董某人能训我，人人都可以随时随地，随心所欲训我。我何尝不想"暴露思想"，"向党交心"？可你要我怎么"暴露"怎么"交"？说深了党听不懂，说浅了党又要抓辫子，我索性还是闭上嘴多听训，只要你们不动手就行。可如今"交心"已成为整风的昵称，你愈不吭声，事情愈糟，问题愈多，怀疑愈甚，要求你交心愈严峻。这个情况大概秀就没有估计到，每封信都嘱我少说话。

所以仅仅笑魇迎人还是不够，还要有巧笑倩兮，美目盼兮，嫣然语兮的本事，有于无理处说出道理，于煤球处说出汤圆，于汤圆处说出煤球的本事。

拿捏张嘴还是闭嘴的分寸真让我腻透了。今天这个人训你一顿，明天那个人要来和你谈心交心，卑躬屈节，笑魇迎人已达极限，困苦嫌恶之感，痛烈之至！人疲惫得厉害。可我还是决定，绝不把"人道主义"这个问题交了心，这个要是交了一定会引火烧身，双重的灾难。

三五天内且编出一套提纲交上去，好的，我来做这件事情，否则"想回到党的队伍"是做不到的。权且为了秀吧，要对得起爱人哪！

今天县委来了个库部长，指示要在上、下菜棚之间建个养猪场，叫做"千头猪场"。他们指令原来的小学图画老师杨明昭画图，听他嘟嘟哝哝，好像准备发展到五万头！

猪饲料在哪呢？还是让猪吃人？！

但这也并非不可能。柳学冠的母亲、弟弟，刘引芝的父亲，刘方惠的父亲、杨柔远的母亲、夏伯卿家人、张保秀哥嫂，杨宪一家都死了，也许可以拿来喂猪？

冯顺抓到一个偷柴火的民工，三个右派合力剥下他的棉袄，令他光膀而去。现在是十二月天气，雪都下过两场了，他不饿死也一定冻死。果然，闻此人又去别处偷衣服，被捉住，许多人眼看着他被打得半死，将次毙命。

我写下这几行字时他肯定已经死了，大概也能拿去喂猪。

牵两只羊到屠夫那儿，牵两条牛进屠宰场，使两只里的一只知道他同伴可以不死，羊会欢喜得咩咩叫，牛会高兴得乱吼，可人呢？屠夫还没有下手，人自己就先扑向同伴。人啊，你这万物之灵！

县委王书记准备投入十万元绿化水库区，要建一个武汉中山公园式的大公园，要原来在小学教算术的冯设计，沈万山也要我参加，我说我没有去过武汉，不大清楚，怕设计错了。沈又说我"给脸不要脸"。

沈最近情绪高昂，买了手表和自行车。这和他把全家都搬到劳动队密切相关，这里几乎没有开销。想来小刘的棉裤问题也已顺利解决。

劳动队是艰难的，但比之农村，尤是天堂。还有北京带来的最后一点红茶，烧了一大缸子喝下，舒服极了。30年前潘序伦老板的茶饮里永远有免费随便喝的红茶，我怎么会那样不在意啊。

又没钱了。和蔡璋结下吃的联盟，省心省力但绝不省钱。他能给我搞到胡萝卜和碎米，我应该知足。匆忙地、卑躬屈膝地向杨柔远借了二元钱，买了四毛钱的红酒，五盒六分钱一包的烟（我抽得少，多为给别人递上做准备），红酒就着红薯就喝完了。红酒这东西我从前并不是特别喜欢啊，为什么此刻竟这么渴望能喝上？货架上也就还有它是能进嘴下肚的东西了。

曾是贪污分子的杨荫堂现在成了"摘帽右派"。除了神气得了不得之外他还成了劳动队的买办。人们向他买烟买酒，买日用品，蔡璋弄吃的常常也是通过他，省却了我直接面对他的腻烦。他的诀窍就是讨好和贿赂沈万山，用烟酒和食物。还有一位新来的副队长，好像也是个"摘帽右派"，都被他拉拢到旗下。他用来行贿的费用就从我们这些右派身上搜刮，羊毛出在羊身上。而他都是被评为一类，而且摘了帽子。

我常常被评为二类，摘帽子更是痴心妄想。不过我有个愿望，就是想有一小块自己的空间，不要任什么人都能坐在我的床上。我卑躬屈膝地向黄副队长提了出来，希望能搬到杨静超他们里间去。黄队长正在忙东忙西地走动，我就亦步亦趋地跟着，腰稍微哈着。他虽然说得极不耐烦，但内容不错"你要搬搬就是啦"，后边又加上一句比较和蔼"你先和他们商量商量"。住在里间的杨静超已经表示欢迎了。

雨雪中，"盆子"里还在坚持作业，晚上各组发柴火烤湿衣服。民工跑了很多，估计抓回来的可能性不大。菜园组则正在斗争柳学冠，因为他喝中药喝得不好，把药倒了。七组不知在斗争哪一个。我前面的锅里正在熬豆腐。厨房组的人在读"反右倾鼓干劲"的那篇文章，现在正读到反对甘居中游那一段……。

王书记商城中山公园的预算又追加了 10 万元，首付 1.5 万，还是坚持要我参加设计，说你没见过武汉的总见过北京的中山公园。也好，可以开开眼界，看看商城的婢怎样学北京的夫人。

猪场计划有改变，不在我们菜地了，这里地方不够大。移到蔬菜联社那边。那将毁掉大片的蔬菜地。

"盆子"里的人苦，昨夜搬砖搬到夜里 11 点半。明明有架子车可以一人拉一人推，一次能搬 1 百块，担一次才 16 块，可沈万山说挑担子更利于改造。

有人累得上厕所掉茅坑里，有人从"盆边"上摔了下来。工伤几乎天天有，前几天还死了两个民工。

每周能洗一次澡，这也是天堂劳动队的好处。轮到我烧澡堂一早 3 点就得起来。胡萝卜两个，小红薯三个就着一缸半红茶吃下去，通体暖和，更何况我共用了 9 Tea spoon full（满满 9 茶匙）的糖，管他娘的，吃完就没想头了，省心。一时间又幸福陶醉得不行。

整整 4 天没有电，商城城内也是一片漆黑。"盆子"里和菜地都不能开夜工了，沈万山决定加强学习。出了个讨论题叫做"什么叫政治挂帅与群众路线？为什么人民公社——应该保护？"反正你们右派别想趁着停电休息，不讨论到十一点谁也别想散会睡觉。

厨房成了严禁外人入内的军事要塞，关起门来厨师自己做给自己吃。杨和倪给食堂贴大字报说他们多吃多占，可厨房把领导伺候好了谁也不怕。沈每晚回来食堂都另给他做饭，我特意站在窗边观察了一次——他们不大防着我。饭是面疙瘩汤，加大量猪油，撒上芫荽。沈吃得稀里哗啦。沈吃着，厨房的人也都分了一杯羹。

我嘴里唾液都满了，只好走开。

城里来了个砌"跃进灶"的老师傅。跃进灶就是用蒸饭代替煮饭，因为容器直接就是食器，与火面接触损失的部分就小了。厨房给他的疙瘩汤里打了两只鸭蛋，谢有本事把鸭蛋打得满锅都是，他们就都能分润。

回想从前我做首长时也相同。不过那时是供给制。现在大家伙食费一律相同，又不准自购东西吃，特别是领导带头搞特殊化，不偷才有鬼。我也偷。

偷东西吃普遍之至，加上抢。我洗偷来的胡萝卜，人人伸手。现在我已经不敢公开喝红茶、红酒和代乳粉了，好在也没有了。

让我为社会主义和共产主义重新定个义：

1. 社会主义：在保证少数人有正常与富裕生活条件下，集中国力，作战时经济式的建设。

2. 共产主义：关怀多数人的生活，尽可能降低生活水平的悬殊并在社会道德方面回复市民生活的正常秩序，消灭社会主义时代的畸形发展。

如此而已。

沈又在提建"万头猪场"和"商城中山公园"的事，说水库修完劳动队就要去建公园云云。公园先放一放，猪场县委要求 12 天建成。搬干打垒做成的砖块。沈不许用架子车，还是那个老原因——劳动队就应该使用最原始的方法劳动，否则不叫劳动队叫车队好了。

5 个月里，劳动队 242 个人已经死了 2 个，有喝豆浆资格的病员现在是 48 人，他们都是通过了严格检查的。柳学冠，打夯时肋骨折断，不算病员，后来转成肋膜炎，现在加上肿病，今晚还挑担五次，还算不上病员；鲁涤寰，肿了许久，今天总算进医院了。

人间何世！

今晨两点半就起身写那永远写不完的检查。我打算坚决不讲我的人道主义思想。

沈万山就是党性的化身。如今的党性都属此类。回想延安整风时天天讲党性，一直不明白什么叫做党性。如今倒是在沈万山身上和周围奉承着他的人身上，在沈万山对待王书记、熊县长的嘴脸里找到了注解。莫看沈是粗人，他是深得毛之三味的。

恰在此时我倒得了沈队长的表扬。他说我"接上头"了。我近来每见沈必先招呼，他不瞅不睬我也招呼，极尽殷勤，这就合乎他的心意了。他最怕人家骄傲，不尊重他，尤其是我。我软了，大家就都不敢骄傲了。

北京传来摘帽子的消息，无非是一种政治勒索。浦熙修，潘光旦，照顾影响罢了。广大右派分子是绝没有份的，局势愈紧张防范愈严。所以秀，秀，我改造表现再好，不过苟全性命而已。什么摘帽子，摘了帽子又怎样？不见此间摘了帽子的"摘帽右派"不依然在劳动队不外放吗？

都是采秀式的空想。

3. 商城日记（3）——纯粹的饥饿

昨天柳学冠偷了两块鹅屁股藏在羊棚里，黄抄出来给他展览了，还写了很刻薄的大字报。不过现在大家脸皮都厚，就像孔乙己偷书不算偷，劳动队的人偷吃也不算偷。生存第一，生态第二。

早上黄队长宣布现在开始是"四防月"，防偷，防摸，防拿什么的，我没记全。

马上要转战猪场了，人家那边的东西要三大纪律八项注意，不动群众一针一线。其实劳动队的家当都是捡破烂捡来的，靠搜集破烂起家的人，什么是偷，什么不是偷哪里分得清楚？

我偷东西吃也被发现了，偷胡萝卜吃。挨批，刚好和批判我的人道主义一起搞，省了一道事。因偷吃而在众人面前被批斗，可我怎么就没觉得有太大的耻辱感呢？

饥饿令人丧失羞耻心。

会后赵还诚恳地要和我交心，我倒是情愿多斗争，少交心。赵愈来愈像个领导了，召集中科院六个右派单独开会，传达下放干部小组长会议精神：

1. 全县5/7的公社超额完成公粮、余粮征购任务，全体超额全县任务。但信阳地委要核产，严防虚报产量，根据核产安排好群众生活，连红薯叶、蔬菜也要核产，以便全体人民直到明年夏收都能过上幸福生活。

"严防虚报产量"，还要"保证人民幸福"？！My God!

2. 冬麦比往年好；

我怎么连夏麦都没发现过？

3. 提倡多种经营：上石桥一个队每家养十多只鸡，家家有存款，粮店粮多。官畈全面跃进，卫生好，食堂办得好，冬播搞得好。燎原是县委的重点，就不用多说了。

我倒是很愿意相信。

4. 要组织万人检查团还要组织下放干部全体参观。

怕是不会包括右派吧。

都是让你摸不着头脑的见鬼话。

前晚、昨晚均早睡，不能入寐，为食物的欲念所苦。得想个办法，怎样才能得以早上多喝上一次菜汤。

蔡璋很久弄不来吃得，也饿得七荤八素。大概何祥福能帮我搞到一碗。再就是想象回北京家里后怎样尽情大吃一个时期，烤白薯北京很难买到，窝窝头绝对是美味。初到北京我居然吃不下这种东西，想想实在是罪过。

万一实在买不到吃的（北京应该是这样），打算到东安市场，阜外大街作巡游，有啥吃啥。再不然就到专供外宾吃的菜馆去吃它几次，估计老孙能帮这个忙，他认识的苏联专家多。伏罗希洛夫来北京还开了千人大宴会，无论如何还是有得吃嘛。我也顾不得这张老脸了，能吃到东西才是最要紧的。

和食欲相比，性欲简直就是个屁。

商城如今已无食品市场，只能通过楊荫堂买到一点黑市月饼。托他随便买瓶什么酒，他说"啥也没得"。

今春的五十六字调整，就是"统一领导，队为基础；分级管理，权力下放；三级核算，各计盈亏；分配计划，由社决定；适当积累，合理调剂；物资劳动，等价交换；按劳分配，承认差别。"明春是绝不会再有吹的了，没本钱了。

保卫人民公社，反对富裕农民，其实是国家 VS（对决）农民。大反一通之后又往死胡同里走了一截，现在想退也退不出来了。那就接着往前走吧，路走得愈快愈好。

《Marx on Napoleon III》（马克思的《路易·波拿巴的雾月十八日》 -著者注）说得好，"一切伟大的世界历史事变和人物，可以说都出现两次。第一次是作为悲剧出现，第二次是作为笑剧出现"。

"老田鼠，你掘得好哟。"莎士比亚先生的这句台词马克思最喜欢用，他喜欢得有道理！我也喜欢得很。

London Times（伦敦《泰晤士报》）对"政治挂帅"的诠释最妙：凡是离开经济手段而用政治手段实现经济目的的，都属于政治挂帅。

可惜政治挂帅全部适用的范围仅限于农村，城市不仅不能实行，还必须维持一个比较过得去的货币经济的外观。中国政治挂帅的大跃进，其实是在匈牙利事变之后再一次告诉落后国家，建设工业的Stalinism（斯大林主义-著者注）的实质到底是什么。它起了一个反面教员的作用。中国内政严峻，外交咄咄逼人，加以大跃进发生在波凶事变之后，在新独立的国家看来，实实在在不复有吸引力。

在饥饿中一切都不再有吸引力，除了食物。

而国内形势是，清了党，意见一致，指挥统一。这些东西贯彻愈迅速，舆论愈一致，行动愈迅速，假话愈多，集中营愈多，苦战愈烈。这种局面愈是持续时间长，回头的机会愈小，愈是要逐步推进，事情愈是要向极端化发展。

只是朋友愈来愈少，欧洲，东南亚莫不如是。可不是，手里没把米，叫鸡鸡不理呗。

还是饿，写这些东西也止不住饿的感觉，要命的饿。

斗争会天天都有。柳学冠偷鹅肉，狠斗一晚；王秉三偷馍，又多吃了一份饭，撤组长职，斗争；我的人道主义是斗争的老主题了。

赵淑仁专门召集起科学院的六人帮助我暴露思想，狠挖根源，触及世界观以及灵魂等等。我已不以为意，检查、笔记尽量拖一下，拖到哪天算哪天吧。

今晚用大车运砖。沈发慈悲，允许重病号留下不去，他说这几天"担浪了"，再这样下去要死人。他也害怕劳动队死人。

早饭稀饭很稠，新编了桌号，加上今天轮到我刮盆，吃得极饱。午饭就少了，分给我的一份还特别少。晚饭吃得很饱，到现在，凌晨快两点了还无饥饿感。

我站岗看柴火与萝卜种，种下197个，已经被偷20多个。河那边站岗，是要看住西瓜地里种下的胡萝卜，那可是宝中之宝。遗憾的是实在是看不住，外人偷，站岗的人自己也偷。我也偷。

饥寒交迫的造物，只可能一半是人，一半是动物。

下放干部现在普遍要参加斗争粮食的工作，就是到农民家搜查，把藏匿的粮食搜出来上缴。听说搜粮的人把农民吊起来打，逼他们说出藏粮的地方，然后掘地三尺也要找出来。有些人就活活被打死了。我不敢相信，也不敢不相信。

据说院部的赵家骅还直接参加到一个公社中去"斗争粮食"。那个公社"极坏"，一天只能吃一顿菜，既如此，他们上哪里去"斗争"出粮食呢？所以劳动队对于我来说是个保险库，不用参加这一类活动。假如我参加，情绪上不起反感不可能，当场干起来的可能性都有，连小命都可能丢在那儿。

什么"农村中的自发资本主义趋势"，什么"阶级分析"，都是空话。如今要反的、斗的是全体农民。古时还有个告算缗，如今即不需"告"也不需"算"，直接褫夺罢了。自己若在场，很难自持。

上午担粪水浇麦时一阵阵发冷，担不动。到刘复生大夫处量体温，38°3，给了一天的全休。发烧应该睡，可是无法入睡，就是要吃，不吃就不能睡。

刘复生其实懂得这是什么病，劳动队全部病人的病情性质他都懂，可就是开不出药方来。熬到中午，吃了一碗米面糊涂，四点吃上了跃进饭——十二两一盆。发烧时消化本会不好，结果是十分良好，稀饭又吃了七大勺，大便极端良好。

自 6 月到劳动队，吃饭制度已经三变。第一种制度是饭盛在桶里，大家从桶里舀到各人碗里。那好紧张，真是抢饭啊。我也不免少嚼急咽，还不免受到"干活一个不如一个，吃饭一个比一个厉害"的白眼。这种制度夏天还行得通，秋天就不行了；第二种制度是十一前实行的，一个人一盆，分饭，分的时候还是紧张得很；第三种是现在，直接从跃进灶蒸笼里拿自己的饭碗。

穷有穷办法。

劳动队的肿病病员，一个月中从四十四人增加到七十多人。刘大夫说肿病会传染，其实谁都知道是营养不良和休息不够的结果。民间肿得更厉害。民工一眼望去十有八九是肿的。劳动队里天天听到家里死人的消息。二三年后若统计人口，就会知道大跃进实行 Malthus（马尔萨斯-著者注）主义的效果了。

但愿 1960 年有一个丰年，那时也许毛先生自己会变一变。但一年也好，2 年也好，国际、国内的和解是不可免的。亚非拉都在走改良了的资本主义道路——和解之路，中国也不能不在内部求和解。

昨晚路旁倒尸二具，由劳动队埋了。死者罗店人，身上有人民币 4 元。

黄渤家中老婆、父亲、哥哥、两个小孩在一个半月中相继死亡。他家原有人口十五人，比例也不算小了。柳学冠家母亲和弟弟死了。张保秀家是哥哥嫂子。

今晚站队，黄大讲肿病是思想问题，若一肿就倒，就怕死，精神垮了，再也治不好。但他又要五个肿得厉害的人留下来不上工，告诫他们老实躺着，不许偷偷扒扒的。

队部还做了一件好事——给了柳学冠一件棉袄，这实在是雪里送炭。柳学冠 1958 年搞滚珠轴承挣了 1200 元的公共积累，是个强劳动力。大办"滚珠轴承"好像信阳也放了个卫星，冶金部还在信阳开过现场会。他的工资无论如何应该在劳改四类的 11 元和一类的 17 元之上。所以我说，劳动队就是天堂，公社的人就得不到这样的照顾。

刘复生研制成功一种肿病药，黑色大丸子，鸡蛋那么大，每天一丸。我问他成分，他说有枣泥、面粉、蜂蜜和若干中草药。这是疗饥丸，也正是治肿丸也。若要我开药方，事极简单：每天 18 两饭，每顿再加半斤胡萝卜，肿病可速愈矣。

胡萝卜市价每斤贰角，市场挂牌是 2 分 9 厘，但只有牌，没有胡萝卜。

数九寒天将至，死人还要增加。现在问题不在死不死人，而在于死些什么人。黄渤说父亲死了，死了没啥，都四五十了。孩子死了也没啥。哥哥死了却是糟糕事。诚哉斯言！死掉一些老人和孩子，达到了 Malthusism（马尔萨斯主义-著者注）的目的，若死的强劳力过多，则是大大的纰漏了。

商城 42 万人，麦收前能保存 35 万已是大好事情了。

一鼓作气，58 年我之见矣。再而衰，59 年我之见矣。而吴芝圃（是时河南省委书记 - 著者注）要在二年苦战基础上再苦战三年，是再衰三竭之后的四鼓、五鼓。殊不知四鼓五鼓，曹刿又如何论战耳。

赫鲁晓夫说中国国庆庆典是盛大的，则大会堂、北京饭店朱门之内，当不免酒肉臭也。我若能活着回去，将永远也不进这个"人民大会堂"，它的基石下面是什么？我岂能踏着基石下面的这些冤魂走进去？我发誓，此生此世绝不进这个"人民大会堂"！

有时低头看看自己身子，背带早已革掉，习惯勒紧裤带干活，麻绳，皮带，草绳都可以。最大变化在如今满身是粪，初来还要用肥皂洗洗手，现在根本不问了。手的变化最大。现在已经不再起泡，起茧皲裂，右手大拇指和食指尤甚，手指甲都变了形，已经完全不适宜抚摸我的妻子和孩子了。

吃饭，开始不惯用大盆，还要从盆里装碗。现在别说碗，用小洋瓷盆都不习惯了，须得用大盆才合适。回家用小碗，如何适应？那得添多少次饭？看来得用个大脸盆。无论如何回家后要用尽各种办法猎取食物。科学院有 350 元生活费可取，用 50 元吃十天大概总是够的吧？

科学院的右派可以走了，可劳动队的解散是遥遥无期的，人们还要在这儿受苦受难。劳动队固然是天堂，但 1959 年的劳动队艰苦甚于 1958 年的，1960 年将更甚于 1959 年。光是粮食问题已经够受了。

固然是群众的不济事决定了领导可以胡作非为，群众有与其相配的领导。然而我不能不深深怀念这儿的人们。

在此哀鸿遍野之际，商城生活水平高的人却有的是！蔡璋跟我说城关公社党委书记天天吃肉，天天吃炸油果。部队招兵的人和开各式各样会议的人，天天好招待。我们几个过几天也会奢侈起来。

苦的是农民。

街上卖咸菜是商店唯一的业务，很多人买了就当饭吃，当街就送到嘴里吃起来。

熬不到走的那天，3 点半跑到蔡璋里吃了一点健身粉——炒米粉。只见科学院的权少珍也来了，原来也是找蔡璋搞吃的——糖、月饼，什么都行。人人都有各自搞吃的门道和本领。权的脸肿得像大阿福。

沈万山则公开地吃，鸡、肉都常常有。有人不识相提意见，他说是自己买的。若问为什么我不能买，答曰：你们是有罪的人。

昨晚赵又缠着我要我交劳动队思想总结，说是每个人都要先写个"大纲"交上去。我说我要站岗，说得也生硬。最后一次站岗了，三点起身，根本未出屋，门口站站，烤烤火而已。

早饭我公开要求喝米汤，以前都拉不下这个脸。喝了两盆，实在不少。午饭是跃进灶蒸的糯米饭，我准备这几天把剩余的糖和鱼肝油都吃完，进城后吃得门路肯定多，不用保留它们。

摘了帽子的当地右派也要走了。何祥福国庆节摘了帽子，还回到教育岗位。给他留了北京的地址，相约通信。徐云周我想和他做一次秘密谈话而且把所有的东西都送给他，虽然也都是破烂，但在劳动队却属于奢侈品——雨布斗篷，旧衣服，裤衩背心，热水瓶，竹箅子什么的。但谈话和送的方式，还要慎重考虑，免得节外生枝。

原来以为人人都写总结不用劳动了，没想到还有最后一次捡粪。捡粪现在更困难了。"盆子"已经合龙，连石头缝里的散粪都捡干净了。厕所粪不多，民工早就告诉说你们捡不到粪，因为我们都喝米汤，只撒尿，不拉屎。我意外地在在坝下发现一个茅厕，有个像是基层干部的人在拉屎，便秘，硬是用手抠出一个个粪蛋蛋。他说他是越美公社的。我想和他交谈一下农村吃饭的状况，他说现在肯定没米，过了年国家会供应。我问他越美在哪，他说跟你说你也不知道，你捡粪，捡完走了不就得了？问那么多！估计我一开口他就知道是右派劳动队的，能跟你说上两句就算不错了，你还想跟我打听事，我可不想没事找事。我很识趣地闭上嘴，赶紧捡粪。

出了劳动队，你只要和任何一个人说话或者问点什么，随便谁都能用一种说不清道不明的高尚压得你透不过气来。只要你看他一眼，你立刻就会觉得自己是个卑劣之徒，因为他实在太高尚了。这里是一个"纯洁"和"高尚"的世界。黑格尔不也说过"在纯粹的光明中就像在纯粹的黑暗中一样，什么也看不见"吗？

不过这个茅厕存货很多，我满载而归，高兴得很。

冥思苦想写材料，先写那个狗屁大纲吧。一二三四，甲乙丙丁，子丑寅卯，ABCD，须言及右派言行、红专矛盾、人生观世界观、阶级观点、思想根源、个人迷信、波匈事件、统购统销、大国沙文主义、批判自由平等博爱人道主义情绪、Macro declaration（宏观定义-著者注），总路线、大跃进、人民公社，领袖与群众——跟毛主席走不会错、政治挂帅、大坝合龙、抗旱种菜……可媲美国情咨文或者政府工作报告。

我反正写惯了，全不费工夫。

毬，写什么材料，我只当它是半年后的大休息。

昨天下午吃的糯米饭还回味无穷，放了大量的糖与油。糯米即使在北京也仅仅是阴历年才能每户买一点，现在商城却大吃糯米饭，应该是最后的存粮了。

中午站队时沈说27日前必须交总结，好给每个人做鉴定，我说我只能交个大纲。赵淑仁说要讨论人生观问题，你必须得说一下，只好应下来。

下午到地里正遇上收胡萝卜，吃了4条，消化极端良好。

晚上就他妈的一个邹如山的人生观问题就讨论到半夜，又饿又冷。

赵淑仁向城里科学院的人反映我有"归田"之心，说我对蔬菜农业有兴趣，不关心政治。今天我借机向她表示了愤慨，我说这是毛主席说的"九个指头与一个指头的关系"，你不好这样夸大吧。

她说我自满情绪又上来了。去他妈的屁自满情绪！我懒得再和你说，把愤慨表达了也就行了。一切都得半真半假，真真假假，假里有真，真里有假，如何对付这些毬事情是门大学问。

把该送的物品都送了，撒尿的家伙送了杨学廉，家具、还有一些物件送去下菜棚，实际上就是送给徐云周。拿出2元大钞交给杨云华，要他准备一个夜宴，酒，胡萝卜，菜心，相当丰盛。

盼望已久的库部长来做报告约一小时，比前日王检察长的要简单扼要些，虽然一样的论据缺乏，捉襟见肘，总比沈整天指责，挫尽人们尊严强些，至少他还是希望这些人像人。说到肿病，就两句——好人不可能不病，病人不可能全治不好。所以到底掌声还是稀落。劲可鼓而气不可泄，劲和气如今都不过如此。

天色阴沉，奇冷，冷极了，到处找火烤。写字都伸不出手来，还得写。

就一个邹如山的人生观讨论了两天，我简直未发一言，无聊透顶。如今天天要讲革命的人生观，所要求的到底是什么呢？做"职业革命者"？人人都做向秀丽？高尔基区分了家雀与海燕，如今的海燕又岂能对大批饿死的人充耳不闻？海燕又怎能是驯服的工具？所要求的不过是所有的人都做驯服的家雀，可又都立下摘星星摘月亮的可怕大志，又要提倡无产阶级的集体主义精神，其间逻辑的、道义的联系，简直就是狼腿扯到狗腿上。

倒不如承认人民就是家雀，同时承认家雀的各种权力。家雀中若是真有什么海燕，还是把它区分出来另设一类的好。

空话连篇，相互欺骗，什么都似是而非，不清不楚，毫无逻辑可言。政治挂帅做到这一步，可怜已极。

眼下城里卖酱卖咸菜的也没有了。我让蔡璋去弄点饼子，他说现在乡里一窝一窝的饿死，还能有饼子卖？

城内新工人一律 15 到 18 元的工资，比劳动队还少，可上班每天都是早晨四五点就开始，还有夜工。

所以才有王书记 10 万、20 万的闲钱建设公园，据说他的样版现在已经不是信阳、武汉了，是北京的大会堂和国庆十大建筑。

人民公社把人的劳动力价格贬值到无可再低的程度，阻止城乡劳动力的流动，为县社工业提供廉价劳动力。这样积累的速度将是可惊的，大小工业将不计成本地建立起来还有剩余，北京的大会堂和商城的戏院当然能应运而生。

如果 1960 年丰收，1957 年前的局面也永远不会回来了。除非：提高粮价，农村实行全面的工资制，粮食供应和公共食堂自由化。

早上赵催总结稿，我说我有病，誊不完，她说你自己跟队部说去。费尽口舌，极尽诚恳，队部一关总算过了。其实我们这些人的总结、鉴定别人早已写好，与本人何干？

进城以后恐怕还得继续闹病，夜间睡下，胸口痛未已，身上乌糟糟的，什么也不想干。

该理发、洗澡洗衣服、洗鞋、晾被子整理报纸什么的，明天要参个什么观，真不想去，还不都是假的？参观有何用？听听夜里家家大哭小喊饥叫饿的声音不比毽的参观强万倍！

还有人在打我的主意，权少珍要向我借 5 元钱，彭楚南想要我的鱼肝油，一概拒绝。看彭楚南这半年来已经彻底屈服了，他追求的是摘帽子，不复再想回马来亚了。权少珍是一副落难大少爷相，拼命搞吃的。我可没钱借给你。

可话说回来，我自己何尝不是如此？我偷吃东西！我偷东西吃！！我已经变得很卑鄙。可不偷吃东西，不偷东西吃，我将如何？11 月起一个半月无外援，结果是肿。若不偷吃，我难道不会大肿吗？

饥饿中的人是没有尊严的。

反是几个本地年轻派，特别是何祥福和徐云周，前者还梦想着飞翔，后者一直忠于自己的政治见解。徐云周至今没有学会怎样撒谎，这几天非常焦虑着总结怎么写。我指点了他两三句，无非是教他如把谎撒得巧妙些，他竟认为问题解决了，甚是高兴。他说他将来一定要到城市去，做码头工人也行。我跟他说无论如何不要如此，他这种青年才是中国农村未来的希望，要坚持留在农村。历史要重写的，谎话连篇，哀鸿遍野，这一段历史如何能不写？

劳动队的最后一夜是在昏昏沉沉中度过的，大家把剩下的红酒白酒都喝光了。

沈讲话，说库部长对猪场建设速度很满意，要求在年底前 4 天完成。

过年，商业局绝无可能供应任何东西，他说打算自己抓生活，至少要搞到一百斤酒大家喝个够。他还豪迈地说，思想总结不做了，先过年再说。

劳动队本来是劳动的，何必过问思想？

晨 4 点，便急，拉完就跑到外厨房烤火，幸福感又上来了。我就这样幸福地结束了 6 个月的劳改生活。

赵淑仁非要叫上我去和沈告别，还要他最后指示一下。沈就老实

不客气地指示了——内容不外我对你们的教育怎么得力，让你们都
"接上了头"云云。真正有内容的就一点——要从大处看党的成绩，
缺点是九个指头与一个指头的关系。意思很明确，就是你们回北京见
了人一定要说谎，饥饿、死亡都是小事，你们回去说话要小心，胡说
八道事可就大了。

权少珍在蔡璋处说了好几次所谓接上头接不上头的问题，我一
直不明白是什么意思。今天蔡璋告诉我我才恍然大悟：之所谓接上头
原来是他经常买东西给沈的孩子吃，而且这一次临走，还跟蔡璋商量
买些什么东西送给沈。

原来他要向我借钱是干这个！

另一件事情是蔡璋向单位要劳动补助，单位要劳动队开证明。沈
说你有呢大衣，手表，为何不卖？他要出 20 元买他的呢子大衣，80
元买他的手表。蔡璋有呢子大衣和手表卖给他，别人呢？只有筋肉与
骨骼，各尽所能，各献所供好了。沈眼中的右派，不过如此而已。

在沈万山眼里，劳动队的人毫无尊严可言，能让这些人在自己面
前因为恐惧而屈服，因为屈服而成为奴才，对于他有饿虎舔血一样的
快感。可在王书记、库部长们的眼里，沈万山又有什么尊严？无非是
个狱卒，刑官和刽子手罢了。而在极峰的眼里，所有这些上司和上司
的上司们又有什么尊严？这里无非是个只有等级，毫无尊严的、猿的
社会罢了。

在所有的人中间，人性最少，阶级性最多的是沈。在他眼里，思
想改造永无成就可言。这不是阶级性而是兽性。

有两种刽子手：一种是自愿的，一种是不自愿、职业的。自愿的
刽子手在一切方面当然要比职业刽子手低劣，然而人们对职业刽子
手往往十分厌恶，他们常常使人感到可怕，憎恶，不可理解，甚至令
人产生一种神秘的恐怖感。可是对自愿的刽子手人们却往往漠然视
之，甚至加以赞扬。可是自愿的刽子手身内的兽性要比职业的刽子手
多得多。

沈万山就是一个典型的自愿型刽子手。

马克思说，专制制度必然具有兽性，并且和人性是不相容的。兽

性的关系只能靠兽性来维持。他还说专制制度的唯一原则就是轻视
人类，使人不成其为人，专制君主总是把人看的很下贱。我还记得这
几句话老孙孙冶方也特别看重，前年我们还一起议论过。可你看现在
人间的兽性！

沈万山，假如有一天，让我来审判你！

昨天在城里买了二双线袜，脚下齐整起来。今晨洗澡换衣，短裤
里尽是屎，夜里起床便急所致，当时就知道，懒得换，今天算是换下
来了。停会儿去理发，总得有个人的样子，我还不想就这样脏下去做
一只猥琐的猿。

洗衣服，晾被子，去邮局，还在劳动队混了一顿不要粮票的饱饭
吃。今天一天做了不少事，明天干什么却颇费踌躇。太阳极好，真正
是可亲可近的冬日。

别了，劳动队，别了，Concentration camp（集中营 -著者注）！

5. 商城日记（5）——自由了，依然饥饿

住到县城招待所，各归各队。赵淑仁的权威开始解除，颇惆怅。
现在想到哪里就到哪里，不习惯呢。昨晚上我七点就睡下了，完全合
法。

今天他们去长竹园参观，我坚决申请不去，很容易就通过了，这
才真正有获得释放的感觉。

县招待所吃饭还不如劳动队，每天 17 两粮食，基本无菜，只有
咸菜。赵给了我 3 斤粮票，我收下了。蔡璋说只要有粮票，他就能搞
到吃的。去长竹园的人走前，我拉开脸大声问谁能给我些粮票，陈定
一又给了我 3 斤。

全体人马都走了，只剩下我在这里，这下好了，我是真正的自由
人，完全自由了，小便不用请假，日记本不用费尽心思东掖西藏，更
重要的是可以搞点东西吃了。可我已经养成了秘密工作的习惯，额外
补给从未被人发现过。

29 日、30 日，两天弄了几顿饱饭吃，31 日、1 日应该不会饿肚子。从劳动队回来填了几天肚子，1959 年 12 月 24 日起到 1960 年 1 月 1 日，一共过了 9 天，不，几近一旬的好日子，身子和生活都趋于正常。

那个总结是非写不可的。我现在就在南房墙角处写，十分暖和。写就写吧，我打算先把这 200 多天的日记整理一下，这是一项重要的工作，不去长竹园大半为此。

睡觉是 9 人一屋，通铺，但究竟是床，不是竹箔子，劳动队睡的那个东西，说是"竹箔子"实际上和竹毫无关系，是用苇子、秋秸等打成的草垫子。这里房子也是真的房子，不是劳动队的棚。房比棚到底强多了，干燥、暖和，夜里盖的棉大衣，再不愁两袖二襟垂到地上弄湿。

晚上还能打到开水，早上能洗个温水脸。今早洗完脸还对上开水多洗了一次脚，明知早上洗脚很可笑，况且还打算上午去洗澡的，还是洗了。洗完澡又拿李宝仁给的凡士林大量抹手，龟裂的冻疮假如能在回京前消失就好了，那是最希望的……。

总而言之，这里是真正的天堂。

毛毯忘在劳动队了，反正不远，走了五六里路去取。原以为丢了的肥皂盒子竟也意外地找到了。

人们对我们的离开已无惜别之意。昨天都别过了，为条毛毯又回来，挺没趣的。

我们是走了，可他们还不知要在这呆上多久。这是最后一次到劳动队，以后不会再来了。

但这次也不白来。食品加工厂厂长给蔡璋弄了点点心，我准备在这儿弄 5 斤胡萝卜回去和他交换一下，维持到元月 4——5 号的伙食就不发愁了。二杨亲自挖，一杨登帐收钱，另一杨做证明。我 3 毛钱买了 6 斤，比黑市强多了。用找到的毛毯包起胡萝卜抱走，我就这样最后离开了劳动队。

再用胡萝卜和蔡璋换了二个烤馍。大约半斤糯米饭放进了五六个胡萝卜，他还打了 5 毛钱红酒，买了一份病号菜，青菜，粉丝，豆腐。我俩从 2 点半吃到 3 点半，总算是吃饱了，简直是酒足饭饱。

无限的满足。

半醒半寐，慵懒得像一头冬眠的熊。这大休息是合法的，自由的。连日来都不断被催促干活的梦惊醒，假寐中也是如此，常常不知是在梦中还是在真实中。

可是有一种犯罪感。我自己警醒，不能再休息了。

大休已经 6 天，6 天中所动全部脑筋除了吃，还是吃。应该干活了，不是撒菜浇粪担水而是写作——先要把敷衍门面的总结写起来，然后整理劳动队记录大纲，这才是最重要的。

昨日傍晚下雨，晚间转雪，竟日未停。体力逐渐恢复，右胸肋骨疼痛逐渐消失，手也光滑了些许。

如此的不紧张真让人有点紧张。

回来后观察下放干部，比初来时大有变化，对吃的问题尤其敏感。余他们在木河大队每天就吃一顿菜，都肿过。历史所一个女的，说到吃饭问题，几次把话咽了回去，"欲说还休，欲说还休，却道天凉好个秋"。

Bishop of Candbury，Dr.Johnson said（坎特伯雷大主教约翰逊博士说 -著者注）饥饿在中国已成过去，《人民日报》用花边框起新闻来加以刊载。这位主教大人从前不也在布道中说过"苏联正在进行着壮丽的社会主义实验"吗？可莫斯科的报纸在他们的漫画版中正是照着主教大人的外观来嘲笑基督教教会的：长筒靴，十字架，白头发，表面上让人肃然起敬，实则荒谬愚蠢。如今他又要告诉信徒们中国也是因着"壮丽的社会主义实验"而将饥饿消灭了。这些东西可敬可爱的大主教博士先生相信，下放干部却是不会再信了。

写了信给采秀。

今冬 7 千万人兴修水利，相当于去年的大办钢铁。

我怀念铁佛寺水库的民工，这么大雪，完工无期，不知他们的死活。趋饥寒交迫之众，到处新开工程，这些水利要成渠道系统，完成土地与灌溉系统的整理，没有 3 年是办不到的。

"小洋群"炼铁（小型，洋法，群体大炼钢铁 -著者注）的装备与工业配套仍将耗尽一切工业的增产，工业中劳动力的增加受到了极端的限制，它的代价就是用新的工业增产来装备工业。这些都是政治挂帅的结果。

工业方面的这个形势，逼迫着城市供应的紧张，使商业极端追求农产品的采购率。

现在高唱入云的农业四化（机械化、水利化、化学化、电气化－著者注）不得不极端限制于商品率高的地区与部门。

中原农业的餬口经济严重阻碍着商品化，索性搞万头猪场之类的东西，极其缺乏统计学概念。中原农业有三重负担，却几无所得：（一）支援国家工业化，低价搜刮一切农产品；（二）支援城镇工业建设，例如商城的机械厂之类也靠在它身上；（三）完成农业本身商品率提高的改组，水利与猪场均属此类。而中原农业于这三项却几乎全部无所得。

农民太苦。水利化、提高商品率、工业配套和中原农业技术中心的建立，这些需要至少二三年的时间。

问题的全部关键在于还能不能再撑二三年。假如 1960 年丰收，加上去年今年死了一批老人小孩与部分壮年，粮食消耗量有所减少。吃得饱些也许能撑得久些。但是打肿脸充胖子究竟能充得几时？乞求外援吗？

实际上我也肿过的，半月前照镜，脸比现在胖，昨天理发时再照，消瘦而有精神。

长竹园参观的全体人马下午 3 点回来了。长竹园看来是商城的招牌，2 万人，2 万亩地，7 千只羊。深山区，交通闭塞。水库工地上就没有长竹园的民工。

伏天可能比周围多下些雨，据说每亩收了 8 百斤以上的稻。山地林多，落叶沤肥供给土地，1.6 万亩稻田是肥沃的。吃得好，不见缺粮现象。老苏区优待是个重要原因，公、余粮要得少，供应也充分一些。他们把科学院的人当成了中央检查团招待，一顿十七八个菜，肉食丰富，皆大欢喜而归。

那里是世外桃源，但愿不要发生"人怕出名猪怕壮"的后果。

虽说在长竹园吃得那么好，他们回来后第一件事情依然是——吃饭，看来又饿坏了。

我虽然中午吃了 10 两午饭，还是又随他们吃了一顿。人似乎永远处在饥饿的状态。晚上下放干部去听报告，右派和摘帽右派们则写总结。8 点半还有一顿糯米稀饭，机不可失，必须去吃。

风闻中央在开扩大干部会议，安排群众生活。

莫道安排生活是件简单的事，它关系到核实产量，真正缺粮的要供应。但除非各地承认估产是虚报，否则又会有一个"反瞒产私分"的斗争，继续伤害群众。会有所点缀，可在阶级斗争的名义下还会出现各种惨象。

用阶级斗争来解决吃饭问题，"解决"一部分，"摧毁"一部分，也好，可以加速农村劳动力的纯化，却无助于人口的减少。

没事干，重游西大畈农场。会计室里正在写春联，上联忘了，下联是"农业四化尽快实现"，居然赏脸征求我的意见，我连声说好。

气象预报今年的伏汛还是不正常，涝的危险大。我真怕这个铁佛寺水库顶不住汛期的大水，堤坝无论如何显得太单薄了，底部的承压能力、泄洪通道也看着不大像回事。但愿七千万水利大军春耕前能完善这些项目，也愿今年的水能蓄一些给明年用。

反正现在是自由人，又去看了看商城机械厂。它目前水平大不如赞皇机械厂。熊县长所说已能够制造什么什么，全是牛皮，与粮食产量、水利工程都是一回事。可它造起那么像回事的厂房，使上海的弄堂机械厂望尘莫及，可里面全是些破烂东西，毫无投资的经济效果。全国情况基本都是这样的，程度有差别而已。群众大办工业，无非是将地方建设投资于劳动力消耗提前支付，目前支付着极其沉重的代价，把人命也都抵押上去了，如此而已。

要继续这样干下去，人民公社组织形式不能少，只有人民公社才能控制产品、控制分配、控制消费，才能极度提高农产品的商品率，使"安排生活"和"核产"紧密结合起来。也只有人民公社才能组织大的商品生产，把糊口经济完全打垮。还有全国能有七千万人上水利，也是人民公社的作用。

体制既已建立，下马万万不能。下马，就是大乱。

商城县委一切都是婢学夫人——纪念日游行、工业化、机械厂、人民公社、公园，一切都是模仿，近的模仿信阳、郑州，远的模仿武汉、北京。想当初刚来时听信阳地委刘书记报告介绍商城情况，对商城人曲尽讥嘲，毫无同情。其实他自己又何尝不被更高一级城市的人讥嘲。

人们对我的观感，始终不过是特殊化，有一套等等，谁也弄不清我想什么。我只能暗笑他们的无能。人落到这一步谈不上什么价值，到底还有什么作为人的价值呢？连徐懋庸都不过是个蠢材而已。想当初我读他翻译的《从一个人看一个新世界》，恍如隔世。

东西方相互渗透之说，经济发展的阶段论我都很感兴趣，也基本属于这种类型的思维。就算我是花岗岩脑袋吧。继续这个态度，潜心研究十年。要争取到经济研究所或北大或复旦教书去。现在弄不清回京后如何安排我，去南口继续改造也好，当资料员也好，总比在劳动队强。有了商城右派劳动队的经历，今后还有什么困难环境可以难倒我呢？

岁末和元旦，主题自然还是吃。

1959年的最后一天，岁末，晚8时喝一碗半凉的糯米稀饭，元旦晨7时半，稀饭两勺，9时去蔡璋处，弄了八九条胡萝卜煮来吃。除此之外还有：油炸糍饭糕三块，中午米饭一碗，晚上聚餐晚饭一顿，实质上等于没有肉食，因为一点母猪肉根本嚼不烂。牙齿也不行了，劳动队时候有天一摸就掉下一颗来。但吃了炒猪肝一盆，萝卜丝炸豆腐丝一盆，酒二两，烤红薯馍两个。

不算少了，却不觉过饱。

到蔡璋那一天去了3趟，都是吃完就走。我决不揩他的油，实际上半年来额外补给的吃的东西都是他设法搞到的。粮票没亏待他，钱也没亏待他。我俩的"吃联盟"看来也要散伙了。

下午开始学习。开始先是一个个人表态，然后集体朗读文件，然后是决心书，挑战、应战一番，好似大合唱，有独唱、合唱、对唱、轮唱，看上去很热闹。但情绪毫不热烈。大家都批判自己的资产阶级世界观。到底什么是资产阶级世界观？找了好几篇东西看过，陈伯达的，施东向的，找不到一个确切的定义。

陈伯达的文章最妙，标题是《世界观的斗争》，通篇却都是讲的自由平等博爱，但也并不指明这就是资产阶级世界观。看来这个问题还得我自己解决。

一犬吠影，百犬吠声。

蔡璋跟我说吴华家也死了几口，3个孩子只剩下了一个，寄养在劳动队附近，看来是有选择留下的。他还跟蔡璋借了钱。家里死上几口子的右派还有的是。所以说劳动队是逃城，是天堂，一点都不假。

这次明确，赵淑仁的摘帽子未经院部批准，都是沈万山、李克征的意见，原因是我不合作，她合作了。也就是说商城劳改队的摘帽子是不作数的，她依然是右派而不是摘帽右派。姑娘，我不埋怨你，我为你难过。

学文件一大好处是体会一年来的变化，例如现在提到的"紧张论"（干群关系紧张），总路线刚发表示刘（少奇）的说法已不时髦，取而代之的是"一穷二白论"。

农村问题的办法，哥穆尔卡是一套，赫鲁晓夫是一套，中国又是一套，较之斯大林，有过之而无不及。难道社会主义也是愈到东方愈野蛮吗？

刘的马列主义在中国的胜利等等构成自身一套逻辑体系。这套体系似乎八月份是一个结构，十月份又是一个结构，到了十一月份又变成了世界观问题，又是个新结构。听说1957年初陆定一的自由平等博爱也是来自极笔。

李富春元旦文章提法是一农二轻三重，到底是色厉内荏呢？还是改弦易辙呢？且看。

讨论文件时受到围攻，决定不再暴露真实想法并决定这一方针要坚持下去。

依然奔走于吃的问题。中午的糯米饭，上午的酒酿都解决不了问题。午饭后到蔡璋处凑巧碰上他吃面，又吃了一顿。蔡批了点点心给我，这已经是第若干次了。还买到了一点饼干，吃完面又加了点饼干才算有了吃饱的感觉。

还得省下一些明早吃。还得去跟买饼干的那个门市部缠一下，决心要买到几个月饼吃。钱会发生问题，拉亏空了。蔡璋那儿又放了五元，长线放远鹞，还有十多天要熬呢。

村里死亡愈来愈严重，一死就是一家，一窝一窝地死人。城关卫生院组织医疗团下乡去治疗这个"传染病"去了。

昨天买到五元钱的饼干，今天一元钱买了五枚月饼。起床先吃完饼干，早饭前吃二枚月饼。这回是真的吃饱了，痛快之至。每天几乎都要用去一半的时间谋求补给。

赵生祥说昨天他去鲤鱼山买鱼，路上遇见一个肿病的女人，家里已经肿死二人剩她一人，到城里找叔叔，实在走不动了，要他的自行车带她一下。看来肿病，全家死亡，不仅限于右派家属。

在我们招待所食堂里，今天有个老太婆拿起我们吃完的饭碗，用手刮着碗壁的残羹，实在刮不到就舔。残羹之少，因为我们这些人已经刮得很干净了。她身边的几个小孩，实在精瘦得可怜，有个小孩还跑进伙房，躲在床底下吃偷来的东西。

农村哀鸿遍野，我却整天努力谋求补给，今后只能用加倍的努力来弥补这种内疚。狮子奋进，总是有这一天的。

什么"粮食问题是思想问题不是实际问题"，都是滥调。实际上一切决定于数字，那崇高的理想也决定于数字的。

6. 商城日记（6）——饥饿令人下流

主动去找领队李克征是为了表示忠诚，汇报总结内容并请他指示。本想在总结上写上一条——目前有一个缺点：失掉自信。想了想，咂摸一下李克征的气候，还是不写的好。我要是到了这一步还有自信，那才是麻烦事呢。改成缺点是唯我主义，参考的是马克思论谦虚，看上去能对他胃口。

来前我又跑到蔡璋那吃了 4 两早饭和 6 个炖胡萝卜，肚里有食，人才可能心平气和。

做些表面文章眼下我已可以信手拈来，毫不费工夫。我可以同时拿出好几套套货来，不同的货色对付不同的人。外表上我变得沉默了，半年的沉默已成习惯，大约将来也不会变了，内心的熔岩不会有人知道。还有一系列需要分析的政治理论问题，在持续饥饿的环境中很难作下去，因为没有力气。现在才知道，思考也是需要体力的。

Compare 1943 of Honan（与 1943 年的河南相比 -著者注），Compare 1959 Spring at Thengchow Conference（与 1959 年春的郑州会议相比 -著者注），都是很可纪念，需要思考的事。

领队说北京正转入系统理论学习，又是政治经济学，又是毛主席著作，到底什么噱头还弄不清。在劳动队时还叫"保卫"——保卫总路线，保卫人民公社，现在已正式升级到"捍卫"——捍卫总路线，捍卫党中央毛主席。到底是什么把戏？"保"和"捍"前面的敌人是谁？以前估计的色厉内荏，掩护退却，蛮干到底，再衰而竭，但体制不会垮。那到底是什么花招呢？

日来出现思想改造的高潮，人们是激动的，特别是年轻人。激动的中心是社会责任感，一项崇高的感情。但这种牌号的社会责任感是直接被引导到做驯服工具这条结论上去的。人们对国庆建筑与哀鸿遍野发生在同一时间所产生的联想并不多，说明 Stalinism（斯大林主义 -著者注）在中国还有强大的生命力。

人们昧于事物的客观规律，社会责任感之说一律出于谴责自己贡献少而享受多，有了如此的经历还如此众口一词，除了宗教情绪其他无法解释。

前几天曾出现衰弱与卑微之感。卑微，出自千方百计，仅求一饭。日夕奔走于食品点与蔡璋之间，谁也不知道我几乎天天到他这里来。我变得卑微、谨慎，甚至狡猾，费尽心机计算时间以便能到招待所名正言顺地多吃上两碗饭。整个人都变得下流了。

衰弱之感来自精神分裂，参加会议，表示积极，实际想法是另一回事。和青年人的单纯相比感到自己没有力量。

哀鸿遍野，我努力求饱。

北京大会堂大宴宾客，还有著名演员演出助兴。

我要保存自己，给历史做一个记录，给后来者一些经验教训。历史决定了这个时代不能是 Stalinism（斯大林主义 -著者注）的。什么思想改造，只会造成一些神经病患者，把有社会责任感的青年引导到一种宗教感情上。将来谁能将他们引导向更为健康的方向上去呢？

有一点是肯定无疑的，一代人不会很快就摆脱掉从上一代继承下来的东西；一个人也不会很快就抛弃掉那种已经注入他血液之中，也可以说是从母亲乳汁里吸吮过来的东西。不可能发生这种急遽的转变。人们还很少认识到自己的过错和祖传的罪孽。应该彻底抛弃它，但这并不是很快就能办得到的。

可如今阶级斗争才是第一位的，斗啊，斗啊，据说还有二十年？五十年？斗谁呢？再斗下去，势必斗到尽头。"老田鼠，你掘得好啊!"，再斗下去，无非是自己和自己斗，自己咬住自己的尾巴而已。

大革命局面下的必然产物，Terrorism（恐怖主义 -著者注）必然不能长久。

坚定起来，1848 年后马克思还沉寂了 10 多年呢。

可这一切思索，需要有食物的支撑。饥饿令人无法思考。

昨晚开会从六点半起直到今天凌晨一时半，20 个人说了 8 个小时，表态，人生观漫谈，不胜其烦，实在够受。这是另一种疲劳战，疲劳轰炸。Religion（宗教 -著者注）性的？社会责任感是一种崇高的感情，是区别海燕与家雀的情感，而宗教情绪则是卑微的，它将人引向愚昧。也许各个时代的社会责任感各有其表现形式？

假如这样，我和稽头也就不必冲突了，采秀也希望是这样的局面。

然而要青年人避免宗教情绪的感染是不可能的。我怎能强制他们做一件他们无力抵抗的事情呢？再说若没有一定的宗教情绪，某些崇高的理想在知识水平低下的人群中是无法产生的。前些天误解了陈志雄的意思，还以为这个年轻人对今日的宗教精神有所怀疑。其实正相反，他是从中找到了解决思想苦闷的道路——从罗曼•罗兰的泛神论走到了马列主义的泛神论。对于他，神是群众。可见 Stalinism（斯大林主义　-著者注）的活力和宣传教育的力量有多大。人们硬说相信丰收却又自觉节粮，以献身精神和宗教精神来自我牺牲。

有人对我夜里吃馒头大有意见，倘若他们知道我这半个月吃了多少东西，那还了得？我曾偷吃东西，也曾偷东西吃，现在要偷偷地吃东西。这当然都很卑鄙，可我怎么愈来愈感觉理所当然了呢？这比偷吃，偷偷地吃还要可怕。

人们硬是要歌颂国庆十大建筑，又把农民的艰苦生活动作献身精神的原动力。青年人的纯洁、易染，更加衬托得 1957 年可怕。

通知 17 日走，经信阳回京。现在当务之急要抓紧时间搞到路上的口粮，就是在火车上吃的。还缺 1 斤信阳粮票，是向蔡璋要呢？还是向陈志雄借呢？颇费踌躇。吃的补给愈来愈困难，饼子要 20 日以后才卖，赶不上了。没有面粉，没有粮票，只剩下蔡璋给的一点糯米粉。好在不劳动已经快 20 天，额外补给的需求似乎降低了。

蔡璋要为我践行，要杀只老母鸡吃，回报是到北京买东西寄来送给他的护士老婆，听说她人长得特别漂亮。半年来他确实帮了不少忙，我们是酒肉朋友，要善始善终。他最近不幸被盗，箱子撬开，大失窃，计公债 200 余元，呢料衣服一套半等等。

常常无法思考，不是来劳动队初期那种浑浑噩噩的不能思考，而是没有力气思考，思考也会出虚汗，这倒是从未有过的体验。这种体验相当可怕，但也有一个好处就是促使我竭尽全力去寻找食物，生存下来。

劳动队是令人道德败坏的地方。都是读书人，却时常发生偷窃，尤其是食品。人饿到极处是什么事情都干得出来的。虽然如此，我还是强烈地怀念他们，视他们和自己为一体。这些人是无辜的，他们在炼狱中，在能把人变成鬼的地方。

在一个如此狭小的天地中，意识形态是低级的，但这些人并没有抵抗历史的前进。连他们也要关进集中营，中国得有多少集中营啊。我们这些北京的、省里的右派走了，他们的生活能有所改善吗？

1960 年春是绝不会好过的，他们中间必定要倒下一批人。

这也是中原农民的厄运。

灾荒并非始于 1959，从 1958 那个丰收年的春季，他们的厄运已经开始了，是人祸，不是天灾。

中国农民过着勉强餬口的经济生活，他们中间的知识分子和他们一样不懂这个问题。从餬口经济的立场出发，他们在土地革命的旗帜下做出了重大贡献，并将能维持他们的餬口经济的人视作是救命恩人。结果是救命恩人回过头来要打破这餬口经济，不是用圈地的办法，而是在饥荒中大办钢铁，大兴水利，造万头养猪场，盖公园戏院，还给他们扣上"资本主义自发"的帽子。他们根本不是留恋生产资料私有制，纯粹是因为饥饿。假如这样的事情发生在城市，早就引起城市工人的暴动了。

这是一个历史悲剧，虽然无可避免，可他们的救命恩人至今不懂这个道理。不，1958 年前他不懂，以后他逐渐懂了，试过好几个药方，结果选择了现在的药方——马列主义人口论，恐怖主义的反右斗争，驱饥馑的亿万农民从事过度的劳动，以同时达到高产、高商品率与消灭过剩人口。这个方子最堂皇，也最残酷，最迅速，最高效。

若说他将载入史册，那确实与 Peter Great（彼得大帝 -著者注）和曹操一样。他是聪明人，这样做是有意识的。从这个意义上说，1959 年的大旱帮了他的忙，按他的说法叫做"坏事变好事"了。

还有一个大问题，中小型工业的都看不出农本主义倾向，相反，无论大中小建设项目，一律是大会堂式的宏伟壮观，拼命刮削农村来建设，而建设本身就是建设的目的。

土包子而怀抱城市中心主义是极其可怕的，对农民真是天大的灾难！

这个灾难的途径是通过统计学起始的，自上而下指标式的统计学——那个 5500 亿斤就是标本，加上沈万山式的道德良心，结论只能是：苛政猛于虎。

还要办户口转移，好艰难啊。派出所不给办，说是要户口底册。我明知问题不在什么底册不底册，而是户口转移不该由我自己来办。伊会计慨然答应帮忙，又一起冒雪来到派出所。人家在开会，人多，我知道我的身份不该坐到屋里去，就在门外等着，人家又说要大队部的介绍信，县招待所没有电话，伊就自己去找。我在候审室那样的小屋子里等着，要说也是理该如此的。谢天谢地，户口总算转好了。

肿，到处是肿。

彭仁鑫一家都死完了，剩下一个小孩人家给他送了来。

我真该感谢蔡璋，若不是他，我早肿了。回商城 20 多天我每天获额外补给，肿消了，腿有劲了，也得感谢他。

今天的饯行宴丰盛至极，一碗牛肉面，二盆牛肉豆腐。先吃面，又吃四两干饭就一盆牛肉豆腐，然后我去买一瓶红玫瑰酒（1.09 升），又吃一盆牛肉豆腐。这是真正的牛肉，不是大队部那种嚼不烂的牛杂。酒醉饭饱，辞别而去，说好到京后买几样东西送给他。

他一再说花了我一些钱，但按照我的"主观价值"而论，他给我的帮助，不是能以钱来衡量其价值的。到京后，多大困难我也要买他想要的那些东西送给他，若采秀不给钱，我就动用母亲那里的存款。

蔡璋告我，现在农村里的流窜犯比城里的还多，青年妇女，不论大姑娘小媳妇，只要给吃的就自愿留下给人当媳妇。那男流窜犯又当如何？

饥饿是可怕的！饥饿推动人们能做出平日看来做不到的事情。还有 4 个半月才会有今年第一批作物下来，谁知道这期间会出什么事？

道德败坏成为普遍现象，谁都想当炊事员。我亲见炊事员一顿吃 3 碗，全日合粮 2 斤多。粮从哪来？每碗四两的饭少放一些，完全解决问题。这种现象，愈是农村愈严重，愈是不按价值规律办事，一把卡住全村吃饭咽喉的公共食堂，怎能不成为横行霸道权利的来源和道德败坏的泥坑？

何祥福的父亲肿了，他对沈竭尽阿谀奉承，从劳动队搞了 30 个不花钱的饼子带走。从我第一次认识他到现在，这个乡村知识分子是改造好了还是学坏了？上帝明鉴，他学坏了啊！可是他不学坏，就眼看着父亲饿死吗？

下放干部赵淑仁，这姑娘是学好了还是学坏了？学坏了啊！她感激劳动队为她摘帽，但她从摘帽中得到了什么经验教训？钻空子、拍马屁、说谎话。可她不学坏，就只有离婚一条路，眼看着孩子没了父亲。更何况到了科学院方面居然根本不承认商城劳动队的"摘帽子"，"赎金"交了，"肉票"还是不放。

下放干部也确实有许多人学好了，这是他们套用社会责任感的宗教仪式的效果。他们是外来者，来此朝圣式地消灭肉欲，城市的生活方式在等着他们。他们也饿，但不是劳动队这种锥心蚀骨的饥饿，他们有盼望，吃饱的盼望。否则饥饿也会使他们人相食，卖屄，说谎，拍马，害人害己。

心头一阵阵绞痛。若说这是无法逃避的历史一幕，代价也太高了。后一个历史时期为消除这些恶毒的影响不知要付出多少精神和物质的代价。

说是再也不去劳动队了，还是忍不住又回去了一趟。

大家都说我好了，瘦，但气色正常了。徐云周告诉我沈家畈一个生产队，70余人死了30几口，是个很典型的数字。张承业请假回家处理家中的死人，3组的周百风肿死了，前天抬进医院，昨天就死了。

除了死亡率高还要加上一条生殖率底，连下放女干部都个个月经不调，农村妇女就不用说了，她们根本就没有月经。可领队说这很正常。上帝明鉴，若四五年之内农村人口减至3亿，再加上扎扎实实提高一些产量，大跃进就大功告成了。

前几天《河南日报》有关铁佛寺水库的报道，典型的客里空，一句真话都没有，捕风捉影的一点点，例如有保暖饭具、澡堂理发等等这些只有劳动队才有的东西，却让读报的人以为民工也有同样的条件。记者们撒谎的水平也是越来越高明了。

说民工热火朝天，天知道。我看都跑得差不多了。简直就没有一句实话。

才受了一番"洗礼"的我们这批人，至少饥饿病肯定是治好了。中午的菜十分丰盛，有四两左右的肉，晚上据说还要多，明早还有炸油条、馍、馅饼、牛肉带在路上和到信阳后吃。我真想现在就把它们领出来呀，可要是真领出来，我一定今天就会吃完它们。

小组的思想总结，彭楚南和李宝仁没有通过，前者是"不暴露思想"，后者是"顽固"。彭楚南，可怜他一介马来华侨，兴冲冲回国参加建设，"暴露思想"的诀窍根本没掌握；李宝仁的顽固则是"不相信丰收"。这姑娘很愚蠢，然而是可钦敬的愚蠢，而且，她也肿了。

大队全体照相。我吃饱了，别人也吃饱了。吃饱的人易于激发宗教热情，只除了我这个老油条。

我站在高处，还自然表现出一种高傲的神情——不，高傲而沉思。现在精神上肉体上都健康了，都站起来了。

7. 商城日记（7）——回家

6 个月劳动队可以这样总结：

不用、也无法用脑子的阶段——恐怖与屈服的阶段——摘帽子的刺激，政治勒索的阶段——增产节约、反右倾、烤红薯的阶段——病了，肿了，走了。

劳动队目前病了，肿了的有 80%，我从病、肿到走，感谢上帝，相距不过一二十天，想尽一切办法，不间歇地找到各种额外补给，主要是胡萝卜，消了肿，我真是得天独厚啊。

周百风就不行，倒下了。

昨天我对蔡璋说，还有 4 个半至 5 个月的时间，果类蔬苗要赶早育苗，这是救命的事，这件事办不好，什么都不要说了。然而连最早的杏，也要麦黄才能下得来，麦黄以前，病了，肿了，"走了"——不是像我这样走——不知将有多少人。

商城最后的一天。

找地儿煮胡萝卜吃找不到，就吃生的，刚才吃了六七条才算稳住神能写日记。徐云周送我的几根有些舍不得吃。暂且留着，路上再吃吧。

追忆这 6 个月，很动感情。

买了二分钱茶叶煮了喝了，以畅消化。

晚上联欢会，对不起，不去。

抽身到蔡璋那里，托他把一本在商城买的土壤化肥学讲义转交徐云周。

告别商城仪式搞得很隆重。王书记来送行，整队呼口号。上车，车动后又呼口号。

王书记再见！

商城同志们再见！

商城人民再见！

我有我自己的告别方式——把下放干部们不要的破衣烂鞋包成一包，送给蔡璋。

早饭丰盛，肉食足 6 两，胡萝卜粉丝一大碗，赵生祥还拨给我一些。油条三根半，豆包四个，麻酱花卷一个半。我吃掉了油条、菜和一个豆包，一个半麻酱花卷，十分饱了，还带了半斤牛肉让路上吃。

途中，无心观察公路两侧，所谓"超英""越美"现在都看到了。这些口气大过天的公社，其实就是个破集镇，连江南一个像样的村子都比不上，更比不上苏南苏北时期曾经呆过的停翅港了。好在除了水库还挂着"越美"牌子，公社已经改回原来地名，把"越美"二字取消了。

车过信阳铁厂，烟筒林立，很像个样子。对面土法炼焦火光熊熊，人声鼎沸。看来城郊还搞得动这个，农村已经早就搞不动，偃旗息鼓了。

8 点才到信阳地区专署招待所。房子还是那个房子，街还是那条街，来时还不觉什么，从人相食的环境中出来，不免触目惊心，恍若隔世。

菜是城市式的四菜一汤，一碟肉，一碟白菜，其他二碟都是胡萝卜，汤也是。米饭不限量，菜量少，但我已毫不在意了。

我是不是把吃的细节记得太详细，太琐碎了？可你叫人如何能忍住不对这些细节做详细描述？仅仅是描述它们就是享受啊。

清教徒们无论如何诅咒，还是得跟着城市生活走。

城市生活的特征，1959 和 1960 两个初春大不相同。1958 年秋冬，农村杀猪，烧花生，大吃一通，更显得城市供应困难；1959 年秋冬，厉行上调，城市供应可能比较顺利了，可这个农村啊……

挎包里还剩一个压碎的豆包，徐云周给我的胡萝卜还在。胡萝卜，胡萝卜，我真怀念农村的人们哪。一种悲恻的情绪几乎把我浸透了。

禁止右派上街。

上午人们听报告，我未等人家暗示就主动请了假，要识趣哦。右派不参加会议从来信阳时就开始了，回时当然不会有变化。

踏上回北京的路程。

我们这个队伍强调军事化，集合上车每一步都作了详细规划，可结果是一团糟。人们行李都托运走了，我的行李全部带着，用扁担担着。从招待所到车站三里多，加上列队集合，等车，担得一身大汗，眼镜发蒙，只好摘掉。五六十斤的行李担到车站，不觉过累。

车上也是昏昏沉沉的。基本准点到达。科学院的人来接，十分帮忙，行李总算拖下了火车。北京正在下雪。坐院部大轿子车到动物园，从动物园到家是担着行李回来的。到百万庄迷了路，这已经是我第二次迷失在回家的路上了。

上一次从赞皇回来，去时家还在中关村专家楼，回来家已搬到百万庄建工部宿舍，我找不到归家路，又累又饿，又急又气，看准了门牌号码就学着赞皇农民回家的动作猛拍大门，把孩子们吓坏了。

这一次我已经没有了这样的勇气，没有了拥有这种勇气的资格。不过我也不再需要这种怯懦的所谓"勇气"了。

好容易摸到家门，望窗口发黑，一家人都睡了。叫开门，冷淡的接待，好在已经有充分的精神准备。身上的一套衣服被要求全部脱下来，怕我把虱子、跳蚤、臭虫什么的带回来。

自己煮预定的一份饭——就是那个压碎的豆包，徐云周给的胡萝卜，商城发的牛肉。洗洗脚就睡了。

这一次旅程就算是结束了。谁知道以后的日子怎么个过法。

（以第一人称的《商城日记》至此结束。以下全部转回第三者旁述。-著者注）

第十二章　惯于长夜

1. 顾准名单

"劳动队人物志

沈万山、黄鑫泉、罗正安、萧海滨、刘应中、杨柔远、张彦生、徐可嘉、楊荫堂、老姜、杨静超、张泽华、谢德征、夏伯卿、周北萍、赵刚、刘美悟、张保珍、雪梅、张克侠、冯顺、邓振兴、王伯溪、何祥福、杨永华、余济美、刘方晦、柳学冠、陈舜初、杨学廉、蔡璋、王宏亮、徐云周、刘世明、顾准、赵淑仁、李宝仁、柴广坤、李光汉、骆昭田、刘北勤、朱正翔、毕祥麟、李学海、沈际平、岳正中、王进先、王再兴、陈德选、邹振舫，杨刚、杨明昭、李国广，鲁涤寰、庄永胜、王冕南、杨义昭、刘引芝、姜实唯、蔡从兰、王秉三、张世英、甘斯益、张承业、黄渤、张振武、张培从、杨永新、老余、宋一峰、余本江、廖鸿义、宋步初、任葆乐、刘复生、吴华、高舫、岳乐、郭鸣剑、张士元"[1]

这里是一份"顾准名单"——1959 年商城右派劳动队部分队员名单，就在他 1959 年 12 月 26 日的日记里。除第一名——队长沈万山之外，名单中的人全部是右派分子。其中科学院右派 3 人，其余为郑州、信阳右派和商城本地右派，他们大部分原是郑州、信阳、商城的中小学教员，教育、财政系统的职员，县、社中、下层干部。

实际上商城铁佛寺水库劳动队到了 1959 年已经有右派 4 百多名，"顾准名单"列出名字的仅占 1/5，即 80 名左右。但日记留下

---

1 《日记》1959.12.26

393

了很大的推测空间——上述名单仅限于他日日接触的"劳动队统治层""里厨房""外厨房""缝纫室""理发室""菜园组""七组""八组"和"几个病号"以及几个"其他突出人物"[2]。

既然有"七组""八组"，那么必然有一、二、三、四、五、六组，例如他曾提到三组饿死的周百风。在五十多年后的实地采访中著者又发现还有一个"宣传组"，很可能就是被他列入"劳动队统治阶层"的部分。2013年还找到了当年"一组"的王彦，"二组"的江明珠，"七组"的李军，老人们都已年近九十。江明珠还印象深刻地记得当年县法院一个什么李院长，不知是被指派还是自作多情要找顾准谈话，被顾准当面破口大骂："你他妈的算个什么东西，还想找我谈话！"[3]

真可谓瘦死的骆驼比马大，就算骨头烧成灰也轮不着驴儿猪儿们来教训。

在这份集中的"顾准名单"外，还有若干散在日记中的人物，也是可以算在"顾准名单"内的，例如中科院右派彭楚南、权少珍、魏某，省城郑州的右派方医生，商城本地右派陈寄初等。

名单中人很多确实够得上列"志"。

例如场长——队长沈万山，商城右派徐云周、何祥福、柳学冠，郑州右派蔡璋、赵刚，北京科学院右派赵淑仁，彭楚楠等等。顾准不吝笔墨，将他们记述得栩栩如生，近在眼前，可摸可触。但由于是日记体，又是在那种"日记本不受尊重"的日子里记下的，常令读它的人有读乔伊斯式意识流文字的感觉——时空颠倒，晦涩凌乱，作者在文字之外，读者反在文字之内。看这些文字，你需要将"他们"的事情、事迹、轶事、故事从不同的日子里，不同的语境下摘出来，Puzzle着（拼起来）看，方能看到一个个纪事本末和人物志异。

这份名单是"商城日记"最震撼人心之处，也是一干民间"顾迷"寻踪觅影的线路图和探宝指南。他们中间大部分已不在人世，幸存的

2　同上
3　当事人口述

也都已是耄耋老人。

　　"商城日记"共涉及有名有姓的人物近二百名，人次无数。仅提到沈万山者近百处，蔡璋者 60 多处，赵淑仁者 50 多处，徐云周者 50 多处。

　　这几位都是可以立个小传的。

　　沈万山者，劳动队队长，唯一的非右派、共产党员（右派分子没有一个未开除出党）。一个典型的"自愿型刽子手"，非典型的中共基层干部，一个大字也不识的"平庸之恶"典型：

　　　　"如今的党性都属此类。莫看沈是粗人，他是深得毛之三味的。"[4]

　　此人集狱卒的暴戾、流氓的残忍、农民的狡黠于一身，兽性和奴性交替表现。无论面对敌人（右派分子、"流窜犯"）还是"人民"（民工、农民）都是一副嗜血的兽面。只有在面对王书记、熊县长时才会拿出类人的面孔，却已经不大像了。关于他穷凶极恶地打人，打不听话的小右派，打饥饿到极处偷吃菜园蔬菜的水库工地民工，打"流窜犯"，往死里打，这些情况顾准竟没有写在日记里，堪称疏漏。如今还活着的劳动队老人们提起他们的"沈队长"，众口一词的称谓是——牢头、阎王、最坏的坏人。

　　"（沈万山）这个王八蛋，假如有那么一天，让我来审判你！"[5]

　　审判？在什么法庭？有那么一天？哪一天？谁又有审判谁的权柄，除了上帝？

　　蔡璋者，顾准"吃的同盟"盟友，也是唯一的盟友。

　　"吃"，是劳动队后期实质性的、唯一的主题，什么思想改造，什么战天斗地，都是扯淡，没有吃的，肿了，死了，还改什么造，战什么天，斗什么地！蔡璋，这个可怜的小书生，小秘书，只因负责组

4　《日记》1959.12.8
5　同上 1959.12.29

织工会搞"大大双百"，糊里糊涂就成了右派。来到商城，来到铁佛寺水库，人被搓揉得不成样子，肚皮也一样。为了活下去，只能无所不尽其极地寻觅食物。靠着一直对他不离不弃的哥哥和嫂子，千方百计地让他一直有东西吃，他活了下来，也让顾准活了下来。"蔡说他花了我一些钱，但按我的'主观价值'而论，这是不能用钱来衡量的。" 60.1.15.

当然不能，生命的价值怎能用金钱衡量！时至今日，八十六岁的蔡璋老人说起当年，当他交给顾准一包千方百计搞来的代乳粉，这位北京来的"大知识分子""大高干""大右派"，怎样直接就从包装纸袋中用手抓进嘴里，狼吞虎咽，呛得要窒息，还宛若昨日，唏嘘不已。

当年铁佛寺的小蔡和老顾并非初识，只是出于对环境的极端谨慎，小蔡没敢告诉老顾罢了——1954 年，在洛阳专区做小秘书的他就见过被贬谪到"洛拖（洛阳拖拉机厂）"的大人物——顾准，听过时任计划处长的表哥对此人的高度评价。以后在时任国家计划委员会主任的舅舅袁宝华家中，他又听到过更高的评价。顾准二字在小蔡眼中几成传奇。

如今顾大叔虎落平阳，和自己一起沦为右派劳工，他只能默默地敬重他，尽其所能为他搞吃的，却不敢告诉他这段前缘，怕不知什么砥节上说漏了嘴连累了亲戚们。日后的顾准《商城日记》写到蔡璋却多有不屑，例如嫌他"耍滑头"，动不动就住进医院"偷懒"，殊不知小蔡 17 岁就参加抗美援朝，被炸弹震出战壕腰椎受伤，一干重活就复发。小伙子自忖自己不过是个小右派，哪里敢在"老革命"顾准面前卖弄"当年勇"。顾准日记面世近 20 年，连累他背了这么多年"滑头"的黑锅，可平心而论，中国有顾准，小蔡——蔡璋功不可没，没有他上天入地弄来的代乳粉、虎骨酒、果味鱼肝油什么的，40 多岁的半老头右派顾准（彼时能够活过 40 的人绝对称得上"半老头"）只怕也会像活活饿死在工地的 3 个右派一样，从肿到倒下、到死掉，不过在几天之内。

赵淑仁者，中科院下放商城的女右派，北大心理系毕业生，心理所研究员。顾准对这位女士颇多微词，例如"貌似婉娈，实际公式化"，"心理系的废品"等等，未免刻薄。

彼时的一个普通年轻女子，最大愿望无非是平平安安为妻为母。既沦落到商城这一步，身为现役军人、海军舰长的丈夫已经提出离婚，她得有多难受。一旦看到"摘帽"、回家、保住婚姻、保住孩子的海市辰楼，你不让落水的她奋力向前扑腾，就算踩着同伴的尸体也要爬上虚无缥缈之岸，非得要她也像你一样，不管不顾地向相反的方向搏涛击水，浪遏飞舟，死而后已，这不公道，也不厚道——你有秀，她没有，你的孩子都已长大，她的孩子才 3 岁。你不能理解一位做母亲的能为自己的孩子做些什么。这也是造成你和秀的悲剧的主要原因。

徐云舟者，年轻的乡村知识分子，人性、淳朴、忠实于农民，有自己的政治见解并在高压下依然忠实于她。曾经的商城上石桥区副区长。在一个真正的公民社会，他是能够和应该做农民政治上代言人的，可在这里，他却进了集中营中，眼看自己的亲人、孩子一个接一个饿死，束手无策，痛苦不堪。他是顾准在劳动队中唯一能够在政治和哲学的层面上做深入的交谈与沟通的人。顾准临回北京，徐云周不敢送行，怕给两个人惹出新的麻烦，"送别的人很多，杨文华有依依之情，赵刚特别真挚，徐云周避嫌不来。"[6]他也没有任何东西可以相送，除了几根胡萝卜。

"到了百万庄还迷了路。找到家门，望窗口发黑，扣门，大家都睡了。把身上的一套衣服全部脱下来。煮预定的一份饭——一个压碎了的豆包，徐云周给的胡萝卜，商城发的牛肉，吃完洗洗脚就睡。这一次旅程，就算是结束了。"[7]

仔细读这段平淡如水的日记，掐指算算日期——中科院右派顾准 1 月 16 日最后一次去劳动队（顾准根本不安于商城招待所的所谓"集中思想总结"，不断地往水库上跑），17 日就离开商城去了信阳

6　《日记》59.12.29
7　同上 1960.1.20

（信阳离商城差不多 2 百公里，今天开高速也要近两个小时），20 日夜晚回到北京，手中还攥着"徐云周给的胡萝卜"作为自己"最后的晚餐"，其情，其义，其悲，其痛，不身临其境谁又能解！

"像徐云周这样的人尤其可怜。他忠实于农民，他有自己的政治信念。他不是富农的政治上的代言人，而是全体农民的政治上的代言人。他不应该坐集中营，他的品质比沈万山之类，不知要高贵多少。但愿他能撑过这段苦难的时期，能重新进入农民的时代。

有一个强烈的冲动，想今晚上去看看他们，尤其是如果徐云周在那个小棚里值班的话，谈谈多好。可是去是不好的。只好不去，到京后写信吧。

无论如何，想知道劳动队的结局如何。"[8]

徐云周是令顾准看到中国、中国农村还有希望的人物，可是顾准可能至死都不知道，不足 5 个月后，1960 年 5 月 18 日凌晨，徐云周就连同其余 18 名右派一起淹死在铁佛寺水库的决堤大水中，来不及给亲人，给答应了"今后要多交通"的他的顾大哥留下只言片语。随大水飘走的冤魂，还有"顾准名单"内的柳学冠、卜万福，余子美，张士学，涂浩英，刘方海，杨显，时广发，李建民，杨文华，罗甸钧，刘判洲，谭静宜……。

还有若干未出现在集中的"劳动队人物志"中而是散记在日记里、有名有姓的人物，例如周百风。周百风死了，肿了之后送到医院第二天就死了。这一天的顾准日记是这样的：

"Died No. 3（死去的第三位 –著者注）。劳动队又死了一个。三组的周百风，肿死的。前天抬送医院，昨天死了。"[9]

也就是说周百风是劳动队第 3 个饿死的。1959 年 12 月 8 日日记中"242:2:44"的比例已经过时。

---

8 《日记》1960. 1. 11
9 同上 1960. 1. 11

毕祥麟者，郑州一个银行小职员，闻一多的姑表侄儿。1957 年方 21，血气方刚，口无遮拦，传了听来的一个顺口溜"国民党拐（坏）又拐，白米干饭紧人抓（吃）；毛主席好又好，穷人上山吃青草"被要求定为"极右"。好在上级没批，说只属于年轻不懂事，打发去铁佛寺修水库吧。顾准初到水库就是和他搭帮开一辆"火车"（独轮车）运土石方，顾准推，他拉。时年顾准 44 岁，推不动也拉不动，险些出了人命，这才调去菜园组。这位被"照顾"去劳改的小伙子最终还是没有躲过"极右"之灾——1978 年差不多所有的右派都"平反"了还不给他摘帽（啥时候戴上的他都不知道），说他"言论恶毒"。他和周百风是铁佛寺劳改队最小的右派，那年都是 22 岁。周百风"肿"死了，他活了下来并且是劳动队仅有的 8 个没有"肿"的人之一。到 2014 年我见到他，78 岁的老人还对自己居然连肿都躲过去了颇感骄傲。

再例如"董"。

日记提到此人均以"董"呼之，是顾准"思及生活像泥污，而精神上今天这个人，明天那个人来训一通，卑躬屈节，笑靥迎人已达极度，困苦嫌恶之感，痛烈之至"[10]所述中主要的"训斥者"，特别嗜好要别人"暴露思想"，因为欢迎"别人在自己的脑子里跑马"而弄得最喜欢和享受"在别人的脑子里跑马"。

"董要求暴露思想。他嫌我暴露不够，大训一顿……董之大训一顿，背景如何，值得研究……始终维持笑靥迎人的一套。与赵同送董到大街，竭力解释不暴露的原因——充实思想笔记，思想上有松了一口气之感云云。总之，抵触情绪是丝毫没有的。"[11]

"我在董大将我军之后，一开始说自满，牵涉到人道主义问题，跃进的愿望与人道主义的矛盾问题……"[12]

无法判断"董"是商城同志还是北京同志，但他那种强烈地想要

10　《日记》1959.11.23

11　同上 1959.11.23

12　同上 1959.11.27

进入别人"思想"的欲望令人印象深刻，非常典型的"文革"人格。

再例如，死了四个孩子的彭铁；

再例如，邹如山，旧时期的翻译家，经济学家。

　　"昨晚前晚都是座谈会，中心是邹如山的人生观，那是一个雇佣劳动者的人生观，批判的人却也不能脱离这范围。我昨晚简直未发一言。"[13]

　　……

顾准名单中还有许多无名无姓者，例如：

饿死的柳学冠母亲、弟弟、杨柔远母亲、夏伯卿家人、张保修家人、沈家畈附近一个七十多人生产队中的一半——三十多个人……；

丈夫杀了妻子来吃，姑母杀了侄女来吃中的丈夫、妻子、姑母、侄女；

被剥去棉衣，殴打冻饿毙命的无名氏；

拉不出大便的公社干部；

饿得将死，赶去嫁人，以求活命的少妇；

吃了劳动队两顿稀饭而欢天喜地的右派的孩子；

病饿而死的民工，摔死的民工；

被因藏匿口粮而被打死的村民；

带着孙子们偷偷刮舔劳动队食堂脏碗的老妇；

来帮助沈万山搞自留地的他的老父；

作报告的老红军；

……等等，凡数十名。

有姓无名者例如县委王书记，熊县长，地委刘书记，库部长，伙房老姜，沈万山媳妇小刘等，十数名。

　　和许多描写1959年大饥荒的纪实性作品相比，"商城日记"不是"人"淹没在事件中，而是恰恰相反，事件几乎要淹没在人海中。顾准在那些不堪回首的日子里，尽力记下了当时他所能够记录的名

13　同上 1959.12.26

单，是其人本主义意识的一次无意识大流露。

"名单"这个概念在中国，也就是最近这十年才开始流行起来。受"南京大屠杀名单""辛德勒名单""王友琴中国文革名单""共产主义受难者名单""波尔布特大屠杀名单"……的启发，2008年，中国终于有了纯粹国产的"汶川名单"，虽然这个名单的"出笼"是那样艰险；2010年有了半官方的"玉树名单"；2013年有了官方的"雅安名单"……。

有人注意过顾准的"商城名单"吗？

相比于上述那些著名的名单，"商城名单"很小，在人名数量的绝对值上，在知名度上，在影响力上。但它又是庞大和壮观的，在相对值上——记录下了很大一部分（至少1/6）发配商城右派的姓名，还有一个刺目的比例数："242:2:48（共242人，饿死2人，准喝豆浆即快要饿死48人 -著者注）"[14]

"这242人，一年半来贡献的劳动，是水库的主力与技术兵种，还贡献了万元以上的公共积累。242人中，二个死了，喝豆浆的病员48人。"[15]

前面已经讲到，这个比例到了顾准离开劳动队时已经需要修改——他肿了，很多人都肿了，周百风已经死了。除了242，其他两个数字要更改了。

"顾准名单"最引人注目的是，这些人全部都是小人物，没有一个是在1959年之前或者之后成为了著名人物的。相比于章士钊、罗隆基、储安平这些如雷贯耳的名字，谢德征、王进先、冯顺、张保秀……不是离我们更近一些，切肤之痛更尖锐一些，痛定思痛的反思更直接一些吗？

"顾准名单"中的人还有相当数量的人尚在世上。

当年44岁的顾准曾经称呼他们青年人和姑娘，如果他或者她还

14　《日记》1959.12.8
15　同上 1959.12.8

在，也就是 80 多岁的中年老人，但前提是能经历了如此这般的炼狱生活还活了下来，没有肿、饿而死，也没有像顾准那样落下致命的病根。

他们确实还有人在。

宋一峰，顾准名单人物，1929 年生人，原小学教员，1957 时为商城县巡视组巡视员，中共党员。罪行是："大、大、双百"时说公社太大，浮夸太凶。新时期摘帽。水库决堤时游泳逃生。妻子赵凤仙，1931 年生人，1957 时为城关镇妇联主任，副镇长，中共党员。丈夫成为右派时已有四个孩子，无论别人怎样劝导，坚决不离婚，被镇长嘲讽为"葫芦不挂在墙上非要挂在脖子上，自讨苦吃"。一个人拉扯大四个孩子，个个出息，个个孝顺，尤其对爹。现在过着清贫、坦然的百姓日子。

老人几乎完全聋了，但听到妻子大喊"铁佛寺"三字，依然能起身进屋，翻出县志给著者看。他永远在微笑，发自内心的微笑。妻子还是那样倔强，只是在听到"您真的是因为爱他才这样不离不弃？"的提问时，80 多岁的老人才露出一丝小姑娘般的羞涩："要不是，我咋会这样"，弄得人泪水涟涟。半年后，本书还没有找到能够付梓的出版社，看似非常健康的宋一峰老人已经默默地离开了人世，这才想起来当我见到他时，他已是一位将近 10 年的海默式症患者。

张保秀，顾准名单人物，被顾准称为"和我女儿一样大"（这里我的传主有点吹牛，他的大女儿生于 1942 年，小保秀 9 岁），1933 年生人。1957 时为小学教员，非党员。罪行："大、大、双百"时说现在教育机构有些混乱。铁佛寺水库时在缝纫组。谈到顾准时，她第一句话是"他像朱镕基"（许多人都这样譬喻，有点奇怪），第二句是"他像个孩子"。她帮顾准洗过衣服，数落过顾准"四体不勤五谷不分"，因为要他在菜园拔草，他把韭菜苗拔掉了。她还帮赵淑仁给要求离婚的军人丈夫草拟过回信——"干（淑仁的丈夫叫徐干），我已于 X 月 X 日回到了人民怀抱"，保下了这桩婚姻，保下了一个家庭。1961 年摘帽。水库决堤时因身在县城免于一死。丈夫张光桐，不在顾准名单内，原商城县老公安，和妻子同为右派，同在铁佛寺水库劳改，就在顾准想"要挤进劳动队的统治阶层"[16]的宣传组中。他们的第一个孩子1960年病饿而死。彼时妈妈想回去看看临终的孩子，向沈万山请假，沈说你回去有啥用，你又不是大夫。孩子临了也没有看见爸爸妈妈。光桐、保秀现在过着清贫、坦然的百姓日子，临告别时拿出全家福给我看，儿女孝顺，全家平安。

朱云翔，顾准名单人物，1927年生人，商城很罕见的高中毕业生。给共产党送过情报，彼时新政权翟畈区区长，1957时兼商城县巡视组组长，中共党员。罪行是："大、大、双百"时说公社太大，浮夸太凶。新时期摘帽。水库决堤时游泳逃生。现在和孩子们一起安度晚年，生活相对富裕。老人已经行动不便，说到激动处仍捶胸顿足，高喊："怎么就不能有个人向我们道个歉呢？！"

"我今晚却引起了强烈的怀念他们的情绪。这一伙人是无辜的，他们现在是在炼狱之中。"[17]

"今晚"被我的传主强烈想念的人们，再过4个月就会有19人离开人世。

该死的大跃进工程——铁佛寺水库在1960年5月17日开始的大雨中摇摇欲坠。摆样子的闸门锈住了，根本打不开。泄洪洞形同虚设。县长率队上坝扒扣子泄洪无果，18日凌晨3点正式决堤，大水排山倒海般翻过右派存身的上、下菜棚、共产主义小学、一个拟建和一个在建的万头猪场，直扑商城城关，人为鱼鳖，死伤无数。事后熊县长做报告时一再强调"淹死的都是右派，没有老百姓"。新时期后官方的统计数字是死亡2千余人，其中右派19人，其中就有徐云周，时年35岁。

"像徐云周这样的人尤其可怜。他忠实于农民，他有自己的政治信念。他不是富农政治上的代表，而是全体农民政治上的代言人。他不应该坐集中营，他的品质比沈万山之类不知要高贵多少。但愿他能

16　《日记》1959.12.1
17　同上 1960.1.11

撑过着段苦难的时期，能重新进入农民的时代。有一个强烈的冲动，想今晚去看看他们，尤其是如果徐云周在那个小棚里值班的话，谈谈该多好。"[18]

还是回到那个大雪纷飞，顾准回到北京家中的50多年前的夜晚，他是怀揣着徐云周送给他的、最后的胡萝卜跨进百万庄的家门的。窗外是北方一月冰冷的风雪，窗内是更加冰冷的世态凉炎。这个44岁的南方汉子，硬是就着信阳发下的一个已经压碎的豆包吃下了这几条压扁了的胡萝卜。

他又一次饿坏了。

踏着积雪从动物园挑着劳动队的全部家当走到百万庄，虽然和劳动队的日常劳作相比简直不值一提，却是出奇的累。至此他才算是彻底相信自己不会成为无人认领的饿殍了。可是徐云周呢？何祥福呢？蔡璋呢？柳学冠呢？你们现在身在何处？在菜棚还是水库里？病了吗？肿了吗？你们还活着吗？

"不是像我这样走的（指回北京 －著者注），不知将有几人。"[19]

如果说离开信阳时的顾准是被一种悲恻浸透，那么在北京烧着暖气的家里，他整个人则被一种巨大的悲悯压迫得快要窒息了。

肚子已经喂饱——被压碎的豆包和压扁的胡萝卜，这胡萝卜是徐云周最后的礼物，他在商城终于找到一个锅煮熟了。他的周身也是暖和的——拜久违的，北京特有的蒸腾的暖气所赐。可是几个月来每逢吃饱和温暖后就会袭来的"幸福感"到哪里去了呢？

用热水洗了脚，依然是冷，冷得周身寒彻。

他们太可怜了，这片地土太可怜了，农民太可怜了。如果这就是社会主义，那么至少这片地土上的人绝不会是它的同路人。

此刻，刚从炼狱逃出的他根本找不到任何人能倾吐心声，连唯一的秀也对他背过脸去了，虽然此刻他就躺在她的身边。他们从未像今

---

18 《日记》1960.1.11
19 同上

天这样陌生过。

5 个一字排开，从 7 岁到 17 岁的孩子们就更加不能理解这位有着一个严格的逻辑心灵和一个冲动的，着了迷的本性结合于一身的，独一无二的父亲。

他从未惧怕过孤独，可是当这黑渊般的孤独吞没了他时，他还是战栗了，一时甚至产生了再回到名单中去，去接着做"菜园顾"，直到再次肿了，倒下，让白茫茫大雪覆盖了这具饿殍的愿望。

铁佛寺水库劳动队那一张张面孔又浮现了出来。

在京西百万庄这个干部宿舍单元氤氲着暖气的卧室里，在屋外漫天的大雪中，在午夜的黑暗中，在妻子和孩子们的微鼾声中，这些面孔格外的鲜明，格外的突兀也格外的怪异——悲苦的，愁怨的，哀痛的，困惑的，狰狞的，菜色的，浮肿的，将次毙命和已经毙命的……。

大滴大滴的泪珠顺着因为肿过又消了肿而苍老的、45 岁的脸颊落了下来。

"我的使命还没有完成，先找一个洞穴活下来，就算是为了这片地土，这群人吧。"

2. 这一段历史如何能不写！

"读杂志数天，写铁佛寺水库记录，II/2 写完。……有一种感想，脱出 20 年的拘束，走上自由批判的道路也很不容易。30 余年的历史无足反悔，年青时代没有好好求知的机会，还是一件可惜事。"[20]

回家十几天了，顾准惊魂甫定。

根本没有人要求他要写什么"铁佛寺水库记录"，否则就不是"记录"而是"报告"了。人们不但不会要求他"记录"些什么，说白了，

20　《日记》1960.2.3

最怕的恰恰就是他要"记录"些什么。临行前沈万山场长的"千叮咛万嘱咐"还不清楚吗？

"沈场长老实不客气地指示了。其内容是接上头接不上头，我对你们的教育如何如何等等。所说的话只有一点是有内容的，就是要从大处看党的成绩。这意思就是说，说谎、饥饿、死亡都是小事，你们回去说话要小心。这个王八蛋居然自称我对你们指示……!"[21]

不是叮嘱，甚至不是指示，人家直接就是威胁。可这个王八蛋又怎么就没有资格来指示或者威胁你呢？在"模子"中，他当然有这个权利！

我的传主终其一生都不能接受"稗子'指示'高粱"这样一个逻辑，更不屑于稗子的威胁，这令他吃尽苦头。现在总算逃出生天，他又开始想不做"好好乖乖"而是把真实的东西拿出来，让更多的人知道。

难道他还是有幻想，在作了那么多历史的解析和比较，痛心疾首于所谓"三面红旗"，"全民大办钢铁"，"大兴水利"对人性的摧残之后，深恶痛绝于将无数血肉之躯为这出政治游戏作活祭的行为之后，还依然对制造了它们的人有幻想，依然对"唤醒民众"有幻想吗？

"1959 年的商城县委，我认为就属于伟大三面红旗运动中的'反动势力'那一方。……我对商城县委严重损害群众利益的行为十分愤恨，可是我顾虑自己的右派身份，没有向党积极地无保留地反应商城的严重状况，同时则在家庭里，在母亲和孩子面前不时透露商城见闻的这一方面或那一方面，对孩子们产生了恶劣的影响。"[22]

这段写于 1969 年的"历史交代"的话，我最初把它当做是顾准的真心话，并据此判断是他 1960 年 2 月写下"铁佛寺水库记录"的原动力——他要想中共中央反应真实情况，却又怕党不相信他。

---

21 同上 1959. 12. 29
22 《自述》P262

　　我把顾准想得太幼稚了。

　　铁佛寺水库还用多说吗？一个字就够了——饿，两个字——饥饿，三个字——太饥饿，四个字——饥饿而死！

　　可就算不提那些指示他，威胁他的人，秀和孩子们也全都不相信他们的丈夫和父亲亲眼目睹，亲身经历的这一切。他还没来得及说出看到、听到的 1/10，就被他们冰冷仇视的目光吓住了。一家人，除了母亲，都以为他是因为右派下放劳改而神经分裂了。

　　17 岁的稻头，14 岁的小米，11 岁的高粱，9 岁的五五，7 岁的小弟，10 只惊恐的眼睛，无时无刻不追随着他，除了惊恐之外，还满含着怜悯和怨愤。而秀那双母鹿一样的眼睛根本就回避他的目光，让他怎么也捕捉不到。在这些眼睛里，他再也不是那头鹿角像大树一样挺立着的，骄傲的公鹿，他成了一头四不像，异类，丑陋而且危险。

　　商城劳动队科学院方面的负责人已经"再三告诫队员回到北京后不要随便传布商城的情况"。人们都识趣，更是知利害地三缄其口，不但绝不和同事，同志们提起，也不向亲人、家人们述说。这是党的麦城，是极峰的断头峰、极笔的败笔。报丧的人，传播丧气消息的人都是没有好下场的，人人心知肚明。

　　顾准更是心知肚明。可是，一个声音一直在他耳边鸣响，又是那簇蓝焰燃烧的悉索声，他躲不开，挥不去，令他日夜不安。

　　"历史要重写的。谎话连篇，哀鸿遍野，这一段历史如何能不写？"[23]

　　也就是说，顾准写"铁佛寺水库记录"的最终目的并非是想要"向党积极地无保留地反应商城的严重状况"，他明知党倒不是"不相信"这些严重现实，而是即使一切都属实，也不能由他这种人来"记录"，更遑论"报告"。他推测，最严重的还不是商城，甚至还不是信阳，这种状况应该是全国范围的。

　　"59 年的旱灾，看来是以湖北为中心，二头扩展的。河南确实

23　《日记》1959.12.27

还算较好的。"[24] "还有 4 个半月，谁知道会出什么事？中央知道这些下情吗？那么 1960 年上半年还会有些什么措施呢？"[25]

庐山会议刚刚开完还不到半年，不仅仅是党内噤若寒蝉，百姓也噤若寒蝉。谁家八竿子打下去还能没有个把河南、四川、湖南、甘肃的亲朋？谁又敢说真的没有听到过一句"饿死人"的传闻？连著者这代 50 后、当年 10 岁左右的孩子都常有风闻，何况大人？我们被大人们呵斥住嘴的情形至今还犹有记忆，可见他们当年都被吓成了什么样子。

1959 年的庐山，从"神仙会"开到"扩大会"，从"扩大会"开到"全会"的一个半月，正是身在商城铁佛寺水库的大右派顾准处在"移居下菜棚"到"因看戏事，沈在队前批评，写检讨"的改造前期，介于"不用脑子的两个月"和"恐怖与屈服"两个阶段之间。

庐山会议结束后的很长一段时间，中共党内都不传达会议内容，彭德怀的所谓万言书以及毛泽东的讲话就更是忌讳莫深，普通干部如汪璧这一级根本不可能看到听到。这些东西是一直到了中国新时期改革开放后才得以大白天下的。不明就里的人们，仅仅知道几份公开发表在党刊党报上的《决议公报》——《关于以彭德怀同志为首的反党集团的错误的决议》《为捍卫党的总路线、反对右倾机会主义而斗争》的决议，以及《关于撤销黄克诚同志书记处书记的决定》，就是根据这些公报的指示和暗示，开始在自己身边大抓各种"小彭德怀"。

到顾准回到北京的 1960 年 1 月，情况就是这样。

自从 1952 年三反撤职，顾准所能获得的最可靠的信息来源就只剩下妻子汪璧。在中国，能够得到何等级别的信息是最重要的"政治待遇"，它代表着你在"模子"中的位置。顾准早就没有任何"待遇"了，他也早就把这些东西视为"政治勒索"而睥睨过了。但他并未对随待遇而至的政治信息不屑一顾，相反，他热衷于从非正常、非

24 《日记》1960.1.18
25 同上 1960.1.15

典型渠道攫取本不应他知晓的信息，用于他的观测和探索，且乐此不疲。这种行为在中国一般被定义为不安分、野心和僭越，且不容分辩，因为它撞击了（即使非常轻度）森严的等级制度。

例如1959年初的郑州会议精神，他就只能从汪璧处得知。汪璧是中央大部委的处级干部，相当于地、师级，"待遇"级别相当高。但即使如此，庐山会议的具体信息仍是不允许知晓的。所以"顾准日记"根本就没有提到庐山会议，就不足为怪了。只是在写于1969年的"历史交代"中他提到"1959年9月我对三面红旗的态度，和那时庐山会议上彭黄张周反党集团实际上是基本一致的"[26]。庐山会议实时的情况，汪璧没有可能从正常渠道得知，加上她沉静、淡泊的性格，又摊上这么个大右派丈夫，仅仅为避"瓜田李下"之嫌，她也不会到处乱打听。再说她对这些东西毫无兴趣，她关心的，第一是孩子们的平安，第二是丈夫何时能摘掉右派帽子。

恰恰是这两项，都不在顾准的视野之内。

前者，他认为孩子们自有自己的成才之路，他们也确实个个优秀。他总是拿自己的少年时的经历去要求他们——你们都大了，不仅不需要大人整天为你们操心，相反，你们应该为父母、奶奶分忧。而后者，若不是为了秀，他才懒得操哪怕半分心呢，用他的话说，叫"去它个毬帽子"。

9年后他写"历史交代"，说到铁佛寺，他说他以为负责人自己会去向上级详细汇报的，"如果他没有如实向中央反映情况，我认为他就违背了主席下列教导：balabala，balabala，balabala……"[27]。

粗看，顾准要么是政治上的弱智，要么就是黑色幽默的高手。他当然是后者。

细读他的"从理想主义到经验主义"系列，"希腊城邦制度"系列，"马恩""历史"和"西方经济学"笔记系列之后，恐怕绝大多数人都很难认同他的这些话语出自一种"政治上的不成熟"，或者如沈

26　《自述》P271

27　同上 P262

万山同志所言"你们中央来的人都幼稚得很"，而是倾向于同意他其实是一名黑色幽默的高手——你愈是不相信我，我就愈是弄得煞有介事，让你除了直觉不对劲之外，找不到任何缺口、口实或薄弱环节来指责我不老实，没有改造好。

此时此刻他写"铁佛寺水库记录"，肯定不是幻想能送达极峰极笔，为民请命，而是写下了又一次将要入"库"的、详尽翔实的探索和观测记录。他已经认识到中国传统的靠清官为民请命是行不通的，靠个人的"刍荛之献"在一个残暴的体制内也是无法真正改变什么的。从此，他的文字中再出现这个谦卑的成语时，已经变成了不动声色的黑色幽默，比如：

> "那时候，反动立场没有丝毫触动，还想以我的反动思想体系来"影响"（！）领导，还在想作什么"刍荛之献"哩！"[28]

他早已不再有"刍荛之献"的浪漫。1957 年献上的《试论》这一捆"刍荛"，除了令自己差一点在商城成为饿殍，还有什么用处呢？

但他没有罢手，他要建立一个思想库，一个当代史切片标本库，哪怕仅仅是建在纸上，建在抽屉里。这些东西要尽可能留下来，它们也许会成为"牛痘"，为未来带来免疫力，使社会和人类免于进入下一次恐怖无序的"天花"。他将其看作使命，其他的，就交给上帝安排吧。

看到自己的预言再次成谶，他毫无幸灾乐祸之意。除了忧虑还是忧虑，为这个国家和几亿苍生：

> "气象科学研究所的预报，今年伏汛还是不正常，是涝的危险大。但愿七千万人的水利大军在春耕前能够做成一些事，能够解决一大批问题。Refer 12/30 人民日报社论：开展一次水利大检查。但愿

---

28 《自述》P302

今年的水，还能蓄得一些给明年用。"[29]

忧旱忧涝，忧患忧失，忧国忧民……无尽的忧虑。

"惋惜历史是没有用的"[30]。"对于未来的瞻望，必肇始目前。没有未来会出现的东西，而目前没有萌芽的。"[31]

从商城人间地狱回到北京人间的顾准，眼下最急于要做的，是"脱出二十年的拘束，走上自由批判的道路"[32]。既然一切改变都始自批判，就让我来做这个始作俑者，从现在开始用十年的功夫，蘸上不可遏制的激情之水，来磨砺这把冰冷的剑吧。

"我将潜伏爪牙忍受 10 年，等候孩子们长大"[33]。

他居然在日记中写下如此"变天账"式的语言。

顾准的"铁佛寺水库记录"如今不知在何处。一个大饥荒的亲历者，思路宽广、清晰，文笔平实、流畅，假使保存下来将会是一份何等宝贵的文化遗产。但是不要太遗憾吧，人们，好在如今，毕竟，中国有了杨显惠的《定西孤儿院记事》，有了杨继绳的《墓碑》，顾准地下有知应得安慰。

不过此时的他，还没有亮剑呢。

3. 妻子和孩子们

"个人生活和家庭生活方面，这四年的变化十分剧烈。

"商城一年，其中 7 月至 1 月这六个月，物质生活的艰困还超过解放区的灾荒年头。回到北京，好几个月吃得特别多，家庭生活主

29　《日记》1960. 元旦
30　《笔记》P21
31　《日记》1959. 3. 8.
32　同上 1960. 2. 3
33　同上 1959. 12. 31

要靠汪璧的工资，虽还不甚困难，然而我在家庭中的微妙处境，已使我感觉到我是这个集体中贡献微小而消耗巨大的成员，家里自母亲以下，恐怕都对我有一种奇特的观感，我的生活习惯变'野'了，脾气变古怪了等等。"[34]

"家庭关系既然变化很多，1960 年每月五十元的生活费由我自己领取，这笔钱干脆归我一个人花，除伙食等生活开支而外，其余全部用来买书了。"[35]

回到北京的顾准，肉体的磨难减轻了，精神磨难却大大加深了。自商城始，他和秀之间就起了龃龉。

秀是汪璧的昵称，这个称呼也只属于她自己的母亲和顾准两人。汪璧原名方采秀，1934 年和顾准结婚后就被丈夫"秀"啊"秀"地叫到今天，她则叫丈夫顾准"云"，因为他号"哲云"。六弟陈敏之是五哥五嫂婚姻命运最好的见证人——从还是少女的五嫂跨进仓基弄他们陈家灶间的那一瞬起，到五哥五嫂婚姻的结束，到五嫂五哥的先后离世，他目睹了全程。

1935 年 10 月，结婚刚刚一年的顾准夫妻流亡北平。

临行这天清晨，六弟——小叔子——15 岁的陈敏之赶到杨树浦码头为 20 岁的五哥，21 岁的五嫂送行。60 多年后，五哥五嫂都已作古，当年未及弱冠的小叔子已近耄耋，仍是忘不了那日、那时、那刻黄埔江面上离愁别绪似的薄雾，那是小男孩生平第一次经历离别的惆怅——

"他们坐的是一艘货轮，去天津再转北平。已经是深秋，江面上有一层薄雾，似乎增添了几分离别的气氛。这是我第一次与亲人离别。以当时的政治环境，谁也难以预料什么时候能再见。当时离别的情景和我的心情，至今犹清晰可忆。"[36]

34　《自述》P272
35　同上 P273
36　陈敏之《我与顾准》P56

　　六弟和五哥五嫂的感情特别深厚，除了 3 人年轻时在政治见解上的高度一致这个主要原因外，也和他们的人生际遇都坎坷不平有关。敏之 1937 年 17 岁时曾经被捕过一次，从此"叛徒"的阴影就从来没有离开过他，虽然比起全国有名的"三反分子"和"右派分子"的五哥，这顶若隐若现，时真时假的帽子份量小很多。兄弟俩在新政权中同样未进入主流，未被固定在"模子"的某个位置上，却也是他们能够思考，勤于思考和善于思考，从而在壮年和晚年精神始基愈来愈接近的一个要因。

　　六弟见证了五哥五嫂 34 年的婚姻，结婚——流亡——最早两个孩子的夭折——夫妻苏区、上海的分离——苏区的相聚——10 年间 5 个孩子的诞生——五哥上海的"滑铁卢"——北京的遭遇——残酷的右派改造——五哥的思考——五嫂的自戕——孩子们的叛离——五哥的离世，一切。

　　1960 年 1 月从炼狱河南商城回到北京后，他们夫妻之间发生了真正的冲突。

　　"I/19 回家。雪地挑担，冷淡的接待。"[37]

　　并不意外。

　　1952 年的风波没有摧毁他们 18 年的恩爱婚姻，反使他们更加相亲相爱。一是顾准至此才知道依恋家庭了，"料想不到在进入 40 岁以后，才懂得生活，懂得文艺，懂得爱孩子"[38]，二是汪璧坚定相信丈夫是无错的，他的倒霉在于遇人不淑。10 多年的共同生活令她对这位丈夫的感情，除了妻子对丈夫之爱外还夹杂着对任性的大孩子一样的母爱，另外她由衷地在知识，见识，学识，胆识各方面敬佩他。

　　丈夫是不凡的，尤其在政治、经济、历史和哲学的深度上。妻子是不俗的，尤其在文学艺术方面。假如在一个和谐善意的社会中，他们的婚姻一定是最具楷模风范和人性光彩的神圣婚姻。可这婚姻却

37　《日记》1960. 2. 3
38　同上 1955. 11. 16

413

如此地生不逢时。

起初，和绝大多数共产党的男性干部一样，顾准也是尊崇"党和国家的事再小也是大事，个人和家庭的事再大也是小事"原则，在位时的他永远处于工作、开会、起草文件的无限循环中，能把每个孩子的名字不叫混已经谢天谢地了。后来他下了台，进了党校，有了思考的时间，也有了去爱妻子，爱孩子的时间。因祸得福而回归亲人的他在家庭中深得宠爱，深受欢迎——妻子甚至因他的回归而减轻了对那些不淑之人的怨恕，孩子们则以得到他的夸赞为荣。

孩子们也都特别优秀，尤其是两个大的。长女稚头，已经是大姑娘，知道爱美了，很久以来都想要一双冰鞋，好和同伴们在八一湖或北海的冰面上驰骋，这是地道北京孩子，尤其是地道北京干部子弟的必修课。爸爸还在党校的时候，有个星期天咬了咬牙，下狠心要给闺女买一双，不料她又坚决地拒绝——一双跑刀差不多要 50 元，一双花刀也要 40 多元，弟弟妹妹都还小，虽然总不清楚爸爸身上究竟发生了什么事情，但她一直有不详的感觉，不能在这当口增加父母的负担，冰鞋我可以向同学们借。长子小米，言语不多，爱动脑子，缠着爸爸都不是撒娇，一定是要问些连爸爸也答不上来的问题，都是关于天上飞的，地上跑的，水里游的，天生一副数理化脑子，清华北大的大门对于他，多半会不叩自开。3 个小的也都聪明懂事，5 个孩子和睦友爱，大的照顾小的，小的尊重大的。

他们还有个慈祥的奶奶，70 多了，顾了大的顾小的，顾了儿子顾媳妇，就是很少顾到自己。

劳改前的顾准曾经得到过世上幸福男子应该得到的一切天伦之乐，他丰丰富富得到过，又眼看着慢慢或瞬间就失去，失去之后才痛彻心腑地懂得其宝贵。直到临终一刻，为了片刻的重温，他甚至甘受最后的精神凌迟，以致连执行的"刽子手"都不忍下刀，转而去帮他寻找这份就算是罪大恶极之徒都不应被剥夺的人伦，却终是没有找回。更遗憾的是在两难时他往往选择了舍弃，那一腔罕见而纯粹的激情，直到死神来临都无法分出一个像样的比例来给爱人、孩子、家庭和亲人，他也为此受尽了折磨，以致酿成最后无法收拾的家庭悲剧。

　　1960 年 1 月 19 日，商城回来的劳改犯顾准回到北京。从这天起，他的家庭开始分崩离析，裂口从相濡以沫了 26 年的妻子汪璧始。

　　还在商城时，汪璧就出口过"离婚"二字了。

　　那时每隔几天他就会给妻子写封信，和从前的每一次小别或长离一样。他们的信给对方的温暖，人们可以从顾准日记中体味。但这一次，他的每一封信不但给不了她任何安慰和平安，恰恰相反，几乎每一封信都令她陷入更大的紧张和不安。

　　多少年的相濡以沫，他以为最了解自己的就是秀，唯一能向其说真话的也是秀。秀也的确值得他信任，无论在丈夫显赫一时还是灰头土脸的时候，她对他的爱一以贯之。再说她也早就习惯于他的灰头土脸，每当至此，她反倒有某种安全感——总算是尘埃落地，他太出色，太扎眼，磨去些棱角也许更好过日子。

　　可商城不同。自从他戴上右派帽子，秀知道这回事情闹大了。

　　和 1952 年的撤职，1955 年的调京，1956 年的调入中央党校学习都大不相同，右倾成了右派，内部矛盾成了外部矛盾，意外犯错误的同志成了故意反党的敌人，"量变"已经"质变"。假如不十倍百倍地努力摘了这项右派帽子，志同道合的夫妻就只能分道扬镳，这不是离不离，弃不弃的问题，而是已经事关生存，尤其是孩子们的生存。再也不是能放一本《安徒生童话》在他床头就能解决的问题了，她必须鞭策他摘帽，真正的用"鞭子"来"策马"，这个鞭子，就是离婚。

　　他一封封信向秀诉说商城之苦，商城农村之苦，农民之苦，劳动队之苦，也诉自己的苦，一生都没有吃过的苦。秀闻所未闻，半信半疑，心惊胆战，彻夜难眠。他向秀要钱，因为左股骨挑担压坏了，要进城治病。可他不想明说，怕她担心，就什么也不说，就是要钱。秀知道他天性大方，怕他大手花钱招来不必要的麻烦，就是不寄给他，且回信语言冷淡，公式化，还吓唬他说你再这样我们就只有离婚。这个大孩子接到信忍不住半夜呜咽，就在信上和妻子吵架——"生活本可有各种方式，一切由你决定好了"[39]，同时说明要钱是为了看病，而心中对秀已经有了意见。秀立刻寄来 30 元钱，埋怨他为何不早说。大孩子忙不迭回信致歉，承认错误，汇报工作，表示要努力改造，早日摘帽，对得起爱人。其实他又何曾把什么狗屁"摘帽"放在眼里过，背过脸去就暗自嘲讽"都是秀式的空想"[40]。

从真正政治二字的内涵讲，他的认知程度要比妻子高许多，虽然在常人眼里他之于"政治"简直就是个戆头。

商城饥饿的浪潮已经一浪高过一浪。就算劳动队有书信检查，他还是不管不顾地告诉采秀身边发生的一切，信上涉及的所见所闻过于骇人听闻，和她在北京党组织中接受的信息南辕北辙，这才是他们龃龉的真正开始。

虽然妻子也对生活水平的急遽下降大有感受，可这些都是因为天灾人祸而致——天灾是 1959 年的大旱，人祸是赫鲁晓夫修正主义集团在中国农业严重歉收时逼我们还债。比如他们逼中国人还他们苹果，要用个铁丝圈一个个过，太大太小都不要云云。苏联老大哥的突然翻脸则是因为我们党中央坚持要走马克思主义路线，坚决不同意他们对斯大林和他的主义的过分批判等等等等。妻子和全国绝大绝大多数共产党员一样，全盘接受了这些宣传，没有人站出来问一个为什么。

1957 年的杀鸡吓猴不单是吓住了猴，连狮子老虎都吓成了兔子。人们索性交出自己的脑子，以不思考为常，这是生存下去必须付出的代价。有两句话是这个时期"人民"之间见面时"互勉"的：

"不要胡思乱想！"

"不要胡说八道！"

如果说妻子的不思考是出于恐惧，出于母兽要保护幼兽的无奈，那么孩子们的不思考却是他们思考后的决定：

爸爸是真的还是党是真的？是爸爸重要还是党重要？要爸爸还

39　《日记》1959.10.24
40　同上 1959.12.8

是要党？

两个出生在新四军苏区的大孩子们义无返顾地选择了后者，小孩子们则义无返顾地追随了哥哥姐姐——这也符合你们对我们从小的教育，我们是党的孩子，党就是真理，党怎么说我们就怎么信，怎么做。党的理论基础是毛泽东思想，它是革命的宝，谁要是反对它谁就是我们的敌人！

从饥饿的商城回来后的顾准不但在社会上，在家庭里也成了异端。

他食量大增，好像永远都处于吃不饱的状态，翩翩绅士变成了饕餮之徒。生活习惯也变得粗野了，常常不洗脸不洗脚就往床上一倒，还常有牢骚、粗野的话出口。往日那个在孩子们眼中唯其马头是瞻的父亲没有了，完全是一个闯进家门的陌生人，粗野，肮脏，还要大量吞食有限的口粮。没有人愿意听他的"胡说八道"，孩子们看他如同看一个怪物。粮食早就开始凭票供应了，光是紧着他吃饱，奶奶和妈妈就大费周章。加上他原来近3百元的工资变成了50元的生活费，还大部分都被他用来买了书。

贡献最小，消耗最大的他成了家庭的累赘。孩子们对他唯恐避之不及，妻子没有阻止他们，她对他已经从爱变成了怜悯。只有老母亲胆怯地望着他的婆娑泪眼，还让他有些许熟悉的感觉。

他也认不出这个家了。几乎在一瞬间，他就成了孤家寡人，原先不在意的全部天伦之乐在一只不可抗拒的铁踵下，灰飞烟灭，消失殆尽。

汪璧，这位熟读普希金的温柔女性，原是可以做一位"十二月党人妻子"，和那些高贵的女性一样，抛弃一切，连孩子也扔给奶娘，从华丽的彼得堡千里万里追随高贵的丈夫们到白雪皑皑的西伯利亚矿坑，先跪下亲吻他们脚下的铁镣，再亲吻他们刚毅的嘴唇——假如不是在这个有着株连九族和廷杖传统的国度里。

在这里，一个女人绝作不了十二月党人的妻子，任她是谁也做不到。在这里，汪璧首先是个恐惧的母亲，有着5个随时可能受伤害和被吞噬的孩子的无限惊恐的母亲，其次是个罪人之妇妻，惊弓之鸟般

417

的妻子。没有财产，没有奶娘，婆母养活不了他们，丈夫也并非身处西伯利亚的皑皑白雪中，而是被压迫在商城的泥淖和粪秽里。人们最要毁灭掉的就是他的尊严，如果他的妻子要追随他，等待她的将是更加不堪的泥淖和粪秽。而这个男子，回避甚至摒弃了本应是一个儿子、丈夫和父亲的天然职责——仕途，俸禄，待遇，专业和事业，全身心地追寻某种在他的灵魂中烧灼的东西，根本顾不上妻子在想什么。

这种烧灼着他的灵魂的东西，她起初还是能理解的，可是到了1959年，她已经迷失了，在灵性和意识两个方面都迷失了，完全跟不上他那不顾一切的步伐。她疲惫不堪，自信尽失，惊慌失措。她是个普通女子，具有女人的一切美德。你可以说她配不上她不凡的丈夫，但也可以说顾准这样的男子配不上这样的好妻子，他原就不应该有妻子和孩子。

抛却时代和社会原因不谈，顾准无疑是造成一个举国皆知的家庭悲剧的主要责任者。

妻子汪璧的苦难还远远没有到头，而孩子们的苦难至今都没有到头。

4. 一个雏形

"采秀通宵夜战，我守候一晚。4至5日，开门干预家务。4日晚间，三个小的孩子大嚼一顿，颇感痛快。5日晚，颇感伤，无聊！"[41]

但他对采秀，还是依恋，对这个家，还是有一家之长的感觉——你看他要"开门干预家务"呢。

怎样干预呢？其实他完全无法插手。

计划家庭开支？他毫无经验，再说也无财政权，别看他作过大上

---

41 《日记》1960.2.6

海的财税总管；分配口粮？他哪里搞得定，自己能吃饱就很不错了；教育孩子？5 个孩子对他都唯恐避之不及，稽头还和爸爸大吵了一架，只因为他说对她说了一点点商城的惨状。他也只敢和长女说，毕竟她 17 岁了，原以为她已经能够独立思考；帮助妻子整理家务？妻子常常通宵夜战，倒是不再大炼钢铁，土法炼焦了，不是开会就是学习，要不就是等候着上级的指示或者基层的汇报，再不就是批判谁，斗争谁，帮助谁，反正日夜、周末、节假日都不消停。哪个办公室不通宵地灯火通明，就说明此办公室的人不革命，没有鼓足干劲，力争上游。夜里是有一顿夜餐的，人人潜意识中这顿夜餐比什么革命都重要，却绝无一人说得出口。一顿夜餐，一宿灯光，这就是 1960 年的机关总路线和大跃进最重要的表象，一直到夜餐不再开得出来为止。

右派顾准与总路线、大跃进无关，更与夜餐无关。

"连天采秀夜班。前至四时，昨夜外出，迄今未归。"[42]

他是被排除在这一切之外的。"颇感伤，无聊"的他，在《铁佛寺水库记录》之后不得不开始写"右派分子改造始末"。他很认真，从盘古开天地的"思想危机"说起，一直说到现在而今眼目下"改造归来"，妙笔频生花，下笔如有神，计有：

"思想危机——对党不满——自由主义——个人主义——信仰崩溃——人的尊严——知识分子的春天——十大关系——十五贯——劳动教养——百花齐放——自由平等博爱——改造我们的学习——整风——人道主义——费孝通——科学规划——一看二帮——无产阶级专政——苏维埃民主——党章丢到茅厕里去了——党内生活——社会主义经济学规律体系——资本主义生命力——帝国主义论——新民主主义——殖民地与半殖民地革命——南斯拉夫——波匈事变——大国沙文主义——朝鲜战争——和平问题——议会道路——第二国际——毛是反 Stalin 的——Stalinism 在中国的生命力——毁灭的预感——合作化高潮——反对右倾保守主义——支持肃反——

42　同上 1960.2.9

—三七开——百花齐放的说法保留部分——个性与共性——古田会议——大汉族主义与秦皇汉武——乌云满天日子里的第三者——整风——漫步清华——党内是非也议论——民主党派座谈会——天山脚下——新草木篇——黑龙江之行——哈尔滨工大与返京途中……"[43]

我的天，叫人读着都气短喉噎，亏他老人家怎么写出来的。

"四年史实，排比不易，分析更难"[44]，甭管水平高低，字数肯定是够了，总算是能交账了。

和中共各次运动中被运动的对象写出的各种"坦白""交代""罪行交代""历史交代""检讨""检查""认罪书""悔过书"一样，和顾准的"交待"也充分体现了那个年代之不由衷，不真实，不聚焦，洋洋洒洒，不知所云的文风。彼时这种东西何止堆山填海！但是据说顾准写的即使这种东西也比别人的好看。多年后曾经有位爱好文学的军宣队员，看了他类似的东西，像当年潘序伦看小顾准编写的《高级商业簿记教科书》一样，一击三叹，连连说是"一种享受"，也算是慧眼识英雄，惺惺相惜吧。

要说呢，顾准写得也不亏：

"必须坚定不移地卑微下去。写作中自己提高了。现在看领导层的变化，简直是一种欣赏眼光。思想提高，态度必须继续卑微下去。"[45]

幸好 1960 年的日记本们还可以安藏箧匣，否则翻出来也够他喝一壶的。

欣赏完人家的"变化"，他开始读张知本的《宪法论》，与此同时，大量摘录了从 1956 年 7 月开始至今的《人民日报》，大概也只有人民日报可供他摘录了，他开始新一轮的思辨：

---

43 均摘自《日记》1960.2.4
44 《日记》1960.2.12
45 同上 1960.2.14

"转变递嬗之迹，不做细致的工作是弄不清的。现在体会到两次下乡的伟大作用。右派分子是不能做，不许做研究工作的，拆穿西洋镜是危险的，所以我必须坚持做好这个工作"。[46]

"右派下乡的伟大作用"？真够幽默！眼下焚书坑儒是没人敢干了，可是把儒们赶到全封闭的乡下，让劳作和饥饿拖死他们也还是不错的替代。只可惜还是有些拖不垮饿不死的东西，比如他顾准，能"完全根据XXXX宣传部给出的资料和文献"——用几十年后谈到顾准的某位学者的话说——例如《人民日报》《光明日报》《红旗杂志》什么的，"层层剥皮"——用顾准的话说，把1956年到1960年匠心巨手好不容易搭起的西洋镜拆穿，掀开"人民内部矛盾"这个盖头，看看底下的把戏。你越怕我做什么，我越要做什么。因为我没有被你"豢养"，我就有权利做下去。

"可是剥皮不是容易事，要花费大量劳动。"[47]

"剥皮"何止是不容易，这"皮"是和自己连着筋的，从少年起就连上了，除了"不容易"还有"痛"。与其说是"剥皮"不如说是"剥洋葱"，越剥到最后泪水越多，辛辣和眼泪还在后面呢。

摘录完一年的报纸他就马上卖掉，"卖废品"是他重要的经济来源——充裕荷包好买书。

半年多没逛新华书店，真有不少新书面世，政治的，哲学的，文学的，自然科学的，中文的，英文的。无论喜不喜欢书的内容，他都希望能占有它们，先读了、"吃"了它们再说。

采秀在钱的问题上已经开始"卡脖子"。仅仅她的160十多元工资要供应全家8口人的吃喝拉撒，还有上海自己的娘家妈妈要供养，丈夫的50元生活费杯水车薪，她不得不紧缩银根。

他就想方设法开源节流：卖掉自己珍藏多年的绘图仪器、计算尺，那还是几十年前的美国、德国货，现在拿出来依然精致结实。加

46　《日记》1960.2.21
47　同上 1960.2.21

上卖报纸的钱，现在得有一百多元了，除了抵消买下这批新书的赤字，承诺商城的难兄难弟们要在北京帮他们办理的事情也都做了，没有动用母亲的那点家底。他很高兴。已经不大敢向秀伸手要钱，用自己想法子搞来的银子买书，总算可以踏踏实实，心安理得地读它们。

他首先从《宪法论》以及刚刚买到的卢梭《论人类不平等的起源》下手。那时好歹还有这类书在卖，不像 6 年以后"文化大革命"，甫一开始国门立时紧紧闭上，落下千斤大锁，涓滴不进，原来剩下的也都下了架，入了窖或成了灰。

妹妹棣珍、妹夫义之来看望母亲。3 人间没有交谈。妹妹、妹夫不是没有苦闷，只是亲人之间无法交谈，不敢交谈。妹夫施义之，新四军时期参加革命和中国共产党，眼下仍是现役军人，刚刚升任解放军 21 军政治部主任。现在人们见面都不谈国家的事，社会的事，没什么好谈的，也不知怎样谈才能比较安全。并非人人都是幽默大师，还是免开尊口的好，再说"莫谈国事"也是这个族群的优良传统之一。

他埋头在报纸中，立刻敏锐地发现一天的报纸中就有好几件新鲜事：

第一，周恩来准备到新德里去。他判断西亚那边要出事；

第二，发表了一个马克思主义者如何对待新生事物的语录。他怀疑"就已经发出的声音而论，难道去年八九月以来有反对新生事物的声音？显然没有。那么不满新生事物的声音究竟从哪里来的？"[48]他好像已经看到了近二十年后才正式公布的"万言书"——那么那个会议上确实有"声音"发出，而且是反对三面红旗的。

第三，农业生产数字的基期突然转为 1949 年了，是不是准备以后不再伪造统计数字了？那么他们岂不是实际上已经承认从前的数字都是伪造的？这可真要感谢上帝。老孙早就对这些"赵姨娘"数字深恶痛绝，这回一定是他最兴奋，但愿老兄别高兴过了头，有机会见面要提醒他。

48 《日记》1960.2.28

这几件都是大事。

"现在正是发展到顶点的时候。哪里都是学习毛泽东思想。物极必反，毛泽东自己就曾经说过的。他该走了，大概也真的快走了"[49]。

他放胆推理。

自党校时期"读亚书"始，他模模糊糊有了一些关于"国家领袖"的政治概念。这次从劳改地商城回到北京，他买到了苏联史学家塞尔戈耶夫所著《古希腊史》，读后这个概念越发清晰起来，这就是"僭主"和"僭主政体"的概念——王政、寡头政制与民选、民主政制之间的过渡政制。但这是两千五百年前古希腊的事情，近代西方会发生，美国独立战争后的华盛顿更是触手可及的先例。但东方会发生吗？中国会发生吗？

"他"要真是"能走"，国民当额手称庆。可从几千年的东方专制帝王传统中走来的"他"，有可能像雅典的梭伦和米提利尼的彼塔卡斯，有可能有他们那样的胸襟和气魄吗？

这是毫无可能的啊。什么"一线""二线"，无非帘子垂不垂下来罢了。

科学院院部对他新的工作安排也决定了——人事关系从综考会调到机关事务管理局，到北京郊区清河农场饲养场继续劳动改造。他觉得很满意，至少不用再回狰狞恐怖的商城。

从商城的难兄难弟们的回信中他已得知，整个信阳地区现在都已经从炼狱变成了真正的地狱，活生生的人间地狱。人吃人，吃活人也吃死人。吃了人肉的人眼神都不一样，看人都是直愣愣的。胖点的人（其实都是浮肿）尤其不敢外出，怕被杀了吃掉。没有人上街，街上的草长得比人还高，更没有人劳动，谁也不再干得动。一点点救济粮，杯水车薪，未到站就被抢劫一空——饿极了的人已经不再是人。

劳动队又肿死了好几个。他难过极了，也庆幸极了。

和他做例行谈话的是院部干部局和机关事务管理局的二位正职

49　同上 1960.2.28

局长。局长们亲自出马，客气万分。他有点"受宠若惊"——

你们干嘛这么客气？不就是去清河农场吗？一个来自地狱的人，到哪里还不都是天堂？1956 年我就想找一个窟窿躲起来读书，你们非要抬举我进什么毵的综考会，这下可算是找到个好窟窿，"在那里住上一二年，二三年，等候局势转变，与农村联系，这太好了……到清河去，写作困难，读是可能的。那就去好好读。到清河去，接近公社，可以深入观察城郊公社二三年。这可以为我的著作增加新的内容"[50]。

他的"稿库"如今已经相当丰富，"愈来愈变成一个 1956 年以来的现代史了"[51]，他自豪得了不得，脱口而出这样一句近乎"春风得意马蹄疾"的大话。说完又有点不好意思，下一句赶紧掩饰了一下，"以个人经历为中心做夹述夹议的评论，这条路似乎走不通"[52]。

党校时期他读过高尔基的《克里姆·萨姆金的一生》。这位伟大的苏联作家的最后一部小说，被称为革命前俄国社会生活史诗型的百科全书。书中广阔的社会场景，大气磅礴的艺术构思，丰富多样的表现手法，现实主义和非现实主义手法的交替使用都曾令顾准心醉。但他也明知自己不是文学家，驾驭不了这样的题材，哪怕自己曾身在其中。

到现在为止他已经读了不少史，非常清楚"不识庐山真面目"的原因一定是"只缘身在此山中"。只有跳出自身的桎梏，才是能写出，或者至少，读懂一部接近真实的历史的前提。这桎梏包括个人的际遇，经历，观念，传统，观点等等等等。首先必须通达历史——东方的，西方的，中国的、外国的、远古的，古代的、中世纪的，近代的和现代的，再加上广泛的比较它们的能力，即掌握深厚的哲学、逻辑学、政治学、经济学，直到宗教学、神学的功底，才有可能做文明的比较，最后才有下笔去书写历史的可能。

但做一位历史学家并不是他的理想。

---

50 《日记》1960.3.2
51 同上
52 同上

他最经常在考虑的是"政治上取舍的问题"[53]，这从他的全部已经面世的文字中都有明显和毫无歧义的体现。

"人们或许要问，我是不是一位君主或一位立法者，所以要来论述政治呢？我回答说，不是；而且正因为如此，我才要论述政治。假如我是个君主或者立法者，我就不会浪费自己的时间来空谈应该做什么事了；我会去做那些事情或者保持沉默。"[54]

法国人卢梭在《社会契约论》中说到的这段话，意思再明白不过了：在大众中只占极为微小数量的一部分人之所以"论述"政治，正是因为他们手中没有权力，所以才会借"论述"去间接地触发行动。卢梭叫他们做"政治哲学家们"。

后来英国人萧伯纳说了一句非常精辟的话："能者做事，不能者教育！"

他早就看过《社会契约论》，甚至在它还被译作《民约论》的时代他就读过。他曾惊诧于卢梭是怎么写出来的[55]，但在读过亚里士多德的《政体论》后他理解了——

"它是一个高贵的 18 世纪欧洲人读希腊史以后，也许还通过 Aristotle（亚里士多德）的《政体论》，把希腊心灵的历史业绩'当代化'为当时的政论。于是，卢梭的值得学习之处，就不一定是他的智慧和灵感，更值得学习的是'勇气'和'技巧'了。"[56]

是的，智慧、灵感、勇气、技巧。他深吸了一口气：

"……观点也有很大的变化。政治上取舍的问题，去年秋冬之交在劳动队时已在考虑。……社会主义民主靠爆炸式的改革做不到，而且后果也不好。四年来的历史发展似乎在走另一条路——自然演化。苏联在演化中，X（应该是斯大林－作者测度）所作的不过是过渡作用。没有什么共产主义的地上天国，矛盾永远存在，斗争永远存

53　《日记》1960.3.2
54　卢梭《社会契约论》
55　《文稿》P377
56　同上 P265

在，而斗争的方式，那老一套的'正确错误'的绝对论维持不下去了。不同意见的人必定要组成不同的社团，发展的结果必定是社会主义的多党制度。民主，其原产地是自由农制度——美国、挪威、瑞士都是。当经济发展濒临高速度与集中化时，Hamilton（汉密尔顿）的联邦主义，Stalin（斯大林）的个人独裁都不免出现。然而经济发展到一定水平以后，高度集中势不可能长期维持，精雕细刻的发展生产潜力成为迫切的要求，群众的智慧要发生作用，任何事情也就不能在顷刻之间获得定论，自由争论，长期的政治斗争就成为继续发展的生命力。这时候，没有民主主义怎么办！"[57]

就在人人都以为此人正处于最最狼狈不堪，头破血流的当口，顾准，他已经愈来愈具备一个政治哲学家的雏形。丝毫不顾忌别人的冷眼和猜忌——一个毫无话语权的右派也配奢谈"政治"？他公开宣称"我十分关心政治"，只是"现在还是本钱不足，所以一定要读"[58]。在"政治"一词愈来愈被误解，愈来愈显得肮脏、龌龊、猥琐，愈来愈在表面上被人们鄙薄、在实质上被人们惧怕，被妖魔化的年代，一个根本不配奢谈它的右派却对它愈来愈感兴趣，愈来愈多地谈到它，以一个科学家的眼光、角度和态度，像物理学家谈到"力"，化学家谈到"嬗递"，数学家谈到"模型"，哲学家谈到"爱智"一样，自自然然，坦坦荡荡，毫无愧怍，好像这才是他的天职一样。

英国人约翰·梅纳德·凯恩斯说："经济学家以及政治哲学家之思想，其力量之大，往往出乎常人意料。事实上统治世界者，就是这些思想而已。许多实践家自以为不受任何学说之影响，却往往是当了某个已故经济学家之奴隶。"

而这些经济学家或政治哲学家们在世的时候，鲜有人如此评价自己。他们在一般情况下终日埋头于观察、阅读、比较和记录之中，他们并不愿意谁来做他们的奴隶，他们在精神上也绝不做任何人的奴隶，他们想要阻断每一条"通往奴役之路"。

---

57 《日记》1960.3.2
58 《日记》1960.3.2

眼下，清河农场就是一个好极了的躲进去阅读的"窟窿"，对此他非常满意，虽然还有些美中不足——到清河去，写作有困难，参考资料不够，也不可能有独立的写作空间来容纳书和纸笔，但读是可能的。那就去好好读。到清河去，接近公社，可以深入观察城郊公社二三年。

"这可以为我的著作增加新的内容。"[59]

他像一个贪心的财主盘库一样，盘点、算计和计划着他的"稿库"。

5. 坚定不移地卑微下去

岂料院部忽然又改了主意。

就在顾准做好了一切去清河饲养场劳改、读书的计划时，突然一位副局长通知他要他即刻上班，明天就去院部上班，劳改结束了！

在普通人眼里，这不啻是个天大的喜讯——回到同类人群中，不再被视为异端、异己、异类，这是多么大的恩赐和荣幸。可你看我的传主听到这个消息作何反应：

"如果说对当前生活有利，可以很快摘帽子，加工资，恢复高官生活，这是好的。可是我真厌烦这种部吏生活，我也不愿住在家里，这又是一种精神上的苦刑！为什么我总找不到一个窟窿，天哪！"[60]

天哪，他居然哀号起来！一个中国人且是"新中国"的人，怎么可以这样！

可他就这样了，而且很可能，当着副局长的面就哀号起来，弄得原以为会看到一副司空见惯的感恩戴德场面的副局长措不及防，不

59　同上
60　《日记》1960.3.2

知说什么才好。

"天哪"二字是他 1960 年日记的最后两个字，再见他，已经是 9 年多以后的 1969 年 10 月，天知道"天哪"之后发生了什么。从他的"历史交代"中至少得知，他总算如愿以偿去了清河养殖场而没有"明天去院部上班"。也就从此刻开始，顾准彻底摆脱了厌恶已极的"部吏生活"，开始他两年的清河农场劳动改造，而且，感谢上帝，从此直到去世，他再也没有做过一天部吏。

妻子和孩子们对他这种行径是什么态度，因为再也没有日记文字记载，外人无从得知。十二万分的可能是——深恶痛绝，无法原谅。

在中国，能"上班"就预示着回到正常的生活轨道，至少在工资上将有所恢复，例如降级发薪，但一定会高过右派的 50 元生活费。"恢复高官生活"是不大可能了，例如住房、汽车、司机、特供、完全的免费医疗、疗养，尤其是"政治待遇"等等，都不可能，但恢复一部分还是可能的，毕竟他是 1934 年抗日战争爆发前（以七七事变为准，这是老规矩 - 著者注）参加革命的老干部，虽然犯了逆天的错误，毕竟已经过脱胎换骨的改造，看过"颜色"，知道利害了。上了班就算是"过了海"，过了海再显什么神通都来得及，摘帽，官复原职，恢复俸禄，恢复"待遇"，一切的一切。

而这一切的一切都是这个家庭正急切需要的呀：

长女正在考大学的关键时刻，家庭出身成了不可逾越的障碍；长子的入团问题因为他是右派而大费周折；3 个小的正处在"半大小子，吃死老子"的长身体阶段，极其有限的定量供应填不饱他们的小肚皮，从黑市购买高价的白薯，胡萝卜，蔓菁，南瓜之类的所谓"副食品"成了急需；母亲在他劳改期间因为爬高去摘自家种的丝瓜摔断了胫骨，需要人照顾，需要营养；妻子在建工部财务司财务处长的位置上因为有这么个右派丈夫一直抬不起头来，只因为她也是 1934 年的老干部而没有被株连下岗罢了，再提拔？连想都不要想……

哪一样不需要钱？哪一样不需要地位，至少一个正常的"身份"？

假如他现在能够去"上班"，至少所有的问题都能解决一半。可他竟然拒绝了！

汪璧再沉静，脾气再好，他们曾经再恩爱，孩子们再优秀，再懂事，母亲再心疼这个桀骜不驯的儿子，估计一家老小也接受不了这个！他不去理解，也不愿去理解他们。他情愿在地上挖个洞天上钻个窟窿躲进去，也不愿去面对人世间的一地鸡毛。

不错，中国如今是有了顾准，光荣的顾准，为全体中国读书人挽回了些许脸面的顾准，可是汪璧和孩子们又有多少人还能想到？他们的痛苦，他们的失望和绝望，迷失和丧失，又有几人能体味和理解？难道不正是因为他们不情愿地献出了丈夫和父亲，中国才有了顾准？

中国有顾准，是建立在他们的痛苦之上的。人们，请慈悲地记住这一点。

"好在不久又到了清河农场，在那里的约 2 年时间中，我照例是假期不回，在场留守，非假期补假，在家也是闭门读书，一切不闻不问。" [61]

他坦率地承认一切，也许有些内疚，但绝无一丝悔意。

"那几年和孩子们的关系也很奇特。1960 年，长女十七岁了，听我说话中谈起商城情况的某些黑暗面，很不以为然，跟我吵了一次。从此以后，我虽然仍然十分关心他们的健康和成长，在 1960-1961 年的困难时期，也尽量设法在不违反制度的条件下从农场买些蔬菜之类的食品回去，希望有助于他们的营养，我跟他们也较少接近了。" [62]

他爱他们，但不知道如何相处，相处简直就是苦刑，索性就不相处。

---

61 《自述》P273
62 同上

在清河，顾准从饲养场小工做起，做到"闲散"的参谋，又操商城老本行去菜园组种菜，干过水渠设计，技术员兼领工，办过拖拉机站，干过临时外交，和地方政府打交道。

1961 年 11 月初，我的传主毫无悬念，毫无戏剧性地摘了右派帽子：

"院办公厅郝主任找我谈话，告诉我院党组决定摘掉我的右派帽子，不久院部就召开了大约四五十人的会议（到会的以办公厅和劳动生产办公室人员为多，综考会有二三位同志参加），院部一位同志（大概是院党委的）宣布了这一决定，我表示了感激党对我的格外宽大，决心继续改造自己的态度。"[63]

顾准在记述自己犯错误、右派"戴帽""摘帽"包括开除党籍全过程的文字，给人深刻的印象就是寡淡无味，毫无感情色彩，比如羞耻、懊恼、愤怒、激动、亢奋等等，与他的商城文字形成巨大的反差。

院部为了他的摘帽，专门召开一个中型的会议，各方神圣一一到场，虽说彼时不计算人工成本，却也是很高的规格了。他也就那么回事，和当年戴上帽子、开除党籍差不了多少：

"1958 年 4 月下旬，综考会支部大会宣布我划为右派，已经上级组织批准，宣布我开除出党。这次支部大会我也到会，这是我参加我生活其间达 22 年之久的伟大、光荣、正确的中国共产党的组织生活的最后一次。"[64]

就算他对这件事关"政治生命"的大事没有搞什么黑色幽默，我也不认为他有什么"不以物喜，不以己悲"的高尚情怀。他记录它们的文字之所以"淡出鸟来"，是因为它们早已不在他的视线之中，你想让他喜、让他悲，他也做不到，能做出这点表面文章已经很难为他了。他的注意力全部在解读历史上，尤其在解读历史的政治哲学方

63　同上 P268
64　《自述》P250

面。为此，他唯一要做的表面文章是"坚定不移地卑微下去"[65]，越不引人注目越好，帽子反正在你们手里，要戴就戴、要摘就摘好了，随便给我个窟窿躲着，别打扰我或者至少少打扰我才是最要紧的。

可在妻子汪璧，这是件大事。不过她已经完全高兴不起来了。率领5个孩子在家门口欢迎"回到党的怀抱"的丈夫，汪璧的心一点也没有舒展开来。这个好不容易回到家的游子踏进大门的一刻，就像是发表声明一般庄重和冷峻地宣称：

"我不反对三面红旗？胡说八道！我就是反对三面红旗！"[66]

汪璧认命了，她知道什么都没有改变，什么也不会改变。

孩子们死心了，也恨透了——能低吼出如此反动透顶黑话的人，已经不再是父亲。

摘了帽，他又做了几个月农场会计，又到科学院新开办的、天津附近的宁河黄庄农场协助工作，主要任务是往返北京，帮助科学院职工搞吃的——主食，副食品还有煤炭。这可是个光荣而艰巨的任务，非同小可。彼时凡有条件的中央机关都成立了"劳动生产办公室"，实际上就是返回到当年延安的"机关生产"，目的只有一个，给本单位的职工谋福利，找吃的，保证一个不死，大部不肿。这样的任务也只敢交给非右派或摘帽右派们去搞。

当年上海时期最反对"机关生产"的顾准，眼下相当的胜任愉快。

他9年后的"历史交代"，事无巨细地"交代"了清河农场他的全部任职和履职情况，琐琐碎碎，啰啰嗦嗦到令人厌倦。可是谈到他读了多少书，那就往往是一笔带过，越不引人注意越好。

从他的"历史交代"中，人们知道这两年他主要是读哲学和历史方面的东西。哲学方面，康德、黑格尔、罗素、杜威；历史方面，西方古代和中世纪史，西方近、现代史和若干史料。至于读了这些书后得到了什么启发，那是绝不会告诉你的。他只是很乖地向党"交代"：

---

65 《日记》1960.2.14
66 高建国《顾准全传》P490

"像这样读书，当然无助于自己世界观的彻底改变，甚至对于所谓'探索'也没有发生什么有益的作用，只不过更增加思想混乱而已。"[67]

他还生怕党不相信（连本书著者我都不相信），又画蛇添足，干脆把自己一贬到底：

"1961 年党摘掉我的右派帽子的时候……我对自己的右派罪行并没有彻底悔改，反动世界观并未有所转变。也许因为这两年谨言慎行，不暴露思想，才造成一种'变好了'的假象，其实，按我的思想实质来说，1961 年 11 月，我远没有达到摘掉右派帽子的水平。"[68]

把"坦白交代"写到这一步，顾准"政治上的成熟"可算得上是炉火纯青了，任你从什么角度解读都抓不到他的小辫子。顾准从书中得到的启迪，若你有兴趣，只可以去猜，从他最辉煌的"顾准笔记"和"顾准文稿"中找出线索，去排列，去考证，去猜，辅助读物嘛，就是《顾准日记》和《顾准自述》啰。

两年中他读过的书也绝不止"历史交代"中交代的，为了点缀门面、蒙混过关的那一点点。每次回北京，他也不是仅仅为了补假或者为孩子们搞点吃的，买书，借书，借书，买书，跑图书馆，跑资料室（估计摘帽后他已经有权查阅中外文资料）对于他至少是同等重要，多半是更加重要的事情。

"家庭关系既然变化很多，1960 年每月五十元的生活费由我自己领取，这笔钱干脆归我一个人花，除伙食等生活开支而外，其余全部用来买书了。"[69]

你可以做个大概的推算——农场的生活费超不过 10 元一个月，因为很多副食是自给的。就算他每月拿出 30 元买书，买了 20 几个

67　《自述》P272
68　《自述》P272
69　同上 P273

月，就算它 6 百元，当时的书，除了《鲁迅全集》那样的大部头，都在 5 角到 2 元之间。就算一本发行量很小，很厚重的，装帧精美，尼赫鲁著的《印度的发现》售价也才 3.5 元，一本塞尔戈耶夫的《古希腊史》才 2 元。6 百元买它三四百本书是毫无问题的，这还不算他借阅和抄录的。

即便如此，买书如今对他来讲还是愈来愈成了个奢侈和负担不起的开支。很快他学会了"淘书"，成了厂甸，东安市场，劝业场老旧书摊的常客。他大部分回北京的时间都在这些地摊前"蹲"掉了。

1961 年春节后的一天，估计应该是他被恩准回京过年的最后一天，当他又一次蹲在东安市场的地摊上时，惊喜地发现了一本 1947 年精装、硬皮麻布封面、中英文对照版《圣经 新约全书》。掏出兜里所有的余钱，他买了下来，回到家立刻就在扉页上写下"顾准·一九六一·二·二四 北京"的字样，好像怕到手的宝贝再飞了一样。顾准临终时把这本《圣经》送给了他最小，最宝贵的朋友——一位 14 岁就随妈妈去息县干校，认识了她的顾伯伯的小姑娘，那年不足 20 岁。他是顾准生命中最后，也是最美的一抹光明。他把自己最宝贵的遗物留给了最宝贵的人。这个放在后面讲。

各种版本的《圣经》是顾准多年"淘宝"的重点。

早在 1950 年代党校时期，顾准就拜托六弟陈敏之在上海为他购买《圣经》。是时北京早已经明令禁止《圣经》摆上新华书店的书架，只因上海的基督徒数量要远多于北京，《圣经》下架的指令执行稍晚，但敏之也没有来得及赶在下架前买到。他只得向一位老基督徒要了一本寄给五哥。是时敏之也已经是中共高级干部，至少在表面上必是无神论者，却不问缘由，毫不犹豫就为五哥去寻觅和邮寄，除了他对五哥的爱和敬，不排除他也一直受基督教影响的可能性。晚年顾准收藏了许多不同版本《圣经》，又返回头借给敏之六弟阅读，不能不说这兄弟俩除了政治、经济、历史、文学艺术方面的共识，还有宗教和信仰，或者至少是宗教信仰研究方面的共识。

在农场的"窟窿"中，顾准整整修炼了两年。等他钻出窟窿时有没有"洞中方七日，世上已千年"的得道成仙之感，可惜日记整整缺了 9 年，人们无法得知，真是可惜。

1962 年 3 月，一次回京"买办"，老朋友孙冶方闻讯赶到家里，力邀摘帽右派顾准同志重新到他的经济所工作。老孙在反右中被批了"右倾"。真要较真追根寻源，这个错就得追到老顾头上。不过这件事情放到后面详述，先说眼下。眼下他早已不再担任国家统计局副局长的职位，全职出任中国科学院哲学社会科学部经济研究所所长一职——翰林院一个分院的院长，没有实职，省得他不定什么时候又聒噪起来，大家脸上不好看。

可是像孙冶方这样即有科班功底又有实践经验的经济理论家，在中国又实在是太缺乏了，从他"翰林院"分院长的职位看，彼时他已经担纲国家首席经济师的角色。离又离不开，拢又拢不住，这就是中国所谓知识分子当年（也是现在）在当权者眼中的状态，而知识分子这个西来语的真正含义——"知识分子天生就是为制衡政府而存在"却是当不得真的。

孙所长早就有心要把孤岛时期就是自己副手的顾准弄到经济所来，他了解他并且敬重他，敬重他的人品和渊博，特别是他的会计学学识，他认定中国眼下还没有发现有出其右者，是经济所急需的人才。只是顾老友一直带着右派的帽子，此话不好出口对党说。现在好了，老顾帽子摘了，他迫不及待地向党提了出来。

顾准答应下来，只要"组织"能够批准。

顾准离开清河农场就是孙冶方来看他的 1962 年 3 月。看来老孙一定事先就为此事积极奔走过，很可能从闻听他摘帽那天起就开始了。老孙这点"政治成熟度"还是有的。

CPSIA information can be obtained
at www.ICGtesting.com
Printed in the USA
BVHW041126130423
662288BV00013B/291

9 798211 378353